이코노믹
허스토리

A Herstory of Economics by Edith Kuiper
Copyright © Edith Kuiper 2022

Korean translation copyright © 2023
by The Seoul Economic Daily Seokyung B&B
Korean language edition published in arrangement with Polity Press
through LENA Agency, Seoul
All rights reserved

이 책의 한국어판 저작권은 레나 에이전시를 통한
저작권자와 독점계약으로 서울경제신문 서경 B&B가 소유합니다.
신저작권법에 의하여 한국 내에서 보호를 받는 저작물이므로
무단전제 및 복제를 금합니다.

이코노믹 허스토리

이디스 카이퍼 지음
조민호 옮김

왜 경제학의 절반은 사라졌는가?

Grisell Baillie Glückel von Hameln Rosa Luxemburg Margaret Gilpin Reid Margaret Higgins Sanger Marie Dessauer-Meinhardt Maria Edgeworth Martha Moore Ballard Mary Lyon Mary Masters Mary Astell Mary Wollstonecraft Mary Church Terrell Mary Collier Mary Paley Marshall Mary Prince Mary Hays Marion Talbot Mabel Atkinson Maud Pember Reeves Millicent Garrett Fawcett Barbara Leigh Smith Bodichon Barbara Bergmann Virginia Woolf Virginia Penny Bessie Rayner Parkes Betty Friedan Beatrice Potter Webb Viola Klein Victoria Woodhull Sadie Tanner Mossell Alexander Sarah Grimké Sarah Robinson Scott Sarah Bagley Sarah Chapone Sarah Trimmer Charlotte Elizabeth Tonna Sojourner Truth Sophonisba Breckinridge Sophie de Grouchy de Condorcet Anna Maria van Schuurman Ida Minerva Tarbell Ida Bell Wells-Barnett Ivy Pinchbeck Ayn Rand Anne-Thérèse de Marguenat de Courcelles Alexandra Kollontai Alva Myrdal Anna Doyle Wheeler Anna Laetitia Barbauld Anna Julia Cooper Annie Besant Ann Radcliffe Ann Stephens Ann Yearsley Angelina Grimké Edith Abbott Emma Brooke Émilie du Châtelet Abigail Adams Ada Heather Bigg Etta Palm d'Aelders Eleanor Rathbone Eleanor Roosevelt Elinor Ostrom Eliza Lucas Pinckney Elizabeth Leigh Hutchins Elizabeth Montagu Elizabeth Ellis Hoyt Elizabeth Cleghorn Gaskell Olympe de Gouges Olive Schreiner Ester Boserup Janet Schaw Jessie Boucherett Jane Austen Jane Haldimand Marcet Joan Robinson Judith Sargent Murray Julie-Victoire Daubié Caroline Healey Dall Catharine Esther Beecher Kezia Folger Coffin Clara Reeve Clara Zetkin Clara Collet Frances Wright Frances Burney Frances Power Cobbe Frances Perkins Priscilla Wakefield Flora Tristan Hannah More Harriet Martineau Harriet Jacobs Harriet Taylor Mill Harriet Hanson Robinson Hester Mulso Chapone Hazel Kyrk Helen Maria Williams Helen Woodward

A HERSTORY OF ECONOMICS

서울경제신문

✽ **일러두기** ✽
　한국어판의 각주는 옮긴이의 추가적인 설명을, 미주는 영어판 본문에 포함된 인물과 저작의 출처를 정리한 것입니다.

이 책의 주요 여성 경제 저술가들

- 그리셀 베일리(Grisell Baillie, 1665~1746)
- 글뤼켈 폰 하멜른(Glückel von Hameln, 1646~1724)
- 로자 룩셈부르크(Rosa Luxemburg, 1871~1919)
- 마거릿 길핀 리드(Margaret Gilpin Reid, 1896~1991)
- 마거릿 히긴스 생어(Margaret Higgins Sanger, 1879~1966)
- 마리 데사우어-마인하르트(Marie Dessauer-Meinhardt, 1901~1986)
- 마리아 에지워스(Maria Edgeworth, 1768~1849)
- 마사 무어 밸러드(Martha Moore Ballard, 1785~1812)
- 매리 라이언(Mary Lyon, 1797~1849)
- 매리 마스터스(Mary Masters, 1694?~1759?)
- 매리 아스텔(Mary Astell, 1666~1731)
- 매리 울스턴크래프트(Mary Wollstonecraft, 1759~1797)
- 매리 처치 테럴(Mary Church Terrell, 1863~1954)
- 매리 컬리어(Mary Collier, 1688?~1762)
- 매리 페일리 마셜(Mary Paley Marshall, 1850~1944)
- 매리 프린스(Mary Prince, 1788~1833)
- 매리 헤이스(Mary Hays, 1759~1843)
- 매리언 탤벗(Marion Talbot, 1858~1948)

- 메이블 앳킨슨(Mabel Atkinson, 1876~1958)
- 모드 펨버 리브스(Maud Pember Reeves, 1865~1953)
- 밀리센트 개럿 포셋(Millicent Garrett Fawcett, 1847~1929)
- 바버라 리 스미스 보디촌(Barbara Leigh Smith Bodichon, 1827~1891)
- 바버라 버그만(Barbara Bergmann, 1925~2015)
- 버지니아 울프(Virginia Woolf, 1882~1941)
- 버지니아 페니(Virginia Penny, 1826~1913)
- 베시 레이너 파크스(Bessie Rayner Parkes, 1829~1925)
- 베티 프리던(Betty Friedan, 1921~2006)
- 비어트리스 포터 웹(Beatrice Potter Webb, 1858~1943)
- 비올라 클라인(Viola Klein, 1908~1973)
- 빅토리아 우드헐(Victoria Woodhull, 1838~1927)
- 새디 태너 모셀 알렉산더(Sadie Tanner Mossell Alexander, 1898~1989)
- 새라 그림케(Sarah Grimké, 1792~1873)
- 새라 로빈슨 스콧(Sarah Robinson Scott, 1720~1795)
- 새라 배글리(Sarah Bagley, 1806~1889)
- 새라 섀폰(Sarah Chapone, 1699~1764)
- 새라 트리머(Sarah Trimmer, 1741~1810)
- 샬럿 엘리자베스 토나(Charlotte Elizabeth Tonna, 1790~1846)
- 샬럿 퍼킨스 길먼(Charlotte Perkins Gilman, 1860~1935)
- 소저너 트루스(Sojourner Truth, 1797?~1883)
- 소포니스바 브레킨리지(Sophonisba Breckinridge, 1866~1948)
- 소피 드 그루시 드 콩도르세(Sophie de Grouchy de Condorcet, 1764~1822)
- 아나 마리아 판 슈르만(Anna Maria van Schuurman, 1607~1678)

- 아이다 미네르바 타벨(Ida Minerva Tarbell, 1857~1944)
- 아이다 벨 웰스-바넷(Ida Bell Wells-Barnett, 1862~1931)
- 아이비 핀치벡(Ivy Pinchbeck, 1898~1982)
- 아인 랜드(Ayn Rand, 1905~1982)
- 안-테레즈 마르게나 드 쿠르셀(Anne-Thérèse de Marguenat de Courcelles, 1647~1733)
- 알렉산드라 콜론타이(Alexandra Kollontai, 1872~1952)
- 알바 뮈르달(Alva Myrdal, 1902~1986)
- 애나 도일 휠러(Anna Doyle Wheeler, 1785~1848)
- 애나 래티샤 바볼드(Anna Laetitia Barbauld, 1743~1825)
- 애나 줄리아 쿠퍼(Anna Julia Cooper, 1858~1964)
- 애니 베전트(Annie Besant, 1847~1933)
- 앤 래드클리프(Ann Radcliffe, 1764~1823)
- 앤 스티븐스(Ann Stephens, 1810~1886)
- 앤 이어슬리(Ann Yearsley, 1753~1806)
- 앤절리나 그림케(Angelina Grimké, 1805~1879)
- 이디스 애벗(Edith Abbott, 1876~1957)
- 에마 브룩(Emma Brooke, 1844~1926)
- 에밀리 뒤 샤틀레(Émilie du Châtelet, 1706~1749)
- 에버게일 애덤스(Abigail Adams, 1744~1818)
- 에이더 헤더 비그(Ada Heather Bigg, 1855~1944)
- 에타 팜 달더스(Etta Palm d'Aelders, 1743~1799)
- 엘리너 래스본(Eleanor Rathbone, 1872~1946)
- 엘리너 루스벨트(Eleanor Roosevelt, 1884~1962)

- 엘리너 오스트롬(Elinor Ostrom, 1933~2012)
- 엘리자 루카스 핑크니(Eliza Lucas Pinckney, 1722~1793)
- 엘리자베스 리 허친스(Elizabeth Leigh Hutchins, 1858~1935)
- 엘리자베스 몬터규(Elizabeth Montagu, 1718~1800)
- 엘리자베스 엘리스 호이트(Elizabeth Ellis Hoyt, 1893~1980)
- 엘리자베스 클레그혼 개스켈(Elizabeth Cleghorn Gaskell, 1810~1865)
- 올램프 드 구즈(Olympe de Gouges, 1748~1793)
- 올리브 슈라이너(Olive Schreiner, 1855~1920)
- 이스터 보즈럽(Ester Boserup, 1910~1999)
- 재닛 쇼(Janet Schaw, 1731?~1801?)
- 제시 부셰렛(Jessie Boucherett, 1825~1905)
- 제인 오스틴(Jane Austen, 1775~1817)
- 제인 헐디먼드 마르셋(Jane Haldimand Marcet, 1769~1858)
- 조앤 로빈슨(Joan Robinson, 1903~1983)
- 주디스 사전트 머리(Judith Sargent Murray, 1751~1820)
- 줄리-빅투아르 도비에(Julie-Victoire Daubié, 1824~1874)
- 캐럴라인 힐리 달(Caroline Healey Dall, 1822~1912)
- 캐서린 에스터 비처(Catharine Esther Beecher, 1800~1878)
- 케지아 폴저 커핀(Kezia Folger Coffin, 1723~1798)
- 클라라 리브(Clara Reeve, 1729~1797)
- 클라라 제트킨(Clara Zetkin, 1857~1933)
- 클라라 컬릿(Clara Collet, 1860~1948)
- 프랜시스 라이트(Frances Wright, 1795~1852)
- 프랜시스 버니(Frances Burney, 1752~1840)

- 프랜시스 파워 코브(Frances Power Cobbe, 1822~1904)
- 프랜시스 퍼킨스(Frances Perkins, 1933~1945)
- 프리실라 웨이크필드(Priscilla Wakefield, 1751~1832)
- 플로라 트리스탕(Flora Tristan, 1803~1844)
- 해나 모어(Hannah More, 1745~1833)
- 해리엇 마티노(Harriet Martineau, 1802~1876)
- 해리엇 제이컵스(Harriet Jacobs, 1813~1897)
- 해리엇 테일러 밀(Harriet Taylor Mill, 1807~1858)
- 해리엇 핸슨 로빈슨(Harriet Hanson Robinson, 1825~1911)
- 헤스터 멀소 섀폰(Hester Mulso Chapone, 1695~1730)
- 헤이즐 커크(Hazel Kyrk, 1886~1957)
- 헬렌 마리아 윌리엄스(Helen Maria Williams, 1759~1827)
- 헬렌 우드워드(Helen Woodward, 1882~1960)

감사의 말

드디어 여러분께 이야기할 수 있게 됐다. 내가 그동안 써온 글이 마침내 역사의 일부가 된다고 생각하니 심경이 무척 복잡하다. 나는 경제사상의 역사와 철학을 연구하는 학자다. 경제사상사에서 감춰진 여성 경제 저술가에 관한 연구는 경제학계가 '핵심이 아닌' 것으로 치부한 탓에 그동안 나는 그야말로 직업을 잃은 채 이 일을 해올 수밖에 없었다.

이 책은 경제사상의 더 넓은 역사, 아니 어쩌면 더 나은 역사를 이야기한다. 이 책에서 여러분은 여성 경제 저술가들이자 경제학자들의 저작을 접할 수 있고 이를 통해 경제에 관한 다른 주제, 다른 이론, 다른 통찰을 엿볼 수 있다. 단지 여성이라는 이유로, 여성에 대한 경제학을 썼다는 이유로 이들의 저작들은 철저히 무시당했고 먼지 속에서 잊혔다.

나는 이 책에서 경제사상사를 전공한 학자들조차 다 알지 못하는 여성 경제사상가들 대부분을 조명한다. 이들 대다수는 매우 인상적이고 통찰력 있는 사람들이었고, 자신들의 시대에서 한 걸음 더 나아가 앞으로 중요해질 사안과 반드시 생각해야 할 문제에 관한 글을 남겼다. 그 글 덕분에 부유해지고 유명해진 이들도 있었지만, 어떤 이들은 출판물에 담긴 자기 생각 때문에 무서운 결과를 마주하기도 했다. 그렇지만 모두 읽을 가치가 충분하며, 경제의 중요한 측면에 대해 현재를 사는 우리에게도 시사하는 바가 크다.

돌이켜보면 직장을 잃은 것이 결과적으로 내게는 잘된 일이었다. 그 기간에 18세기 여성 경제 저술가들의 논문, 서한, 소책자, 저서 등을 취합해 이 주제에 관해 설명할 근거와 기회를 마련했고, 이를 바탕으로 이들에 관한 책을 쓸 수 있게 됐으니 말이다.[1] 이 책은 18~19세기 영국과 프랑스, 19~20세기 미국의 여성들이 어떤 삶을 살았는지, 이들이 어떤 경제적 문제에 봉착했으며 어떤 해결책을 제안했고 투쟁했는지, 이들이 어떤 방식으로 경제를 바라봤는지에 대한 다양한 목소리를 들려준다. 이 책을 통해 경제사상의 역사를 새로운 관점으로 보게 될 것이다. 하지만 미리 경고컨대, 한번 읽으면 다시는 되돌릴 수 없다.

지면을 빌려 감사 인사를 전하고 싶다. 우선 내가 여성 경제사상가들의 저작을 연구할 수 있도록 초기에 힘을 실어준 네덜란드과학연구기구(Netherlands Organisation for Scientific Research, NWO)에 감사를 표한다. NWO의 금전적·제도적 지원 덕분에 4년 동안 이 연구의 기틀을 확립할 수 있었다.

연구에 몰두할 환경을 조성해준 국제페미니스트경제학협회

(International Association for Feminist Economics, IAFFE)와 그곳에서 수년 동안 함께 일하며 내게 영감을 준 모든 친구와 동료에게도 깊은 감사 말씀을 전한다.

뉴팔츠(New Paltz)의 뉴욕주립대학교 경제학부 동료들도 빼놓을 수 없다. 이 책을 위해 진심 어린 지원을 아끼지 않았던 모나 앨리(Mona Ali), 하미드 아자리-라드(Hamid Azari-Rad), 로라 에버트(Laura Ebert), 시민 모자예니(Simin Mozayeni)에게 따뜻한 고마움을 전한다. 여성, 젠더(gender), 성성향 연구와 관련해 내게 많은 조언을 해주고 생각과 글이 더 명료해지도록 도와준 내 경제사상사 과정 학생들도 있다. 칼 브라이언트(Karl Bryant), 메그 데블린(Meg Devlin), 헤더 휴잇(Heather Hewitt), 캐슬린 돌리(Kathleen Dowley), 제스 파봉(Jess Pabón), 얘들아 정말 고맙다. 그리고 자기 시간을 기꺼이 할애해 나와 토론하면서 의견을 제시해준 친구들이자 친애하는 동료들에게 감사하다고 말하고 싶다. 특히 드루실라 바커(Drucilla Barker), 앤 데이비스(Ann Davis), 코엔 브런(Koen Bron), 헤티 폿-뷰터(Hettie Pott-Buter), 욜란데 삽(Jolande Sap)이 그 기나긴 노력을 함께해줬다.

지나칠 수 없는 사람들이 또 있다. 이 책에서 소개하는 여성 경제사상가들 가운데 에밀리 뒤 샤틀레(Émilie du Châtelet, 1706~1749), 엘리자베스 몬터규(Elizabeth Montagu, 1718~1800), 새디 태너 모셀 알렉산더(Sadie Tanner Mossell Alexander, 1898~1989)에 관한 연구는 내 학생들인 에이드리언 스프링어(Adrienne Springer), 클라우디아 로블스-가르시아(Claudia Robles-García), 일리 하산제카지(Yili Hasandjekaj)에게 각각

고마운 빚을 졌다.

이제 잉글랜드의 시인 매리 처들리(Mary Chudleigh, 1656~1710)의 말로써 내 마음을 대신하며 이 책을 시작하고자 한다.[2]

"이야기가 길어지는 데 그리고 내 생각을 이토록 자유롭게 말할 수 있다는 데 양해를 구하세요. 의심할 여지없이 당신이 정의를 행사하는 것 말고 다른 목적이 없는 사람이라면 기꺼이 받아들일 것입니다."

즐겁게 읽기를!

이 책의 주요 여성 경제 저술가들 · 5
감사의 말 · 10

서장 ❋ 경제학에서 사라진 여성들
경제학의 역사란 무엇이며, 왜 필요한가 · 18
경제라는 사회적 구성물에서 여성은 어디에 있는가 · 25
오이코노미아에서 페미니즘 경제학까지 · 34

제1장 ❋ 정치경제학의 등장
오이코노미아, 가계관리에 관한 탐구 · 47
중산층의 도덕 · 59

제2장 ❋ 권력과 주체성 그리고 재산권
경제적 추론의 권력 · 83
경제 행위 주체로서의 여성 · 94
재산권: 경제 제도로서의 결혼 · 108
재산권: 노예 및 식민지 여성 · 116

제3장 ❋ 교육
문화와 사회를 향한 관문으로서의 여성 교육 · 133
교육을 받아라! 학교를 시작하라! · 146
쉬운 언어로: 정치경제학 및 경제학 교육 · 150

제4장 ❋ 부와 여성의 관계: 자본, 돈, 금융
여성의 자본 통제력 상실 · 167
여성에게 강요된 돈을 대하는 태도 · 177
경제의 금융화 · 182

제5장 ❊ 생산

화폐화·시장화한 생산에서의 여성 • 195
산업에서의 젠더 분리 • 222
자신들의 일을 지켜온 여성 • 229

제6장 ❊ 분배

분배의 이동 패턴 • 236
경제 기사도와 임금 노동제 • 241
동일노동 동일임금 논쟁 • 249
젠더와 인종별 임금 격차 설명 • 255

제7장 ❊ 소비

소비를 이론화한 여성 경제학자들 • 267
소비와 환경 문제 • 284

제8장 ❊ 정부 정책

정부의 역할 • 293
지역 및 전 세계 공공재로서의 돌봄 서비스 • 310
산업 폐기물 통제와 자연 환경 보전 • 313
국제 경제 정책 • 315

제9장 ❊ 앞으로의 경제학은 어떻게 달라질 것인가

경제사상사에 기록되지 않은 12가지 키워드 • 321
페미니즘 관점에서 본 경제학 • 333
반쪽짜리 경제학의 좁은 터널을 어떻게 통과할 것인가 • 336

주 • 339
참고문헌 • 356
찾아보기 • 395

서장

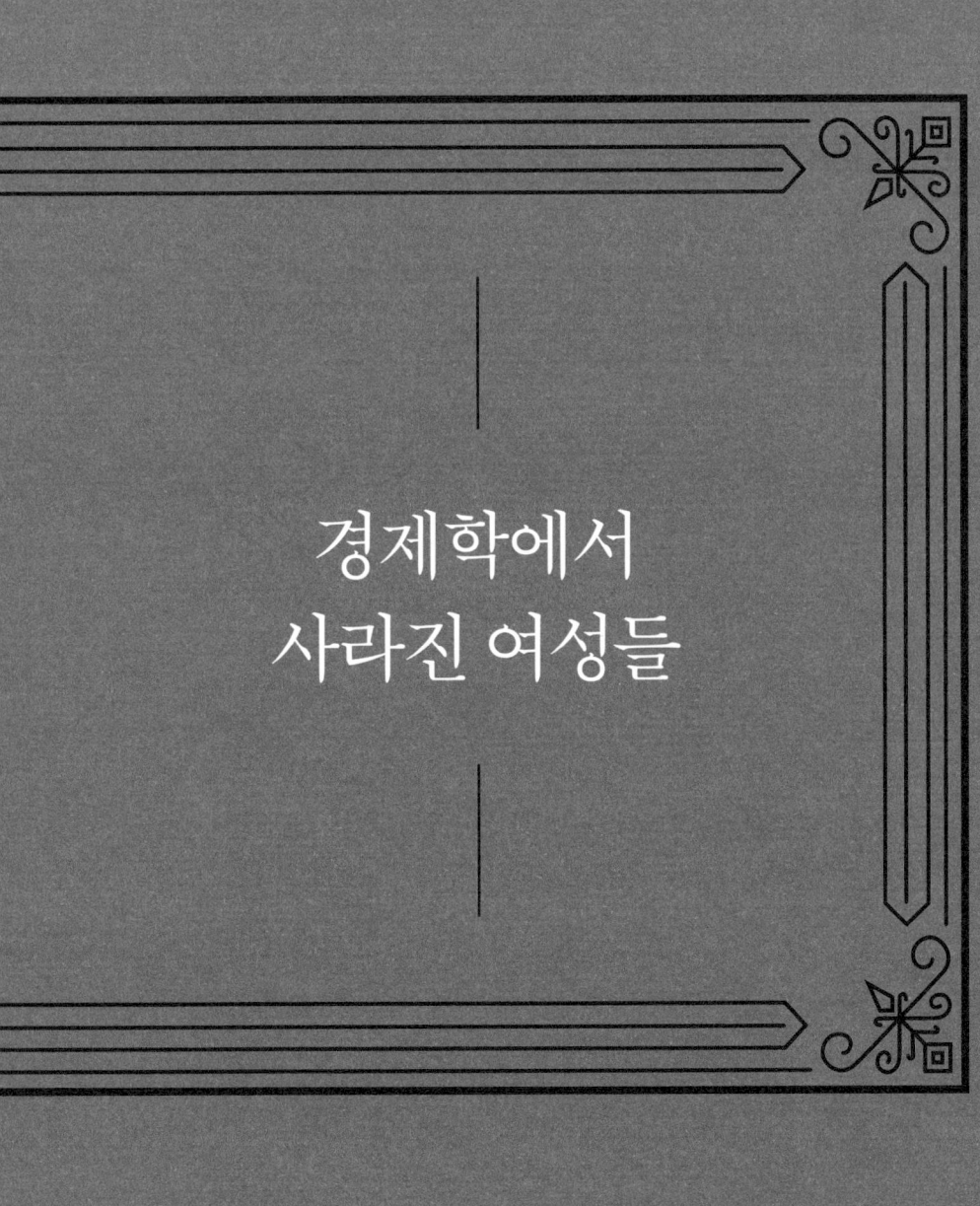

경제학에서
사라진 여성들

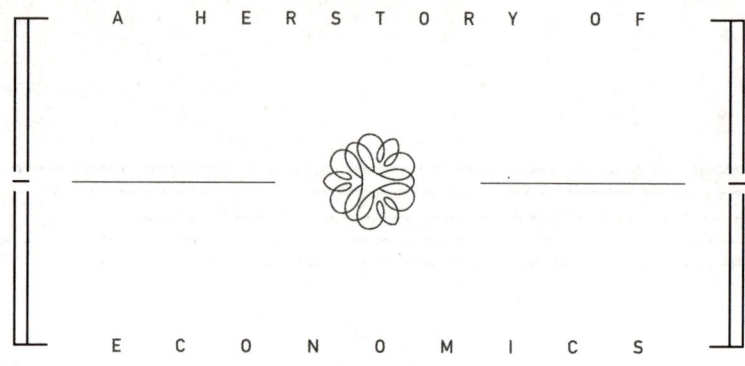

˚ 경제학의 역사란 무엇이며, 왜 필요한가 ˚

오늘날 경제학 교육 과정에서 경제사상사는 주로 서구의 남성 경제학자들 중심의 흥미롭고 매력적인 역사적 이야기들로 구성돼 있다. 정치경제학은 18세기 후반 서유럽에서 처음 등장했고 영국이 경제 패권을 쥐고 있던 시대에는 케임브리지대학교를 중심으로 펼쳐졌다. 전통적으로 경제학의 역사는 내재적 접근 방식을 이용해 가르쳐왔다. 이는 경제학 교육이 미국 경제학자 디어드레 매클로스키(Deirdre McCloskey)의 '브레인스(brains, 두뇌들)'라는 표현처럼 각운이 '스'인 애덤 스미스(Adam Smith, 1723~1790), 카를 마르크스(Karl Marx, 1818~1883), 존 메이너드 케인스(John Maynard Keynes, 1883~1946)와 같은 위대한 남성들의 정신에 대한 합리적 고려와 동시대 학자들 사이의 논쟁에 초점을 맞췄음을 의미한다.

그런데 최근 경제사학자들은 경제 개념과 모델 및 이론의 발전을 더 잘 이해하고자 정치경제학과 직접 관련되지 않은 사실에 주목하면서 외재적 접근 방식을 적용하는 데 점점 더 관심을 두게 됐다. 일테면 전쟁, 혁명, 정치적 반발, 경제 위기, 개인 간 우정, 정신 건강, 계급, 개인의 단절 문제 등과 같은 문제를 다룰 뿐 아니라 경제학에서 여성의 역할과 젠더 규범, 가치, 제도적 관행에 대한 여성의 목소리에도 귀를 기울이고 있다. 경제사학자들은 '경제학에서 젠더의 역할'[1]과 '여성 경제학자들의 저작'[2]에 눈을 돌려 '경제사상사에서 여성의 대표성이 낮은 이유'[3]에 집중했다. 이후 여성 경제 저술가들과 페미니스트 경제학자의 저작 모음집을 편집해 출간했으며,[4] 최근에는 본격적인 분석 작업을 진행하고 있다.[5] 내가 쓴 이 책 또한 이에 대한 논리적 후속 작업이라고 할 수 있으며, 기존 연구 문헌을 감사한 마음으로 참조했다.

그러나 학제 전반에 걸쳐 당시 실제로 경제학 분야에 종사한 유명인사를 포함해 대부분의 여성 경제 저술가들과 여성 경제학자들은 경제학 역사의 담론에서 배제되고 잊혀왔다. 심지어 살아생전에 지금의 오프라 윈프리(Oprah Winfrey)처럼 무척 유명했던 여성들도 경제학사에서 대부분 제외됐다. 매리 아스텔(Mary Astell, 1666~1731), 새라 섀폰(Sarah Chapone, 1699~1764), 프리실라 웨이크필드(Priscilla Wakefield, 1751~1832), 엘리자베스 리 허친스(Elizabeth Leigh Hutchins, 1858~1935), 헤이즐 커크(Hazel Kyrk, 1886~1957)의 저작에 관해 들어본 적 있는 경제사학자는 소수다. 다른 경제학자들은 말할 것도 없다. 경제학자들의 목록, 웹사이트, 포스터, 달력 등을 열심히 모으는 사람들도 여성 경제 저술가와 경제학자는 간과한다. 기껏해야 조앤 로빈슨(Joan Robinson, 1903~1983)이나 혁명가로 더 유명한 로자 룩셈부르크(Rosa Luxemburg, 1871~1919) 정도가 알려져 있을 뿐이다. 물론 조앤 로빈슨과 로자 룩셈부르크는 모두 훌륭한 경제학자였다. 조앤 로빈슨은 독점 시장과 '가격차별(price discrimination)'에 관한 글을 썼고, 마땅히 노벨 경제학상을 받아야 했으나 받지 못한 여성이라는 미덥지 않은 영예를 누렸다. 룩셈부르크는 자본주의의 제국주의적 측면, 즉 자본주의 시스템이 전 세계적으로 널리 퍼진 원인과 방식을 분석해 설명했다.

하지만 일반적으로 여성 경제학자들의 역사는 여기에서 멈춘다. 마치 경제사상사에서 이 두 사람의 여성만 언급하면 충분한 듯 말이다. 그런데 내가 보기에 그나마 이 두 여성만 경제학에서 이름이 알려진 까닭은 이들이 표면적으로 '여성'을 드러내지 않았다는 데 있다. 이 두 경제학자가 여성에 대한 글을 쓰지 않은 것은 결코 우연이 아니다. 어찌 보면 이들은 여성들의 관심과 이해관계가 설 자리가 없는 남성 지배적 경제 전통에 순응했다고도 볼 수 있다. 조앤 로빈슨과 로자 룩셈부르크 자신들은 인지하지 못했을지 모르지만, 학문 현장에서 그들의 위치가 여성의 경제적 견해, 경험, 관심사, 이해관계 등에 관한 글을 쓴 다른 여성들, 마땅히 받아야 할 학계의 관심을 놓친 다른 여성들의 빛을 가린 셈이었다. 그리고 이것이 바뀌는 데 수십 년의 세월이 걸렸다.

그러나 이 책의 목표는 여성이 왜 경제사상사에서 배제됐는지, 구체적으로 어떤 과정을 거쳐 배재됐는지를 설명하려는 것이 아니다. 그 역시 자연스러운 의문이나 이 책의 주된 목표는 실질적인 경제 문제를 제시했는데도 여성이라는 성별 때문에 역사의 균열 속에 파묻힌 경제 저술가와 경제학자를 소개하는 것이다. 그럼으로써 이들의 생각이 역사에서 누락된 결과가 경제에 대한 세상의 이해와 경제사상사에 어떤 영향을 미쳤는지 알 수 있다.

나는 이 책에서 수많은 여성 경제 저술가와 경제학자의 저작을 소개할 것이다. 내가 '여성 경제 저술가'와 '여성 경제학자'를 분리해서 언급하는 까닭은 전자의 경우 경제를 주제로 글을 썼으나 학문적 지위는 특정할 수 없기 때문이다. 이들 여성 중 다수는 대학이 문을 걸어 잠근 탓에 학업적 성취가 부족했다. 19세기 말에 이르러서야 이러한 분위기가 바뀌었고, 이후 비로소 여성 경제학자로서 학문에 뛰어들어 학술 논문을 출판하기 시작했다. 이제 저마다 자신들의 경제학적 사유와 경험을 기록으로 남긴 다양한 여성들을 이 책을 통해 만나게 될 것이다. 그리고 그들의 통찰을 재발견하게 될 것이다. 내 역할은 이들의 저작을 종합하고 확장했을 때 나타날 일련의 문제의식을 부각하는 데 있다.

나는 경제학 전공자는 물론 경제사상의 발전 과정에 관심이 있는 일반 독자를 위해 이 책을 썼다. 나아가 경제사상사 교과서로도 활용할 수 있도록 쉽게 서술하고자 노력했다. 모두 9개 장으로 구성하고 연대순으로 배열해 각 여성들의 이야기를 들려주고 있다. 다만 영국과 미국을 비롯한 전 세계 여성 경제 저술가와 경제학자 전부를 다룰 수는 없었다. 논지의 일관성을 유지하기 위해 어쩌면 이 책에 등장하리라고 예상했을지 모를 몇몇 여성들에 대한 논의도 피했다. 일테면 매리 로빈슨(Mary Robinson, 1757~1800), 스탈 부인(Madame De Staël)으로 더 잘 알려진 안 루이즈 제르멘 드 스탈-올스테인(Anne Louise Germaine de Staël-Holstein, 1766~1817), 헬렌 보산케(Helen Bosanquet, 1860~1926), 에마 골드먼(Emma Goldman, 1869~1940) 등은 모두 위대한 여성들이며 이 밖에도 다른 많은 인물이 있겠지만 이 책에 포함하지는 않았다. 경제라는 본연의 주제에 집중하기 위해서였다. 그렇지만 이들의 행보도 경제학의 역사로 가져와 분석할 가치가 있음은 분명한 사실이다.

이 책에서 소개하는 여성들의 경제 저작에서 추출한 주제는 19세기 말 '경제학(economics)' 또는 '경제과학(economic science)'으로 불리게 된 경제사상 학문 분야의 주요 논쟁과도 일치한다. 이 책의 제1장에서 제8장은 1700년부터 2020년까지의 기간을 다룬다. 각 장의 이야기가 연대순으로 전개되긴 하지만, 주요 주제는 해당 시기 학계 안팎의 경제 논쟁에서 두드러진 특정 기간에 초점을 맞추고 있다. 마지막 제9장에서는 주된 연구 결과를 종합해 이들 여성 선각자들의 생각과 글을 통해 얻을 수 있는 몇 가지 교훈을 제시한다.

이 책에 등장하는 여성 경제 저술가와 경제학자들은 대부분 매혹적인 삶을 살았다. 여러분은 이 여성들 삶의 일면과 이들의 주목할 만한 경제 활동을 살피게 될 것이다. 초기 여성들 대부분은 영국인이고 이후는 미국 출신들이다. 잉글랜드와 스코틀랜드에서 정치경제학이 처음 출현했고 이 여성들은 그렇게 시작한 경제학의 역사와 깊은 관련이 있다. 훗날 제2차 세계대전이 종료되자 세계 경제 패권은 미국으로 넘어

갔으며 경제학 분야의 무게 중심도 영국 케임브리지에서 매사추세츠 케임브리지로 이동했다. 나는 이 책에서 유럽, 그리고 나중에는 미국 중산층 백인 남성들의 관점에서 쓰인 경제사상사의 고정관념을 깨뜨려 새로운 시각으로 바라볼 것이다. 그러나 이 책은 여성의 경험과 페미니즘 관점에서 경제를 고찰하려는 노력의 시작일 뿐이며, 아시아계 미국 여성과 아메리카 원주민 여성, 나아가 남아메리카 및 전 세계 여성 경제 저술가와 경제학자들의 경제적 공헌까지 가져오려면 훨씬 더 많은 작업이 필요하다.

이 책에서 소개하는 여성들은 당시로서는 매우 보기 드문 부류였다. 18세기만 하더라도 읽고 쓰는 법을 배운 상류층과 귀족 여성들조차 자신의 글을 책으로 출판하는 행위가 법과 제도로 엄격히 규제되는 삶을 살았다. 더욱이 영국에서 여성은 지난 4세기 대부분 동안 고등 교육을 받지 못했으며 대학 입학을 거부당했다. 미국의 경우에는 노예에게 읽기와 쓰기를 가르치는 것이 불법이었다. 그래서 당시 글을 읽고 쓸 줄 아는 여성은 거의 없었고, 후대에 경제와 관련한 문헌을 남긴 여성들은 대체로 상류층이나 귀족이었다. 일부 노동자 계층과 노예 출신 여성들은 온갖 위험을 무릅쓰고 글을 배워 경제 문제를 포함한 몇 편의 문헌을 남겼으며, 이 책에서 그 가운데 몇 가지를 소개한다.

당시의 여성 경제 저술가들은 주로 소책자, 서한, 일기, 메모, 에세이, 시와 같은 비학술적 형식의 글을 썼다. 이들 중 상당수는 남성 경제학자들의 연구에 관해 논평하거나 번역하는 것으로 관계를 맺었다. 또 어떤 이들은 여성의 일상적 관심사와 이해관계에 초점을 맞춰 세상에 더 널리 알려지기를 원했다. 또 다른 이들은 적극적으로 정치적 활동과 공개 토론에 참여했다. 자신들의 이름을 알리기 위해서라기보다 여성의 대의에 이바지하고자 저마다의 견해를 밝혔다.

이들이 글로 쓴 주제는 화폐, 무역, 정부 정책, 시장 경쟁, 투자 등 학계 경제학자들이 다루던 주제와는 달랐다. 젠더 규범이 남성 경제학자들에게 초점을 맞춘 것과 유사한 방식으로 여성 경제 저술가들은 오늘날 젠더 기대치에 큰 영향을 미친 자신의 경험에서 출발했다. 이는 서유럽 국가 대부분에서 젠더 규범에 엄격한 제한을 두던 18세기와 19세기 사회 분위기를 뒤흔들었다. 동시대 남성 경제학자들의 추상적인 추론에 관여하는 대신 가계와 부동산을 운용하는 방법, 경제적 권리 부족 개선, 생산과 소비에서의 역할, 남편에 대한 사회적·경제적 의존 문제, 임금 노동을 할 수 있는 제한된 권리, 여성과 남성의 임금 차이를 비롯한 여러 주제에 관해 여성들의 일상적 경험을 바탕으로 글을 썼다. 이는 사회 및 정치 제도, 도덕적 행동, 돌봄 등에 대한 사회적 인식을 확장했고, 이들의 저작과 메시지에 귀를 기울이는 사람들에게 경제를 바라보는 더 넓은 관점을 제공했다.

이 책에서는 프랑스 혁명 시기에 여성의 참정권을 주장한 올랭프 드 구즈(Olympe de Gouges, 1748~1793)처럼 목숨을 잃게 될지 모를 문제를 부각하고 투쟁하고 감옥이나 정신병원에 끌려갈 위험을 감수한 여성 경제 저술가들의 견해를 살펴볼 것이다. 나아가 이들 저술의 배경이 된 다양한 자료도 접할 수 있다. 그렇게 여러분은 이들의 분석을 경제 사상사에 왜 포함해야 하는지, 그로 인해 이 학문 분야의 주요 서사가 어떻게 바뀔지, 그리고 그 결과 그동안 여러분이 알고 있던 경제사상사가 어떤 식으로 재구성될지 생각해볼 수 있을 것이다.

˚ 경제라는 사회적 구성물에서 여성은 어디에 있는가 ˚

이 책에서 논의하는 여성 경제 저술가들의 저작은 산업 사회와 자본주의 시스템의 출현 및 발전이라는 역사적 맥락에서 살펴야 한다. 여러분에게 이 문헌들의 배경이 되는 여성과 젠더의 역사에 관한 대략적 개요를 제공하기 위해 먼저 농업 봉건 사회에서 돈과 시장이 지배하는 산업 사회로의 이동이 초래한 변화를 강조하고 싶다.

하층 및 중산층 여성들에게 이 같은 변화는 자신들이 수행하던 생산적인 일이 작업장과 공장으로, 즉 집에서 점점 더 멀어짐을 의미했다. 노동 계급 여성들과 소녀들은 강제로 집 밖에서 일해야 했고 최저 생계비를 벌었다. 중산층 여성 대부분은 가정에 남았지만, 생산적인 일은 육아와 집안일로 축소됐으며 그에 비례해 남편에 대한 경제적 의존도는 크게 높아졌다.

여성 노동은 임금이 매우 낮았고 여성들에게 열려 있는 양질의 일자리 또한 턱없이 부족했기 때문에 독립적인 생활은 사실상 불가능했다. 그리고 결혼할 남성 인구수가 상대적으로 적은 상황은 경제적 안정을 위한 여성들의 노력이 사회 구조적으로 실패할 수밖에 없음을 암시했다.[6] 그로 인해 갖가지 폐지론이 등장했고, 노동 및 여성 운동이 심화했다. 또한 경제에서 정부의 역할이 증대하는 한편, 기술과 생산성은 성장을 거듭해 19세기 유럽과 미국의 혼인법 및 재산권에 커다란 변화를 가져왔다.

그러다가 20세기에 걸쳐 중산층 여성이 노동 시장의 큰 축을 형성하면서 여성들의 노동 참여가 1900년 약 20퍼센트에서 1980년에는 약 50퍼센트로 증가했다.[7] 생산 활동이 가구에서 노동 시장으로 이동하는 추세는 여전히 진행 중이었으나, 여성의 노동 참여 증가 수준은 최대치에 도달해 정체한 상태에서 2020년 코로나19 팬데믹이 시작되자 감소세로 돌아섰다. 21세기 들어 심각한 경제 위기 상황이 초래됐고, 산업 사회는 자원 고갈, 기후 변화, 백인 남성 지배 사회의 지속 불가능성 등 여러 측면에서 한계에 직면해 있다.

경제학의 역사와 관련한 몇 가지 핵심 개념을 이야기할 때 페미니스트 학자들이 묻는 첫 번째이자 가장 중요한 질문은 이것이다.

"여성은 어디에 있는가?"

이 질문은 경제사상사가 남성 경제학자 중심의 연구 주제와 특정 관심사만 다루는 등 여러 범주에서 여성의 부재로 왜곡됐기 때문에 특히 중요하다. 따라서 이 질문에 답하려면 경제학 서사를 깊이 파고들어 역사가들이 일반적으로 제시하는 관점이 아닌 다른 관점을 가져와야 한다. 우선 집단으로서의 여성에 초점을 맞춘 뒤 여성들이 모두 동등한 위치에 있지 않다는 점을 고려하고 그들 사이의 이해 충돌을 포함한 경험 차이를 식별해야 한다.

예를 들면 권력 계층에 있던 일부 백인 여성들은 여성 노예를 억압할 때 남성들 편에 섰으며, 주변 남성들의 잔혹한 행위에 동참하지는 않더라도 그 기조를 유지했다. 18세기 중반 박애주의라는 명분 아래 당시 자신의 노예 앤 이어슬리(Ann Yearsley, 1753~1806)의 지적 작업을 도용한 잉글랜드 '블루스타킹협회(Bluestocking Society)'의 일원 해나 모어(Hannah More, 1745~1833)처럼, 의도는 순수했을지 모르나 결과적으로 특권층 여성들이 가사 노동자들을 착취했다고 볼 수 있는 사례도 있다. 이 같은 이면도 존재하기에 다각적으로 살펴서 조사하고 평가에 주의를 기울일 필요가 있다.

경제학자를 비롯한 과학자와 학자들은 대개 학문을 연구할 때 자신을 가르친 스승과 이전 지식인들의 작업을 기반으로 하며, 자신에게 익숙한 이론적 틀과 범주 내에서 연구 작업을 수행하는 경향이 있다. 이런 영향으로 경제사상사에서 여성과 관련한 주제와 가치와 서사가 보이지 않는 현상이 자연스럽게 답습됐으며 그대로 학문 현장의 분위기를 장악했다. 그렇기에 수 세기 동안은 아니더라도 수십 년 동안 학문 현장에서 소외된 여성을 다시 끌어들이기 위해서는 평판과 경력에 대한 위험을 무릅쓴 의식적 조치가 필요하다. 시대의 이론적 틀과 학문적 규범 및 가치관 모두를 역행해야 하기 때문이다.

"여성은 어디에 있는가?"라는 질문을 던져야 할 현장에 여성이 없는 상황은 경제학을 비롯한 대부분의 학문 분야에서 여성의 비가시성을 더 쉽게 정당화했다. 그리고 이는 흑인에게도 마찬가지였다. 이들이 현장에 없다는 현실은 백인 남성 경제학자들이 애써 자신의 특권을 드러내지 않아도 되는 구실로 작용했고, 여성 특히 흑인 여성의 부재를 가치 없는 문제로 합리화할 수 있도록 도왔다.

1980년대까지 여성의 부재와 경제적 이해관계는 사실과 다른 경험적 증거를 채택한 듯한 경제과학적 추론과 규범 및 가치관에 흡수됐다. 모든 경제학 이론의 경제 행위 주체인 '호모 이코노미쿠스(homo economicus)', 즉 '합리적 경제인(rational economic man)'은 남성과 여성을 모두 포함한 인간의 경제 행위를 설명하는 일반론으로 간주했다. 노동 시장 행태에 관한 분석은 남성만을 대상으로 했으나 그 한계를 문제 삼은 적은 없었다. 반면 여성의 경제 행위는 '가족 행태'를 분석할 때 포착된다고 가정했으며, 여성의 경제 행위 연구에 학문 경력을 투자한 학자들은 경제학계 변두리로 밀려났다.

더 일반적으로 경제 행위와 행위 주체는 자신의 이익을 충족하는 두 가지 선택지 중 최선을 선택하는 '합리적 행태'를 개념화할 때 사용됐고, 이는 미국의 남성성 개념과 관련이 있다. 그러나 점점 더 많은 여성과 페미니스트 경제학자들이 학계에 진출해 기존 경제학 저널에 연구 결과를 발표하면서 마침내 논의석상의 한 자리를 차지했으며, 여성과 관련한 경제 문제에 질문하고 해답을 추구할 수 있게 됐다.

이 책의 구성을 설명하기 전에 다시 한걸음 물러서서 일부 독자에게는 다소 생소할지 모를 몇 가지 기본 개념에 대해 논의하고자 한다. 일테면 '여성의 경제 저술'에 관한 관심의 밑바탕에는 '여성'이 이들의 저술 작업에 어떤 의미를 부여하는지, 나아가 성별이 저술 내용에 어느 수준까지 영향을 미치는지에 대한 질문이 깔려 있다. 이 책의 맥락에서 이와 같은 질문에 답하려면 '여성'과 '남성'의 개념부터 살펴야 할 것이다. 두 가지 용어의 의미는 우리 대부분이 배우고 생각한 것보다 모호하고 불분명하다. 우리의 일상에서 여성과 남성은 명확한 생물학적 차이로 구별된다. 여성은 출산할 수 있고 남성은 그렇지 못하다는 식이다. 어떤 이들은 여성과 남성은 너무 달라서 서로 보완적일 수는 있지만 반대일 수밖에 없다고 말한다. 이 관점에서 보면 여성은 감성적이고 남성은 이성적이며, 여성은 약하고 남성은 강하다. 여기에서 여성과 남성은 서로의 존재 없이는 살아갈 수 없고, 심지어 이 둘을 하나의 개인으로 봐야 한다는 생각이 싹을 틔운다. 예컨대 결혼한 여성이 "존 존스(John Jones) 씨 부인"으로 불리던 방식을 떠올려보자. 이 같은 일련의 개념은 여성과 남성의 차이를 자연발생적인 것으로 보는 생물학적 이해와 짝을 이루고 있다.

하지만 지난 수십 년 동안의 연구 및 경험은 여성과 남성의 차이에 대한 전통적 견해와 모순됐다. 여성과 남성은 "A는 A가 아니다"라는 명제가 성립할 수 없듯이 서로 반대되는 개념이 아닐뿐더러 신체 DNA, 생식 기관, 젠더 정체성(gender identity)의 개인적 경험 등 갖가지 스펙트럼으로 인식할 수 있다.[8] 어떤 사람은 매우 여성적이다. 어떤 사람은 전통적으로 남성적이라고 간주해온 특성을 가졌고, 여성으로 태어나 자랐는데도 남성으로 보이는 특징을 갖춘 사람도 있다. 이처럼 다양한 젠더 정체성은 단순한 이분법으로는 포착할 수 없으며, 그런 시도는 하나의 정체성에 '딱 들어맞지' 않는 사람들에게 오히려 해를 끼친다.

미리 확실히 해두자면 '젠더 정체성'은 '성적 지향(sexual orientation)'을 가리키는 개념이 아니다. 성적 지향이란 어떤 성별의 상대에게 성적으로 끌리는지를 나타내는 개념이며 이성애자, 동성애자, 범성애자, 양성애자, 무성애자로 구분한다. 하지만 이 책의 논지와 별개의 문제이므로 더는 언급하지 않겠다. 아울러 남성적인 생물학적 특성(DNA 및 호르몬)을 가진 남성이라고 해서 여성을 제압하고 지배하려는 유해한 남성성까지 타고나지는 않는다는 점을 분명히 하겠다. 남성이 된다는 것은 본성이 아닌 양육의 문제다. 누군가는 남성이 여성보다 우위를 차지하려는 행동을 '자연발생적' 성향이라고 주장하지만, 그 같은 행동이 그들을 '진정한' 남성 또는 '좋은' 남성으로 만들어주지는 않는다.

페미니스트 학자들은 '좋은 남성' 또는 '진정한 여성'이 무엇을 의미하는지에 대한 생각이 나라마다, 문화마다, 시대마다 다르다는 사실을 발견했다. 나아가 사람들 부류마다도 다르다. 예를 들면 미식축구 선수들 사이에서는 신체적으로 강하고, 세게 부딪혀도 개의치 않으며, 팀워크가 강한 사람을 매우 남성적이라고 여긴다. 그런데 이는 경제학자들이 생각하는 남성적 특성과 전혀 다르다. 경제학 관점에서 강하거나 멋지거나 뜨거운 것은 매끄럽고 매력적인 해결책을 내놓거나 복잡한 수학적 모델을 스스로 고안해 압도적 차이로 경쟁자를 이기는 것이다. 그래서 페미니스트 학자들은 '성 차이(sex differences)'에서 '젠더(gender)'를 분리했고 이는 젠더가 생물학적인 성과 별개로 연구될 수 있음을 의미했다. 페미니스트 경제학자 줄리 넬슨(Julie Nelson)은 젠더를 "여성과 남성 사이의 실제적인 또는 지각된 차이를 근거로 문화가 구성하는 일련의 유대와 고정관념 및 사회적 양상"이라고 정의했다.[9]

이후 페미니즘 이론이 더욱 발전함에 따라 넬슨의 젠더 개념은 '성 차이'도 문화적 요소를 포함한다고 지적한 주디스 버틀러(Judith Butler) 같은 페미니스트 학자들에게 비판을 받았다.[10] 예컨대 아기가 여성도 남성도 아닌 생식기를 갖고 태어나면 대부분 부모는 의사에게 성별의 모호함을 바로잡아달라고 요청한다. 그렇기에 젠더에 대한 문화적 인식은 신체적·생물학적 차이에도 영향을 미치며 결국 '성 차이'도 '젠더 차이'가 된다. 버틀러를 비롯한 페미니스트 학자들은 개인이 자신의 젠더를 수용하는 과정에서 젠더 정체성을 훨씬 더 유동적으로 인식한다고 강조했다. 최근에는 자신들이 태어날 때와 다른 젠더 정체성을 가졌다고 밝힌 트랜스젠더(transgender) 여성과 남성이 '여성 대 남성'이라는 이분법은 물론 젠더와 관련한 이분법적 사고의 근본적 양상을 비판했다. 뒤에서 살피겠지만 이분법적 사고는 경제사상에도 깊숙이 뿌리내리고 있다. 어쨌든 내가 이 책에서의 '여성'은 타고난 생물학적 젠더와 젠더 정체성이 일치하는 시스젠더(cisgender) 여성을 지칭하고 있다.

앞서 언급했고 우리가 익히 알고 있듯이 '여성'은 동질적인 하나의 집단이 아니다. 여성은 저마다 국가, 계층, 피부색, 교육, 연령, 건강, 종교, 신체 능력에서 다르다. 여성이라고 해서 모두가 같은 관심사를 가진 것은 아니며, 각자가 다른 경험을 쌓아왔기 때문에 엄밀히는 다른 여성을 대신해 말할 수 없다. 더욱이 일부 여성은 젠더에 따른 차별뿐 아니라 흑인이라는 이유로, 신체적으로 약하다는 이유로, 나이가 어리거나 많다는 이유로 차별을 받고 있다. 페미니스트 법학자 킴벌리 크렌쇼(Kimberlé Crenshaw)는 "신분, 계층, 인종, 민족, 젠더, 장애 따위의 정체성이 결합했을 때 전에 없던 차별이나 특권이 생긴다"고 지적하면서 이를 '교차성(intersectionality)'이라고 불렀다.[11] 흑인 여성은 성차별과 인종차별을 모두 경험하며 이 같은 형태의 차별은 서로 영향을 미쳐 강화된다.

이 책에서 나는 여성 문제에 관해 쓴 여성의 글에 집중할 뿐 여성 문제에 대한 경제학자의 글에 초점을 맞추지는 않는다. 후자의 '경제학자'에는 여성 경제 저술가와 경제학자가 빠져 있었기 때문이다. 여성은 여성으로서 경제학계의 어떤 직책도 맡을 수 없었기에 문자 그대로 배제됐다. 경제학 이론과 문헌에서 여성이 배제된 까닭은 여성 경제 저술가와 경제학자들이 없어서가 아니라 학계에서 그 작업을 보이지 않는 것으로 치부했기 때문이다. 하지만 한편으로 이런 역사적 배제는 남성 경제학자들이 '무가치한' 추론에 관여한 학문의 일부인 '순수 경제학'과 일반적으로 명시적 또는 암묵적 가치 판단에 기반한 규범적 경제학으로 간주하는 '여성 문제' 사이의 구분을 유지하는 데 도움이 됐다.

이 책은 남성 경제학자들이 남성으로서 발전시킨 것들과 매우 다른, 여성의 관점에서 경제를 바라보는 견해를 발전시킨 여성들의 작업에 초점을 맞춘다. 남성들이 가진 자원과 자유가 허락되지 않아 소외되고 무시당했던 여성들의 다양한 목소리, 남성 중심의 경제학 역사에서 문헌으로 포함되지 못한 저작들을 하나로 모았다. 할 수만 있다면 그 시절로 돌아가서 배우고 싶은, 수 세기 동안의 경제 개념과 가설 및 이론을 재평가하는 데 활용하고 싶은 숨겨진 서사와 내지 못했던 목소리들이다.

우리의 개념을 명확히 하기 위해 "경제학이란 무엇인가?"라는 질문도 다시 다룰 필요가 있다. 그리고 "경제란 무엇인가?"에서 '경제'도 '젠더'와 같은 사회적 구성물로 간주해야 한다. 우리가 콕 집어서 "이것이 경제다"라고 단정해 말할 수 있는 것은 존재하지 않는다. '경제'의 일부가 된 것들은 지난 몇 세기 동안 사회적·문화적·정치적·경제적으로 구성됐다. 그러므로 기존에 '경제'의 일부로 간주한 요소들은 뒤에서 '여성의 일'을 논의할 때 더 자세히 살펴겠지만, 자연발생적이거나 정치적으로 중립적인 것들이 아니다. 권력, 도덕, 계층 간 이해관계의 갈등을 인정한 정치경제학은 19세기 말에 재정의됐다. 애덤 스미스, 데이비드 리카도(David Ricardo, 1772~1823), 토머스 맬서스(Thomas Malthus, 1766~1834)와 같은 정치경제학자들의 이론적 접근은 카를 마르크스가 만든 용어인 '고전주의 경제학(classical economics)'이라고 불린다. 당시 경제학자들은 물리학에서 지배적인 양적 방법론에 근거하고 (남성) 개인의 경제 행위에 초점을 맞춘 일련의 이론을 '경제학(economics, 이코노믹스)'이라고 부르기 시작했다. 나는 이 책에서 '경제(economy, 이코노미)'를 말할 때 이 용어의 어원인 '오이코노미아(oeconomia)'●를 포함한 의미로 '경제학' 또는 '정치경제학'이라는 용어를 지칭할 것이다.

강조컨대 '경제학'과 '경제'는 다르다. '경제학'은 경제학자들의 '경제'에 관한 연구, 개념, 이론, 논문, 저작 등을 포함하는 학문 분야를 말한다. 물론 이 학문 분야가 아무런 영향력이 없다고 볼 수는 없지만, 우리가

● '이코노미(economy)'는 그리스어 '오이코노미아(oikonomia)'에서 유래한 용어다. '오이코노미아'는 '집'을 뜻하는 '오이코스(oikos)'와 '관리'를 의미하는 '노미아(nomia)'의 합성어로, 우리말로는 '살림살이'를 일컫는다고 할 수 있다. '오이코노미아'는 근대에 이르러 화폐, 가격, 시장, 거래 등의 경제적 요소를 포함한 근대적 개념의 '이코노미'로 그 의미가 크게 확대된다.

훨씬 더 넓은 맥락에서 '경제'라고 부르는 것에서 벌어지는 일에 간접적인 영향만 미칠 뿐이다. 이 사실은 "경제학이란 무엇인가?"라는 질문, 그리고 "누가 경제학을 연구하는가?"라는 질문에 주의를 기울이게 한다는 점에서, 어떤 조사를 수행해야 하고 그 결과가 만족스러운지를 무엇으로 결정할 수 있는지 고민하게 한다는 점에서 중요하다. 그러나 최근까지도 여성, 특히 흑인 여성들의 문제와 질문은 중요하게 다루지 않았으며, 경제학자들이 내놓은 대답에도 많은 여성 경제 저술가와 경제학자들의 목소리는 빠져 있었다.

˚오이코노미아에서 페미니즘 경제학까지˚

이미 언급했듯이 이 책은 1700년부터 2020년까지 여성 경제 저술가들의 저작에서 선별한 주제를 매 장마다 한 가지 이상 제시한 8개 장과 마지막 결론 1개 장으로 구성돼 있다. 각 장은 연대순으로 전개되지만, 각각의 주제는 경제학자들의 논쟁에서 중심이 된 기간만큼 더 자세히 다룬다. 일테면 '도덕(morality)'은 18세기 버나드 맨더빌(Bernard Mandeville, 1670~1733)과 애덤 스미스 같은 초기 정치경제학자들이 광범위하게 논의한 주제다. 이 책의 제1장에서 다루는 두 가지 주제 중 하나는 그 기간에 여성 경제 저술가들이 제시한 새로운 도덕이다. 이 새로운 도덕은 이후 경제사상사에서 계속 역할을 하기에 다음 장에서 논의할 주제의 기반이 된다. 그러므로 여러분은 중심 주제가 시간과 지면을 통해 이동하면서도 이전에 언급한 때로 돌아가는 모습을 보게 될 것이다. 각 장의 순서는 지금 설명할 내용과 같이 경제사상사를 관통하는 주제의 순서를 따르고 있다.

제1장 '정치경제학의 등장'에서는 정치경제학이 '오이코노미아', 즉 '가계관리'로 불리던 시대로 그 기원을 찾아 거슬러 올라간다. 당시 그리스의 소크라테스(Socrates, 기원전 470~기원전 399)나 크세노폰(Xenophon, 기원전 434?~기원전 355?) 같은 철학자와 훗날 많은 여성 경제 저술가의 저작에서 논의되는 가계관리 경험에 관해 다룬다. 이 장에서는 18세기 초 무려 50년 가까이 자신과 가정의 세부 사항을 가계부로 기록한 스코틀랜드의 그리셀 베일리(Grisell Baillie, 1665~1746)도 만날 수 있다. 여기에서 나는 영국을 비롯한 많은 곳에서 여성의 독점적인 영역으로 인식되고 있던 가계관리에 주목한다. 정치경제학이 등장해 교환관계에 참여하는 개인의 경제 행위를 연구하기 위한 학문 분야가 정립된 뒤에도 가계관리의 이런 전통은 계속됐다. 20세기 초 마거릿 길핀 리드(Margaret Gilpin Reid, 1896~1991)가 쓴《가계 생산의 경제학(Economics of Household Production)》(1934)에도 이 같은 전통이 잘 나타난다. 이는 1960년대와 1970년대에 이른바 '신가정경제학(new home economics)'으로 재부상해 주류 경제학인 '신고전주의(neoclassical)' 경제 이론에 흡수됐다.

학문 연구가 제도화되던 시기에는 프랑스 여성 에밀리 뒤 샤틀레(Émilie du Châtelet, 1706~1749)를 만나게 된다. 그녀는 버나드 맨더빌의《꿀벌의 우화(The Fable of the Bees)》(1714) 등 여러 학자의 저서들과 그리스어 및 라틴어 고전을 프랑스어로 옮겼으며, 신흥 산업 사회와 함께 구축되던 새로운 도덕 체계에 이바지했다. 귀족과 부르주아를 포함한 수많은 자유 사상가들이 수학, 자연과학, 철학을 논의하고자 파리로 모여든 프랑스 계몽주의 중심에서 활동하기도 했다. '블루스타킹협회' 리더이자 당시 영국 사회에서 크게 눈에 띄는 여성이었던 엘리자베스 몬터규(Elizabeth Montagu, 1718~1800)에 관해서도 읽을 수 있다. 프랑스와 영국의 새로운 일상 도덕을 바라본 에밀리 뒤 샤틀레와 엘리자베스 몬터규의 관점은 애덤 스미스의 《도덕감정론(The Theory of Moral Sentiments)》(1759)과 관련이 있다.

이어서 《도덕감정론》을 프랑스어로 번역하고 도덕적 의사 결정과 제도의 역할에 대해 자신의 견해를 피력한 소피 드 그루시 드 콩도르세(Sophie de Grouchy de Condorcet, 1764~1822)를 마주하게 된다. 다음으로는 여성이 직면해 있던 물질적 빈곤과 도덕적 몰락 위협을 거센 어조로 비판한 매리 헤이스(Mary Hays, 1759~1843)를 소개한다. 그리고 제1장을 마무리하는 인물은 《래크렌트 성(Castle Rackrent)》(1800)을 통해 봉건주의에서 초기 자본주의까지 문화와 도덕의 변화를 묘사한 아일랜드의 마리아 에지워스(Maria Edgeworth, 1768~1849)다. 그렇지만 주제가 마무리되는 것은 아니다. 도덕과 경제학의 관계는 경제사상사에서 되풀이되는 주제로 여전히 남아 있다.

제2장 '권력과 주체성 그리고 재산권'에서는 정치경제학의 다른 초석이 드러난다. 부르주아 사회의 성장과 더불어 여성의 법적·정치적 지위가 재정의됐으나 개선되지는 않았다. 법률 체계는 여성의 아버지, 형제,

남편을 법적 후견인으로 인정함으로써 기혼 여성의 재산권, 양육권, 미래에 대한 통제권을 박탈했다. 1735년 이 같은 여성의 법적 권리 상실에 경종을 울린 인물이 잉글랜드의 새라 섀폰이었다. 이어서 18세기 후반 여성 경제 및 법률 저술가들이 여성의 완전한 시민권, 평등에 기반한 혼인법, 이혼할 권리를 주장하고 이를 위해 투쟁했다. 프랑스의 올랭프 드 구즈(Olympe de Gouges, 1748~1793), 네덜란드의 에타 팜 달더스(Etta Palm d'Aelders, 1743~1799), 잉글랜드의 매리 울스턴크래프트(Mary Wollstonecraft, 1759~1797)가 더 많은 것을 들려줄 것이다. 이 장에서는 이들의 생각을 체사레 베카리아(Cesare Beccaria, 1738~1794), 안-로베르-자크 튀르고(Anne Robert Jacques Turgot, 1727~1781), 애덤 스미스 같은 정치경제학자들이 제시한 개념 및 원리와 비교하면서 깊이 논의한다.

제3장 '교육'은 여성과 남성 모두가 사회의 온전한 구성원으로서 사회, 경제, 문화 발전에 이바지할 수 있도록 통로 역할을 하는 것이 무엇인지 살핀다. 교육은 언제나 여성 운동에서 가장 중심적이고 되풀이되는 주제였다. 잉글랜드의 매리 아스텔, 프랑스의 안-테레즈 마르게나 드 쿠르셀(Anne-Thérèse de Marguenat de Courcelles, 1647~1733), 마리아 에지워스 등이 소녀들을 위한 건전한 교육과 훈련의 중요성에 관해 썼다. 한편으로 1898년 매리 처치 테럴(Mary Church Terrell, 1863~1954)은 미국의 흑인 여성들이 어떻게 커다란 발전을 이루고 교육 수준을 따라잡았는지, 흑인 공동체가 어떤 과정으로 진보해 자신들의 대학을 설립할 수 있었는지 서술했다.

앞서 언급한 엘리자베스 몬터규는 잉글랜드 학교 교육 환경을 개선하는 데 공헌하기도 했다. 자신이 직접 학교를 세워 소녀들을 교육했고 이는 많은 여성 경제 저술가들의 본보기가 됐다. 마찬가지로 학교를 설립하고 교육 개혁을 주도한 영국의 새라 트리머(Sarah Trimmer, 1741~1810)는 학교를 시작하고 운영하는 방법에 관해 설명한 《자애의 경제(The Oeconomy of Charity)》(1787)를 펴냈다. 그녀는 훗날 성인 여성으로 성장할 소녀들의 교육 개선을 위해 여러 저작을 남긴 여성 경제 저술가였으며, 위의 매리 울스턴크래프트도 그런 인물 가운데 한 사람이었다.

위에서 다소 부정적 측면을 지적했던 해나 모어는 더 나아가 경제 문해력과 교육에 관해 썼다. 영국의 제인 헐디먼드 마르셋(Jane Haldimand Marcet, 1769~1858), 해리엇 마티노(Harriet Martineau, 1802~1876), 밀리센트 개럿 포셋(Millicent Garrett Fawcett, 1847~1929)도 이와 함께 정치경제의 원리와 개념을 비교적 쉽게 설명한 저작을 남겼다. 이 장에서 교육을 주제로 언급하는 마지막 여성 경제 저술가는 아인 랜드(Ayn Rand, 1905~1982)이며, 그녀는 미국 보수주의 단체 '티파티(Tea Party)'에 상당한 영향을 미친 경제 개념을 삶에 투사한 소설 《파운틴헤드(The Fountainhead)》(1943)로 엄청난 명성을 얻었다.

제4장 '부와 여성의 관계: 자본, 돈, 금융'은 자본, 노동, 토지 등에 대한 여성의 권리 통제력 상실이 18세기 후반 '고딕 소설(Gothic novel)' 유행에 영향을 미쳤다고 지적한다. 대표적으로 앤 래드클리프(Ann Radcliffe, 1764~1823)는 이 장르에 기여함으로써 여성들이 자신의 경

제적 관점과 경험을 발산할 장을 마련했으며, 단순한 불안감이 아니라 여성이 남성에게 전적으로 의존하고 있는 경제 현실을 꼬집었다. 이 같은 시도는 경제적 자산에서 여성이 멀어지는 현상을 합리화해 그대로 수용하는 사회적 규범의 변화를 촉구했다. 제인 오스틴(Jane Austen, 1775~1817)이 자신의 작품에서 보여주고 있듯이 소설은 여성들에게 삶에서 돈의 역할을 생각하게 하는 중요한 매개체였다. 그리고 수십 년이 흘러 1837년과 1857년 미국의 경제 공황은 다시금 여성들이 경제 소설을 쓰고 읽게 만든 물결을 일으켰다. 여성의 경제적 자산과 생산 수단 통제권을 되찾는 노력은 오늘날까지 계속되고 있으며, 1994년 인도 개발경제학자 비나 아가르왈(Bina Agarwal)이 발표한 인도 여성의 토지권 통제 및 사용 문제에 관한 실증적 연구 결과에도 잘 나타나 있다.[12] 아울러 이 장은 경제의 금융화에서 여성의 역할을 분석한 수전 조지(Susan George), 개리 딤스키(Gary Dymski)와 마리아 플로로(Maria Floro), 리비 어새시(Libby Assassi) 같은 경제학자들의 최근 연구 작업을 살피면서 끝맺는다.[13]

제5장의 주제인 '생산'은 경제 이론에서 늘 젠더화한 의미를 띠고 있었다. 매리 컬리어(Mary Collier, 1688?~1762), 엘리자 루카스 핑크니(Eliza Lucas Pinckney, 1722~1793), 프리실라 웨이크필드와 같은 여성 경제 저술가들이 이 장에서 각각 세탁부로서, 농업가이자 사업가로서, 작가 및 은행가로서 자신의 개인 서사를 제공한다. 19세기 동안에는 엘리자베스 리 허친스, 올리브 슈라이너(Olive Schreiner, 1855~1920), 이디스 애벗(Edith Abbott, 1876~1957), 아이비 핀치벡(Ivy Pinchbeck,

1898~1982)과 같은 여성 경제사학자들이 산업계 여성의 역사에 관해 서술했다. 다음으로 여성의 노동력 참여에 초점을 맞춰 바버라 리 스미스 보디촌(Barbara Leigh Smith Bodichon, 1827~1891)이 이끈 영국 런던의 여성 단체 '랭엄플레이스그룹(Langham Place Group)'의 활동을 소개한다. 이 단체는 여성의 노동 및 교육 실태를 조사해 이 자료를 토대로 여성들의 활동을 제한하는 법률을 개정하고자 노력했다. 1907년 런던에서 설립된 '페이비언여성그룹(Fabian Women's Group)'의 활동도 들여다본다. 이 장은 사업 운영에 관한 여성 경제 저술가와 경제학자의 경험과 견해를 살피면서 마무리한다.

제6장 '분배'에서는 샬럿 퍼킨스 길먼(Charlotte Perkins Gilman, 1860~1935)과 엘리너 래스본(Eleanor Rathbone, 1872~1946)을 비롯해 젠더차별과 불합리한 소득 분배 방식 및 사회 계약을 비판한 여성들의 저작에 관해 논의한다. 이를 통해 여성 운동보다 먼저 일어난 폐지론과 노동 운동의 초기 양상을 엿볼 수 있다. 여성들도 초기 노동 운동에 참여했고, 자신의 주장을 널리 알리고자 전단을 작성하고 각종 매체에 기고했다. 해리엇 핸슨 로빈슨(Harriet Hanson Robinson, 1825~1911)이 대표적 인물이었다. 그리고 〈이코노믹저널(The Economic Journal)〉에서 펼쳐진 '동일노동 동일임금(equal pay for equal work)' 요구에 대한 여성과 남성 경제학자들 사이의 논쟁을 설명한다.

가부장적 사회 계약이 중산층의 이상으로 변모하자 젠더 이데올로기는 경제학자 개리 베커(Gary Becker)의 《가족에 관한 논고(A Treatise on the Family)》(1981)에서 살펴볼 수 있듯이 경제학에서도 이어졌다.

1960년대와 1970년대에 여성 경제학자들의 수가 증가하면서 폴라 잉글랜드(Paula England), 프랜신 블라우(Francine Blau), 클라우디아 골딘(Claudia Goldin) 등의 인물들이 신고전주의 분석을 비롯한 여러 경제 이론을 통해 젠더 및 인종 간 임금 격차 문제를 설명하는 저작들을 내놓았다.

제7장은 '소비'를 주제로 여성들이 일상적으로 많이 경험한 분야를 소개한다. 여성을 중심으로 한 소비주의는 산업 사회에서 '생산'과 함께 발전을 거듭했다. 19세기 중반 엘리자베스 클레그혼 개스켈(Elizabeth Cleghorn Gaskell, 1810~1865)과 같은 소설가들은 소비주의 확대가 영국 중산층 가정에서 여성의 삶에 미치는 영향을 묘사했다. 20세기 초반 헤이즐 커크와 마거릿 길핀 리드는 각각 소비와 가계 생산 이론을 발표했다. 매리언 탤벗(Marion Talbot, 1858~1948)과 소포니스바 브레킨리지(Sophonisba Breckinridge, 1866~1948)는 가계관리 연구를 더욱 발전시켰다. 헬렌 우드워드(Helen Woodward, 1882~1960)는 소비자 관점을 채택한 마케팅 연구 방법을 창안했다. 정치경제학자들, 그리고 이후의 경제학자들은 마케팅 및 소비자 행동 연구를 비즈니스 이코노미스트들에게 맡기고 소비자들에게 충분한 정보를 제공하지 않았다. 좀 더 최근에는 소비자 선택 문제가 비합리적인 소비자 선택 행위를 분석하는 '행동경제학(behavioral economics)'의 주요 관심사가 됐다.

과거에는 가내 수공업 형태로 생산한 재화나 가정을 중심으로 이뤄지는 서비스를 지역 및 국가 정부 주도로 제공했다. 이와 관련해 제8장 '정부 정책'에서는 그동안 '여성의 일'로 여겨지고 가내 수공업으로 생산되던 재화가 공업화와 시장화로 인해 국가 정부의 직무와 책임을 증대시킨 현상을 다룬다. 인구 및 출산율 관리에서의 정부 역할에 대한 논쟁을 살피고, 영국에서 아동 견습공과 여성 노동자 등 사회 취약 계층의 노동 시간 제한을 위해 꾸준히 확대한 '공장법(factory legislation)'을 두고 비어트리스 포터 웹(Beatrice Potter Webb, 1858~1943)과 엘리자베스 리 허친스 등이 밝힌 견해를 논의한다. 그리고 20세기 초 정부 차원의 대규모 정책 연구를 개략적으로 설명한 뒤 페미니스트 경제학자들의 정책 분석, 특히 젠더 관련 예산 책정 문제로 초점을 이동한다. 이 장은 돌봄 노동, 폐기물 관리, 자연 환경 보전과 같은 과거 여성의 생산 활동에 대한 정부 역할의 한계를 지적하면서 끝을 맺는다.

결론을 대신하는 제9장 '앞으로의 경제학은 어떻게 달라질 것인가'에서는 경제사상에 관한 전통적 서술과 다른 주요 연구 결과를 간략히 설명한다. 아울러 페미니즘 경제학 분야의 발전 과정을 서술한 후, 젠더와 인종, 그리고 자연 환경 보전을 총체적으로 고려하는 경제 연구 방향을 모색하면서 이 책을 마무리한다.

What is a herstory of economics? And why do we need it?

제1장

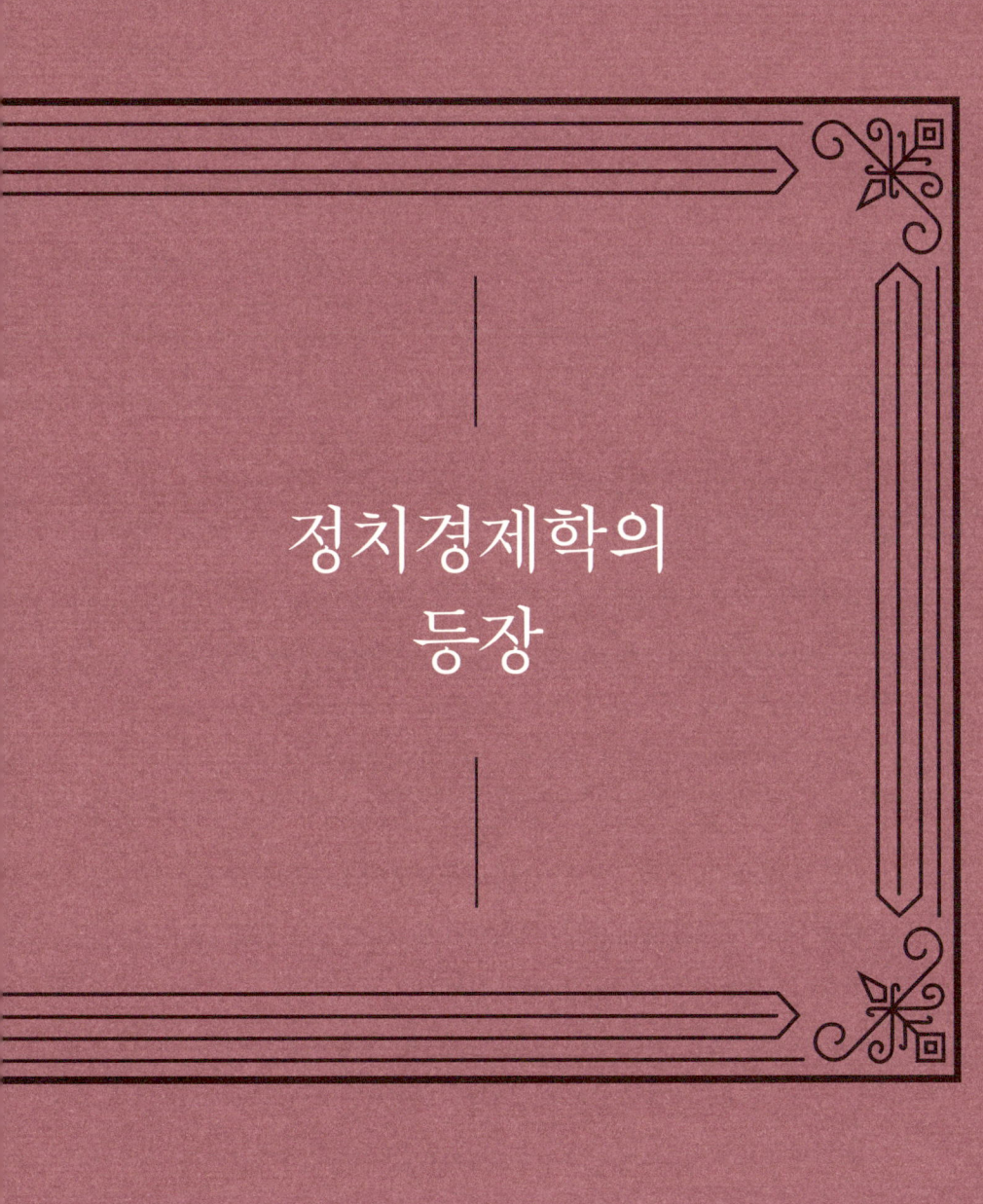

정치경제학의
등장

경제학의 역사가 시작되는 한 가지 지점은 애덤 스미스의 책 《국부론 (An Inquiry into the Nature and Causes of the Wealth of Nations)》(1776) 이다. 애덤 스미스는 일반적으로 정치경제학의 창시자 또는 아버지로 불린다. 반면 정치경제학에서 여성을 찾고자 한다면 더 깊이 파고들어야 한다. 우선 18세기 후반 잉글랜드와 스코틀랜드에서 정치경제학을 가져온 전통의 첫 번째 문헌으로 되돌아갈 필요가 있다. 그러면 지금의 경제학이 된 '오이코노미아'라는 '가계관리'에 초점을 맞춘 고대 그리스 철학자와 중세 저술가들의 글을 접할 수 있다.

이 장에서 우리는 가정경제에 관한 그리스 철학자들의 초기 문헌과 여성 경제 저술가들의 후기 문헌을 조명할 것이다. 그런 뒤 중산층의 성장과 함께 출현한 새로운 도덕과 관련해 1700년대 여성 경제 저술가들이 쓴 저작을 살핀다. 그렇게 나는 정치경제학의 요람과 이후 수 세기에 걸쳐 정치경제학 분야를 정의한 몇 가지 주된 변화에 관해 설명할 것이다.

˚ 오이코노미아, 가계관리에 관한 탐구 ˚

경제와 관련한 여성들의 초기 저작 대부분은 역사의 안개 속으로 사라졌다. 고대 그리스의 정치철학자 아스파시아(Aspasia, 기원전 470~기원전 400)가 쓴 몇 구절만 남아 있을 뿐이다. 다만 크세노폰과 아리스토텔레스(Aristoteles, 기원전 384~기원전 322)가 여성과 젠더에 관해 상당히 광범위한 글을 남겼다. 기원전 362년경 크세노폰이 쓴《오이코노미코스(Oikonomikos)》에서 여성은 "집안을 관리하는 사람"으로 묘사되며 스승인 소크라테스와의 대화에서 자주 언급된다.[1] 소크라테스는 남성이 가정을 꾸리고, 아내와 일을 분담하고, 젊은 아내를 현명한 주부가 되도록 훈련하는 방법에 관해 이야기하면서 집안에 좋은 주부가 있는 것이 가계의 부를 위해 매우 중요하다고 말한다.

> 어떤 이들은 혼인해서 아내를 가정의 부를 높이는 동료 일꾼으로 삼지만, 어떤 이들은 대부분 집안을 파멸시키는 방식으로 아내를 대한다네.[2]

그러면서 자신과 끊임없이 다투던 강한 아내 크산티페(Xanthippe)와의 결혼 생활에 대해 설명한다. 그의 지적이 날카롭고 유머러스하다.

《오이코노미코스》는 읽어볼 만한 작품이다. 그러나 크세노폰의 이 저작을 다루고 있는 경제사상사 교과서 중 대부분에서는 노동 분업만 강조할 뿐 본래의 분업, 즉 남성과 여성 그리고 남편과 아내 사이의 젠더 분업은 언급하지 않는다.

농업 사회가 여러 도시 국가인 '폴리스(polis)'로 나뉘어 있던 당시 그리스로서는 가정경제에 초점을 맞춘 것이 이치에 맞는 일이었다. 아테네와 스파르타를 비롯해 자주 전쟁을 벌인 폴리스에서 토지는 중앙 정부가 관리하는 경제 단위였다. 나아가 토지는 일반적으로 가족, 하인, 노예, 말과 다른 가축들로 구성된 대규모 자급자족 공동체를 포함하고 있었다. 후대의 경제적 사고에 큰 영향을 미친 철학자 아리스토텔레스는 여성에 대해 부정적 관점을 갖고 있었다. 그가 보기에 여성은 단지 불완전한 남성이었으며, 그의 이분법적 논리에 따르면 뜨겁고 적극적인 남성과 달리 여성은 차갑고 수동적인 존재였다.

아리스토텔레스는 경제를 두 가지 유형으로 구분했다. 하나는 먹을 음식과 입을 옷, 쉴 집을 제공해 가족 구성원의 생계를 유지할 목적의 재산 관리. 그는 이를 '자연 경제' 또는 '오이코노미아'라고 불렀다. 다른 하나는 이자가 발생하는 대출을 비롯해 가계 밖에서 이뤄지는 거래나 교역이다. 그는 이를 '비자연 경제' 또는 '크레마티스티케(chrematistike)'● 로 간주했다. 아리스토텔레스에게 이처럼 자연스럽지

● 아리스토텔레스가 말한 '크레마티스티케'는 재화 축적에 제한을 두지 않는 과도한 탐욕을 일컫는다. 이후 영어 단어 '크리머티스틱스(chrematistics)'의 어원이 되는데 '축재술(蓄財術)' 정도로 번역할 수 있지만 거의 사용하지 않는 용어다.

않은 경제는 억제돼야 마땅하지만 유지되고 있는, 결국 사회를 혼란에 빠뜨릴 필요악이었다.[3]

가정경제는 이후 수 세기 동안 경제적 사고의 중심 무대로 남는다. 유럽은 중세 말기인 1500~1600년에도 여전히 농업 사회였으며, 농경에 관한 초기 르네상스 시대 문헌에도 파종 시기, 수확 시기, 파종 방식, 수확 방식, 질병 대처 방안 등을 중요하게 다루고 있었다. 경제사학자 키스 트라이브(Keith Tribe)가 설명했듯이 당시 농업서는 주로 성서적 이미지와 종교적 개념에 기반을 두고 지구와 아담(Adam), 신과 남성(Man) 등의 수직적·위계적 관계를 묘사했다.[4] 이런 맥락에서 일반 대중이 접할 수 있는 주요 서사가 성서 이야기나 일부 지역 설화였음을 고려하면, 교회에 걸려 있는 그림이 지배한 이미지처럼 하와(Hawwah)는 아담을 악으로 유혹한 여성이었다. 하와의 딸인 모든 여성은 경제 서사에서 부정적 역할을 하거나 제외된다. 일테면 프랑스의 장 보댕(Jean Bodin, 1530~1596)과 같은 일부 정치철학자이자 초기 경제 저술가들은 여성에 대한 이런 인식을 전파해 1450년에서 1750년 사이 유럽 전역에서 자행된 마녀사냥에 이바지했다.[5]

하지만 중세 시대에도 학식 있는 많은 여성이 수도원에 기거하며 철학적·종교적 문헌을 남겼다. 예를 들면 베네치아의 크리스틴 드 피장(Christine de Pisan, 1364~1430)은 다양한 장르로 많은 글을 썼고 서유럽에서 여성 문제를 모국어로 표현한 최초의 여성이었다. 그녀는 모든 여성이 교육을 받아야 하며, 여러 분야와 여러 직업에서 두각을 나타낼 수 있는 미덕과 관심, 잠재력을 지니고 있다고 주장했다. 대표작인 《숙녀들의 도시에 관한 책(Le Livre de la cité des dames)》(1405)에서 그녀는 여성과 관련한 수많은 부정적 신화를 나열하고 여성의 미덕을 바탕으로 한 도시 건설 우화를 들려줌으로써 여성의 강점을 부각했다.[6] 그녀가 비유한 '숙녀들의 도시(city of ladies)'란 여성들이 존중받고 안전하게 살아갈 수 있는 장을 의미했다.[7]

몇 세기가 지나 등장한 네덜란드의 아나 마리아 판 슈르만(Anna Maria van Schuurman, 1607~1678)은 당대에 적어도 12개 언어를 구사하는 천재로 인정받았고, 1638년 라틴어로 발표한 그녀의 논문은 《박식한 하녀: 또는 하녀가 학자가 될 수 있는지 여부(The Learned Maid: or Whether a Maid May Be a Scholar)》라는 제목의 책으로 널리 소개됐다. 이 논문에서 그녀는 여성의 교육받을 권리와 공부할 권리를 지지했으며, 여성이 능력과 의지만 있다면 얼마든지 학문 연구에 참여할 수 있다고 주장했다. 그러나 학계는 이들의 주장에 동의하지 않았다. 크리스틴 드 피장과 아나 마리아 판 슈르만 정도만 예외인 여성으로 간주할 뿐이었다.

개신교와 신흥 상인 및 중개인 계층이 부상하자 가정에 있는 여성은 이념적으로 더 길들여졌고, 주부로서의 자리를 굳건히 지켜야 하는 '남성의 성(城)'으로 인식됐다. 16세기에서 17세기까지 유럽의 귀족 여성들은 정치 문제에 발언할 권리를 어느 정도 갖고 있었으나, 특히 18세기 영국에서는 귀족 여성들조차 공적 영역에서 제외됐다. 가정경제의 중요성이 높아짐에 따라 정치와 교역, 산업적 노력은 전적으로 남성의 영역이 됐으며, 가정은 여성의 영역으로 자리 잡았다. 이전까지는 가계부 관리를 주로 남성이 맡았었다. 시간이 지나면서 많은 여성이 가계 운영 지식을 발전시키고 축적해 가계부를 작성하고 보관했다.

교육받은 상류층 여성들은 대가족을 운영하는 기술을 문서화하기 시작했다. 앞서 소개한 그리셀 베일리는 가계관리 기술을 과학으로 전환했다. 당시 수백 명의 사람이 에든버러와 런던의 베일리 가문 사유지에서 거주하며 일했고, 당시 공사를 시작한 스코틀랜드 남부 베릭셔(Berwickshire)의 초호화 저택 멜러스테인 하우스(Mellerstain House)에 인부로 참여하고 있었다. 본래 이름이 그리셀 흄이던 그녀는 스코틀랜드에서 모르는 사람이 없을 정도로 유명인사였다. 불과 열두 살 때에는 암살 음모 연루 혐의로 감옥에 갇혀 있던 아버지 패트릭 흄(Patrick Hume, 1641~1724)에게 몰래 음식을 가져다주는 등 담대한 행동으로 일찍이 이름을 날렸다.

'언약파(Covenanters, 言約派)'●의 일원으로 장로회 편에 섰던 패트릭 흄은 이후 감옥에서 탈출해 가족과 함께 네덜란드로 망명했다. 그리고 1688년 명예혁명 후 1692년 윌리엄 3세(William III, 1650~1702)와 그의 아내 매리 2세(Mary II, 1662~1694)가 왕좌를 차지해 영국의 공동 군주로 즉위하자 스코틀랜드로 돌아와 재산과 지위를 되찾았다. 그리셀은 어린 시절 첫사랑 조지 베일리(George Baillie 1664~1738)와 결혼해 그리셀 베일리가 됐으며, 이후 수 년 동안 그녀와 남편은 스코틀랜드 귀

● 종교개혁 이후 국민 대다수가 장로회를 신봉하던 스코틀랜드에 영국 왕실이 잉글랜드 국교 성공회를 강제하자 그에 대항한 세력을 말한다.

족 사회에서 중심적 역할을 했다.

　그리셀 베일리는 가계 운영과 가계부 작성 능력이 탁월해 가족 모두 그녀가 집안 경제를 도맡아서 관리하는 데 이견이 없었다. 그리셀 베일리의 가계부에서 1692년부터 1733년까지의 기록은 1911년 정식으로 출간됐다. 여기에는 그녀가 관리한 에든버러, 런던, 멜러스테인 하우스 세 곳의 노동력 현황 및 노무 원칙, 대규모 식단 목록, 무기와 집기 구입 지출 비용, 사냥 및 여행 일정, 하인들에 지시할 내용과 이들에게 지원한 자금 내역 등이 상세히 기록돼 있다. 이를 통해 당시 귀족 가계가 어떤 방식으로 운영됐는지 생생히 살필 수 있다. 나아가 베일리 가문의 재산 관리 기술을 바탕으로 18세기 스코틀랜드 경제 상황도 분석할 수 있다.[8] 실제로 가계부는 경제 정보 출처로서 귀중한 자료가 되고 있으며 경제 역사의 일부가 되고 있다.[9]

　가계관리에 관한 문헌은 17~18세기 잉글랜드와 스코틀랜드 가정 경제의 다양한 측면을 다루는 책들의 도서관으로 발전했다. 그때까지 경제학자와 경제사학자들이 일관되게 무시해온 이런 문헌들은 노동력과 질병을 다루는 방법에서부터 얼룩이나 녹을 제거하는 방법, 약초를 음식과 약으로 이용하는 방법, 갖가지 목공예품과 태피스트리(tapestry) 및 의류를 수선하고 보존하는 방법, 식자재를 보관하고 요리하는 방법 등 그야말로 가정경제와 관련해 없는 게 없는 방대한 자료다. 마사 브래들리(Martha Bradley, 1740~1755)의 《영국 주부: 또는 요리사, 가정부, 그리고 가디너의 동반자(The British Housewife: or, the Cook, Housekeeper's, and Gardiner's Companion)》(1758), 스미스 부인(Mrs. Smith, 생몰 연대 미상)의 《여성 경제학자: 또는 가족용 간단 요리 체계(The Female Economist: or, A Plain System of Cookery, For the Use of Families)》(1810), 캐서린 에스터 비처(Catharine Esther Beecher, 1800~1878)의 《가정경제에 관한 논고(A Treatise on Domestic Economy)》(1841)와 같은 저작은 가정을 꾸린 중상류층 젊은 여성을 위한 것이었다. 스미스 부인은 서문에서 검약, 청결, 예의를 지키는 도덕적 태도가 가계관리의 본질이며, 자신의 책이 가정경제의 목적에 잘 부합한다고 썼다. 이사벨라 매리 비튼(Isabella Mary Beeton, 1836~1865)이 쓴 《비튼 부인의 가계관리서(Mrs. Beeton's Book of Household Management)》(1861)는 이 분야의 표준으로 자리매김했으며 지금도 여전히 인쇄돼 팔리고 있다.

서유럽에서 가계관리가 점점 더 여성의 독점적인 역할로 변화함에 따라 공적 및 사적 영역에서의 젠더 구분 또한 정치철학의 논지로 떠올랐다.[10] 아리스토텔레스를 비롯한 초기 사상가들의 전통적 견해를 따라 장-자크 루소(Jean-Jacques Rousseau, 1712~1778) 같은 근대 철학자조차 '남성'에 초점을 맞췄으며 시민은 전적으로 남성이라고 규정했다. 《인간 불평등 기원론(Discours sur l'origine et les fondements de l'inégalité parmi les hommes)》에서 루소는 자연 상태와 사회 상태 사이의 인간 분할을 명확히 표현한 사회 역사를 제시했다.[11] 그에 따르면 원시 자연 상태에서 남성과 여성은 모두 서로 독립된 평등한 '미개인'이었다. 그런데 시간이 지남에 따라 문명화하고 교육을 받게 된 인간은 '문화 외부'에 위치한 남성과 가족의 사회를 구축했으며 루소는 이를 자연관계의 잔재로 특징지었다. 루소가 보기에 자연 상태는 건강했고, 타락한 문화와 정치의 일부인 재산권이나 경제법과도 관련이 없었다. 한때 데이비드 흄(David Hume, 1711~1776)의 친구였던 루소의 생각은 이후 애덤 스미스의 정치경제학에 지대한 영향을 미쳤다. 애덤 스미스는 자신의 책 《국부론》에 생활의 사적 영역과 공적 영역에 대한 젠더 역할을 적용했다.[12]

애덤 스미스는 이전 여러 분야 학자들의 연구를 기반으로 초기 산업 경제 체제에 대한 기념비적 작업을 수행해나갔다. 일테면 물리학자 아이작 뉴턴(Isaac Newton, 1642~1727)의 중력과 관련한 자연 법칙과 포괄적 이론은 애덤 스미스의 경제 모델에 이론적 틀을 제공했다. 런던에 왕립학회(Royal Society)를 창설하고 아일랜드와 잉글랜드의 국민소득을 측정한 과학자이자 철학자 윌리엄 페티(William Petty, 1623~1687)는 애덤 스미스에게 거시경제 분석의 토대를 마련해줬다. 이 밖에도 피에르 르 페장 드 부아길베르(Pierre le Pesant de Boiguilbert, 1646~1714), 프랑수아 케네(François Quesnay, 1694~1774), 안-로베르-자크 튀르고와 같은 프랑스 철학자와 경제학자들이 애덤 스미스에게 경제 분석을 위한 중요한 도구를 제공했다.

애덤 스미스는 자신의 저작에서 조용하면서도 결정적인 변화를 보였다. 그는 관점을 180도 바꿔 가계에서 등을 돌리고 자율적인 남성 개인을 무대 중심에 세웠다. 그는 그저 자신이 쓴 저작에서 가계와 여성을 배제함으로써 묵묵히 경제 역사를 바꿨다. 애덤 스미스는 그때까지 '가정경제' 또는 '가계관리'라는 의미로 부른 '오이코노미'라는 용어를 따로 사용해 공적 영역의 생산성과 부를 다루는 '이코노미'와 분리했다. 그가 살아생전 출간한 두 권의 책 《도덕감정론》과 《국부론》에서 시장 법칙 맥락으로 가계를 대표하는 개인은 다름 아닌 '남성'이다. 다시 말해 그가 지칭하는 경제 행위 주체로서의 개인은 모두 '남성'을 일컫는다. "다른 사람과 거래하고 물건을 바꾸고 가진 것을 교환하려는 성향"을 태생적으로 가진 개인 말이다.[13] 이로써 경제 분석의 기본 단위인 '합리적 경제인'은 남성 개인이 됐으며, 이는 다음 세대 경제학자들에게 그대로 이어졌다.

'사적 영역 대 공적 영역', '자연 대 사회', '여성성 대 남성성'이라는 이분법은 이제 더 근본적인 수준에서 정치경제학의 일부가 됐다. 애덤 스미스는 자기 통제, 개성, 스스로 결정하는 능력, 사익을 추구할 자유 측면에서 남성성을 인식했다. 반면에 여성성은 단순히 '우유부단한', '경제적으로 의존적인', '감정적인', '성적으로 성가신'과 같은 부정적인 표현으로 정의됐다.[14] 남성성과 여성성을 규정하는 이런 개념은 지금도 여전히 우리와 함께하고 있다. 예컨대 기본 거시경제 모델인 '순환 흐름 모델(circular flow model)'만 봐도 근본적인 구별 영역으로서 사적 및 공적 개념은 이 모델에서 누가 주요 경제 행위 주체인지를 알려준다. 기업은 재화 및 서비스를 생산해 경제를 성장시키지만, 가계는 재화와 서비스를 선택해 소비하고 생산의 세 가지 요소인 토지, 자본, 노동을 제공해 기업이 '생산적인 방식'으로 사용하도록 돕는 수동적 역할을 한다고 인식된다. 그러나 1993년 페미니즘 경제학이 본격적인 경제 연구 분야로 부상하고 《경제적 인간을 넘어서: 페미니즘 이론과 경제학(Beyond

Economic Man: Feminist Theory and Economics》》이 출간되기 전까지 경제학에서 이런 이분법을 드러내려는 시도는 철저히 비판당했다. 매리 앤 퍼버(Marianne Ferber, 1923~2013)와 줄리 넬슨이 엮고 쓴 이 책에서 두 사람은 '생산적 대 비생산적', '투자 대 저축', '문화 대 자연', '공적 영역 대 사적 영역' 등의 이분법적 개념을 식별해 '남성성 대 여성성'으로 연결함으로써 주류 경제학 이론을 재구성했다.[15]

가정과 여성이 정치경제에서 배제되자 19세기와 20세기에 걸쳐 가계관리에 관한 문헌 대부분을 여성들이 쓰게 됐다. 가계를 효율적으로 운영하는 방법의 전통적 초점이 유지되면서 이 경제 연구 분야는 경제학계 외부로 이끌렸다. 19세기 말까지 이 연구 중 일부는 '가정경제학(home economics)'으로 불리게 된 경제학 하위 분야로서 여성 학자들이 수행했다. 가정경제학은 미국에서 여성 학자가 경제학부 내에서 자리를 얻을 수 있는 유일한 분야였다.[16]

대표적으로 헤이즐 커크는 가계관리 연구에 과학적 방법을 적용하고 1923년 《소비 이론(A Theory of Consumption)》으로 정립해 자신이 맡고 있던 가정경제학 분야의 이론적 토대를 마련했다. 당시 그녀에게서 박사 과정을 지도받던 학생인 마거릿 길핀 리드는 가정에서의 생산적 활동에 집중한 연구 결과를 1934년 《가계 생산의 경제학》이라는 제목의 책으로 펴냈다. 이 책에서 그녀는 가계 생산을 시장이 유료 재화나 서비스로 대체할 수 있을 것 같지만 실제로는 대체할 수 없는 가정의 무임금 생산 활동으로 정의했다.

마거릿 길핀 리드는 이른바 '제3자 기준(third person criterion)' 개념을 적용해 무임금 가계 생산 활동과 개인적 돌봄 활동을 명확히 구분했다. 이는 훗날 경제학자들이 가정에서 이뤄지는 생산 활동을 조사해 그동안 돈으로 환산할 수 없었던 가계 생산 가치를 금액적으로 추정할 수 있는 이론적 근거가 됐다.[17]

1960년대 시카고대학교 경제학자 개리 베커는 헤이즐 커크와 마거릿 길핀 리드의 연구에서 중단된 부분에 신고전주의 경제 이론을 적용해서 가정 내 경제 행위를 설명했다. 1965년에 발표한 논문 〈시간 할당 이론(A Theory of the Allocation of Time)〉에서 그는 여성의 가사 노동을 생산 활동으로 규정하고 마거릿 길핀 리드의 관점에 따라 추론했다. 이후 여러 경제학자가 가정 내 의사 결정을 설명하기 위해 게임 이론을 적용했다.[18] 그런데 가정경제 의사 결정 분석에 신고전주의 및 게임 이론 모델을 적용하면 위계적 젠더관계가 합리적이고 효율적인 결과를 낳는 경향이 있었다.

1970년대와 1980년대 더 많은 여성이 경제학을 포함해 다양한 학문 분야에 진출하자 페미니스트 경제학자들은 본격적으로 질문을 던지기 시작했고, 측정 및 개념화 작업을 통해 '가사 노동', '가계 생산', '무임금 노동', '돌봄 노동'의 가치와 역할을 이론화했다. 페미니스트 사상가 마리아로사 달라 코스타(Mariarosa Dalla Costa), 셀마 제임스(Selma James), 실비아 페더리치(Silvia Federici)와 같은 이들은 무임금 가계 생산에 대가를 지급해야 한다고 주장했다.[19] 이와 더불어 수전 히멜웨이트(Susan Himmelweit), 제인 험프리스(Jane Humphries), 낸시 폴브레(Nancy Folbre) 등은 무임금 가계 생산의 역할과 젠더화한 특성 및 자본

주의에서의 기능에 관한 가사 노동 논쟁을 초래하게 된 카를 마르크스의 이론을 비판했다.[20]

페미니스트 경제학자들은 '베커 때리기(bashing Becker)'를 넘어 새로운 자료를 수집해 새로운 개념을 만들고 새로운 이론과 모델을 제시했다. 예를 들어 페미니즘 경제학 분야의 주요 창시자로 불리는 매럴린 웨어링(Marilyn Waring)은 무임금 가계 생산 측정법을 개발했다. 그녀는 시간 사용 설문 조사 결과를 토대로 시간당 평균 임금을 적용해 가정에서 재화와 서비스를 생산하는 데 소요한 시간에 금액 가치를 할당함으로써 여성의 무임금 가계 생산액을 추정했다.[21] 이 연구로 전 세계 모든 생산 노동의 30~35퍼센트가 무임금으로 이뤄지고 있음이 밝혀졌다. 이는 여전히 국내총생산(Gross Domestic Product, GDP) 지표로만 경제 성장 여부를 판단하는 현재의 경제 분석 방법론에 문제가 있다는 방증이었다.

개발도상국 원조 계획 조정 기구인 유엔개발계획(United Nations Development Programme, UNDP)도 전 세계 국가의 가계 생산 가치를 비교하면서 매럴린 웨어링과 유사한 방법을 사용했다. 그 결과 전 세계 무임금 노동의 51~53퍼센트를 여성이 담당하고 있으며, 산업화한 북부 선진국에서는 전체 무임금 노동 시간의 67퍼센트를, 남부 개발도상국 및 저개발국에서는 75퍼센트를 차지하는 것으로 나타났다. 반면 남성은 북부에서 전체 임금 노동의 66퍼센트를, 남부에서는 75퍼센트를 점유하고 있었다. 라니아 안토노풀로스(Rania Antonopoulos)와 인디라 히르웨이(Indira Hirway)는 남부 국가의 가계 생산 수준과 빈곤율 사이

의 연관성에 초점을 맞췄다.[22]

낸시 폴브레는 경제 모델, 특히 순환 흐름 모델에 가정에서의 무급 돌봄 노동을 포함하지 않은 신고전주의 주류 경제학 이론을 비판했다. 그녀는 마거릿 길핀 리드의 견해를 따라 가정이 생산 및 소비의 엄연한 주체인데도 가계 내부에서 일어나는 일은 경제학자들에게 보이지 않는 상태로 남아 있다고 주장했다.[23] 낸시 폴브레에 따르면 가정은 재화와 서비스 생산에 더해 노동자를 생산하지만, 이 생산에는 금액이 책정되지 않을뿐더러 아무런 설명도 하지 않는다. 미래의 노동자인 자녀를 양육하는 것 외에도 노동자 생산은 긍정적 '외부 효과(externality)'•를 생성한다. 그렇기에 오랫동안 경제학자들의 관심사에서 밀려났던 가정경제가 다시 중심 무대에 올라야 한다는 것이었다.

˚중산층의 도덕˚

우리는 지금 정치경제학의 초창기, 새롭게 형성된 중산층이 점점 더 부상하던 때로 거슬러 올라가 그 사회적 혼란이 컸던 시대를 바라보고 있다. 신흥 생산 형태가 출현하자 로마 가톨릭과 귀족이 지배하던 낡은 도덕 체제는 거센 압박을 받게 됐다. 중산층 또는 부르주아 남성들은

• 금전적 거래 없이 어떤 경제 주체의 행위가 다른 경제 주체에게 영향을 미치는 현상을 말하며, 그 성격에 따라 '긍정적' 외부 효과와 '부정적' 외부 효과로 나뉜다.

모든 남성이 평등하다는 합리적 주장과 실증적 연구에 기반을 둔 새로운 공간을 열었다. 초기 계몽주의 시대 프랑스의 저녁 테이블에서 이런 공간을 만든 주체는 귀족 계급 여성들이었지만, 예술가나 학자들이 자신의 작품을 발표하고 최신 과학적 발견이나 철학적·도덕적 주제를 탐구하는 학계에서 정작 그녀 자신들은 배제됐다. 한층 진화해 부르주아 남성들의 경험을 수용한 이 새로운 도덕은 '정치경제학'이라는 과학의 일부가 될 터였다.

초기 정치경제학, 그리고 이후의 경제학은 무엇이 옳거나 그른지에 대한 명시적 또는 암묵적 판단과 더불어 도덕적 추론과 늘 복잡한 관계를 유지해왔다. '진정한 과학'을 목표로 한 대부분 정치경제학자와 경제학자들은 부와 소득의 바람직한 분배에 관해서는 주장하기를 꺼렸다. 경제학의 도덕적 측면은 언제나 논쟁을 유발하는 주제였고 지금도 계속 논란이 되고 있다. 그러나 정치경제학 초창기부터 여성 경제 저술가들은 저마다 자신의 경험을 반성하고 견해를 밝히면서 당대의 경제사상에 대한 도덕철학적 비판을 제시했고, 새롭게 급부상한 도덕 논쟁에 불을 붙였다. 이제 프랑스와 잉글랜드를 중심으로 이에 공헌한 여성들을 만나보기로 하자.

먼저 18세기 초에 활동한 에밀리 뒤 샤틀레에 대해 살펴본다. 정식 이름이 '가브리엘레 에밀리 르 토넬리에 브르퇴유, 샤틀레 후작 부인(Gabrielle Émilie le Tonnelier de Breteuil, Marquise du Châtelet)'인 그녀는 긴 이름에서도 알 수 있듯이 프랑스의 최고위 귀족 가문에서 태어나고 자랐다. 훗날 최초의 근대 여성 과학자로 불리게 될 그녀는 철학자이자 수학자, 물리학자, 수필가, 그리고 앞서 언급했듯이 버나드 맨더빌의 《꿀벌의 우화》를 비롯해 여러 학자의 저서들과 그리스어 및 라틴어 고전을 프랑스어로 옮긴 번역가이기도 했다. 일평생 그녀는 다방면의 학자로서 운동하는 물체의 힘, 불의 본질, 행복 추구의 도덕, 나아가 상업 사회에 관한 광범위한 학문적 논쟁에 참여했다. 그녀는 파리에서 저녁 자리를 자주 마련했고, 남편인 샤틀레 후작의 영지 저택에서 정기적으로 살롱(salon) 모임을 주최했다. 이 모임에는 수많은 귀족과 부르주아, 철학자와 예술가들이 참석했다.

주디스 진서(Judith Zinsser, 1943)는 전기 《계몽주의의 대담한 천재, 에밀리 뒤 샤틀레(Daring Genius of the Enlightenment, Émilie du Châtelet)》(2006)에서 그녀의 삶과 그녀의 학문 공동체에 대해 자세히 설명하고 있다. 저명한 수학자 피에르 루이 모페르튀(Pierre Louis Maupertuis, 1698~1759), '볼테르(Voltaire)'라는 필명으로 더 유명한 작가이자 철학자 프랑수아 마리 아루에(Francois Marie Arouet, 1694~1778), 소설가이자 극작가 프랑수아즈 드 그라피니(Françoise de Graffigny, 1695~1758), 베네치아에서 온 철학자 프란치스코 알가로티(Francesco Algarotti, 1712~1764) 같은 인물들과 한자리에 모여 먹고, 마시고, 산책하면서 수학과 철학, 자연 법칙과 행복에 대한 권리 등을 논의하고 서로 의견을 나눴다. 다른 모임에서는 주로 정치적 문제를 다뤘는데 여성 문제도 여기에서 논의됐다. 또한 자신들을 감옥에 보내게 될 왕실 인장이 찍힌 '봉인된 서신(lettre du cachet)'을 받을 수 있는 위험에도 아랑곳하지 않고 거침없이 억압적 사회와 부당한 권력을 비판했다. 특히 볼테르와 또 한 사람의 계몽주의 사상가 드니 디드로(Denis Diderot, 1713~1784)가 한 번 이상 그런 경험을 했다.[24]

기독교인의 도덕적 행위가 경제 번영의 좋은 기반이 아니라 결과적으로 경제의 종말을 이끌 것이라는 버나드 맨더빌의 주장에 에밀리 뒤 샤틀레는 흥미를 느꼈다. 네덜란드에서 태어나 스코틀랜드에서 활동한 의사이자 경제사상가 버나드 맨더빌은 '성서의 가르침에 따라 선하게 사는 것'과 '경제 번영'의 두 가지는 양립할 수 없다고 지적했다. 1714년 '개인의 악덕, 공공의 이익(Private Vices Publick Benefits)'이라는 부제를 붙여 출간한 그의 책 《꿀벌의 우화》는 당시 지식 사회에 커다란 충격을 초래했다. 이 책에서 그는 악덕이라고 비난하는 이기심은 인간의 본성이며, 근검절약을 미덕으로 삼는 일반적인 경제관에 반대해 인간의 도덕적 약점과 사익 추구에서 비롯하는 소비야말로 부를 증대하고 실업을 해소해 경제를 번영케 한다고 주장했다. 이 같은 그의 생각이 담긴 《꿀벌의 우화》는 엄청난 인기를 얻으며 널리 읽혔고, 영국 전역과 너머에 연쇄적인 파급 효과를 불러일으켰.

이에 에밀리 뒤 샤틀레는 이 책을 프랑스어로 옮겨 펴내기로 결심했다. 그녀는 《꿀벌의 우화》 프랑스어판 서문에 이렇게 썼다.

> 나는 이 책이 지금까지 쓰인 윤리에 관한 최고의 책이라고 믿는다. 이제껏 사람들이 되돌아보지 않았던, 버려야 한다고 여겼던 감정의 참된 근원으로 인도하는 책이다.[25]

역사학자 펠리시아 고트만(Felicia Gottmann)은 에밀리 뒤 샤틀레의 프랑스어 번역 작업을 주제로 쓴 논문에서 그녀가 한 일은 '번역' 이상의 '변환(transformation)'이며, 이 용어가 에밀리 뒤 샤틀레가 하고자 한 궁극적인 작업을 설명하는 데 더 합당한 표현이라고 설명했다.[26] 고트만에 따르면 에밀리 뒤 샤틀레 자신의 철학적 입장은 고대 그리스 철학자 에피쿠로스(Epikouros, 기원전 341~기원전 270)와 로마 철학자 루크레티우스(Lucretius, 기원전 99~기원전 55)에게서 영향을 받았다. 이 두 철학자는 본성적으로 남성은 여성을 사랑하고 가족을 구성해 이웃과 서로 의존하며 살아감으로써 사회적 존재가 된다고 여겼다.

한편으로 버나드 맨더빌은 남성을 무엇보다 자주 자신의 열정에 침식되는 자율적이고 고독한 피조물이라고 생각했다. 그는 이 같은 열정을 음지를 비추는 빛으로 바라봤다. 에밀리 뒤 샤틀레는 《꿀벌의 우화》 번역과 논평에서 버나드 맨드빌이 취한 논점의 균형을 이동해 모든 인간이 합리적으로 추론할 수 있으며 열정을 인간의 긍정적이고 필요한 요소로 볼 수 있다고 인식을 확장했다. 세속 윤리에 대한 그녀의 이런 생각은 볼테르의 저작에도 영감을 제공했다. 사실 에밀리 뒤 샤틀레와 볼테르는 학문적 우정을 넘어 매우 친밀한 연인관계였고, 사람들 대부분은 그녀에 관해 처음 접할 때 이 대목에만 주목한다.

버나드 맨더빌의 저작을 '변환'할 때 에밀리 뒤 샤틀레는 한층 넓은 전통의 영향 아래 서 있었다. 여성 저술가들은 학술 문헌을 번역하면서 거기에 자신을 소개하고 의견을 달아 개인적 견해를 피력하기도 했다. 《꿀벌의 우화》 프랑스어판 서문에서 에밀리 뒤 샤틀레는 이 천재적인 저작을 번역하는 사람의 역할과 더불어 젠더 문제를 공론화했다. 비판적이고 날카로우면서도 유려하게 쓴 옮긴이 서문에서 그녀는 여성이 목소리를 내고 사고 능력을 발전시킬 권리와 학문 발전에 공헌할 권리를 요구했다.

> 나는 우리 여성을 그처럼 보편적으로 배제하는 편견의 무게를 오롯이 느낀다. 이는 세상의 모순이며 늘 나를 놀라게 한다. 법률에 따라 우리의 운명을 결정하는 위대한 국가는 있지만, 우리가 생각할 수 있게 자라도록 해주는 곳은 없다.[27]

번역 작업을 통한 논평 외에 에밀리 뒤 샤틀레는 사후에 출간된 저작 《행복에 관한 담론(Discours sur le bonheur)》(1779)에서도 세속 윤리를 향한 자신의 견해를 피력했다.[28] 삶에서 열정을 중요시하고 행복 추구를 인간의 본성으로 간주한 그녀의 관점은 로마 가톨릭교회의 가르침과 암묵적으로 모순되는 버나드 맨더빌과 인식을 공유했다. 그녀가 쓴 《행복에 관한 담론》은 행복한 삶을 살아갈 권리를 주장하고 행복을 달성하기 위한 사랑의 소중함을 역설하는 에세이다. 특히 볼테르와의 관계에 대한 성찰도 담겨 있어 무척 흥미롭다.

그렇지만 에밀리 뒤 샤틀레의 주요 업적은 번역 작업이었다. 그중 아이작 뉴턴 물리학의 정수가 담긴 대표적 저서로 통칭 《프린키피아(Principia)》 또는 《자연철학의 수학적 원리(Philosophiæ Naturalis Principia Mathematica)》(1687)를 프랑스어로 옮긴 것은 대단한 성과였다. 이 책은 라틴어로 쓰인 데다 어렵고 복잡한 수학 이론을 포함하고 있었기 때문에 누구도 제대로 된 프랑스어 번역을 내놓지 못했다. 에밀리 뒤 샤틀레가 바로 그 일을, 그것도 둘째 딸을 임신한 상태에서 번역 작업을 완료했다. 주디스 진서는 《계몽주의의 대담한 천재, 에밀리 뒤 샤틀레》에서 당시 그녀가 받은 압박감을 상세히 전하고 있다. 살아 있는 동안 다시 임신할 가능성은 거의 없다는 의사의 말과 얼마 남지 않은 마감 시일 사이에서 초조해하며 그녀는 번역 작업에 매달렸다. 에밀리 뒤 샤틀레가 《프린키피아》 번역 원고를 탈고한 시점은 1749년 출산 도중 사망하기 불과 며칠 전이었다.[29] 근대 계몽주의와 정치경제학의 토대가 될 새로운 도덕에 대한 부르주아적 인식에 그녀는 이렇게 공헌했고, 19세기 어느 순간부터 배제당했다가 21세기에 이르러서야 회복될 수 있었다.

바다 건너편에서는 세속 윤리, 즉 상업사회의 새로운 도덕에 관한 논쟁이 펼쳐졌다. 계몽주의 운동의 또 다른 중심지 스코틀랜드에서 데이비드 흄의 역작 《인간 본성에 관한 논고(A Treatise of Human Nature)》(1739)가 출간됐다. 하지만 그는 이 책 때문에 무신론자로 낙인찍혀 학계에서 지위를 얻지 못했다.[30] 데이비드 흄과 애덤 스미스 등 계몽주의 사상가들의 저작에 큰 영향을 미친 글래스고대학교 도덕철학 교수 프랜시스 허치슨(Francis Hutcheson, 1694~1746)은 자애롭게 행동하는 인간의 경향성을 강조했다. 그의 대표작 《미덕 관념의 근원에 관한 탐구(An Inquiry into the Original of our Idea of Beauty and Virtue)》(1726)의 제2부는 '도덕적 선과 악'을 다룬다. 여기에서 그는 '자비'를 인간 행동의 원동력으로 설명했다. 이와 같은 도덕 논의는 데이비드 흄을 중심으로 전개된 '인간 본성'에 대한 더 큰 논쟁으로 이어졌다. 이때에도 여성 저술가들은 비록 학계에 접근할 수는 없었으나 저작 활동을 통해 이런 논쟁에 힘을 보탰다. 예컨대 엘리자베스 몬터규는 윌리엄 셰익스피어(William Shakespeare, 1564~1616)와 볼테르의 작품이 품고 있는 도덕 관념을 비교해 논평했고, 셰익스피어에 찬성하는 결정을 내렸다. 그렇다면 엘리자베스 몬터규란 여성은 어떤 인물이었을까?

그녀의 결혼 전 성(姓)은 '로빈슨(Robinson)'이다. 엘리자베스 로빈슨은 1718년 잉글랜드 북동부 요크셔의 상류층 가정에서 태어났으며, 유토피아 소설 《밀레니엄 홀과 인근 나라에 대한 묘사(A Description of Millennium Hall and the Country Adjacent)》(1762)를 쓴 새라 로빈슨 스콧(Sarah Robinson Scott, 1720~1795)의 언니였다. 엘리자베스는 케임브리지대학교에서 사서로 일하던 할아버지에게서 교육받은 똑똑하고 명랑한 여성이었다.[31] 그녀는 남녀 사이의 사랑에는 관심이 없었다. 그래서 충분히 유복했지만, 자신의 시대에 더 부유한 여성이 되고자 20대 초반에 에드워드 몬터규(Edward Montagu, 1692~1776)라는 54세 남성과 결혼했다. 그는 수많은 광산과 드넓은 토지를 소유한 대부호였다. 이로써 엘리자베스 몬터규가 된 그녀는 사회의 유명한 구성원이 될 것이었다.

수십 년 전까지만 해도 사람들은 그녀를 '블루스타킹협회' 리더로만 알고 있었다. 블루스타킹협회는 정치, 사회, 문화, 문학 등을 주제로 토론하는 여성 중심의 모임이었다. 이 모임에는 소수의 남성도 참여했다.

1776년 남편이 사망하자 엘리자베스 몬터규는 탄광과 사유지 경영권을 이어받아 남은 삶 동안 성공적으로 운영했다. 실제로도 그녀는 성공한 경영자로서 세상을 떠나기 전까지 영국 내 가장 부유한 여성이었다.

엘리자베스 몬터규는 문학적·학문적으로 높은 평가를 받은 몇 권의 책을 썼다. 주요 저작 중 하나는 1769년에 출간한 《셰익스피어의 작품과 그 천재성에 관한 에세이(Essay on the Writings and Genius of Shakespear)》였다. 이 책에서 그녀는 자신의 주장을 펼치기 위해 고대 그리스 철학자 에피쿠로스까지 거슬러 올라갔다. 앞서 에밀리 뒤 샤틀레에게도 영향을 미친 에피쿠로스는 당시 런던 지식 계층에서도 인기가 많았다. 반면 프랑스에서 가장 유명하고 존경받던 작가이자 철학자이자 이 책에서 셰익스피어의 비교 대상인 볼테르는 무자비하게 비판했다.

> 그의 번역과 비평 수준은 그가 저자의 논점을 완벽하게 이해하지 못했음을 증명한다. 저자가 말한 의미에 전혀 접근하지 못한 것이다.[32]

그녀는 셰익스피어가 자신의 희곡에 녹여낸 역사적 접근 방식, 그리고 그렇게 연극 무대에 오른 다양한 등장인물과 그의 훌륭한 문체를 프랑스 연극 전통이 망쳐놓았다고 비난했다. 각각의 등장인물은 과도하게 수사적이고 역사적 설명 또한 지나치게 낭만적이라는 것이었다. 엘리자베스 몬터규가 쓴 대담한 책은 잉글랜드와 프랑스 사이에 외교 분쟁마저 일으켰다. 프랑스 주요 학술원 중 한 곳인 아카데미 프랑세즈

(Académie Française)로부터 그녀의 책을 프랑스어로 낭독하는 모임에 참석해달라는 초대장을 받기도 했다. 그런데 이는 여성의 입장은 불허하니 발코니 너머에서 참관하라는 내용으로 그녀에게 굴욕감을 주기 위함이었다.[33]

엘리자베스 몬터규는 셰익스피어의 비범한 능력을 강조하면서 청중이 부유하든 가난하든 그의 주인공에게 공감하지 않을 수 없다고 극찬했다. 그녀가 말한 '공감(sympathy)'은 당시 널리 논의되고 있던 개념이었다. 이 주제의 대표적인 권위자가 바로 애덤 스미스다. 1766년 두 사람은 스코틀랜드 여행 때 만나 즐거운 대화를 나눴으나 이후 연락이 끊어졌다. 그 시점에 애덤 스미스는 글래스고대학교에서 학생들에게 수년 동안 강의한 도덕철학 정리 작업을 마친 상황이었다. 물론 학생들은 남성이었다.《국부론》을 펴내기 전 그의 주된 관심사는 인간의 도덕적 행위에 대한 인식이었다. 자신의 첫 번째 저작《도덕감정론》에서 애덤 스미스는 중산층 남성과 소년 개개인이 자의식을 확장해 독립적인 도덕적 지위를 획득하기 시작하면서 도덕적 판단과 결정에 대한 권리를 획득하는 과정을 설명했다. 그는 이 과정을 '공감', 즉 '자신을 다른 사람의 처지에 둘 수 있는 능력'이 핵심적 역할을 하는 내적 합리화로 개념화했다.

애덤 스미스는 공감을 통한 타인과의 감정 공유가 완전히 성립하면 그 감정을 동기로 하는 도덕적 행위가 성립한다고 설명하면서, 공감을 통한 도덕적 판단의 전제조건으로 '공평한 관찰자(impartial spectator)' 개념을 제시했다. '공평한 관찰자'란 사회 일반의 감정과 생각에 자신을 반영해 스스로 객관화한 제삼자를 의미한다. 그의 '공감'은 루소가 제시한 원시 자연 상태의 평등한 미개인의 '연민(pitié)'과는 다르며, 개인이 자신의 열정에 대한 객관적 통찰력을 확보하고 타인의 행위를 이해하거나 이해하지 못하게 하는 수단으로 봤다. 후자의 경우 공감하지 않음으로써 부정적 판단을 내리게 된다. 따라서 개인이 올바르게 판단하려면 반드시 자신과 '공평한 관찰자'를 완전히 동일시해야 한다. 하느님과 성서가 없는 상황에서 개인은 '공평한 관찰자'가 해당 상황을 어떻게 바라볼지 상상하고 그 상황에서 자신과 타인의 행위를 판단해 무엇을 할지 결정해야 한다. '공평한 관찰자'와 자신이 완벽하게 하나가 될 때 개인은 강한 자제력을 얻을 수 있고 사적인 열정, 특히 두려움과 분노를 억누를 수 있다. 그러나 애덤 스미스의 《도덕감정론》에서 여성은 행위 주체가 아니며, 남성의 도덕적 행위 발전에 관한 그의 주장을 거드는 부수적 역할만 할 뿐이다.

애덤 스미스는 자신의 도덕철학을 명료화하는 과정에서 남성성에 특정 개념을 적용해 정의했다. 영문학자 스튜어트 저스트먼(Stewart Justman)과 나는 애덤 스미스의 《도덕감정론》을 젠더화한 텍스트, 즉 남성성과 여성성에 대한 특정 정의로 구성된 텍스트로 분석한 바 있다. 스튜어트 저스트먼은 애덤 스미스의 추론을 기존에 여성적인 것으로 인식하던 요소에 대해 신흥 상업사회 맥락에서 남성의 자율성을 유지하려는 시도로 봤다.[34] 나는 심리학적 틀을 적용해 《도덕감정론》 전반에서 애덤 스미스의 추론을 남성과 가상의 아버지와 동일시함으로써 남성 정체성을 구축하는 방식이라고 설명했다.[35] 자신이 태어나기 몇 달 전에 아버지가 돌아가셨기에 아버지를 한 번도 만난 적 없는 애덤 스미스에게 한 남성이 결정을 내릴 수 있도록 부여되는 도덕적 권위는 '공평한 관찰자'와의 자기 동일시뿐이었다.

> 참된 불변성과 굳건함을 가진 남성, 위대한 자제력의 학교에서 철저하게 자란, 현명하고 정의로운 남성은 분파의 폭력과 불의에 노출된 세상의 부산함과 사업 속에서, 그리고 전쟁의 역경과 위험에도 불구하고 모든 상황에서 그의 수동적 감정을 통제했다. (중략) 친구 앞에서나 적 앞에서나 그는 이 남성다움을 고양할 필요가 있었다. 그는 공평한 관찰자가 자신의 감정과 행동에 내릴 판단을 한순간도 거스른 적이 없었다. (중략) 그는 공평한 관찰자와 자신을 동일시하며, 이 위대한 중재자가 자신에게 느끼도록 지시하는 것 말고는 거의 느끼지 않았다.[36]

애덤 스미스는 《도덕감정론》에서 남성이 양심을 고취하는 과정을 설명하고 있지만, 이 과정에 대한 인식은 현대적 기준에 국한되며 여성은 이 책에서 아무런 역할을 하지 않는다. 그렇지만 애덤 스미스의 인간 본성에 관한 이해와 '남성성' 또는 '남성다움'에 대한 인식은 경제적 의사 결정의 도덕적 기반, 즉 개인의 경제 행위를 정의하는 합리적 선택으로서 정치경제학에 뿌리내리게 된다. 애덤 스미스의 《도덕감정론》 맥락에서 여성은 합리적이거나 법률적으로 계약을 체결할 수 있는 존재라고 여겨지지 않았다.[37]

애덤 스미스의 이 책은 바다 건너 프랑스의 지식 계층에서도 널리 읽했다. 파리의 사교계를 주도한 여성 소피 드 그루시 드 콩도르세(Sophie de Grouchy de Condorcet, 1764~1822)가 《도덕감정론》을 프랑스어로 번역했으며, 다음 2세기 동안 프랑스어판 표준으로 자리매김했다. 에밀리 뒤 샤틀레가 버나드 맨더빌의 《꿀벌의 우화》를 번역하면서 서문에 논평을 추가했듯이, 그녀도 자신이 옮긴 문헌에 대한 상세한 논평을 1798년 자신의 《도덕감정론》 프랑스어판 권말에 서한 여덟 통을 묶은 서간집을 삽입했다. 그러나 이 여덟 통의 편지는 영미권에서는 경제사상가들에 의해 철저히 무시됐고 2008년에 이르러서야 영어로 번역됐다.

소피 드 그루시는 저명한 철학자이자 수학자였던 자신의 남편 마리-장 앙투안 니콜라 드 카리타, 콩도르세 후작(Marie-Jean Antoine Nicolas de Caritat, Marquis of Condorcet, 1743~1794)이 사망한 뒤 《도덕감정론》 번역 작업을 시작했다. 그녀는 살롱을 조직해 토머스 페인(Thomas Paine)과 같은 급진적 혁명 이론가들과 교류했으며, 그들의 서한과 연설문도 프랑스어로 번역했다.

1789년 프랑스 혁명이 발발하고 3년 뒤인 1792년 루이 16세(Louis XVI)의 재판에서 콩도르세 후작은 왕의 사형에 반대했다는 이유로 혁명 세력에 반역자로 낙인찍혀 수배를 피해 은신했다. 소피 드 그루시는 비밀리에 정기적으로 남편의 은신처를 방문했고 두 사람은 그의 저서 《인간 정신의 진보에 대한 역사적 그림을 위한 밑그림(Esquisse d'un tableau historique des progrès de l'esprit humain)》을 함께 집필했다. 이 책은 소피 드 그루시가 세상을 떠난 1822년 정식으로 출간됐다.[38] 9개월 동안 숨어 지냈던 콩도르세 후작은 1794년에 결국 체포됐다. 그리고 몇 달 후 감옥에서 사망했다.[39] 소피 드 그루시는 그때 서른 살이었고, 그 후 몇 년 동안 그녀는 애덤 스미스의 《도덕감정론》 번역 작업에 전념했다.

1798년 《도덕감정론》 프랑스어판에 권말 부록 형식으로 추가한 독립 서간집 《공감에 관한 서한(Lettres sur la sympathie)》에서 소피 드 그루시는 철학자이자 생리학자인 자신의 제부 피에르-장 조르주 카바니(Pierre-Jean Georges Cabanis, 1757~1808)에게 보내는 서한 형태로 도덕적 행위의 기원과 본질에 대한 애덤 스미스의 생각과 정치경제를 바라보는 자신의 관점을 서술했다.

그녀는 애덤 스미스의 견해에 동감하면서도 그가 개념화한 공감은 불완전하다고 비판했다. 공감을 온전히 이해할 만큼 충분히 파고들지 않았다는 것이었다. 그녀가 보기에 공감은 관념 속에서 이뤄지는 이성적 과정일 뿐 아니라 생리학적 성격도 띠고 있었다. 아이에게 젖을 물리거나 사람들이 서로 따뜻하게 포옹하고 손을 잡는 식의 신체적 공감에는 남성, 여성, 아동, 동물 등 다른 모든 존재에 대한 신체적 연결도 포함됐다.

사회 개혁가이자 페미니스트인 소피 드 그루시는 애덤 스미스의 《도덕감정론》이 정책적 함의에 대한 논의를 멈추는 지점에서 출발해 사회가 개인의 이기적 행위를 인정하는 것만큼 공감을 바탕으로 한 행동이 가능하도록 제도적으로 뒷받침해야 한다고 지적했다. 그녀에 따르면 현재 사회 제도는 인간의 이기적 동인만을 전제해 그런 행위를 용인할 뿐 아니라 오히려 지원함으로써 미덕과 성실한 삶을 추구하기 어렵게 만들었다. 소피 드 그루시는 계급을 비롯해 다양한 사회적 분열을 초래하고 재생산하는 사회 제도를 다음과 같이 비판하면서 《공감에 관한 서한》 마지막 장인 '편지 8'을 끝맺고 있다.

> 제도가 만들어낸 부자연스러운 필요성으로 인해 사회는 사람들이 올바르게 행동할 수 있는 강력한 동인, 즉 가정의 평안에 대한 의지를 약화했다.[40]

에밀리 뒤 샤틀레, 엘리자베스 몬터규, 소피 드 그루시 드 콩도르세와 같은 여성들은 젠더차별로 인한 사회적 제약을 받았지만, 그래도 글을 쓰고 책을 출간하고 인정을 받을 수 있는 수단과 지원이 있었다. 엘리자베스 몬터규는 거침없는 성격 때문에 비판받기도 했으나, 그녀가 가진 부와 인맥은 런던의 문화적 융성과 자신의 영지 지역 사회 발전에 공헌할 기회를 제공해줬다. 그러나 경제 저술가를 포함한 대부분 여성 작가들에게 삶은 이들과 다르게 보였을 것이다.

영국의 매리 헤이스 같은 일부 독학 지식인들은 젠더 위계를 만들어내고 수많은 여성에게 도덕적 타락을 가져온 자본주의의 어두운 면에 목소리 높여 저항했다. 매리 헤이스는 경제적 불안과 빈곤에 직접적인 영향을 받는 여성들의 경제적·정치적 입장을 대변했다. 1798년 그녀는 《여성을 대신해 영국 남성들에게 호소함(Appeal to the Men of Great Britain on Behalf of Women)》이라는 제목의 책을 통해 여성에게는 자신의 야망을 추구하고 경제 상황을 개선할 가능성이 거의 또는 전혀 없다고 강력하게 주장했다. 이 책에서 그녀는 여성의 일자리는 극히 제한적이기에 늘 경쟁이 치열하고 터무니없이 낮은 급료를 받을 수밖에 없다고도 비판했다.

> 가진 재산도 없고 적절한 일자리도 없는 여성들은 미덕의 길 한가운데 자신에게 뇌물을 건넬 수 있는 사람들에게 몸을 맡길 수밖에 없다.[41]

매리 헤이스는 이 대목에서 매춘 말고는 자신과 자녀를 위해 생계를 꾸릴 방법이 없을 정도로 궁핍해진 여성들을 언급하고 있다. 그녀는 여성들의 이와 같은 행동은 '도덕적 나약함'이 아닌 열악한 현실에서 비롯했다고 강조하면서, 경제적 상황을 고려할 때 이런 방식으로 경제적 사익을 추구할 수밖에 없다고 역설했다. 하지만 당시 중산층 남성 정치경제학자들은 여성들이 처한 상황을 무시한 채 경제 이론에 여성을 포함하지 않았으며, 매리 헤이스가 제시한 대안적 주장에 귀를 막고 오직 도덕적 잣대만을 들이댔다.

매리 헤이스와 동시대 인물인 마리아 에지워스는 그보다는 더 나은 환경에서 자랐다. 그녀는 적절한 교육을 받았고 주변 환경은 그녀가 글을 쓸 수 있도록 지원하고 인정해줬다. 마리아 에지워스는 처음에 아버지 리처드 로벨 에지워스(Richard Lovell Edgeworth, 1744~1817)와 함께 교육 문제에 관한 글을 썼고 이후에는 혼자서 많은 소설을 펴냈다. 그녀는 소설 문학 작품으로도 이름을 알렸지만, 아버지가 토지를 관리한 토머스 맬서스, 제임스 밀(James Mill, 1773~1836, 존 스튜어트 밀의 아버지),

제인 헐디먼드 마르셋, 데이비드 리카도와 같은 정치경제학자들과의 친분으로 더 유명했다.[42] 마리아 에지워스는 '지대(地代, rent)' 인상 원인을 주제로 데이비드 리카도와 지속해서 서신을 왕래하며 의견을 교환했다. 그와 토론을 거듭하면서 그녀는 농업 방식의 혁신 부족과 지주의 잘못된 관리가 그 원인이라고 판단하게 됐다.

1800년에 출간된 그녀의 가장 유명한 작품인 단편 역사 소설 《래크렌트 성》은 지주가 소작농에게 도덕적 의무를 지던 과거 가부장적 농업 환경에서 양자의 관계가 비인격적으로 치닫는 세상의 변화 과정을 흥미롭게 묘사하고 있다.● 이를 통해 그녀는 사익 추구와 개인의 물질적 풍요가 도덕적 의무보다 더 중요해진 현실을 꼬집었다.

여기에서 마리아 에지워스는 지주들이 에든버러, 글래스고, 런던 등의 도시로 유흥을 즐기기 위해 떠나면서 자신의 재산 관리를 집사에게 맡기는 시대상을 설명했다. 지주의 대리인인 이 집사들은 주인이 자리를 비운 동안 소작농을 억압하고 착취했으며 심지어 이익의 상당 부분을 몰래 빼돌리기도 했다. 그녀의 눈에 비친 현실은 경제적 관계가 더는 가족을 모델로 삼지 않고 개인의 이기심과 사익 추구를 합리성이라는 명목 아래 충동질하는 세상이었다. 이는 급변하는 경제적 관계와 도덕에 대한 통찰력 있는 설명이라고 할 수 있지만, 《래크렌트 성》은 이 과정의 일부인 젠더관계의 변화는 다루지 않았다.

● '래크렌트 성'에서 래크렌트는 래크렌트 가문을 의미하지만, '엄청나게 비싼 지대를 받다(rack-rent)'라는 뜻도 담고 있다.

경제 이론에서 암묵적인 도덕과 가치 판단의 역할은 경제학자들에 의해 다양한 방식으로 다뤄졌다. 일테면 공리주의 철학자이자 정치경제학자 제러미 벤담(Jeremy Bentham, 1748~1832)은 《도덕과 입법의 원리 서설(Introduction to the Principles of Morals and Legislation)》(1789)을 통해 정치경제학자들이 정량적 추론으로 도덕적 판단을 내리는 것을 막고자 했다. 반면 또 한 사람의 공리주의자 존 스튜어트 밀(John Stuart Mill, 1806~1873)은 정치경제학이 일부는 실증 과학이고 일부는 규범 과학이라고 규정했다. 윌리엄 스탠리 제번스(William Stanley Jevons, 1835~1882)와 앨프리드 마셜(Alfred Marshall, 1842~1924) 같은 신고전주의 경제학자들은 자신들의 학문은 실증적인 과학이거나 적어도 그래야 한다고 명시적으로 강조했다. 앨프리드 마셜은 《경제학 원리(Principles of Economics)》에서 "정치경제학 또는 경제학은 일상을 영위하는 인류에 대한 연구"[43]이며 관찰, 정의, 분류, 귀납, 추론에 근거해 "경제 현상의 상호 의존성에 대한 지식에 도달"[44]해야 한다고 설명했다. 이에 따라 경제학자들은 합리적 추론과 사실을 토대로 정책 문제에 답을 제시하고 열띤 정치 논쟁의 주제에 분석을 제공했으며, 자신들의 연구와 해결 방안에 대한 과학적 지위와 객관성을 주장했다.

하지만 그동안 경제학자들이 당연하게 여겼던 경제 개념과 이론에 함축된 도덕 문제를 지적한 경제학자들도 있었다. 여성 경제 저술가와 경제학자는 이 부류에서 주로 찾을 수 있다.[45] 특히 페미니스트 경제학자들은 남성 편향의 경제 행위 주체, 경제학에서 암묵적으로 배제된 젠더 개념 및 마땅히 경제 이론을 구성해야 하는 다양한 가치를 지적했다.

페미니스트 철학자 샌드라 하딩(Sandra Harding)은 1995년 〈페미니스트경제학(Feminist Economics)〉 창간호에 〈페미니스트 사상이 경제학을 더 객관적으로 만들 수 있는가?(Can Feminist Thought Make Economics More Objective?)〉라는 논문을 발표했다. 이 논문에서 그녀는 "공유된 가치에 기반을 둔 가치 중립성은 객관적 진술이 되지 못한다"고 지적하면서, 어떤 가치가 공유되면 다른 가치는 은연중에 배제된다고 역설했다. 공유된 가치가 다른 가치를 보이지 않게 만드는 행태에 대응하는 방법은 더 광범위하고 다양한 목소리를 내는 것이다. 그래야 지금껏 공유된 가치에 이의를 제기할 수 있고, 가려졌던 가치를 가시화할 여러 견해를 도입할 수 있기 때문이다. 예컨대 경제학에서 페미니즘 관점을 취하면 주류 경제학적 사고에 숨어 있던 가부장적 가치를 드러낼 수 있다.[46]

제2장

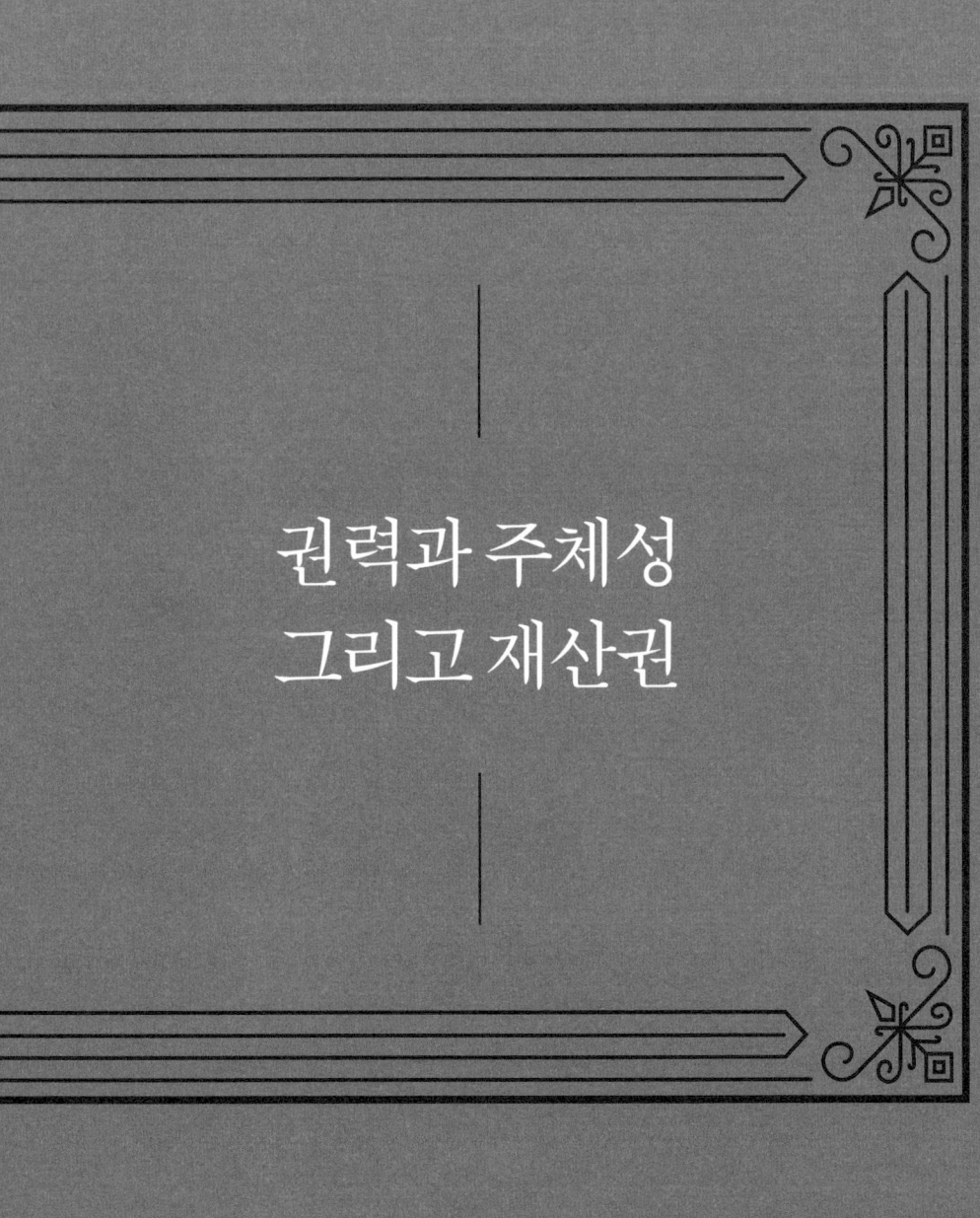

권력과 주체성
그리고 재산권

정치경제학의 등장은 영국 산업 사회 출현 및 성장과 밀접한 관련이 있다. 그러나 사회과학 분야 전체로 보면 정치경제학은 뒤늦게 도착했다고 볼 수 있다. 과거에 상인이나 은행업자는 사회에서 존경받지 못했기에 교역, 자본, 이익, 이자 같은 요소는 진지하게 다뤄야 할 학문적 주제로 여겨지지 않았다.

　이런 인식은 영국에서 산업혁명이 일어난 18세기 후반부터 변화하기 시작했다. 이 시기 경제사상가이자 경제학자 조지프 슘페터(Joseph Schumpeter, 1883~1950)가 체사레 베카리아와 안-로베르-자크 튀르고, 그리고 애덤 스미스 세 사람을 정치경제학의 창시자로 지목했다. 조지프 슘페터의 지적처럼 이들은 사회적 배경과 개인적 관심사 측면에서 놀라울 정도로 비슷했다. 이들 세 사람은 엄청난 독서가였고 학문적 시야가 넓었으며, "당면한 의무에 변함없는 헌신"을 보였고 정치와 사업 영역 밖에 서 있었다.[1] 그들은 각각 제대로 교육받은 중상류층 남성들로 이탈리아, 프랑스, 스코틀랜드 출신에다 사고방식에서도 상당한 통일성을 보여줬다. 1776년 애덤 스미스가 《국부론》을 출간하기까지 수십 년 동안 "세 경제학자 모두 부의 재생산과 증가를 연구의 주요 목적으로 삼아" 유사한 관심사를 가진 다른 많은 남성 학자들과 함께 발전시켰다.[2]

고대의 크세노폰이 전문화를 가능케 한 첫 번째 분업으로서 남편과 아내 사이의 역할 분배를 자세히 논의했다면, 체사레 베카리아와 안-로베르-자크 튀르고, 애덤 스미스는 부의 생산자인 남성의 경험에서 출발했다. 이 초기 정치경제학자들은 여성이 없는 학문적 환경 안에서 경제 개념과 이론 및 원칙을 수립하고 심화했다. 여성의 부재는 그저 우연이 아니라 경제학이라는 학문 기관 설계의 근본적 부분이었다.[3]

유럽 전역의 대학들은 로마 가톨릭 수도원의 폐허 위에 세워졌다. 케임브리지대학교와 옥스퍼드대학교는 주로 남성들이 성직자가 되도록 교육했다. 케임브리지대학교의 경우 학생들이 캠퍼스 내에 거주하려면 독신 상태를 유지해야 했고 그렇지 않으면 떠나야 했다. 옥스퍼드대학교는 20세기까지 여성의 교내 접근을 금지했다. 프랑스의 살롱 문화와 유사하고 프랑스와 영국의 오래된 학술 모임을 모델로 한 경제 토론에 관심 있는 남성들은 스위스에서 '레이코노미스트(les économists, 경제학자들)'나 프랑스에서 '레필로조프(les philosophes, 철학자들)' 같은 학회를 만들었다.

잉글랜드와 스코틀랜드에서도 '클럽(club)'이라는 이름을 단 모임들이 생겼다. 글래스고와 에든버러의 작고 붐비는 거주 구역 외부에 들어선 사교 공간에는 남성들로 가득했다. 이런 모임은 종류도 다양했고 회원이 지켜야 할 규칙도 엄격했다. 재미있는 이름을 가진 클럽들도 있었는데, '뒤죽박죽클럽(Hodge Podge Club)', '돌발클럽(Accidental Club)' '비프스테이크클럽(Beefsteak Club)' 같은 곳들이었다.[4] 하지만 남성들의 사교 모임이기에 "여성은 허용하지 않습니다"가 규칙 중 하나였다.

에든버러와 글래스고에서 살았던 애덤 스미스는 여성 참여를 불허한 '포커클럽(Poker Club)' 같은 모임의 회원이었고 설립에도 관여했다.[5] 입법가들, 학자들, 상인들 사이의 그 어떤 정치경제적 논의에도 여성들은 없었다. 여성의 경제 행위나 경제적 이해관계는 애초부터 고려 대상이 아니었고 그것이 경제 분야에 한계를 가져온다는 생각 또한 누구도 하지 않았다.

이 장에서 나는 가부장제와 정치경제적 개념을 구조화하는 젠더의 위계적 측면에 대항한 여성들의 경제 저술을 다룰 것이다. '권력', '주체성', '재산권'의 젠더화한 개념적 해석은 여성을 남성과 다르게 분류하고 비서양인의 경우 '타자', '미개인', '원시인'으로 치부해 이들을 인간 이하로 취급하는 행태를 암묵적으로 합법화했다. 이렇게 기본 개념과 원칙을 갖춘 정치경제학은 서양 중산층 백인 남성의 관점과 이해관계를 수용하는 방식으로 경제적 관계를 개념화했으며, 이 학문 분야는 이를 통해 더욱 발전했다.

°경제적 추론의 권력°

과학적 추론과 연구 및 그 결과가 종교적 권위를 점점 더 대신하게 되면서 과학적 사실 주장, 자연 법칙 이용, 신기술 개발 등은 모두 학자들에게 더 높은 수준의 사회적·정치적 선망으로 떠올랐다. 그와 동시에 일종의 권력으로도 작용했다. 옥스퍼드대학교와 케임브리지대학교가 지배하는 이 새로운 과학에서 잉글랜드 교회와 같은 전통적 보루는 이제 학문 지식의 중심이 아니었다. 아이작 뉴턴의 철학을 가르친 네덜란드의 레이덴대학교와 위트레흐트대학교, 스코틀랜드의 에든버러대학교와 글래스고대학교처럼 기존의 학문적 권위에 저항한 학교들은 더 개방적인 학습 환경을 제공했다. 에든버러대학교와 글래스고대학교는 스코틀랜드 계몽주의의 중심지가 됐다.

여성 저술가들도 과학적 학습과 연구에 참여할 권리를 주장했다. 제1장에서 언급한 17세기 네덜란드의 천재 여성 아나 마리아 판 슈르만 이후 프랑스의 안-테레즈 마르게나 드 쿠르셀이 당시 파리 초기 살롱 문화의 중심에 서서 1710년 부르주아 지식인과 귀족들에게 살롱 문을 개방한 뒤 학문 탐구에 참여할 여성의 권리를 옹호했다. 결혼 후 이름인 '안-테레즈 랑베르 후작 부인(Anne-Thérèse Marquise de Lambert)'으로 더 잘 알려진 그녀는 1727년 철학 에세이 《여성에 대한 새로운 성찰, 또는 사랑의 형이상학(Réflexions nouvelles sur les femmes, ou Métaphysique d'amour)》을 출간했다(영문판은 1729년 출간). 이 책에서 그녀는 사랑을 철학적 주제로 설정하는 한편 이전에 아나 마리아 판 슈르만이 주장한 것과 비슷한, 즉 여성의 양육 및 정신 능력이 과학적 추론과 연구에 적합하다고 강조했다. 안-테레즈 랑베르 후작 부인은 이렇게 쓰고 있다.

> 여성에게 울타리를 씌우는 것이 적절하다고 여기는 이들은 대상을 바라보며 관조하는 마음에서 여성이 남성보다 훨씬 불완전하다고 주장한다. 자신들을 지배하는 감각과 충동이 정신을 산만하게 하고 무작정 따라가게 만들기 때문이다. 확실히 주의가 필요하다. 빛이 샘솟게 해야 한다. 마음에 떠오르는 생각들을 더 가까이 가져와 우리의 손이 닿는 곳에 두기를. 반면 여성의 경우 생각은 자연스럽게 형성되고 감각적이고 직관적인 능력에 따라 차례대로 배열된다. 본성 그 자체가 그렇기에 일련의 지루한 논증을 거쳐야 하는 수고를 덜 수 있다.[6]

그녀는 교육 문제에도 큰 관심을 가졌다. 《아들을 위한 어머니의 조언(Avis d'une mère à son fils)》(1726)과 《딸을 위한 어머니의 조언(Avis d'une mère à sa fille)》(1728)을 묶어 영어로 번역 출간된 《랑베르 후작 부인의 그녀의 아들과 딸에게 보내는 편지(The Marchioness de Lambert's Letters to her Son and Daughter)》(1749)는 영국에서 널리 읽혔고 심지어 애덤 스미스의 서재에도 있었다고 전해진다. 그렇지만 이런 목소리는 초기 정치경제학에 반영되지 않았다. 이런 면에서 공리주의 창시자이자 여러 정부 기관의 고문으로 활동한 제러미 벤담은 예외였다. 그는 여성과 젠더 문제에 열려 있던, 그 시대에서는 보기 드문 진보적 사상가였다. 제러미 벤담은 《도덕과 입법의 원리 서설》에서 '공리의 원칙(principle of utility)'인 그 유명한 '최대 다수의 최대 행복'을 설명하면서 다음과 같이 주장했다.

> 정부의 (특정 개인 또는 개인들에 의해 수행되는 특정 유형의 행동일 뿐인) 정책은 그 정책이 공동체의 행복을 증대하는 경향이 감소시키는 경향보다 클 때 공리의 원칙에 부합하거나 따른다고 말할 수 있다.[7]

그는 나아가 동물의 권리, 완전한 젠더평등, 여성의 참정권(투표권)을 요구하면서 여성이 권리를 갖지 못한 이유는 입법 과정에 접근할 대표성을 확보하지 못했기 때문임을 인정했다. 하지만 1827년 《헌법전(Constitutional Code)》을 쓰면서 벤담 자신이 그렇게 할 수 있는 위치에 섰을 때 정작 그는 여성에게 헌법상의 권리를 부여하지 않았다.

> 입법에 대한 선입견이 현재 너무 일반적이고 너무 강해서 그들의 입법 제안을 찬성할 기회를 잡지 못했다.[8]

애덤 스미스, 제러미 벤담, 데이비드 리카도와 같은 인물들의 초기 정치경제학 논문은 정부 입법자들이 이해하고 적용할 수 있는 언어로 쓰였다. 여성들의 경제 문제 및 이해관계에 관한 관심 부족은 적어도 처음에는 의도적이었던 게 아니라 여성이 남성에 의해 통제되는 사회 시스템 때문이었다. 자유와 권리에 대한 논쟁에서 여성의 권리는 남성의 권리 다음으로 미뤄졌다.

18세기 초 '블루스타킹협회' 일원이기도 한 새라 섀폰은 당시 잉글랜드 법이 내포하고 있던 심각한 여성 배제 문제에 관해 이미 이의를 제기했었다. 1735년 《아내들과 관련한 잉글랜드 법의 고충(The Hardships of the English Laws in Relation to Wives)》이라는 법률 논문이 익명으로 출간됐는데, 그동안 저자가 누구인지 알 수 없다가 20세기 들어 페미니스트 학자들이 그녀의 저작임을 확인했다.

새라 섀폰은 이 논문에서 기혼 여성의 법률적 효력이 남편과 병합해 독립적인 법적 지위를 상실하게 만드는 잉글랜드의 관습법을 논의하면서 당시 기혼 여성이 처한 법률적 상황은 노예보다 못하다고 비판했다. 그녀는 다양한 입법자들과 논쟁하고 잉글랜드 정부에 수차례 탄원을 제기하면서 인간이 만든 법과 자연의 철학(자연법) 사이에서 나타날 새로운 체제의 심각한 영향에 대해 엄중히 경고했다.

> 지금까지 몇몇 남성들의 비범한 자만심은 전능하신 이와의 충돌도 불사하면서 가능한 한 서둘러 나머지 성마저 장악하고자 분투하고 있다. 이제 우리가 우리 자신을 돌아보고 임박한 위험에 대비하기 위해 할 수 있는 모든 수단을 써야 할 때다. 우리가 조국의 법 말고는 어디에도 호소하지 못하고 성서의 권위 또한 무너진 '자연 상태(State of Nature)'로 내몰리고 있는 듯 보이기 때문이다. 남성들은 자신의 가슴 속에 저마다 은밀한 공정의 법정을 세우고 있다. 우리 조국의 법이 강자가 '약자를' 억압하는 것을 막지 못한다면, 그와 같은 세상에서 유일한 사회 규칙은 무엇인가?⁹

이 논문에서 새라 섀폰은 법의 보호를 받지 못하는 기혼 여성의 취약한 현실을 다음의 세 가지 상황으로 설명했다.

I. 아내들의 재산권은 노예보다 불리하다.
II. 현재 우리가 이해하는 바와 같이 아내들은 그 권력이 '잉글랜드의' 다른 남성 집단에 속하는 정도의 권력 수준도 아닌 집안 총독의 재량에 따라 종신형과 같은 삶을 살 수 있으며…(하략)
III. 아내들에게는 '자신에 대한 권리'도, '자녀에 대한 권리'도, '재산에 대한 권리'도 없다.[10]

어릴 적부터 자기 생각을 거침없이 표현했고, 페미니스트 저술가 매리 아스텔이 쓴 소책자 《결혼에 관한 몇 가지 고찰(Some Reflections on Marriage)》(1700)의 영향을 받은 새라 섀폰은 여성의 법적 권리에 관한 논의에서 자신의 논증을 더욱 발전시켰다. 영문학자이자 문화사학자 요안나 로스텍(Joanna Rostek)은 2021년 출간한 《낭만주의 시대 여성의 경제사상(Women's Economic Thought in the Romantic Age)》에서 새라 섀폰의 《아내들과 관련한 잉글랜드 법의 고충》에 내재한 경제사상을 분석했다. 그녀는 당시 새라 섀폰이 여성의 경제적 지위 악화, 특히 기혼 여성의 자유와 임금 노동에 종사하는 여성들의 능력차별을 전면에

● 토머스 홉스(Thomas Hobbes, 1588~1679)가 가정한 '자연 상태(원시 상태)'를 말한다. 홉스는 자연 상태에서는 모두가 평등하지만, 이 평등은 누구라도 상대에게 죽임을 당할 수 있는 위태로운 평등이다. 그렇기에 자연 상태에서의 평등은 '만인의 만인에 대한 투쟁'을 불러일으킨다.

내세웠다고 지적했다. 새라 섀폰은 남편에 대한 기혼 여성의 경제적 의존 현상을 시급한 문제로 다루면서, 남성들의 성적 권리와 관련한 이중적 잣대와 양육권에 대한 편견을 비롯해 법률이 새로 제정되면서 상속권을 상실한 여성의 취약한 경제적 지위를 적나라하게 폭로했다.[11]

1764년에 생을 마감한 새라 섀폰은 영국 관습법의 표준이 되고 훗날 미국 법에도 영향을 미친 법학자 윌리엄 블랙스톤(William Blackstone, 1723~1780)의 네 권짜리 법률 해설서 《잉글랜드 법 주해(Commentaries on the Laws of England)》(1765~1769)를 접하지 못했지만, 일찍이 잉글랜드에서 이미 관습법 일부가 된 '커버처(coverture, 덮개)'* 개념을 해석해 기혼 여성의 박탈당한 권리를 꼬집었다. 여성은 일단 결혼하게 되면 남편에게 '덮인 여성(feme covert)'이 되는 것이었다. 이후 윌리엄 블랙스톤은 《잉글랜드 법 주해》를 통해 이 상황을 다음과 같이 규정했다.

> 결혼하면 남편과 아내는 법적으로 한 사람이다. 즉, 여성의 존재 또는 법적 존재의 효력은 결혼 생활 동안 중단되거나, 적어도 남편의 존재에 편입해 강화된다. 남편의 날개, 보호, 덮개 아래에서 그녀는 모든 일을 수행한다.[12]

● 당시 프랑스를 비롯한 대부분 유럽 국가와 마찬가지로 잉글랜드에서도 관습법상 여성은 결혼하면 남편과 법적으로 한 사람 취급을 받았다. 적어도 결혼 관계를 유지하는 동안에는 여성의 법적 존재가 남편의 신분과 지위에 병합되고 통합됐다. 이를 표현한 단어가 '덮개'를 뜻하는 '커버처(coverture)'였고 법률 용어로는 '유부녀(기혼녀) 신분'을 의미했다. 이 개념을 윌리엄 블랙스톤이 《잉글랜드 법 주해》에서 확실히 정의해 성문화했는데, 새라 섀폰은 그 전부터 이 관습법의 부당함을 지적했다. 잉글랜드 관습법에서 '미혼 여성(feme sole)'은 법적 지위를 갖지만, '기혼 여성(feme covert)'은 문자 그대로 남편의 법적 존재에 '덮인 여성'이다. 남편은 아내에게 무언가를 양도할 수도 없고 아내와 계약을 맺을 수도 없다. 아내는 남편과 하나인 존재이기에 독립적으로는 아무런 권리가 없었다.

이 규정은 관습법을 공고히 하는 일종의 판례로 작용했다. 이에 여성은 남편이나 아버지 또는 아들이 대표하는 존재로 여겨졌고, 모든 입법 과정과 법률 및 정책에서 제외됐으며, 결혼 후 법 앞에서 선택권을 상실했다.

새라 섀폰이 묘사한 재산권 재정의 과정은 애덤 스미스, 카를 마르크스, 로자 룩셈부르크, 한나 아렌트(Hannah Arendt, 1906~1975) 등에 의해 "탈취에 의한 축적"이나 "원시적 축적" 같은 용어로 다양하게 언급됐다.[13]

《새로운 제국주의(The New Imperialism)》(2003)에서 지리학자이자 경제학자 데이비드 하비(David Harvey)는 개방 경지나 공유지 또는 집단 거주지 같은 다양한 형태의 공유 재산을 독점적 사유 재산으로 전환한 "토지의 상업화와 사유화"를 비롯해, 식민지나 신식민지의 천연자원을 포함한 자산을 제국이 전유하는 과정에서 나타난 "노동력의 상품화", 노예 무역과 신용 체제 구축을 통한 "교환 및 과세의 화폐화" 등 당시 "탈취에 의한 축적"이라고 볼 수 있는 갖가지 사례를 확인했다.[14]

혼인법의 결과로 잉글랜드에서 자행된 탈취에 의한 축적은 경제사학자 에이미 루이스 에릭슨(Amy Louise Erickson)이 논문 〈커버처와 자본주의(Coverture and Capitalism)〉에서 설명한 대로 "화폐 경제의 발전과 화폐 경제가 수반하는 복잡한 법률 및 금융 수단의 개발"에 직접 공헌했다.[15] 이와 함께 노예제나 18세기 후반에서 19세기 초반 잉글랜드에서 벌어진 제2차 인클로저(enclosure) 운동과 같은 탈취 과정도 산업 사회와 자본주의에 추가적인 축적을 가능케 한 초기 자본을 제공했다.*

남성들이 지주나 자본가 또는 새로 떠오른 중산층으로서 법률적 권력을 장악함에 따라 여성들은 모든 계층에서 영향력이 부족해졌다. 제1장에서 살핀 것처럼 엘리자베스 몬터규의 경우 자신의 집, 땅, 광산을 관리할 수 있었고, 마찬가지로 에밀리 뒤 샤틀레도 교양 있는 친구들을 마음껏 초대할 수 있었지만, 어디까지나 남편의 지위와 능력과 관대함 덕분이었다.

이제 올랭프 드 구즈에 대해 알아보자. 그녀는 프랑스의 극작가이자 혁명가였고 수많은 정치 소책자를 펴낸 진취적 인물이었다. 그중에는 프랑스 혁명 제헌 의회가 발표한 선언문 〈1798년 인간과 시민의 권리 선언(Déclaration des droits de l'Homme et du citoyen de 1789)〉에 응답하는 형태로 마리 앙투아네트(Marie Antoinette, 1755~1793) 왕비에게 헌정한 〈여성과 여성 시민의 권리 선언(Déclaration des Droits de la Femme et de la Citoyenne)〉(1791)이 있다.[16] 푸줏간 주인 피에르 구즈(Pierre Gouze, 1716~1750)의 딸 마리 구즈(Marie Gouze)로 자란 그녀는 사실 어머니 안-올랭프 모이제(Anne-Olympe Moiset, 1714~?)와 장-자크 르프랑 퐁피냥 후작(Jean-Jacques Lefranc de Pompignan,

---

● '인클로저(enclosure)'는 '울타리(담)를 친 곳'을 의미한다. 15세기 후반~17세기 중반 지주들이 곡식보다 비싼 양모를 생산하고자 경작지에 울타리를 세워 목장으로 전환했는데, 이로 인해 많은 수의 소작농이 일자리를 잃었고 농가가 몰락하면서 농민들이 도시로 유입됐다. 18세기 후반~19세기 초반에 벌어진 유사한 행태와 구분하고자 이를 제1차 인클로저 운동이라고 부른다. 제2차 인클로저 운동은 인구 증가에 따른 식량 문제 등을 해결하기 위해 입법을 통한 정부 주도로 발생했으며, 자본가가 소농민의 경작지를 흡수함으로써 토지 대부분이 사유화됐고 대다수 농민은 도시의 임금 노동자로 변모했다. 이로써 영국에서는 지주, 자본가, 노동자로 이뤄진 자본주의적 생산 관계가 형성됐으며, 이른바 자본의 본원적 축적이 가능해졌다.

1709~1784) 사이에서 태어난 사생아였다. 올랭프 드 구즈는 이 소책자 선언문에서 오늘날 관점으로 봐도 급진적인 요구 목록을 제시했다. 그녀는 1792년 잉글랜드의 메리 울스턴크래프트가 저서 《여성의 권리 옹호(A Vindication of the Rights of Woman)》로 여성의 참정권을 주장하기 1년 전에 이미 투표권과 이혼할 권리, 갖고 싶은 직업을 가질 권리, 여성과 남성의 동등한 임금 등을 요구했다.

> 제1조. 여성은 남성과 동등하게 태어나서 살아갈 권리가 있다. 사회적 구별은 오직 공통의 효용에 근거해야 하며…(하략)
>
> 제13조. 공권력 지원과 행정상 경비 확보를 위한 여성과 남성의 공헌은 동등하고 모든 의무와 모든 노고를 분담하므로 지위, 고용, 직장, 명예, 직업 등의 분배에서 동일한 몫을 가지며…(하략)
>
> 제17조. 재산권은 여성과 남성이 결합하든 분리하든 모두에게 속한 불가침의 신성한 권리이자 자연의 유산이다. 따라서 법률이 결정한 공공의 필요가 정당한 배상을 명백히 요구하지 않는 한 아무도 박탈할 수 없다.[17]

그러나 올랭프 드 구즈는 혁명의 희생양이 됐다. 그녀는 혁명을 성공시킨 세력에 의해 감옥에 갇혔고, 우스꽝스러운 재판 끝에 결국 단두대에서 죽었다. 저 위대한 프랑스 혁명도 여성에게는 완전한 시민권을 가져다주지 못했다. 제헌 의회는 중산층의 시민권을 명시했지만, 그것은 남성들에게만 해당했다. 기혼 여성이 배제된 시민권은 1804년 나폴레옹 법전(Code Napoléon)에서도 확인됐고, 대부분 유럽 국가 입법 체제의 기본적 특성으로 자리 잡았다.

비슷한 시기 잉글랜드에서 목소리 높여 여성의 참정권을 주장한 인물은 메리 울스턴크래프트였다. 그녀는 아일랜드 출신의 영국 정치가 에드먼드 버크(Edmund Burke, 1729~1797)의 《프랑스 혁명에 대한 성찰(Reflections on the Revolution in France)》(1790)에 반박하는 맥락에서 쓴 《여성의 권리 옹호》(1792)로 순식간에 유명인사가 됐다.

이 책에서 그녀는 여성 교육을 거부하는 교육 및 정치 이론가들에 대항해 여성은 태생적으로 남성보다 열등하지 않으나 교육을 받지 못해 열등한 듯 보일 뿐이라고 주장했다. 또한 여성도 국가에 필수적인 존재이므로 남성과 동등한 교육을 받아야 한다고 역설했다. 이 책은 출간 즉시 큰 반향을 불러일으켰고, 투표권을 요구한 여성으로서 그녀의 이름이 사람들 입에 자주 오르내렸다.

메리 울스턴크래프트는 주로 정치 활동가이자 소설가로 알려졌지만, 이후 내용에서도 살필 수 있듯이 경제 문제도 정면으로 다뤘다. 일찍이 그녀는 혁명에 참여하기 위해 프랑스로 건너갔다가, 혁명 이후 자코뱅파(Jacobins)의 공포 정치와 전횡에 환멸을 느껴 잉글랜드로 돌아왔다. 20세기 말까지 사람들은 그녀의 사상과 저작보다 삶과 사생활에 더 많이 주목했다.

메리 울스턴크래프트는 두 차례의 불행한 사랑을 겪은 끝에 1797년 무정부주의자 윌리엄 고드윈(William Godwin, 1756~1836)과 결혼했지만, 딸을 출산하고 산욕열로 고통받다가 서른여덟의 나이에 목숨을 잃었다. 이때 태어난 매리 셸리(Mary Shelley, 1797~1851)가 훗날 최초의 SF 소설로 평가받게 되는 《프랑켄슈타인(Frankenstein)》의 작가다.

윌리엄 고드윈은 매리 울스턴크래프트가 사망하고 1년 뒤인 1798년에 아내를 향한 사랑과 존경을 담아 《여성의 권리 옹호 저자에 관한 회고록(Memoirs of the Author of A Vindication of the Rights of Woman)》을 펴냈다. 하지만 과거 매리 울스턴크래프트의 자유연애, 사생아 출산, 자살 기도 등 당시 사회 통념에 어긋나는 내용이 그대로 담겨 있었기에, 그의 본의와는 달리 그녀의 평판은 이후 100년 넘게 추락했다.

새라 새폰이 경고했듯이 자연법은 과학적 추론, 특히 정치경제학에서 종교적 교의와 정치적 음모와는 별개로 세워질 것들의 새로운 토대와 기반을 제공했다. 대표적으로 프랑스 초기 정치경제학자들은 합리적 추론과 자연법 기초에 근거해 시대의 정치적 논쟁 외부 또는 그 위에 정치경제학을 올려놓았다.

그렇게 정치경제학은 가정의 성 분할을 당연시하고 이 분리된 영역 이데올로기를 바탕으로 남성의 영역에 집중함으로써 재화의 생산 및 분배 문제를 '경제'로 귀속시켰다. 이제 정치경제학은 서양 중산층 백인 남성을 중심에 둔 채 서로 평등한 남성 노동자의 노동과 남성들 사이의 교환에 초점을 맞추면서, 여성과 아동을 경제에서 배제하고 흑인을 '타자'로 묘사하는 언어를 사용했다.

이와 더불어 정치경제학자들은 국부 증대를 경제의 바람직한 과정으로 설명하고 더 나은 경제 성장을 위한 정책을 설계하는 개념, 방식, 이론 등을 마련했다. 이제 정치경제학은 여성, 노동자, 노예에 대한 탈취를 말하지 않았고, 산업화 과정의 일부인 원시적 축적 과정에 대해서도 더 이상 언급하지 않았다. 새로운 재산권 제도는 '소유자'와 '그'가 사용하고 판매할 수 있는 권리를 가진 상품으로서의 모든 '사물들' 간의 관계로 '인간'과 '자연' 사이의 관계를 표현했다. 그렇게 생산의 세 가지 요소, 즉 토지(집, 식민지), 자본, 노동(공장, 광산, 가게)이 성립됐으며, 서유럽과 이후 미국의 경제 자본 축적에 이바지했다. 여성, 아동, 식민지 원주민, 자연 환경과 관련한 비용과 손해는 계산하거나 고려하지 않았다.

여러분이 계속해서 이 과정 속 여성들의 목소리에 귀를 기울인다면, 이들의 이야기가 잉글랜드 및 스코틀랜드의 신흥 중산층 백인 남성의 이야기와는 상당히 다르다는 사실을 확인할 수 있을 것이다.

˚ 경제 행위 주체로서의 여성 ˚

18세기에 영국 여성, 특히 기혼 여성에게는 경제 행위 주체는 고사하고 정치적 권한도 없었다. 여성들은 스스로 계약을 맺을 수도 없었고, 재산을 상속받을 수도 없었으며, 합리적 개인으로 인식되지도 않았다. 정치경제학자들은 사익 추구를 남성의 '자연스러운' 행동 특징으로 간주한 반면, 여성에게는 매우 부자연스럽고 흥미 없는 것이라고 여겼다.[18]

애덤 스미스는 《도덕감정론》에서와 마찬가지로 《국부론》에서도 여성에 대해서는 거의 언급하지 않았다. 본문에 여성이 등장하는 경우에도 경제 행위 주체서로가 아니었다. 그는 예술가나 의사 또는 공무원 같은 직업을 비생산적이라고 인식했다. 사적 영역과 공적 영역에 대한 젠더 역할을 적용하면서도 가정 내에서 여성의 가사 노동이나 자녀 육아 및 교육에 대한 공헌은 생산적인 일로 규정하지 않았다.[19] 《국부론》 도입부인 "서론 및 이 책의 구상"을 보면 그의 관점에서 국가의 부를 결정하는 요소와 관련해 설명한 몇 가지 흥미로운 대목을 발견할 수 있다.

> 모든 국가의 연간 노동은 매년 소비하는 필수품과 편의품을 공급하는 원천이며, 이는 해당 노동에 의한 직접 생산물 또는 다른 국가에서 수입한 생산물로 구성된다. 따라서 직접 생산물 또는 수입한 생산물과 그것을 소비하는 사람들 사이의 비율에 따라 국가에 필요한 필수품과 편의품의 원활한 공급이 결정된다. 그런데 모든 국가는 이 비율을 두 가지 측면에서 조정해야 한다. 첫째는 일반적으로 이용 가능한 노동, 즉 기술과 숙련 및 판단 측면이며, 둘째는 유용한 노동에 고용된 사람들과 그렇지 않은 사람들의 비율 측면이다.[20]

> 비생산적인 노동자들과 노동을 전혀 하지 않는 사람들은 모두 세입으로 유지된다.[21]

이를 통해 우리는 애덤 스미스에게 비생산적이고 노동을 전혀 하지 않는 사람들은 생산적이고 유용한 노동을 하는 사람들의 짐이었음을 알 수 있다.

애덤 스미스, 데이비드 리카도, 토머스 맬서스를 비롯한 정치경제학자들의 연구가 남성 노동자, 농민, 상인 등 간에 일어나는 거래와 교환에 초점을 맞췄다고 해서 여성이 이와 같은 경제 행위에 아무런 역할을 하지 않았다고 생각하면 곤란하다. 당시 잉글랜드 여성의 약 25퍼센트가 여관 관리인, 인쇄공, 직조공 등으로 활동했다.[22] 그러나 여성의 경제적 공헌은 잉글랜드 산업화 과정의 근간이 된 양모 산업의 방적 노동 말고는 거의 인정되지 않았다. 정치경제학자들은 시대의 법률 언어를 그대로 따랐고, 독립적으로 계약을 체결할 권리를 포함해 여성을 모든 경제 행위 주체에서 철저히 배제했다.

제러미 벤담, 토머스 맬서스와 동시대를 살았던 프리실라 웨이크필드(Priscilla Wakefield, 1751~1832)는 1798년 페미니즘 소책자 《여성의 현 상황에 대한 고찰(Reflections on the Present Condition of the Female Sex)》을 출간했다. 그녀는 일찍부터 가족을 부양하기 위해 노동 시장에 나가 돈을 벌고 사람들과 경쟁을 벌였다. 남편은 경제적으로 무능했고 가족에게 써야 할 돈을 무익한 투자에 쏟아붓곤 했다.

프리실라 웨이크필드는 생계형 저술가였다. 20여 년 동안 1년에 한 권꼴로 스무 권 이상의 책을 썼다. 주제도 광범위했다. 18세기 식물학을 정리했고 자연사에 관한 책도 펴냈다. 아동과 청소년을 위한 이야기책도 출간했다. 물론 경제학을 주제로 한 책도 썼다. 《여성의 현 상황에 대한 고찰》은 애덤 스미스의 여성에 대한 잘못된 인식을 비판하면서 시작한다. 여기에서 프리실라 웨이크필드는 《국부론》의 "서론 및 이 책의 구상"을 언급하고 있다.

애덤 스미스 박사는 모든 개인은 국가 전체의 이익을 위해 자기 몫의 생산적 노동을 제공하지 못하면 자신이 속한 사회의 짐이라고 주장했다. 그는 이 원칙을 제시할 때 전체 공동체의 이익을 위해 서로 사회적 계약관계를 형성할 수 있는 존재를 말하면서 일반적으로 남성을 가리키는 '인간(man)'을 지칭했다. 그는 남녀 모두가 사회의 유익한 구성원이 되기 위해 이 조건을 똑같이 준수해야 한다고 명시하지 않았다. 여성은 엄연히 종(種)의 관념에 포함돼 있고 남성과 동일한 자질을 가졌으므로, 비록 정도의 차이는 있을지언정 유용성 비율에 대한 공공의 요구에 남성만 포함할 수는 없다.[23]

성평등을 요구하는 전략적이고 냉소적인 이 발언은 당시에는 하기 어려운 주장이었다. 프리실라 웨이크필드는 자신의 저작과 애덤 스미스의 저작을 이렇게 연결함으로써 그를 비판함과 동시에 자신이 하려는 주장의 출발점으로 이용했다(이 부분은 제5장에서 자세히 다룰 것이다). 하지만 그녀의 지적에도 후대 경제학자들은 애덤 스미스의 'man'은 모든 '인간(human)'을 가리키는 것이라고 가정하면서 정치경제학, 그리고 이후 경제학에서도 'human'이 아닌 'man'을 '인간'을 지칭하는 용어로 고집했다.

가정에서, 이웃과의 관계 속에서, 사회에서, 그리고 혼자 모든 것을 헤쳐나가야 할 때 여성, 특히 결혼한 여성의 법적·정치적·경제적 취약성은 많은 여성 경제 저술가가 '여성 공동체'의 중요성을 강조한 근본적인 이유였다.

엘리자베스 몬터규의 여동생 새라 로빈슨 스콧은 봉건 사회와 초기 산업 사회라는 두 세계의 경계에 살면서 글을 썼다. 언니인 엘리자베스가 바깥에서 활발히 움직일 때 그녀는 안에서 조용히 자기 생각을 글에 담아냈다. 그리고 작가로서 1762년 유토피아 소설 《밀레니엄 홀과 인근 나라에 대한 묘사》(이하 《밀레니엄 홀》)를 펴냈다. 이 책은 남성들에게서 독립해 예술과 교육, 자선 활동에 헌신하면서 살아가는 여성들의 공동체를 찾아가는 이야기를 담고 있다. 이는 당시 잉글랜드 여성들에게는 달성하지 못한 이상이었다. 새라 로빈슨 스콧은 이곳을 이렇게 묘사했다.

> 나는 이 새로운 인물들을 보고 놀라움을 금치 못했다. 천성적으로나 운명적으로나 세상을 완전히 지배할 자격을 갖춘 이 여성들이 어떤 단계를 거쳐 세상에서 스스로 격리할 수 있었는지, 말하자면 내가 지금껏 살고 싶었던 원칙 그대로 그들 자신을 위한 이 새로운 세상을 만들 수 있었는지 몹시 궁금해졌다. 나는 내 사촌과 단둘이 있고 싶었다. 그녀가 이 경이로움에 대해 설명해주기를 바라면서.[24]

《밀레니엄 홀》은 그녀의 언니 엘리자베스 몬터규가 이끄는 '블루스타킹협회'의 상징적인 텍스트가 됐다. 엘리자베스 몬터규는 여성 공동체에 관한 동생의 생각을 수용했는데, 주로 그녀의 서신에서 이 부분이 잘 드러났다. 편지에서 그녀는 자신의 사유지와 광산을 노동자들의 공동체로 묘사하곤 했다. 엘리자베스 몬터규가 보기에 자신의 공동체는 이윤을 좇아 사업을 벌이고 노동자들을 착취하는 데 혈안인 다른 광산업계와는 대조적이었다.

훗날 새라 로빈슨 스콧은 자신이 《밀레니엄 홀》에서 꿈꿨던 공동체를 실제 '밀레니엄 홀'이라는 이름으로 잉글랜드 남동부 버킹엄셔(Buckinghamshire)에 만들었다. 언니 엘리자베스 몬터규의 재정 지원을 받아 성공적으로 시작할 수 있었지만, 자신의 건강 악화와 운영상의 어려움, 그리고 공동체 구성원들 사이의 다툼 때문에 결국 해체됐다.

《밀레니엄 홀》로부터 30년 뒤인 1792년, '블루스타킹협회' 일원이던 클라라 리브(Clara Reeve, 1729~1797)가 《교육 계획(Plans of Education)》을 출간하면서 여성의 세속적 독립 공동체에 대한 또 다른 청사진을 그렸다. 엘리자베스 몬터규, 새라 로빈슨 스콧, 클라라 리브의 이런 노력은 로버트 오언(Robert Owen, 1771~1858) 및 샤를 푸리에(Charles Fourier, 1772~1837) 같은 초기 사회주의자들의 연구에 선행하는 업적이었으며, 여성 권리와 교육의 중요성을 강조하고 여성을 경제 행위 주체로서 인정해야 한다는 인식과 더불어 여러 공동체 실험을 시작하는 데 큰 역할을 했다. 조금 뒤에 살피겠지만, 엘리자베스 몬터규 이후 로버트 오언과 프랜시스 라이트(Frances Wright, 1795~1852)는 미국에서 공동체 건설을 실행한 인물들이었다. 새라 로빈슨 스콧의 《밀레니엄 홀》과 클라라 리브의 《교육 계획》이 그들을 비롯한 초기 사회주의자들에게 영감을 제공했음은 두말할 필요도 없다.

그렇지만 19세기를 코앞에 둔 시대에도 노동 계급과 빈민은 여전히 정치와 경제 영역에서 발언권을 갖지 못했다. 1798년 《인구론(An Essay on the Principle of Population)》을 발표한 토머스 맬서스도 주로 지주 계급 편에 서서 중산층 부상을 우려했다. 그는 '문명화한' 인간의 쾌락 추구, 성적 관심, 섹스를 언급할 때 의심할 여지없이 인간(man), 특히 '일하는 인간(working man)'을 두 가지 생물학적 충동, 즉 음식에 대한 욕구와 성적 욕구에 좌우되는 존재로 묘사했다. 그는 애덤 스미스가 제시한 인구 원리를 자세히 설명하면서 임금이 생계비 이상 오르게 되면 노동 계급이 자신들의 부를 믿고 급속도로 번식해 인구가 기하급수적으로 증가하기 때문에 임금은 다시 내려간다고 주장했다. 인구 문제는 식량 문제로 직결하기에 토머스 맬서스는 이 인구의 위력을 견제하고자 결혼 연령을 늦추고 혼전 순결을 유지하는 한편, 도덕적 자제력을 통한 성적 욕구 억제를 제안했다. 그러나 그가 묘사한 인간의 두 가지 충동은 남성 관점의 인식이며, 출산 여부를 선택해야 하는 여성 관점에서 이 문제를 다루는 것은 다른 이들의 몫이 됐다.[25]

무엇보다 당시 정치경제학자들은 노동자를 게으르다고 인식했기에, 오히려 다소 궁핍한 상태에서 살게 만들면 계속 열심히 일할 수 있다고 주장했다. 그들에게 노동자는 경제 행위 주체가 아니라 노예와 같은 존재, 즉 상품이었다. 《정치경제와 과세의 원리(The Principles of Political Economy and Taxation)》(1817)를 통해 분배가 경제 성장에 미치는 영향을 추상적으로 분석한 경제학자 데이비드 리카도는 이 책에서 주로 '노동', '지대', '자본'을 이야기하고 있다. 그가 논의한 원리도 남성 노동자에 해당하는 것이었다.

두 남자가 1년 동안 두 대의 기계를 만드는 데 각각 100명의 남자를 고용하고, 또 다른 사람이 옥수수 경작에 같은 수의 남자를 고용한다고 가정하면 그해 말 각 기계의 가치는 옥수수와 동일할 것이다. 그것들은 각각 같은 양의 노동으로 생산될 것이기 때문이다.[26]

당시에도 공장과 농장에서 일하는 여성들이 있었지만, 그의 분석에서 제외됐고 이 같은 추상화 과정에서 보이지 않게 됐다.

아일랜드 철학자 윌리엄 톰슨(William Thompson, 1775~1833)과 저술가 애나 도일 휠러(Anna Doyle Wheeler, 1785~1848)는 1825년 공저 《인류의 절반인 여성이 나머지 절반인 남성의 가식에 호소함(Appeal of One Half of the Human Race, Women, Against the Pretensions of the Other, Men)》에서 제임스 밀의 공리주의를 비판했다. 두 사람은 잉글랜드에서 오랫동안 남성이 권력을 남용함으로써 여성의 경제적 이해관계가 크게 무시됐다고 주장하면서, 남성이 여성을 대표할 수 있고 그래야 인간의 최대 행복을 가져올 수 있다는 제임스 밀의 견해를 반박했다.[27] 남편과 아내 사이의 경제적 이해관계가 동일성을 달성하려면 정치경제학이 개인에서 시작해 개인으로 끝나는 좁은 의미의 사익이 아니라 상호 사익을 인정하는 방향으로 나아가야 했다. 하지만 이후 자본가와 노동자 사이의 관계를 모델화할 때 적용된 개념은 제임스 밀이 제시한 남성의 사익이었다.

잉글랜드 변호사이자 경제학자 나소 윌리엄 시니어(Nassau William Senior, 1790~1864)는 자신의 강의를 정리한 논문 〈임금률에 관한 세 가지 강의(Three Lectures on the Rate of Wages)〉(1830) 서문에서 노동자는 두 가지 방식을 동시에 취할 수 없다고 주장한 바 있다. 즉, 노동자는 '자유'와 '권리' 둘 중 하나를 선택해야 한다. 여기에서 그는 '노예'와 '자유인'이라는 용어를 엄중한 의미로 사용하고 있다.

그가 보기에 노예는 주인의 재산이기에 주인, 일터, 거처 등을 선택할 자유가 없으나 먹고 쉴 권리는 있으며, 그러려면 주인에게 노동력을 제공해야 한다. 그리고 주인은 노예가 근면하지 않을 때 채찍질할 수는 있지만, 주인의 관대함으로 끝까지 노예를 부양해야 한다. 반면 자유인은 말 그대로 자유롭다. 임금을 받고 노동력을 팔거나 그렇게 하지 않을 수 있고, 고용주 또한 임금을 주고 노동력을 사거나 사지 않을 수 있을 뿐 노동자나 그 가족을 부양할 의무는 없다. 자유인은 자유롭기에 스스로 자신과 가족을 돌봐야 하며, 임금을 더 받으려면 노동력의 가치를 높여 고용주와 협상해야 한다.[28]

이 같은 전환으로 자본가와 노동자 사이의 자연스러운 관계가 형성됐다. 노동자는 자신의 노동력 가치에 따라 노동 시장에서 형성되는 임금을 받았다. 임금이 낮게 책정되면 불만을 느낄 수는 있어도 부당함을 호소할 수는 없었다. 다른 일터를 찾아 '자유롭게' 갈 수 있을 뿐이었다. 이 '공정한' 거래로 노동자는 자신의 노동력 가치에 가장 높은 임금을 제시하는 고용주에게 노동력을 판매할 수 있는 명실상부한 '경제 행위 주체'가 됐다. 논쟁의 여지는 여전히 있지만, 오늘날 노동 시장과 비교해보자.

페루인 아버지와 프랑스인 어머니 사이에서 태어난 노동 운동가이자 사회주의 사상가 플로라 트리스탕(Flora Tristan, 1803~1844)은 생애 대부분을 프랑스와 잉글랜드에서 보냈다. 또한 라틴 아메리카에 매우 잘 알려진 역사적 인물이며 후기 인상파 화가 폴 고갱(Paul Gauguin, 1848~1903)의 외할머니이기도 하다. 그녀는 짧은 평생을 여성과 노동자의 자유와 권리를 위해 살았다. 노동 계급 문제에 관해 글을 쓰고 집회를 열어 노동자들에게 강연도 했다.

플로라 트리스탕은 노동 계급의 이성을 신뢰했고 노동자들은 그녀의 강연에 귀를 기울였다. 그녀는 여성의 권리 신장이 노동 계급의 자유와 밀접한 관련이 있다고 생각했다. 플로라 트리스탕은 초기 사회주의자 샤를 푸리에와 친분이 있었고 그에게서 많은 영감을 받았다. 그녀 또한 공동체의 필요성을 인식하고 있었다. 그래서 현실적 해결책으로 노동조합을 제시하고 기금을 마련해 노동 계급인 아동 견습공과 여성 노동자를 위한 교육 시설 및 일하다가 다친 노동자를 치료하는 병원을 만들어야 한다고 강조했다. 그렇게 지역 사회에 많은 공동체가 형성되면 여성을 포함한 노동자가 마음 놓고 일할 공간이 확보되므로 온전한 경제 행위 주체로서 여성이 해방될 수 있다고 역설했다.

잦은 집회, 강연, 저술 작업 등으로 몹시 쇠약해진 그녀는 1843년 《노동자 연합(The Workers' Union)》을 출간하고 1년 뒤 마흔한 살의 나이로 생을 마감했다. 플로라 트리스탕의 마지막 저작 《노동자 연합》은 이 같은 그녀의 청사진을 정리해 노동자들에게 제시한 책이었다. 여기에는 정부 당국과 연락할 때 실제로 사용할 수 있는 공문 양식도 포함돼 있었다. 무엇보다 그녀는 노동자들의 행동을 촉구했다.

노동자들이여, 여러분은 이 분열과 고립을 뒤로한 채 최대한 서둘러 용감한 형제처럼 '단결(unity)'이라는 유일한 길을 따라 행진해야 한다. 나의 이 연합 구상은 넓은 기반을 바탕으로 세워졌으며, 그 정신은 위대한 인민의 도덕적·물질적 필요를 충족할 수 있을 것이다.[29]

로버트 오언과 샤를 푸리에 같은 초기 사회주의 사상가들을 일컫는 '공상적 사회주의자(utopian socialist)'는 카를 마르크스가 붙인 모욕적인 이름이었다. 그러나 이들은 그렇게 한마디로 비하할 수 있는 인물들이 아니었다. 이들과 그녀는 모두 여성 노동자의 중요성을 역설하는 데 주저하지 않았다. 《노동자 연합》에서 플로라 트리스탕은 이렇게 비판했다.

지금껏 인간 사회에서 여성은 아무것도 아니었다. 그 결과 어떤 일이 일어났는가? 성직자, 입법자, 철학자 모두 그녀들을 '불가촉천민(pariah)'으로 취급했다.[30]

이어서 그녀는 가정이 행복하려면 남편은 아내를 소중히 여기고 존중해야 한다고 압박했다.

아내에게도 똑같은 권리가 있음을 아는 남편은 아내를 아랫사람처럼 멸시하고 경멸하지 않을 것이다. 오히려 자신과 동등한 사람들에게 보이는 존경과 존중으로 그녀를 대할 것이다. 그러면 아내는 더 속이 탈 까닭도 없을 것이다. 일단 그렇게 되면 그녀가 이제는 사납거나, 냉혹하거나, 무뚝뚝하거나, 못마땅하거나, 화가 많거나, 천하게 보이지 않을 것이다. 더는 집에서 남편의 종이 아닌 그녀는 그의 동료, 친구, 동반자로 자연스럽게 공동체의 일원으로서 집안을 번창케 하고자 최선을 다할 것이다.[31]

1848년은 유럽 전역에서 혁명이 일어난 모든 '국가들의 봄(spring of nations)'이었다. 이 혁명의 해에 노동자와 중산층은 분연히 일어서서 왕정을 끝내고 그들의 힘을 확대했다. 1848년은 카를 마르크스와 프리드리히 엥겔스(Friedrich Engels, 1820~1895)가 《공산당 선언(Manifest der Kommunistischen Partei)》을 발표한 해이기도 했다. 카를 마르크스는 자신을 정치경제학 내부로 위치시켰고, 자본주의에 대한 분석을 통해 자신의 과학적 지위를 요구했다. 그에 따르면 사회주의로의 경제 체제 이동은 정치적 이데올로기나 희망적 사고가 아닌 자본주의 시스템 그 자체의 모순에 기인한다. 모든 것을 시장에서 팔 수 있는 형태로 바꾸는 것은 인간과 자연마저 상품화하는 결과를 초래했고, 이는 자본주의가 진행된 결과다. 사회주의 체제가 되면 모든 노동자를 비롯해 여성과 아동에 대한 착취가 끝날 것이다. 이것이 그의 추론이었다. 그리고 1848년은 미국 여성 노동자들이 자신의 손으로 만든 물건을 들고 세니커폴스(Seneca Falls)에서 전 세계 최초로 여성의 권리를 위한 회의를 개최한 해였다.

이후 샬럿 퍼킨스 길먼(Charlotte Perkins Gilman, 1860~1935)은 노동시장 접근성 부족을 포함한 기혼 여성의 경제 행위 주체성 결여를 비판적으로 다뤘다. 그녀는 미국의 소설가이자 페미니스트이자 사회 개혁 가였고, 경제에서 여성이 차지해야 할 위치에 대해 다윈 진화론의 과학적 개념을 적용한 경제 이론가였다. 샬럿 퍼킨스 길먼은 번식 본능에 의한 생물학적 충동인 '성-관계(sex-relation)'와 종(種)으로서 인류를 유지하려는 충동인 '종-관계(race-relation)'를 구분했다. 그녀는 인생의 동반자를 적극적으로 선택할 능력이 없던 어린 나이에 결혼한 여성의 경제적 의존성이 문제라고 지적했다.

> 인간 여성은 배우자에 대한 경제적 의존성으로 인해 과도할 정도의 성적 존재로 정체성이 전환된다.[32]

샬럿 퍼킨스 길먼은 남성 중심의 생계 부양 모델에서는 결혼한 여성들이 남은 생애 동안 남편에게 경제적으로 의존할 수밖에 없으므로 남성 임금 노동자 모델은 부자연스럽다고 주장했다. 그녀가 쓴 단편 소설 《누런 벽지(The Yellow Wallpaper)》(1892)는 의사이자 남편인 남성에 대해 경제적 의존이라는 그물에 걸린 여성의 이야기다. 이 소설에서 샬럿 퍼킨스 길먼은 산후 우울증에 걸린 주인공의 눈을 통해 남성 중심의 사회 구조를 비판하고 여성의 경제적 독립과 연대의 중요성을 강조했다.

지금도 마찬가지지만 당시에는 산후 우울증으로 고통받는 여성들이 많았다. 19세기만 하더라도 여성이 우울증에 걸리면 의사는 이른바 '휴식' 치료법을 처방했다. 산후 우울증 진단으로 휴식 치료법을 처방받은 주인공은 남편과 조용한 시골 저택을 빌려 요양하게 된다. 의사인 남편은 별장에 와서도 왕진을 다니느라 바쁘다. 종일 홀로 지내야 하는 주인공은 낮에 글도 쓰고 지인들도 초대하고 싶어 하지만 남편은 몸에 해롭다며 허락하지 않는다. 그러면서 오직 침대 위에 누워 휴식만 취하라고 한다. 주인공은 하루 내내 누런 벽지만 바라본다. 그리고 점점 미쳐간다. 샬럿 퍼킨스 길먼은 이 소설을 통해 아무것도 선택할 수 없다는 무기력함, 쓸모없다는 자괴감, 혼자뿐이라는 고립감에 시달리는 그 시대 여성들의 비극적 상황을 그려냈다.

여성 운동은 수십 년에 걸친 투쟁과 각 주의 법률 개정으로 1920년 마침내 미국에서 여성이 참정권을 완전히 확보함으로써 큰 열매를 맺었지만, 이내 또다시 초점을 잃게 됐다. 생식권 투쟁을 비롯한 1960년대와 1970년대 '제2의 페미니즘 물결'이 몰아치던 시기에 노동권과 노동 보호 및 재정 독립과 같은 경제적 주제가 다시 떠올랐다. 페미니스트 학자들이 여성을 무대 중심에 놓고 여성의 경제 경험과 경제 주체성을 역설하면서 여성의 경제 저술이 인정받기 시작한 때도 이 시기였다. 하지만 여성의 높은 노동 참여율과 기업 사다리에서 차지하는 위치가 높아졌는데도 불구하고 여성 운동의 관심사는 여전히 '여성 문제'라고 인식됐다. 1990년대와 2000년대에 접어들고서야 여성들의 경제적 통찰력과 경제 발전에 대한 공헌이 경제 분야에서 중요한 축을 형성한다는 사고방식이 경제학에서 형성되기 시작했다.[33]

˚재산권: 경제 제도로서의 결혼˚

　애덤 스미스와 이후 카를 마르크스는 재산권 제도를 경제 발전 단계 구분의 핵심으로 인식했다. 산업 사회와 자본주의는 재산권과 입법 기관, 그리고 토지, 자본, 노동의 재산권 교환을 위한 시장을 기반으로 성립된다. 이 장의 서두에서 논의했듯이 1700년대에 재산권이 계약을 체결할 수 있는 남성의 독점적 권리로 규정되면서 여성 및 식민지 원주민은 자본이나 토지 같은 자산의 통제권을 상실했다. 이 과정에서 영국의 결혼법이 큰 역할을 담당했다. 이 법은 인구 문제와 직접 관련돼 있었기 때문이다.

　결혼은 대부분 여성의 삶에서 가장 중심이 되는 계약이었으며, 자산과 소득 같은 경제적 안정성을 결정했다. 다른 유럽 국가와 비교할 때 잉글랜드는 산업화가 진행되는 동안 과거에는 인정됐던 기혼 여성의 재산권이 가장 극단적으로 상실된 곳이었다. 혼인 서약서에 서명하는 순간 여성은 거의 모든 법적 권리를 잃었다.

　오늘날의 관점에서 결혼은 마음의 문제일 수 있지만, 당시 귀족과 부유한 가문 사람들에게 결혼은 언제나 재산을 대가로 가족이 되는 교환의 문제였다. 대부분 가문에게 자녀의 결혼은 사회적·정치적 인맥의 확대 및 강화이자 전쟁을 방지하는 현명한 대안이었다. 이 시대 여성 경제 저술가들은 결혼법과 그것의 경제적·물리적 영향 등 결혼이 여성의 자유를 제한하는 방식에 주목했다. 이는 결혼을 그저 사적인 영역으로 간주한 남성 경제학자들과 극명히 대조된다. 더욱이 남성 경제학자들은 결혼이 가계에서 남편과 아내 사이, 자녀 사이, 세대 사이의 자원 분배를 결정하는 데 중요한 역할을 하는데도 결혼을 경제적 제도보다는 사회적 제도로 여겼다.

경제적 독립을 이룬 초기 페미니스트 매리 아스텔은 1700년 소책자 《결혼에 관한 몇 가지 고찰》을 썼다. 여기에서 그녀는 결혼의 다양한 측면을 다루며 결혼의 본질과 여성의 사회경제학적 중요성을 분석했다. 나아가 기혼 여성이 남편, 특히 거칠고 난폭하게 행동하는 남편과의 평생 관계에서 살아남는 방법을 조언했다.

미국 인문학자 루스 페리(Ruth Perry)는 엘리자베스 엘스토브(Elizabeth Elstob, 1683~1756)와 매리 워틀리 몬터규(Mary Wortley Montagu, 1689~1762) 같은 여성들과 함께 일했던 지식인으로서의 매리 아스텔에 관해 이야기했다. 루스 페리는 매리 아스텔이 독신 여성이나 노동 계급 기혼 여성보다는 주로 중산층과 귀족 여성의 결혼 문제에 초점을 맞췄다고 분석했다.[34]

우리가 앞서 만났던 새라 섀폰은 《아내들과 관련한 잉글랜드 법의 고충》(1735)에서 새로운 결혼법 때문에 아내는 자기 자신은 물론 자녀와 재산에 대한 권리도 박탈당할 것이라고 경고한 바 있다.[35] 그녀는 이렇게 지적했다.

> '잉글랜드'의 법은 아내가 남편의 재산 일부를 소유하도록 보장하는 등의 특권을 허용하지 않는다. 예컨대 토지가 없는 남성이 금전적 재산이 있는 여성과 결혼 후 재산 일부를 자신의 사망 시 증여하겠다고 서약하더라도,

이후 그가 그 재산을 몽땅 소진하고자 할 때 그녀에게는 그것을 막을 방법이 없으며, 법은 어떤 구제책도 내놓지 않는다.[36]

가족 생계는 돌보지 않은 채 툭하면 아내를 때리는 아버지를 보고 자란 매리 울스턴크래프트는 어려서부터 결혼에 대한 거부감이 있었다. 1788년 그녀는 폭력적인 남편과의 결혼 생활에 갇힌 한 여성의 삶을 다룬 《매리(Mary)》를 발표했다. 이 소설은 그녀와 이름이 같은 주인공 매리가 경제적 이유로 사랑하지 않는 남성과 결혼해 벌어진 일을 담고 있다. 매리 울스턴크래프트는 이 소설에서 자신이 낳은 아이들이 자신에게 불리하게 이용당하고 결국 잉글랜드의 한 정신병원에서 생을 마감하는 여성의 비참한 인생 여정을 묘사했다. 주인공 매리는 결혼도 없고 결혼에 굴복할 필요도 없는 세상을 꿈꾸면서 죽는다.[37]

매리 울스턴크래프트는 그녀의 짧은 생이 끝날 무렵인 1797년 봄에 급진적 사상가 윌리엄 고드윈과 결혼했다. 그러나 그해 가을 딸 매리 셸리를 낳은 지 한 달 뒤에 사망힌다. 그녀 나이 서른여덟이었다. 《여성의 권리 옹호》에서 매리 울스턴크래프트는 결혼법 자체에는 크게 문제를 제기하지 않았다. 그녀가 더 심각하게 여긴 문제는 여성의 교육 기회 결여였다. 그녀는 남편과 아내 사이의 관계에서 성적 위계를 강요하면 '합법적 매춘'과 다름없다고 비판했다. 그런 부분이 남편과 아내의 진실하고 성실한 관계를 불가능하게 만든다고 지적했다.[38]

당시 불행한 결혼 생활의 해결책으로서 이혼은 상류층 여성, 그것도 매우 예외적인 상황에서만 가능했다. 여성의 이혼할 권리를 주장한 울랭프 드 구즈는 마리 앙투아네트 왕비에게 헌정한 〈여성과 여성 시민의 권리 선언〉에서 여성과 남성 각각의 권리를 포함한 새로운 '사회 계약(contrat social)'을 제시했다. 그녀는 이 사회 계약을 통해 오랫동안 착취당하고 버림받아온 여성에 대한 보상과 재정 지원을 요청함으로써 남성들의 방탕한 행동에서 여성을 보호하고자 했다.[39]

에타 팜 달더스(Etta Palm d'Aelders, 1743~1799)는 올랭프 드 구즈와 함께 이 같은 권리를 요구한 여성 운동가였다. 에타 루비나 요한나 달더스(Etta Lubina Johanna d'Aelders)라는 이름으로 네덜란드에서 태어난 그녀는 열아홉 살이던 1762년에 원하지 않던 임신으로 결혼했으나, 이듬해 남편이 실종되고 아이도 태어난 지 3개월 만에 세상을 떠났다. 1773년 에타 팜 달더스는 파리로 이주해 정착했다. 이후 주식 투자로 큰돈을 벌어 호화 주택에 살면서 젊은 지식인들을 위한 살롱을 운영했다. 이 시기 그녀는 프랑스 궁정에 드나들기 위해 이름을 바꾸고 스스로 '남작 부인'이라는 호칭을 부여해 활동했다.

서유럽의 복잡한 정치 상황 속에서 그녀는 여러 인맥을 통해 명성을 쌓았고, 그 과정에서 프랑스와 네덜란드 사이의 외교 및 첩보 활동을 수행했다. 에타 팜 달더스는 프랑스 여성 운동에도 깊숙이 관여했으며, 1792년 4월 1일 프랑스 제헌 의회에서 여성의 이혼할 권리에 대해 연설한 것도 그녀였다. 1792년 9월 20일, 마침내 프랑스 정부는 여성의 이혼을 허용하는 법령을 공포했다. 여성 해방을 향한 상징적인 첫걸음이었다.

하지만 네덜란드 출신인 그녀에게는 계속해서 첩자라는 꼬리표가 따라붙었다. 실제로 에타 팜 달더스는 프랑스 비밀 기관에 의해 네덜란드를 비롯한 각국을 오가며 첩보 활동을 성공적으로 완수했다. 문제는 국가 간 상충하는 이해관계 속에서 그녀의 정치적 입장이 모호한 상태로 인식됐다는 데 있었다. 1791년 간첩 혐의로 프랑스 당국에 잠시 체포된 적도 있었으나, 새로 출범한 프랑스 공화국은 그녀의 정치 능력을 인정해 1792년 말 네덜란드 외교 사절단으로 파견했다.

그런데 1795년 프랑스 혁명군이 네덜란드를 장악하고 바타비아 공화국(Bataafse Republiek)이 세워졌을 때, 에타 팜 달더스는 이번에는 네덜란드의 배신자로 체포돼 감옥에 갇힌다. 1798년 말 혐의를 벗고 석방됐지만, 그간의 건강 악화로 몇 달 뒤인 1799년 3월 28일 결국 사망한다.[40] 그녀가 힘들게 얻어낸 여성의 이혼을 허용하는 법령도 오래가지 못했다. 프랑스 공화국이 몰락하고 다시 들어선 제국의 1804년 나폴레옹 법전은 그 모든 것을 백지로 만들었다.

토머스 맬서스 및 데이비드 리카도와 활발히 교류했던 프랑스 정치경제학자 장-바티스트 세(Jean-Baptiste Say, 1767~1832)는 여성의 이혼할 권리를 지지했다. 그는 "남편과 아내가 서로 합의하거나 배우자 중 한 사람의 정당한 요구가 있을 때"는 이혼이 가능해야 한다고 말했다.[41] 장-바티스트 세는 사회 질서가 주로 입법자들에 의해 구축되고 유지되는 점을 지적했다. 그는 개인의 사익 추구가 경제의 핵심이며 가족의 이익은 가장의 이익으로 대변된다는 잉글랜드 정치경제학자들과 생각을 공유하면서도 이렇게 주장했다.

이해관계가 공통적이어서 한 개인을 형성한다고 볼 수 있는 가족 구성원 간의 내적 관계와 사회 일부로 간주할 수 없는 인간과 창조주 사이의 순수한 사적 관계를 서로 떼어두면 모든 사회적 문제는 상호 이익 평가로 축소된다.[42]

결혼은 당사자 가운데 한 사람의 법적 주체성을 포기하기로 합의한다는 점에서 애초부터 일반적인 계약과는 다른 법적 계약이었다. 따라서 이 계약은 법률적으로도 문제가 있었다. 잉글랜드 철학자 해리엇 테일러 밀(Harriet Taylor Mill, 1807~1858)은 1851년 논문 〈여성의 참정권(The Enfranchisement of Women)〉에서 결혼의 법률적 근거를 제기했다. 이 논문은 처음에 그녀의 남편 존 스튜어트 밀 이름으로 발표됐으나 이후 해리엇 테일러 밀 자신이 쓴 것으로 기록됐다.[43]

해리엇 하디(Harriet Hardy)라는 이름으로 태어난 그녀는 열여덟 살에 약품 도매상 존 테일러(John Taylor)와 결혼했다. 그리고 1831년 존 스튜어트 밀을 소개받아 오랜 친구로 지내다가 1849년 남편이 사망하고 2년 뒤 그와 재혼했다. 그를 만나기 전에도 그녀는 여성의 권리와 정치 및 윤리와 관련한 광범위한 주제로 글을 쓰고 있었다. 존 스튜어트 밀은 자신이 쓴 저작 대부분을 그녀와 공저한 것이라고 고백할 만큼 해리엇 테일러 밀을 존경했고 그녀의 페미니즘 사상을 지지했다.

해리엇 테일러 밀이 폐울혈로 사망한 뒤 그는 의회에서 하원 의원으로 활동할 때 영국 의회 역사상 최초로 여성의 투표권을 요구했다. 또한 1867년 투표권 행사 가능한 재산 요건을 완화하고 여성의 선거 참여 기회를 확보하는 내용을 담아 '제2차 개혁법(Second Reform Act)' 개정안을 제출했다. 여기에서 그는 재산 요건을 충족한 여성들이 투표할 수 있도록 선거법 조항에서 '남성(man)'과 '남성들(men)'이라는 용어를 '개인(person)'으로 변경할 것을 제안했으나 의회를 통과하지 못했다.

해리엇 테일러 밀이 1850년 10월 23일 미국 매사추세츠주 우스터(Worcester)에서 열린 최초의 '여성권리대회(Women's Rights Convention)' 연설을 토대로 쓴《여성의 참정권》은 존 스튜어트 밀이 내용을 보강해 그녀 사후 11년 뒤인 1869년《여성의 종속(The Subjection of Women)》이라는 책으로 출간됐다.[44] 이 책은 한 성별이 다른 성별에 종속된다는 법률적 원칙 자체가 잘못이며 인류 발전을 저해하는 주범임을 역설하고 있다. 해리엇 테일러 밀과 존 스튜어트 밀은 이 종속 원칙을 완전한 평등 원칙으로 대체해야 한다고 주장했다.

결혼은 남편에게는 자유와 권력을 제공하고 아내에게는 남편에 대한 의존만 강요하는 원시적 권력관계의 잔재였다.《여성의 종속》에서 두 사람은 기혼 여성의 법적 지위를 노예의 그것과 비교해 여성이 결혼하게 되면 그 순간 주인과 노예의 종속관계가 형성된다고 비판하면서, 결혼을 선택한 여성의 역할은 어머니이자 공동 가장임을 역설했다. 두 사람은 독신 여성에게는 직업 선택과 접근을 제한하지 않으면서도 기혼 여성에게는 남편에 의한 노동 강요를 허용하고 남편에게는 가정을 제쳐두고 자신만의 여가를 즐겨도 아무런 제재를 가하지 않는 법의 비형평성을 심각하게 우려했다.

1873년 펴낸《자서전(Autobiography)》에서 존 스튜어트 밀은《여성의 종속》뿐 아니라 수십 년 동안 정치경제학 분야 교과서로 널리 읽힌 《정치경제의 원리(Principles of Political Economy)》(1848)를 비롯해 자신이 쓴 저서 대다수가 아내 해리엇 테일러 밀과의 대화에서 영감을 얻었다고 고백했다.

독일의 사회주의 사상가 프리드리히 엥겔스와 아우구스트 베벨(August Bebel, 1840~1879)은 각각 《가족, 사유 재산, 국가의 기원(Der Ursprung der Familie, des Privateigenthums und des Staats)》(1884)과 《과거, 현재, 미래의 여성(Die Frau in der Vergangenheit, Gegenwart und Zukunft)》(1879)에서 수 세기에 걸친 다양한 문화의 결혼 제도를 철저히 분석한 개요를 제공했다. 이들은 모두 가부장적 결혼 계약을 자본주의 사회의 본질적인 구성 요소로 봤다.

두 사람은 부부 사이의 관계를 자본가와 노동자의 착취관계에 비유했다. 이들에 따르면 이 같은 착취관계는 자본주의가 몰락하고 사회주의가 발전하면 평등하고 개방적인 관계로 바뀔 터였다. 그러나 여성 경제 저술가와 경제학자를 포함해 대부분 사회주의 페미니스트들은 언제 올지 모를 그날을 위해 오랜 세월 동안 견뎌온 여성의 권리에 대한 거부와 무시를 더 참고 견딜 수만은 없었다.

19세기 후반에 이르자 영국에서는 기혼 여성의 권리가 다소 향상됐다. 바버라 리 스미스 보디촌(Barbara Leigh Smith Bodichon, 1827~1891)과 '랭엄플레이스그룹(Langham Place Group)'이 1857년 기혼 여성의 재산권 확보 법안을 제출하고자 투쟁했고 중요한 역할을 했지만, 1870년까지 의회를 통과하지는 못했다. 이 법안은 기혼 여성이 남편의 승인 없이도 "자신의 의지 또는 기타 적법한 방식으로 재산을 취득하고 보유하고 처분할 수 있는 권리"를 담고 있었다.[45]

결혼법과 기혼 여성 재산권에 대한 이 같은 변화는 기술 발전과 더불어 여성에게 새로운 일자리를 열어줬다. 그렇지만 20세기가 될 때까지 기혼 여성에게는 여전히 독립적으로 계약을 체결할 권리가 없었다. 남편의 공동 서명이 있어야 대출을 받을 수 있었고, 계약 책임이 전적으로 여성 자신에게 있는 것으로 간주하지도 않았다. 1953년 독일, 1957년 네덜란드, 1958년 벨기에, 1965년 프랑스에서 여성의 법적·계약적 지위를 제한하는 법률이 개정되는 동안에도 미국은 2006년까지 의회에서 '기혼자의 법적 지위에 관한 법률(Legal Capacity of Married Persons Act)'을 개정하지 않았다.[46] 그런데 실제로는 이미 미국 대다수 주 정부가 기혼 여성이 서명한 계약을 인정하고 있었다.[47]

반면 가정은 여전히 법률적으로 사적 영역이었고, 정부의 손이 닿지 않는 결혼 생활 속에서의 폭력과 강간은 20세기까지 사적인 문제로 여겨졌다. 한편으로 경제학에서는 남성을 가장으로 하는 소득 가구 개념이 확고히 자리 잡았으며, 1960년대 초 여성의 경제 활동 참여 증가는 놀랍고 이례적인 현상으로 받아들여졌다.

°재산권: 노예 및 식민지 여성°

일찍이 새라 섀폰이 주장했듯이 자본주의적 재산권과 계약 개념이 기혼 여성의 권리를 박탈하는 방식은 노예와 식민지 원주민의 주체성, 토지, 자녀에 대한 통제권을 빼앗는 데 사용한 방식과 매우 유사했다. 물론 노예와 아메리카 원주민에 대한 착취나 학대가 훨씬 더 가혹했지만, 법이 뒷받침해주는 힘을 이용해 토지 및 기타 재산을 통제하고 개인으로서의 주체성과 선택권을 무마하는 등, 복종을 강요하고 억압하는 과정은 비슷했다. 노예와 식민지 여성은 더했다. 아메리카 원주민 여성들은 자신의 부족과 땅을 잃고 때로는 자녀 양육권도 빼앗겼다. 노예로 전락한 여성은 체벌, 학대, 살인으로부터 자신의 몸을 보호할 수 없었다.

노예 여성의 목소리는 유럽 및 미국의 백인 여성 문제와 현저히 다른 여성들이 처한 상황을 대변한다. 경제사학자와 경제학자들이 미국 남부의 세입, 더 일반적으로는 미국 전체 국부에 노예 노동이 이바지한 정도를 인식한 것은 비교적 최근의 일이었다. 나는 여기에서 재화와 서비스 생산자였으나 경제 행위 주체로서의 모든 권리를 빼앗긴 노예 여성의 경험을 이야기할 것이다.

여러분은 소저너 트루스(Sojourner Truth, 1797?~1883), 필리스 휘틀리(Phillis Wheatley, 1753?~1784), 해리엇 터브먼(Harriet Tubman, 1822?~1913)이라는 이름을 들어본 적 있는가? 이들은 모두 어릴 적 노예로 팔려간 흑인 여성이며, 훗날 탈출해 미국의 노예제 종식을 위한 투쟁에 헌신한 인물들이다. 소저너 트루스는 여러 곳에서 열린 노예제 폐지 집회에서 연설했고, 노예였던 자신의 삶을 묘사한 《소저너 트루스 이야기(The Narrative of Sojourner Truth)》(1850)를 구술해 펴냈다.

이 책의 초반부에서 그녀는 태어났을 때 부모님이 지어주신 이름인 이자벨라 바움프리(Isabella Baumfree), 어린 시절 여기저기로 팔려 다닌 경험, 다른 노예와 결혼해 다섯 명의 아이를 낳은 일 등을 이야기한다. 주인에게서 자유를 약속받았으나 그 약속은 지켜지지 않았고, 그녀는 1827년 갓난아기였던 막내딸을 품에 안은 채 탈출에 성공한다. 어릴 때 사망한 맏아들을 제외하고 나머지 자식들과도 나중에 만나게 된다. 그곳에서 그녀는 자신과 아이들을 받아준 가문과 인연을 맺으며 기독교로 개종한다. 이후 이야기는 그녀의 자녀들을 노예에서 벗어나게 하기 위한 투쟁을 다룬다. 노예 소유주들이 노예 취급을 어떻게 합리화하는지도 자세히 설명하고 있다.

> 그들은 모두 빈정거리는 말투로, 노예들은 자신을 사랑하게 될 테고, 잔혹한 기억은 상상 속에서만 남게 되며, 결국 자신을 채운 사슬에 '감사하게' 될 것이라고 말했다.[48]

1843년 그녀는 스스로 이름을 '진실에 머무는 자'라는 의미의 소저너 트루스로 바꾼 뒤 노예제 폐지와 여성 권리를 위한 본격적인 연설 활동을 시작했다. 그녀는 학교 교육도 받지 못했고 글도 몰랐지만, 연단에서는 그 누구보다 열정적이고 설득력 있게 자기 생각을 전달하는 훌륭한 연설가였다. 1851년 오하이오주 애크런(Akron)에서 개최된 '여성권리대회'에서 그녀는 원고 없이 즉흥으로 연설했다. 이 연설은 원래 제목이 없다가 신문에서 "나는 여성이 아닌가요?(Ain't I a Woman?)"라는 제호로 기사가 나간 뒤 유명해졌다. 이때 그녀는 청중에게 이렇게 외쳤다.

> 날 보세요! 내 팔을 보라고요! 나는 땅을 갈고, 곡식을 심고, 수확을 해왔어요. 그리고 어떤 남성도 날 앞서지 못했어요. 그래서 나는 여성이 아닌가요? (중략) 저기 검은 옷을 입은 작은 남성은 여성이 남성만큼 많은 권리는 가질 수 없다고 말하네요. 예수님은 여성이 아니었기 때문이라고요! 그러면 예수님은 어디에서 오셨죠? 당신들의 예수님은 어디에서 오셨냐고요! 하느님과 여성으로부터 왔잖아요!⁴⁹

노예 여성들의 다른 저작으로는 매리 프린스(Mary Prince, 1788~1833)의 《매리 프린스의 역사(The History of Mary Prince)》(1831), 재리나 리(Jarena Lee, 1783~1864)의 《재리나 리 부인의 종교적 경험과 일지(Religious Experience and Journal of Mrs. Jarena Lee)》(1861), 해리엇 제이컵스(Harriet Jacobs, 1813~1897)의 《노예 소녀의 삶에서 일어난 사건들(Incidents in the Life of a Slave Girl)》(1861)*, 케이트 드럼굴드(Kate Drumgoold, 1858?~?)의 《노예 소녀 이야기(A Slave Girl's Story)》(1898) 등이 있다.

이 저작들은 인간에게 '소유된' 인간, 이윤 창출 도구로 '사용된' 미국 흑인 여성의 삶에 관한 적나라하고 충격적인 내용을 담고 있다. 노예였

● 한국어판은 《린다 브렌트 이야기》(2011).

던 이 여성들은 남편과 자녀에게서 먼 곳으로 팔리고, 남편이 아닌 다른 남성의 강간으로 아이를 출산하고, 주인과 다른 남성 노예들에게 학대당하면서도, 그 가혹한 상황에서 살아남고자 끝까지 몸부림친 어머니였다.

노예제와 관련해 백인 여성의 이중적 위치는 백인 남성의 억압을 노예 여성과 공유하면서도 특권층인 남편과 가족 편에 서서 노예제의 이익을 얻는다는 모순된 상황을 수반했다. 아메리카 원주민과 관련해서도 백인 여성들은 이와 유사한 위치에 있었다. 몇몇 여성 경제 저술가들은 식민지에서 원주민과 있었던 상호 작용을 기술했다.

사우스캐롤라이나 지역에서 염료 작물인 인디고(indigo) 무역을 시작하고 발전시킨 영국 출신 사업가 엘리자 루카스 핑크니(Eliza Lucas Pinckney, 1722~1793)도 그 가운데 한 사람이었다. 그녀는 10대 시절 카리브해를 여행하는 아버지 대신 경작지와 20여 명의 흑인 노예를 관리했고, 매일 있었던 일과 운영 사항을 편지에 적어 아버지에게 보고했다. 하지만 아메리카 원주민과 관련한 경험은 그녀가 아버지에게 도시가 공격당했다는 소식을 들었다고 보고한 것 이상으로는 진행되지 않았다.

스코틀랜드 여행가이자 작가 재닛 쇼(Janet Schaw, 1731?~1801?)는 1778년경 《품위 있는 숙녀의 일지(Journal of a Lady of Quality)》라는 제목의 여행기를 출간했다. 1774~1776년 여행한 서인도 제도, 노스캐롤라이나, 포르투갈 식민지에서 만난 원주민들과의 경험을 친구에게 보내는 편지 형식으로 기록했다. 이 책에서 그녀는 식민지 원주민 노동자들에 대한 처우에 의문을 제기했다. 하지만 대규모 농장을 소유한 백인 가족의 일원이었던 이 여성들은 원주민 노동자들이 처한 환경에 대해 우려를 표하면서도, 이런 환경이 가져다주는 이점과 지주로서의 특권을 여전히 누리고 있었다.

자신의 '모국'으로 돌아가 노예제 종식에 목소리를 높여 노력한 여성 저술가들도 있다. 잉글랜드 시인이자 작가이자 비평가 애나 래티샤 바볼드(Anna Laetitia Barbauld, 1743~1825)는 아동 문학으로 글쓰기 경력을 시작했다. 하지만 해를 거듭할수록 그녀의 글은 정치적 색채를 띠게 됐고 프랑스 혁명 시기에는 급진적인 정치 비평서를 펴내면서 적극적으로 정치 활동에 뛰어들었다. 그녀는 1791년 펴낸 소책자 《노예 무역 폐지 법안 부결에 관해 윌리엄 윌버포스 님께 보내는 서한(Epistle to William Wilberforce, Esq. on the Rejection of the Bill for Abolishing the Slave Trade)》을 통해 노예제에 대한 자신의 입장을 표명했다. 잉글랜드 정치가이자 박애주의자 윌리엄 윌버포스(1759~1833)는 당시 영국 의회 하원 의원으로서 노예제 폐지와 도덕성 회복 운동에 앞장선 인물이었다. 윌리엄 윌버포스에게 보낸 이 편지에서 그녀는 노예 무역을 멈추지 않는 영국 정부를 맹비난했다.

> 그녀(영국)는 이미 알고 있으면서도 여전히
> 아프리카인들의 피를 원하고 있습니다.
> 멈추지 않으면 인신매매는 계속될 것입니다.
> 그녀는 자신의 불명예를 미래의 시간에 새기고,

자신의 굳은 이마에 이 범죄를 봉인하려고 합니다.[50]

애나 래티샤 바볼드는 노예제를 폐지하지 않는 근본적 원인이 영국 정부와 노예 소유주들의 이익에 있음을 간파했다. 시인이자 소설가 헬렌 마리아 윌리엄스(Helen Maria Williams, 1759~1827)와 '블루스타킹협회' 일원으로 런던 노예제 폐지 운동에 참여한 해나 모어(Hannah More, 1745~1833) 같은 여성들도 동류의식에 호소하는 인도주의적 주장을 펼쳤다.

노예제에 반대하는 저술 활동에 그치지 않고 미국으로 건너가 공동체를 설립함으로써 구체적 행동으로 옮긴 인물은 앞서 언급한 프랜시스 라이트였다. 스코틀랜드 던디(Dundee)에서 태어난 그녀는 제러미 벤담과 존 밀러(John Millar, 1735~1801)를 중심으로 한 상류층 지식인 그룹의 일원이었고 엘리자베스 몬터규와 가족관계를 맺고 있었다. 프랑스에서 4년간 머무는 동안 프랜시스 라이트는 미국 독립 전쟁의 영웅 라파예트(Gilbert du Motier de La Fayette, 1757~1834) 장군과 큰 나이 차에도 불구하고 친구가 됐고, 정치적 실험의 장으로서 미국에 열광했다. 1818년 처음으로 미국을 방문하고 돌아온 직후 그녀는 인생의 전환점이 될 《미국 사회와 태도에 관한 견해(Views of Society and Manners in America)》(1821)를 출간했다.[51]

1824년 두 번째로 미국 남부 지역을 방문했을 때 프랜시스 라이트는 그곳의 노예제 관행을 목도하고 커다란 충격을 받았다. 이때의 경험은 그녀가 노예제 폐지 운동에 뛰어들기로 결심하는 결정적 계기가 됐다.

로버트 오언의 사례를 따라 그녀는 1825년 테네시 지역 대규모 황무지를 매입해 공동체를 건설한 뒤 '나쇼바(Nashoba)'라고 이름 붙였다. 프랜시스 라이트는 이 공동체를 통해 미국 남부 노예 소유주들에게 노예해방이 재정적으로 지속 가능하다는 사실을 보여주고자 했다.

그녀는 자유를 얻기 위해 그녀의 공동체에서 일하길 원하는 노예들을 '구매해서' 풀어줬다. 노예를 사서 노예를 해방하는 방식은 윤리적으로 문제가 있었으나 가장 현실적인 방안이었다. 노예 소유주들에게 보상을 지급하는 이 방식은 이후 남부 지역 대부분 주의 관행으로 퍼졌다.

열성적인 공리주의자이기도 했던 로버트 오언의 경우에는 "흑인 해방에 늘 냉담했고, 사회악과 불의를 없애려는 노력도 그의 공동체에서마저 흑인은 제외할 정도로 백인에게 국한했지만", 프랜시스 라이트는 이같은 인종차별에 저항하면서 오언주의(Owenite) 협동조합 원칙을 미국 남부 농장에도 적용할 수 있다고 믿었다.[52]

공동체 생존을 위해 투쟁하는 동안 그녀는 병에 걸리고 말았다. 지금껏 그녀가 이렇게 엄청난 공력을 소모하는 일을 해본 적 없다는 점을 생각하면 오히려 아프지 않은 게 비정상일 것이다. 어쨌든 그녀는 휴식이 필요했다. 그래서 몸도 추스를 겸 1826년 로버트 오언의 아들 로버트 데일(Robert Dale, 1801~1877)이 관리하고 있던 뉴하모니(New Harmony) 공동체를 방문해 몇 년 동안 강연하고 글을 쓰면서 시간을 보냈다.

그러나 그녀가 돌아왔을 때 나쇼바는 엉망이 된 상태였다. 그녀가 없는 동안 제부가 공동체 관리를 맡았지만, 그의 잘못이라고 볼 수는 없었다. 훗날 그녀는 회고록에서 "그와 같은 기업을 추진해나가는 데 필요한 강력함이 내게는 부족했다"며 나쇼바 공동체 실패 원인을 자기 탓으로 돌렸다.[53]

1830년 프랜시스 라이트는 1804년 프랑스로부터 독립한 아이티(Haiti)로 향했다. 고향인 그곳에서 노예로 살았던 나쇼바 공동체 주민 30여 명의 자유로운 삶을 위해 그들과 함께 서인도 제도로 항해했다. 이후 그녀는 파리와 미국을 오가다가 1844년 다시 미국에 정착해 저술 및 강연 활동을 이어갔다. 그리고 1852년 겨울 빙판길에서 넘어진 후 고관절 골절 합병증으로 사망했다. 그녀는 초기 사회주의 사상가이자 사회 개혁가였으며, 그녀 자신의 표현으로 "괴이한 변종인 흑인 노예제"를 끝내고자 자신의 신념을 실행한 여성이었다.[54]

다음 장에서 살펴볼 잉글랜드 사회학자 해리엇 마티노(Harriet Martineau, 1802~1876)도 적극적인 노예제 폐지론자였다. 그녀는 1835년 미국으로 건너가 보스턴에서 미국 노예제 폐지론자들을 만났다. 해리엇 마티노는 1837년 펴낸 《아메리카 사회(Society in America)》를 통해 정부 권력은 피지배자로부터 나온다고 주장하면서도 정작 자신들은 아무런 주체성도 갖지 못한 노예들을 소유한 "건국 아버지들(founding fathers)의 위선"을 꼬집었다.[55] 이 책에서 그녀는 미국 남부 노예 소유주들의 윤리, 태도, 행태에 관한 설명과 더불어 노예제를 통한 경제 체제의 갖가지 어두운 측면을 검토하면서, 노예제를 어떻게 종식할 수 있고 왜 종식해야 하는지 자신의 견해를 피력했다.

미국 사우스캐롤라이나 찰스턴(Charleston)의 가부장적인 노예 소유주 가문에서 태어난 새라 그림케(Sarah Grimké, 1792~1873)와 앤절리나 그림케(Angelina Grimké, 1805~1879) 자매는 나중에 노예제 폐지 운동과 여성 운동의 선구자가 됐다. 두 사람 모두 여성들에게 힘든 시대를 살면서 글을 쓰고 강연 활동을 개진했다. 《성평등에 관한 서한(Letters on the Equality of the Sexes)》(1838)에서 새라 그림케는 여성의 법률적·교육적·경제적 지위, 특히 노예 여성의 지위 문제를 크게 비판했다. 그녀는 노예 여성들이 노동력을 착취당하고 재산으로 취급될뿐더러 그 소유주에 의해 '씨암말(broodmare)'로도 이용된다고 지적했다. 새라 그림케는 이 가슴 아픈 현실을 다음과 같이 썼다.

> 기독교인 아버지가 자기 딸을 팔고 형제가 자기 누이를 파는 모습은 보기 드문 일이 아니다.[56]

1865년 마침내 미국에서 노예제가 공식적으로 폐지됐지만, 그렇다고 흑인 미국인의 상황이 곧바로 좋아진 것은 아니었다. 농사지을 토지를 할당받은 이들도 있었으나 대부분은 아무 대책도 없이 해방됐다. 게다가 더는 노예가 아닌 흑인들을 무차별 폭행하는 일도 자주 벌어졌다. 남부 지역에서 특히 심했다. 아이다 벨 웰스-바넷(Ida Bell Wells-Barnett, 1862~1931)은 친구들이 집단 린치로 잔인하게 살해당하자 '전미흑인지위촉진협회(National Association for the Advancement of Colored People, NAACP)'를 설립하고 흑인 목소리를 대변하는 데 평생을 바쳤다.

그녀는 1892년 《남부의 공포: 모든 양상의 린치 법(Southern Horrors: Lynch Law in All Its Phases)》과 1895년 《적색 기록(The Red Record)》을 출간해 흑인에게 난무하는 린치의 실상을 널리 알렸다. 아이다 벨 웰스-바넷은 린치 희생자들이 가해자가 주장하는 범죄자가 아니라, 오히려 성공적인 사업으로 백인 사회에 경쟁의식과 불안감을 안긴 성실한 사람들이었다고 강조했다. 《적색 기록》은 1892년부터 1895년까지 벌어진 린치 사건을 망라한 '피의 기록'이다. 그녀는 남부의 노예 소유주들이 흑인 노예의 가치를 빼앗아 갔듯이, 이제는 남부 백인들이 우위를 차지하기 위해 흑인 미국인들을 억압한다고 항변했다.

이 문제를 학문적으로 분석한 노예 출신 흑인 여성 학자가 있다. 애나 줄리아 쿠퍼(Anna Julia Cooper, 1858~1964)는 미국 역사상 가장 저명한 아프리카계 미국인 학자라고 불릴 만한 인물이다. 그녀는 흑인 페미니즘을 다룬 첫 번째 논문으로 평가받는 〈남부의 목소리(A Voice from the South)〉(1892)로 1924년 파리 소르본대학교에서 박사 학위를 받았다. 이 논문에서 애나 줄리아 쿠퍼는 젠더 문제와 인종 문제를 연결해, 남편 및 다른 백인 남성들에게는 '억압받는' 존재이나 아프리카계 미국인 여성 및 아메리카 원주민 여성과의 관계에서는 '억압하는' 존재인 백인 여성의 이중적 위치 문제를 다뤘다. 이 부분은 앞서 노예제와 관련한 백인 여성의 이중적 위치가 이동한 것이었다.

흑인 여성의 교차적 경험과 백인 우월주의를 분석한 그녀의 통찰력은 놀랍도록 현대적이다. 그녀 또한 해결의 씨앗을 교육에서 찾았다. 특히 흑인 여성을 위한 고등 교육 체계에 관해 심도 있게 논의했다. 애나 줄리아 쿠퍼는 21세기를 사는 우리에게도 슬프지만 친숙하게 들리는 방식으로 문제를 묘사하면서, 19세기 말 여성과 흑인을 위해 변화해야 할 권력관계와 그 변화가 가져올 기회를 역설했다.

그녀는 미국 사회의 민족적 다양성과 "저항의식 덕분에" 미국에서 독재자가 출현할 가능성은 없다고 보면서도, "내가 생각하기에 영원히 억제해야 할 최후의 괴물은 인종 편견"이라고 덧붙였다.[57] 20세기 초인 1921년 새디 태너 모셀 알렉산더(Sadie Tanner Mossell Alexander, 1898~1989)는 경제학 박사 학위를 받아 최초의 아프리카계 미국인 여성 학자로 기록됐다.

'짐 크로 법(Jim Crow laws)'●을 위시한 인종차별적 폭력이 얼마든지 부를 축적할 수 있는 흑인 사회의 기회와 역량을 계속 방해하자 아프리카계 미국인 여성들은 '인권 운동의 여성'이자 '여성 운동의 흑인'이라는 이중적 위험에 직면했다. 미국 사회학자 패트리샤 힐 콜린스(Patricia Hill Collins)는 2000년 출간한 《흑인 페미니즘 사상(Black Feminist Thought)》을 통해 1980년대 흑인 여성 경제사학자들의 출현을 설명하면서, 노예제 아래 그리고 이후 농업 및 가사 분야에서 흑인 여성들이 당한 억압을 묘사했다.

이 책에서 패트리샤 힐 콜린스는 아프리카계 미국인 여성에 대한 억

● '짐 크로 법'은 미국에서 1876년부터 1965년까지 시행된 대표적인 '인종차별' 법으로, '분리 평등 정책'이라는 명목 아래 군대, 공립학교, 대중교통, 화장실, 음식점 등 사람들이 모인 대부분 장소에서 백인과 흑인을 따로 떼어놓았다. '짐 크로'는 흑인 분장을 한 백인이 우스꽝스럽게 춤추며 부른 노래 〈점프 짐 크로(Jump Jim Crow)〉에서 유래했다.

압을 크게 세 가지로 정리했다. 그녀는 '노동력 착취'와 '선거권·피선거권 제한', 그리고 '노예제 시대의 흑인 이미지를 부각'함으로써 아프리카계 미국인 여성들의 정신을 식민화하고 그들의 역사와 문화를 부끄러운 것으로 여기게 만들었다.[58]

경제학자 테리사 아모트(Teresa Amott)와 줄리 매세이(Julie Matthaei)는 1991년 《인종, 젠더, 직업(Race, Gender, and Work)》에서 미국 경제 발전 과정을 서술할 때 아프리카계 미국인 여성, 아메리카 원주민 여성, 아시아계 미국인 여성의 공헌을 포함했다.[59] 새디 태너 모셀 알렉산더의 경제 연구 성과는 최근인 2021년에서야 경제학자 니나 뱅크스(Nina Banks)가 엮고 쓴 《민주주의, 인종, 정의: T. M. 알렉산더의 연설과 저작들(Democracy, Race, and Justice. The Speeches and Writings of Sadie T. M. Alexander)》이라는 제목의 책으로 출간됐다.[60] 아직도 해야 할 연구가 산적해 있음을 보여주는 대목이다.

지금까지 '권력', '행위 주체', '재산권'이라는 주제로 경제사에서 여성 문제를 살폈다. 이 장을 마무리하기 전에 짧게나마 '자연 강탈' 문제도 짚고 넘어가야 할 것 같다.

여성과 흑인에게 그랬듯이 산업 사회는 자연의 근본적 가치를 망각한 채 자연을 강탈했다. 게다가 심하게 훼손한 자연 지역을 돌보지 않고 자연 환경과 천연자원을 무분별하게 이용했다. 나중에서야 정치경제학 및 경제학 이론에서 연구가 이뤄졌지만, 일테면 식민지 등 지역에서의 광석 채굴이나 목재 벌목에 들어간 비용을 계산하면서 자연 피해를 제쳐둔 채 채굴 및 벌목에 사용한 기계나 노동력 비용만을 따졌다. 이런 비용을 분리해 보이지 않게 함으로써, 경제학은 여성들을 배제한 것과 마찬가지로 마치 자연이 무한한 재생력을 가진 것처럼 경제 개념과 이론에 통합시켰다.

제3장

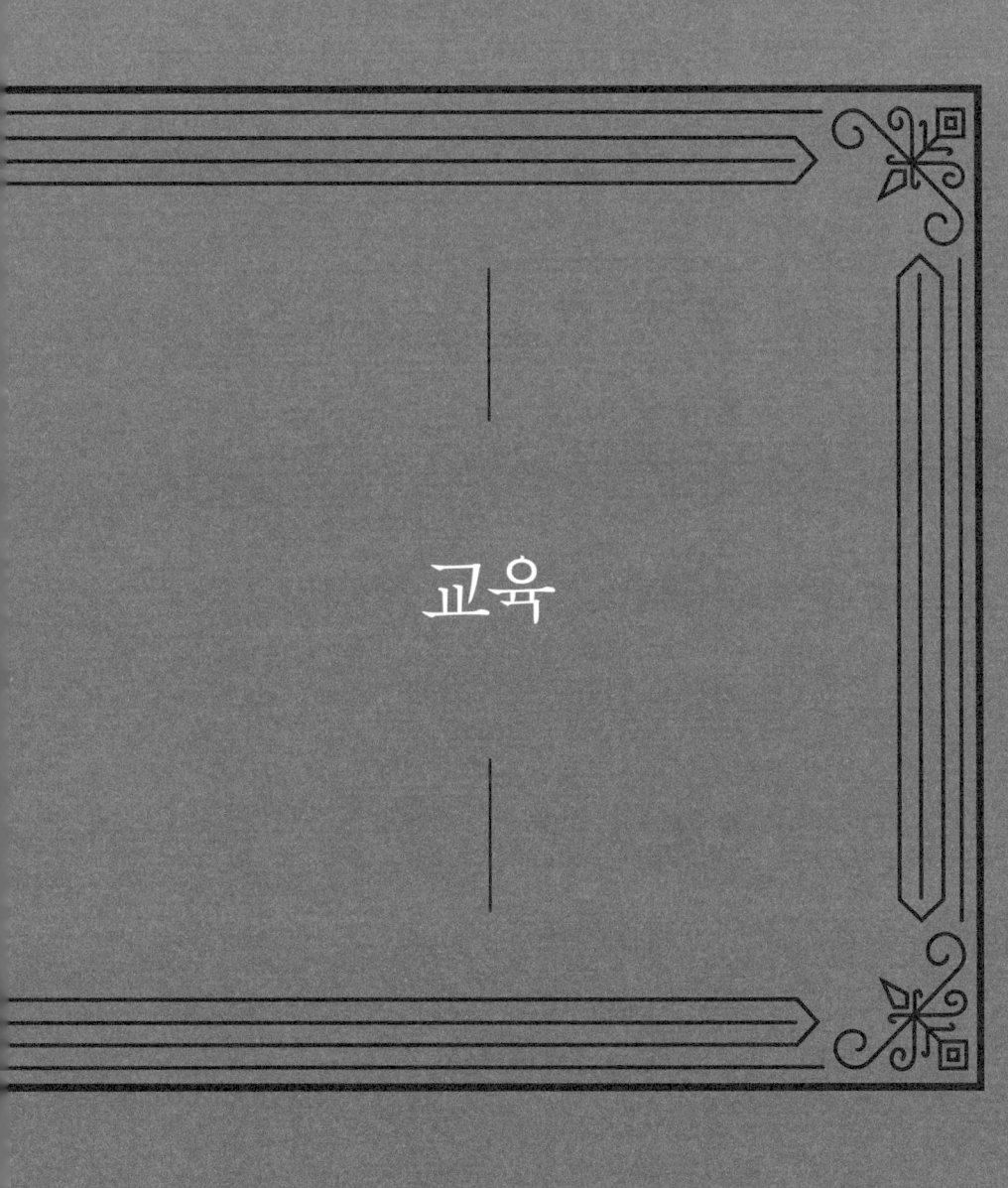

교육

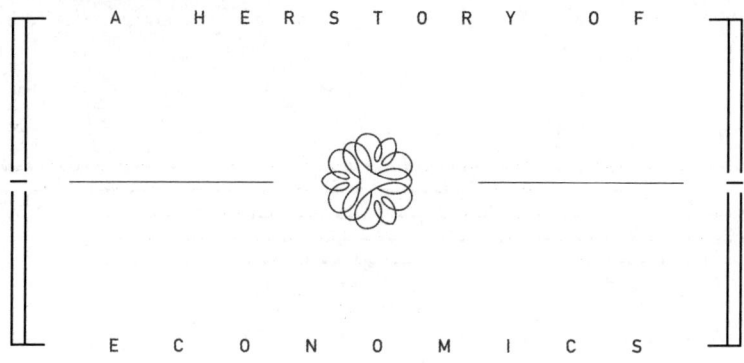

　여성과 소녀, 식민지 원주민과 노예들의 교육 결여는 비단 읽고 쓸 기회를 박탈했을 뿐 아니라 더 높은 임금을 받을 기회와 이들이 자신의 문화에 이바지할 기회도 박탈했다. 교육을 받지 못한 집단은 힘의 중심에서 벗어나게 된다. 읽고 쓸 수 없다는 것은 가장 심각한 사회적 약점으로 작용한다. 그나마 학교 교육을 받을 수 있었던 식민지 원주민도 자신들의 언어가 아닌 점령자의 언어를 배워야 했다. 이들은 자신의 역사와 문화가 아닌 점령국의 역사와 문화를 비롯해 심지어 가보지도 못한 지역의 지리를 포함한 그들의 세부 사항을 학습했다. 이처럼 모든 계층의 여성들은 '정신의 식민화'를 견뎌내야 했다.

　이 장의 첫 번째 부분에서는 교육 접근을 여성 해방의 첫 단계인 최우선 순위로 생각한 여성 경제 저술가들을 소개할 것이다. 산업 사회 초기에는 여성에게 문을 개방한 학교가 거의 없었기 때문에 많은 수의 여성 경제 저술가들이 스스로 학교를 세워 운영했다. 두 번째 부분에서는 여성 교육과 관련한 저작들의 개요를 제공할 것이다. 여성들이 쉽게 정치경제학에 접근할 수 있는 책은 없었으므로 여성 경제 저술가들은 특히 소녀들에게 일반 서민의 삶을 예시로 경제의 기본 원리를 설명하는 책을 직접 썼다. 이 장의 세 번째이자 마지막 부분에서는 이 같은 경제 저술의 전통을 살필 것이다.

°문화와 사회를 향한 관문으로서의 여성 교육°

중세 시대에 배우는 삶을 원하고 또 그렇게 살 여건이 되는 여성들은 가정에서 과외를 받거나 수녀원에 들어가 교육을 받을 수 있었다. 그런데 이후 대학이 부상하면서 후자를 선택할 기회는 줄어들었다.[1] 귀족이나 상류층 여성들은 같은 계층의 동료 철학자들이나 비슷한 생각이 있는 사람들과 서신으로 교류하면서 주로 집에서 공부했다. 하지만 일반적으로 여성의 교육 기회는 턱없이 부족했다. 이는 여성이 사회에 이바지하고 자신의 이익을 보호하는 데 걸림돌이 됐다.

제2장에서 살펴본 매리 아스텔은 결혼에 관한 책뿐 아니라 1695년과 1697년에 각각 제1부와 제2부로 나눠서 출간한 소책자 《숙녀들에게 보내는 진지한 제안(A Serious Proposal to the Ladies)》을 통해 여성을 위한 교육 개선을 요구했다. 이 소책자에서 매리 아스텔은 젊은 여성들에

게 옷차림과 행실을 걱정하기보다는 교양과 지식을 쌓아 내적 발전을 도모해달라고 호소했다.

《숙녀들에게 보내는 진지한 제안》은 잉글랜드 전역에서 읽혔고 매리 아스텔은 철학자 존 로크(John Locke, 1632~1704), 존 노리스(John Norris, 1657~1711) 등과 함께 교육의 역할과 인격 형성에 관한 공개 토론을 진행했다. 경험주의 철학자 존 로크는 갓 태어난 아이의 정신은 '타불라 라사(tabula rasa, 깨끗한 석판)', 즉 '백지(白紙)'라고 주장했다. 인간 본성에 대한 이런 인식은 교육의 중요성과 연결되는데, 아무것도 쓰이지 않은 인간의 정신은 학습과 경험으로 채워지기 때문이다.

매리 아스텔은 《숙녀들에게 보내는 진지한 제안》에서 여성이 자신의 종교를 지지하고 자녀를 양육하는 데 교육이 얼마나 중요한지 다양한 사례를 들어 역설했다. 그녀는 젊은 여성들에게 "안정적인 결혼 생활은 아내의 매력이 아닌 서로의 존경과 존중을 바탕으로 이뤄지는 것"이므로 자신의 "진정한 아름다움"을 끌어낼 수 있는 정신을 수양해야 하며, 매력적인 남편이 아닌 좋은 남편을 찾는 데 초점을 맞춰야 한다고 조언했다.[2]

매리 아스텔은 '생득 관념(innate ideas)'을 부정한 존 로크와 다르게 일부 관념들은 타고나는 것이라고 믿었다. 그녀가 보기에 그 대표적인 관념은 여성과 남성의 평등성이었다.[3] 매리 아스텔은 특히 결혼과 관련해 현 상황을 인식했던 듯 보인다. 그녀가 대중 앞에서 목소리 높여 여성 문제를 지적하고 공개적인 종교적 논쟁에도 참여했다는 사실은 당시 그녀의 생각이 충분히 파격적이었음을 방증한다.

프랑스에서는 안-테레즈 랑베르 후작 부인(안-테레즈 마르게나 드 쿠르셀)이 아동, 특히 소녀들의 교육에 관해 유사한 주장을 했다. 그녀는 《교육 서한(Lettres de l'Education)》(1748)에서 소년 교육과 소녀 교육을 구분해서 다뤘다.[4] 장-자크 루소 및 펠리시테 드 장리(Félicité de Genlis, 1746~1830)와 같은 프랑스 저술가들은 영어 체제의 교육 방법에 상당한 영향을 미쳤다. 당시 대다수 소녀와 젊은 여성은 가정에서 교육을 받았기에, 교육과 관련한 초기 저작물에는 어린 자녀를 양육하는 것과 젊은 여성으로서 교육하는 것 사이에 명확한 구분이 없었다.

서문에 엘리자베스 몬터규의 격려를 받았다고 밝힌, 저자 이름이 '카트라이트 부인(Mrs. Cartwright, 1776~1787년 활동한 것으로 추정)'이라고만 쓰여 있는 1777년 소책자 《기혼 여성에게 보내는 여성 교육에 관한 서한(Letters on Female Education, addressed to a Married Lady)》은 당대 교육의 기초였던 종교적 지침으로 시작해 도덕적 교훈을 제공하고, 돈을 다루는 방법을 설명했다.[5] 메리 울스턴크래프트는 1787년 자신의 첫 번째 저서 《딸 교육에 관한 생각(Thoughts on the Education of Daughters)》에서 소녀 시절부터 결혼 생활 초기까지의 여성 교육 지침을 제공했다.[6]

자녀에게 돈을 잘 관리해 낭비하지 않도록 가르치는 방법에 대한 지침은 이들 저자의 공통된 관심사였다. 마리아 에지워스는 아버지 리처드 로벨 에지워스와 함께 자녀 양육과 교육에 관한 두 권의 책 《부모의 조수(The Parent's Assistant)》(1796)와 《현실적 교육(Practical Education)》(1798)을 펴냈다. '블루스타킹협회' 새라 섀폰의 며느리 헤스터 멀소 새폰(Hester Mulso Chapone, 1695~1730)은 1773년 《젊은 여성에게 보내는 정신 수양에 관한 서한(Letters on the Improvement of the Mind, Addressed to a Young Lady)》을 통해 여성 교육에서 경제의 중요성을 강조하며 이렇게 주장했다.

> 경제는 여성의 소양에서 매우 중요한 부분이며, 여성 자신의 행복에 필요하고 아내와 어머니로서 의무를 적절히 수행하는 데 필수적이다. 그렇기에 다른 모든 성취에 우선해야 하며, 삶의 첫 번째 의무 다음으로 중요한 미덕일뿐더러 섬세한 기술이다. 그러나 많은 선량한 사람들은 무지해서인지 이상하게도 그것이 부족하다.[7]

헤스터 멀소 섀폰은 동시대 사람들 대다수가 그랬듯 근검절약하려는 태도를 가정경제의 중요한 부분이라고 생각했다. 하지만 여성 교육을 바라보는 당시 관점은 여성의 생식 기관과 관련한 게 아닌 이상 공부 또는 진지한 교육은 여성다움을 해친다고 여겼다. 18세기에 이를 때까지 귀족이든 상류층이든 중산층이든 여성 교육에는 지적인 내용이 부족했다. 교육이라고 해봐야 젊은 여성이 자신의 출신 계급 내에서 순조롭게 결혼할 수 있도록 준비시키는 내용, 될 수 있으면 더 높은 계급과 결혼할 수 있도록 준비시키는 데만 초점을 맞췄다. 요컨대 그 시대 여성들은 좋은 상대와 결혼하기 위해 공부했다. 영어, 프랑스어, 지리, 역사, 작문, 계산, 그림, 춤이 하루하루를 채우는 젊은 여성들의 공부였다.[8] 이런 교육은 결혼 후 남편이 사망해 과부가 되거나 독신으로 남은 여성들을 무력하게 만들었다. 기껏해야 가정교사를 지원할 때 참작되는 정도였는데, 가정교사라는 직업이 흔하지도 않았을뿐더러 임금이 매우 낮고 대부분 음식과 주거만 제공되는 수준이었다.

대다수 정치경제학자는 여성(소녀)의 교육 환경을 개선하는 연구에 시간과 노력을 투자하지 않았다. 다만 1719년 《로빈슨 크루소(Robinson Crusoe)》를 펴낸 잉글랜드 소설가이자 같은 해 《여성 교육에 관하여(On the Education of Women)》라는 소책자를 배포한 경제사학자 대니엘 디포(Daniel Defoe, 1660~1731)는 예외였다. 그는 다음과 같이 말하면서 여성이 배움에 접근할 수 있어야 한다고 주장했다.

> 우리는 어리석고 무례한 태도로 매일 여성들을 힐난한다. 확신하건대 만약 여성들이 우리와 동등한 교육의 이점을 누린다면 우리보다 훨씬 죄를 덜 지을 것이다.[9]

대니얼 디포는 나아가 미래의 고용 문제에 대비하기 위해서는 가난한 아이들을 교육해야 한다고도 역설했다. 공적 자금으로 지원하는 교육 시스템을 구축하려면 훨씬 더 다양한 노력이 필요할 터였다. 1770년 무렵 스코틀랜드에서는 소년과 소녀 모두를 위한 공교육에 대해 광범위하고 격렬한 논쟁이 펼쳐지고 있었다. 애덤 스미스도 《국부론》의 한 단락에서 여성을 위한 교육 기관이 없음을 지적했다. 그렇지만 여성들이 결혼해 가정을 관리할 때 필요한 기술 너머의 것을 배워야 한다고는 주장하지 않았다.

여성을 교육하기 위한 공공 기관은 없으며, 따라서 그들이 일반적으로 배우는 교육 과정에는 쓸모없고 터무니없는 것도 없고 환상적인 것도 없다. 그들은 그들 부모나 보호자가 필요하거나 유용하다고 판단하는 것을 배우고 다른 것들은 배우지 않는다. 그들에 대한 교육은 모든 부분에서 명백히 어떤 유용한 목적을 위하는 경향이 있다. 타고난 매력을 향상하거나, 절제하는 마음을 수양하거나, 겸손하고 순결하고 검소하기 위한 목적들이다. 이는 그들이 가정의 여주인이 됐을 때 올바르게 행동하기 위한 것이다.[10]

애덤 스미스의 교육관은 교수와 짐꾼의 차이가 교육과 일상적 경험의 차이에서 기인한다고 인식했다는 점에서 존 로크의 관점을 따르고 있다. 애덤 스미스는 노동자의 기술 향상이 노동 분업의 핵심적인 효과이자 경제 성장의 원동력이라고 여겼기에 직업 훈련이 중요하다고 믿었다. 하지만 그는 여성을 공장과 경제에 관한 자신의 설명에 부합하지 않는 다른 종(種)으로 봤다. 여성 교육에 대한 애덤 스미스의 이해는 프랑스 살롱에서 논의되던 것과는 반대였으며, 데이비드 흄과 엘리자베스 몬터규, 안-테레즈 랑베르 후작 부인 등 그의 지인들이 소녀도 소년과 똑같이 읽고 쓰는 법을 배워야 하고, 대수학과 역사와 기술을 공부해야 한다고 주장한 것과도 배치됐다.

19세기 중반까지 교사, 간호사, 조산사, 재봉사 등 여성이 접근할 수 있는 직업을 위해 제공된 교육 시스템은 거의 없었다. 프랑스에서 살았던 소녀와 여성들은 프랑스어를 할 줄 알았기에 가정교사로 일할 수 있었으나, 이들 역시 제대로 된 교육은 받지 못했으므로 프랑스어 이상의 지식은 가르칠 수 없었다. 헤스터 멀소 섀폰의 《젊은 여성에게 보내는 정신 수양에 관한 서한》, 매리 울스턴크래프트의 《딸 교육에 관한 생각》, 클라라 리브의 《교육 계획》과 같은 저작들은 하나같이 젊은 중상류층 소녀들에 대한 잘못된 교육이나 교육 결여의 파괴적 영향을 비판했다.

이 가운데 매리 울스턴크래프트의 《딸 교육에 관한 생각》은 뚜렷한 계급 의식을 반영했다. 그녀에 따르면 아이들은 무엇보다 "윗사람에게 순종하고 아랫사람에게 겸손한 삶의 진리를 엄격히 지키도록" 교육받아야 했다.[11] 소녀들이 과잉 교육을 받으면 자신의 지위보다 더 높은 삶에 '희망을 품게' 되고 결국 '실망하게' 되리라는 사회 통념을 우려한 것이었다. 반면 프리실라 웨이크필드는 《여성의 현 상황에 대한 고찰》에서 교육은 소녀들이 훗날 자신이 속한 계급 이상의 역할을 할 준비가 될 수 있다고 일말의 여지를 남겨놓았다.

경제 이론을 펼칠 때 교육을 중심적 위치에 둔 사상가는 초기 사회주의자 로버트 오언이었다. 그는 스코틀랜드 뉴래너크(New Lanark)에 유토피아 공동체를 건설하고 운영하면서 자신의 이상을 현실로 구현했다. 샤를 푸리에와 이후 존 스튜어트 밀과 같은 사상가들도 교육 그 자체를 중대한 목표로 인식했으며, 노동자 계층과 상류층 모두를 교육하면 개인의 이기심에서 벗어나 사회가 더 높은 수준의 문명으로 발전할 수 있다고 역설했다.

교육은 근본적으로 그 모든 과정에서 사적 영역과 공적 영역의 경계를 허물어 젊은이들을 훈련하고 사회 일꾼으로서 능력과 기술을 높이게 하는 데 목표를 두기에 '생산'과 '소비'라는 이분법적 개념으로는 접근하기 어렵다. 그런데도 어린 자녀의 교육은 일반적으로 부모의 (내구재) 소비로, 좀 더 나이 든 젊은이들의 교육은 그들의 (인적) 생산에 대한 투자로 개념화됐다. 역사적으로는 정부가 그 비용을 대부분 부담했으므로 교육은 대개 공공재로 여겨졌다. 그러나 가정에서의 조기 교육 비용은 눈에 보이지 않았기 때문에 이 비용은 부모에게 떠넘겨졌다.[12]

19세기 동안 영국과 유럽을 비롯한 미국에서 일어난 학교 설립과 교육 운동 및 교육받은 노동자들의 수요 증가에 관한 갖가지 계획은 공교육, 남녀 공학 대학, 사립 대학, 기술 전문 대학 등의 교육 시스템을 양산했고 여성과 흑인도 허용했다. 하지만 마침내 여성의 고등 교육 접근성이 증가했는데도 또 다른 저항에 부딪혔다. 돈이 문제였다. 딸 교육에 긍정적인 가정에서도 우선순위는 여전히 아들이었고, 자금이 바닥나면 딸은 기회를 얻지 못했다.[13] 더욱이 미국에서는 인종에 바탕을 둔 교육 분리가 유지되고 있었다. 이는 20세기에 가서야 공식적으로 사라졌다.

19세기 후반 소녀들에게 주어진 교육 상황은 영국의 전국사회과학진흥협회(National Association for the Promotion of Social Science, NAPSS)와 그 무렵 새로 설립된 자매단체 미국사회과학진흥협회(American Association for the Promotion of Social Science)의 회의에서 논의된 바 있다. 런던에 본부를 두고 활동한 바버라 리 스미스 보디촌의 '랭엄플레이스그룹'은 여성의 직업 접근성 및 임금 향상, 여성의 권리 신장, 결혼법 개정 등을 촉구하면서, 소녀들의 교육 기회 및 수준 개선에 대해서도 공론화했다.

소년들을 위한 학교는 통상적으로 자금도 충분하고 우수한 교사들을 고용할 수 있었지만, 소녀들을 위한 학교는 애초부터 환경이 열악해 제대로 된 교재나 시설은 고사하고 그나마 저임금에 자발적으로 참여한 교사들도 중도에 포기하도록 만들었다. 바버라 리 스미스 보디촌은 1860년 논문 〈소녀들을 위한 중산층 학교(Middle-Class Schools for Girls)〉에서 국가가 주도해 높은 수준의 여학교를 운영해야 한다면서 "부유층과 자선단체는 소년들 대상 '그래머 스쿨(grammar school)'●에 상응하는 소녀들을 위한 학교를 지원해야 한다"고 호소했다.[14]

랭엄플레이스그룹 여성들에게 큰 영향을 받은 미국 여성 경제 저술가 캐럴라인 힐리 달(Caroline Healey Dall, 1822~1912)은 1867년 출간한 《대학, 시장, 법정: 또는 교육, 노동, 법률과 여성의 관계(The College, the Market, and the Court: or Women's Relation to Education, Labor, and Law)》를 통해 미국 사회에도 유사한 논점을 제기했다. 이 책은 1858년 "교육에 대한 여성의 주장(Women's Claim to Education)"을 포함한 일련의 강연을 모아 엮은 것이었다. 캐럴라인 힐리 달은 이 책의 서문에서 바버라 리 스미스 보디촌과 그녀의 친구 베시 레이너 파크스(Bessie Rayner Parkes, 1829~1925)가 어떻게 비슷한 마음을 가진 영혼들을 발

● '그래머 스쿨'의 원형은 로마 시대로까지 거슬러 올라가며, 중세 때 주로 라틴어 및 그리스어 문학과 문법 등을 가르쳤다. 중세 이후 근대까지 영국의 상류층 소년들을 대상으로 한 중등 교육 기관으로 발전했다. 오늘날 그래머 스쿨은 대학 입시에 대비하는 7년제 인문계 중등학교를 지칭하며 대부분 공립으로 운영되고 있다.

견했는지 설명했다.[15]

19세기 막바지에 이르러 유럽과 미국 등 산업화한 국가에서 여성들이 비로소 고등 교육을 받기 시작했지만, 박사 학위를 받아 명실상부한 학문적 지위를 얻기까지는 더 오랜 세월이 걸렸다. 1871년 영국의 매리 페일리 마셜(Mary Paley Marshall, 1850~1944)과 다른 여덟 명의 여성은 케임브리지대학교에 설립된 두 번째 여자대학 뉴넘 칼리지(Newnham College)에 입학해 앨프리드 마셜과 헨리 시즈윅(Henry Sidgwick, 1838~1900)의 지원으로 1874년 정치경제학 박사 과정을 이수했으나, 대학은 학위 수여를 거부하는 대신 강사로 일하는 것은 허용했다. 1877년 매리 페일리 마셜은 자신에게 경제학을 가르친 앨프리드 마셜과 결혼했고, 1879년 그와 함께 쓴 《산업의 경제학(The Economics of Industry)》을 출간했다.

이후 그녀는 이렇다 할 활동 없이 남편을 내조하며 그의 연구를 도왔다. 그러다가 1896년 〈이코노믹저널〉에 "여성 노동자 회의(Conference of Women Workers)"라는 제목으로 짧은 칼럼을 게재했다. 여기서 그녀는 회의 성과에 대한 논평과 함께 노동 평등 및 최저 임금을 보장하는 공장법 제정을 요구한 노동 개혁가 비어트리스 포터 웹(Beatrice Potter Webb, 1858~1943)의 연설을 호평했다.

처음에는 여성의 고등 교육을 지지했던 앨프리드 마셜은 세월이 지나 케임브리지대학교가 여성의 학위 수여를 고려하기 시작했을 때 "지나친 상황이 초래될 수 있다"는 명분으로 "오래된 체제"를 유지해야 한다고 강하게 반발했으며, 1897년 여성에게 학위 수여를 금지하는 내용이 아예 규정으로 추가됐다.16 1924년 남편 앨프리드 마셜이 사망한 후 매리 페일리 마셜은 케임브리지대학교에 설립된 '마셜 경제학 도서관(Marshall Economics Library)'에서 사서로 20년 동안 일했다. 이 시기 그녀는 저술 활동을 다시 시작했지만, 그녀 사후에 출간된 《내가 기억하는 것(What I Remember)》(1947)은 앨프리드 마셜과 그녀의 삶을 묘사한 것에 지나지 않는다.

미국은 19세기 말 여성 교육에 흑인 여성을 포함하는 등 꽤 향상됐다. 여성에게 고등 교육을 받을 수 있는 기회를 제공하면서 마운트 홀리요크(Mount Holyoke) 칼리지, 웰즐리(Wellesley) 칼리지, 스펠먼(Spelman) 칼리지 같은 별도의 여자대학뿐 아니라, 컬럼비아대학교의 바너드(Barnard) 칼리지, 브라운대학교의 펨브로크(Pembroke) 칼리지, 하버드대학교의 래드클리프(Radcliffe) 칼리지 등 대학교 내 여자대학들도 문을 열었다. 이때 애나 줄리아 쿠퍼는 여성 개인을 넘어 국가 전체를 위한 교육의 중요성을 강조하면서 이렇게 말했다.

> 자신이 생산하는 양보다 더 많이 소비하는 남성은 부를 파괴하는 사람인 만큼, 주부가 해충과 쥐를 색출해 박멸하듯이 정확히 가려내야 한다.17

그녀는 개인의 생산과 소비에 따라 인간의 경제적 가치가 결정되듯이 흑인들도 마찬가지라고 주장했다. 그녀 또한 교육을 생산 가치 향상에 필수적인 도구라고 여겼지만, 제공되는 교육의 질에 대해서는 신랄하게 비판했다.

나는 당신들이 추구하는 사회적 윤리의 합리성과 흠잡을 데 없는 공정성에 관심이 없다. 그것이 남성과 여성을 더 낫고 고귀한 존재가 되도록 하지 못한다면, 세상에 소중한 영혼들을 더해주지 못한다면 말이다.[18]

20세기 초가 되자 각종 학회가 여성 회원을 받기 시작했으며, 1942년 프랑스 과학 아카데미(French Académie des Sciences)도 문호를 개방했다. 이후 수십 년에 걸쳐 여성 교육은 계속 향상했다. 2020년에는 대학이 남성보다 여성 졸업자를 더 많이 배출했다. 그렇지만 'STEM', 즉 '과학(science)', '기술(technology)', '공학(engineering)', '수학(mathematics)' 분야는 여전히 남성 위주이기에, 더 나은 보수를 받는 직업과 경력이라는 측면에서는 아직 갈 길이 멀다.

경제 이론화 과정에서 한 국가의 경제 발전에 필요한 교육받은 노동 인력의 중요성은 오래도록 무시돼왔다. 교육이 여성과 더 깊은 관련이 있고 여성들이 이 주제로 더 많은 글을 썼다는 사실이 이와 직접 연결되는지는 분명치 않지만, 경제사상사 흐름에서는 확실히 그런 인상이 있다. 존 스튜어트 밀과 해리엇 테일러 밀 말고는 경제 성장과 노동 시장 안정 측면에서 여성 교육 부재가 미치는 악영향을 연구한 정치경제학자가 거의 없었다. 이 같은 관심 부족은 경제 이론이 변화함에 따라 이 분야의 명칭이 정치경제학에서 경제학으로 바뀌고도 여전했다. 경제학 분야에 최초로 인종차별, 범죄율, 가계 조직, 중독 등 기존 사회학 연구 주제를 적용한 개리 베커가 표준 경제 모델을 그동안 경제학에서 비경제적이라고 여기던 범위로까지 확장하자 교육이 '인적 자본(human capital)', 즉 노동자 훈련과 기술 및 경험 일부로서 다시 관심 주제가 됐지만, 이는 20세기 중반을 훌쩍 넘기고 나서였다.

개리 베커는 1964년 출간한 《인적 자본(Human Capital)》에서 노동자 임금 분석 데이터를 통해 수년간의 훈련, 기술, 경험의 가치를 도출하는 데 성공했지만, 공식적 교육과 현장 교육만을 포함해 아쉬움을 남겼다. 개리 베커를 비롯해 노동경제학을 연구한 다른 학자들도 유아를 양육하고 아동을 교육하는 시간과 비용 노력은 경제 요소로 인정하지도 않았고 경제 모델에 포함하지도 않았다. 이는 가정에서 여성의 교육 관리 역할 상당 부분을 무시한 셈이며, 가정 내 교육 성취도 차이가 적어도 부분적으로는 아이의 타고난 '재능'이나 '장점'으로 잘못 평가됐음을 의미했다.

아동 조기 교육과 성취도 차이가 경제에 미치는 영향에 관한 관심 결여는 어머니 교육 수준이 높을수록 자녀의 영양 상태가 좋고 유아기 사망률이 낮았다는 내용을 담은 세계은행(World Bank) 보고서가 1990년에서야 나왔다는 사실과도 연결된다. 어머니들이 교육을 잘 받을수록 아이들을 더 잘 교육하고, 이는 미래 노동 시장 향상으로 이어진다는 여성 경제 저술가들의 오랜 주장을 떠올리게 하는 대목이다.

경제 성장 지표로 가장 중요하게 여겨졌던 국내총생산(GDP) 지수가 20세기 마지막 10년 동안 꾸준히 비판받는 분위기 속에서 철학자이자 경제학자 아마르티아 센(Amartya Sen) 등이 '인간개발지수(Human Development Index, HDI)'를 개발했다. 이 지수는 1인당 실질 소득 외에 문해력과 평균수명 등을 포함한다. HDI는 GDP 순위를 보정할 때 활용되며, 전 세계 정책 입안자들이 국민 건강과 교양 수준에 더 많은 관심을 기울이도록 장려하고 있다.[19]

˚교육을 받아라! 학교를 시작하라!˚

부유한 부모를 둔 소년들은 개인 가정교사에게 교육을 받고, 가난한 집 아이들은 길거리로 내몰리는 산업 발전 초기 상황을 보며 많은 여성 경제 저술가들은 매우 불만족스러웠다. 당시에는 아이들에게 기술을 가르치는 학교가 거의 없었기에 이 18세기 여성들이 계속해서 외친 해결 방안은 "당신만의 학교를 시작하라!"였다.

매리 아스텔의 친구 매리 워틀리 몬터규, 엘리자베스 엘스토브, 캐서린 존스(Catherine Jones, 1672~1740), 엘리자베스 헤이스팅스(Elizabeth Hastings, 1682~1739)는 1729년 매리 아스텔이 사망하자 그녀가 《숙녀들에게 보내는 진지한 제안》에서 제시했던 계획을 실행했다. 엘리자베스 몬터규도 비록 자신이 돈은 많았으나 그것을 확실히 제대로 쓸 만큼은 충분히 교육받지 못했음을 깨닫자 학교를 세우기로 결심했다. 그녀는 처음에 소년들을 위한 남학교로 시작해 그다음에는 여학교를 설립했다. 엘리자베스 몬터규는 일반적으로 로버트 라이크스(Robert Raikes, 1735~1811)가 주도했다고 알려진 잉글랜드 '주일학교 운동(Sunday School Movement)'의 선구자였다.[20]

영국의 자존감 강한 젊은 중상류층 여성들은 1780년대까지 학교를 세웠다. 새라 트리머가 이 움직임의 중심에 있었다. 그녀는 결혼 후 열두 명의 자녀를 낳았고, 그중 열 명이 성인이 될 때까지 생존했다. 아이들을 키우는 동안 그녀는 정기 간행물 형식으로 아동 문학 시리즈를 출간해 큰 인기를 얻었다. 새라 트리머는 적극적인 박애주의자로서 자선학교를 설립해 아이들을 가르쳤고, 글과 더불어 그림을 보여주는 등 매우 현대적인 교수법을 개발하기도 했다. 나아가 자신의 학교를 시작하는 데 관심 있는 여성들을 위해 학교를 세우고 운영하는 방법을 책으로 펴냈다. 그 책이 바로 1787년 출간한 《자애의 경제(The Oeconomy of Charity)》다. 책의 제목이 '이코노미'가 아니라 '오이코노미'임을 눈여겨보자.

본문 분량이 무려 600쪽에 달하는 이 책은 수업에서 사용할 표준 글씨체와 그녀가 발명한 교구(敎具)를 만들고 사용하는 방법까지 포함하고 있어서, 그야말로 학교 설립과 교육에 관한 모든 것을 담은 교과서라고 할 수 있었다. 새라 트리머는 엄청난 열정을 가진 여성이었다. 그녀는 가난한 사람들과 허물없이 함께 일했고, 캐럴라인(Caroline Amelia Elizabeth, 1768~1821) 왕비와도 교류했으며, 자연 및 역사 지식 출판 활동을 비롯해 아동·청소년 문학 비평지도 직접 편집하고 발행했다. 그녀는 당대 아동 교육 분야 최고 권위자였으며, 그녀의 저작은 경제 및 교육에 두루 영향을 미쳤다.

《딸 교육에 관한 생각》을 쓴 매리 울스턴크래프트나 '블루스타킹협회'의 해나 모어도 학교를 설립했다. 전방위적으로 펼쳐졌던 학교 운동은 마침내 영국 정부가 이를 계승해 공립학교를 늘리기 시작한 18세기 끝

무렵 수그러들었다. 학교 교사는 독신 중산층 여성들에게 열려 있던 몇 안 되는 괜찮은 직업 중 하나였다. 보통은 남성들이 더 높은 수준의 수업을 맡았고 학교에서도 요직을 차지했지만, 학교 교사 대부분은 여전히 여성들이었다.

미국에서는 부유하고 인맥이 탄탄한 여성들이 나서서 여자대학을 개설했다. 1823년 캐서린 에스터 비처는 '하트퍼드여성신학교(Hartford Female Seminary)'를 설립해 운영했고, 여성 교육 실태와 관련한 자신의 우려를 1851년 《여성의 잘못에 대한 참된 구제책(The True Remedy for the Wrongs of Woman)》에 기록했다. 이 시기 로스차일드(Rothschild), 록펠러(Rockefeller), 카네기(Carnegie) 가문 등 산업 자본가들이 정부와 함께 미국 전역에 새로운 교육 기관을 세웠다. 1837년 매리 라이언(Mary Lyon, 1797~1849)은 여자신학대학 마운트홀리요크 칼리지를 설립했다. 그녀가 남긴 이 신학교의 의의와 운영 방안 등에 관한 기록이 2008년 책으로 출간됐다.[21] 마운트홀리요크 칼리지는 남성 중심의 '아이비 리그(Ivy League)'와 비견되는 일곱 개 여자대학 '세븐 시스터즈(Seven Sisters)' 가운데 첫 번째 학교가 됐으며, 홀린스(Hollins) 칼리지와 스미스(Smith) 칼리지 같은 다른 여자대학이 설립되는 데 커다란 영감을 줬다.

사회는 변화하고 있었고 1860년대와 1870년대에는 숙련된 노동력 수요가 서구 세계 전역에서 증가했다. 이 시기 미국의 하버드와 예일, 영국의 옥스퍼드와 케임브리지 같은 명문 대학들은 여전히 여성에게 문을 열지 않은 채 차세대 엘리트를 양성하고 있었다. 그래서 다시금 여성들에게 필요한 수준 높은 교육을 제공하기 위해 바버라 리 스미스 보디촌은 에밀리 데이비스(Emily Davies, 1830~1921)와 함께 케임브리지대학교에 1869년 첫 번째 여자대학 거튼(Girton) 칼리지를 세웠다. 앞서 소개한 것처럼 앨프리드 마셜과 헨리 시즈윅은 두 번째 여자대학으로 1871년 뉴넘 칼리지를 설립했다. 옥스퍼드대학교에서도 1878년 레이디 마거릿 홀(Lady Margaret Hall)과 서머빌(Somerville) 칼리지가 개설됐고, 비어트리스 포터 웹과 그녀의 남편 시드니 웹(Sidney Webb, 1859~1947)은 1896년 런던경제대학(London School of Economics)을 설립했다.

대학 학위를 취득한 또 한 사람의 아프리카계 미국인 여성 매리 처치 테럴(Mary Church Terrell, 1863~1954)은 1898년 워싱턴 DC에서 "흑인 여성의 진보(The Progress of Colored Women)"라는 제목으로 연설했다. 이 연설문은 그녀가 활동하던 전미여성참정권협회(National American Woman Suffrage Association, NAWSA)에 전달됐다. 이 연설에서 그녀는 흑인 여성들이 얼마나 멀리 돌아 여기까지 왔는지, 이들의 교육적 성취가 어떻게 해서 백인 여성을 따라잡았는지 설명했다. 그녀의 연설은 다음과 같은 발언으로 시작했다.

> 50년 전까지만 하더라도 여성들이 구상하고, 준비하고, 진행하고, 연설하는 이런 회의는 불가능했을 것입니다. 40년까지만 하더라도 제정신인 남성들이라면 흑인 노예나 그 후손 중 한 사람이, 그것도 이번 세기에 세계 어디에서나 알 수 있는 이곳 미국 수도에서 세계 여성을 대표해 연설하리

라고는 그 누구도 예측하지 못했을 것입니다.[22]

매리 처치 테럴은 간호사 학교를 비롯해 아동 교육 센터, 학교, 클럽 등의 설립과 운영에서 흑인 여성들이 얼마나 큰 역할을 했는지 강조했다. 그녀는 고아원, 병원, 양로원 등 흑인 사회가 지원하는 자선 기관 이름을 일일이 호명하면서 문학적 능력, 기업가 정신, 교육적 성취가 뛰어난 흑인 여성들도 한 사람씩 그 이름과 업적을 소개했다. 그리고 이렇게 힘주어 말했다.

우리는 피부색으로 호의를 추구하지 않았으며, 우리의 필요로 인한 후원을 바라거나 받지 않았습니다. 우리는 언제나 동등한 기회를 당당히 요구하며 정의의 법정을 두드렸습니다.[23]

˚ 쉬운 언어로: 정치경제학 및 경제학 교육 ˚

정치경제학 초기 저작들은 대중이 쉽게 접근할 수 없었거니와 일반인들에게 가르치기에도 적합하지 않았다. 애덤 스미스의 《도덕감정론》과 《국부론》은 모두 길고 추상적인 자신의 문장을 독자가 어렵히 이해할 수 있으리라 가정하고 쓴 책이었다. 더욱이 배경 지식이 필요할 만큼 방대한 책을 읽을 시간적 여유가 있는 사람들은 거의 없었다. 토머스 맬서스가 쓴 《인구론》은 분량이 짧은 편에 속하지만, 그런데도 다른 저작에 관한 지식 없이 읽기 쉬운 책은 아니었다. 데이비드 리카도의 《정치경제와 과세의 원리》 또한 임금, 금리, 이윤, 투자, 경제 성장 같은 개념을 다소 추상적으로 설명한 저서였다.

제1장에서 살폈듯이 마리아 에지워스는 《부모의 조수》와 《현실적 교육》처럼 자녀가 부모를 돕는 데 필요한 경제 지식에 초점을 맞춘 쉬운 책을 썼다. 제인 헐디먼드 마르셋(Jane Haldimand Marcet, 1769~1858) 같은 여성 경제 저술가들은 필요한 교육을 받아 초기 정치경제학자들의 저작을 읽을 수 있었고, 더 많은 사람이 이해할 방법을 찾아 제공하고자 노력했다. 해리엇 마티노와 밀리센트 개럿 포셋(Millicent Garrett Fawcett, 1847~1929) 등의 후기 여성 경제 저술가들은 이를 더 발전시켜 애덤 스미스, 토머스 맬서스, 데이비드 리카도 같은 정치경제학자들의 이론을 대중화했다.

제인 헐디먼드 마르셋은 경제학의 기본 개념을 설명할 목적으로 책을 출간한 최초의 여성 경제 저술가였다. 그녀는 스위스계 부유한 상인 집안에서 태어나 가정에서 형제자매와 함께 다양한 학문을 배웠다. 어머니가 돌아가신 후 열다섯 살부터는 가정경제를 도맡아 관리했다. 1799년 같은 스위스 태생의 의사 알렉산더 마르셋(Alexander Marcet, 1770~1822)과 결혼해 런던에 살면서 프랑스와 스위스 전통을 가미한 저녁 식사를 마련해 다양한 인사들을 초대하곤 했다. 매리 서머빌(Mary Somerville, 1780~1872), 헨리 핼럼(Henry Hallam, 1777~1859), 데이비드 리카도, 해리엇 마티노, 마리아 에지워스 등의 과학자, 역사가, 경제학자, 저술가들이 그녀의 사교계에 속한 인물들이었다. 특히 매리 서머빌은 저명한 천문학자 윌리엄 허셜(William Herschel, 1738~1822)의 여동생이자 마찬가지로 훌륭한 천문학자 캐럴라인 허셜(Caroline Herschel, 1750~1848)과 함께 영국 왕립천문학회 명예 회원으로 선출된 박학한 여성이었다.

경제학자 도로시 램펜 톰슨(Dorothy Lampen Thomson)은 1973년《애덤 스미스의 딸들(Adam Smith's Daughters)》에서 제인 헐디먼드 마르셋이 매리 울스턴크래프트의《딸 교육에 관한 생각》에 영향을 받았다고 분석한 바 있다.[24] 제인 헐디먼드 마르셋은 다양한 학문 분야의 기본 개념을 교사와 학생 사이의 '대화' 형식으로 설명했다. 그래서 그녀의 저서에는 '대화(conversations)'가 들어간 제목이 많다. 1805년 화학 분야에 이 형식을 처음으로 적용해《화학에 관한 대화(Conversations on Chemistry)》를 펴냈고, 11년 후 1816년에는《정치경제에 관한 대화(Conversations on Political Economy)》를 출간했다. 이 책에 등장하는 'B 부인(교사)'과 '캐럴라인(학생)'의 대화를 따라가다 보면 정치경제학에서 말하는 개념을 쉽게 이해할 수 있다.

《정치경제에 관한 대화》는 정치경제가 무엇인지 잘 이해할 수 없고 자신과 어떤 관련이 있는지도 모르겠다는 캐럴라인의 투정으로 시작된다. B 부인은 캐럴라인의 의구심을 하나씩 풀어주면서 일상생활 대부분을 차지하는 정치경제적 요소를 보여주고 누구나 이미 정치경제에 참여하고 있다는 사실을 깨닫게 해준다. 그런데 이 책에서 B 부인이 설명하는 내용은 애덤 스미스, 토머스 맬서스, 데이비드 리카도가 제시한 개념과 원리를 매우 쉽게 전달하는 대신 거기에서 한 치도 벗어나지 않는다. 도로시 램펜 톰슨은 이 부분을 지적하면서 제인 헐디먼드 마르셋이 "그들의 생각을 그대로 받아들였고, 그들의 말을 비판 없이 인용했으며, 그들이 설명한 경제 현상을 안이하게 수용했다"고 비판했다.[25] 하지만 그렇더라도 그녀의 《대화》 시리즈는 데이비드 리카도 등이 참석한 식사 자리에 관한 마리아 에지워스의 묘사에서처럼 "매우 인기 있었고, 남성들의 전유물이던 정치경제를 여성들이 논할 수 있는 주제로 바꿨다"고 평가했다.[26]

이후에도 제인 헐디먼드 마르셋은 같은 형식을 사용하는 《대화》 외에 다양한 학문적 주제를 쉽게 설명해주는 책을 계속 펴냈다. 1833년 출간한 《정치경제에 관한 존 홉킨스의 개념(John Hopkins's Notions on Political Economy)》은 부와 소득의 불평등을 분석하고 설명하는 아홉 가지 동화와 인구 원리, 이민, 빈곤율, 기계 체제, 대외 무역, 옥수수 무역 등에 관한 짧은 에세이가 담겨 있다. 1851년 펴낸 《부자와 빈자(Rich and Poor)》에서는 당시 사회를 지배하고 있던 "사회적·경제적 계급의 합리화를 심도 있게 비판"했다.[27]

이후 앞서 노예제 폐지론자로 소개한 잉글랜드 사회학자 해리엇 마티노는 성인 여성이 될 소녀들에게 정치경제학의 주요 원칙을 교육할 때 제인 헐디먼드 마르셋의 접근 방식을 되살리기로 했다. 형제자매와 함께 유복한 환경에서 교육받고 자란 해리엇 마티노는 어려서부터 정치경제학에 유독 큰 관심을 보였다. 그러나 1825년 영국 금융 공황 때 가족의 방적 사업이 파산했고 그 여파로 아버지가 1826년에 사망하자 그녀는 자신의 재능에 의존해 글쓰기로써 생계를 꾸려가기로 결심했다.

그녀가 쓴 첫 번째 시리즈 저작 《정치경제의 삽화(Illustrations of Political Economy)》(1834)는 일반 대중이 애덤 스미스와 토머스 맬서스의 경제사상을 쉽게 이해하고 일상에 적용할 수 있도록 돕는 이야기 형식의 학습서였다. 이 책은 엄청나게 팔려나갔고 영국 전역에 이들의 경제사상이 전파되는 데 혁혁한 공을 세웠다. 그녀의 이야기는 딱딱한 정치경제학 원리에 생명을 불어넣었고 추상적 경제 개념의 앙상한 뼈대에 살을 붙였다. 애덤 스미스와 토머스 맬서스의 인구 증가 원리는 스코틀랜드 서부 작은 섬에서 한꺼번에 태어난 아이들이 식량난을 초래하는 흥미로운 이야기로 각색됐다. 〈가벨로치의 기쁨과 슬픔: 이야기(Weal and Woe in Garveloch: A Tale)〉편의 경우에는 이와 같은 경제 효과와 미래 세대를 위해 시간과 돈을 투자하는 것이 왜 중요한지 알 수 있다. 토머스 맬서스의 《인구론》에서는 노동자들의 역할이 불분명하지만, 해리엇 마티노의 이야기 속 노동자들은 좋든 나쁘든 결정을 내리는 경제 행위 주체로 등장하며, 그들의 결정이 어떤 결과를 낳는지 명확히 보여준다.

제인 헐디먼드 마르셋이 현재 상황을 그대로 수용하면서 애덤 스미스, 토머스 맬서스, 데이비드 리카도의 경제 개념을 설명하는 데 초점을 맞췄다면, 해리엇 마티노는 정치경제의 작동 원리를 보여주면서 좀 더 생각을 불러일으키는 방식으로 적용했다. 그녀의 이야기가 미친 영향은 결코 과소평가할 수 없다. 그녀는 펴낸 책이 연달아 크게 성공하면서 미국을 방문하고 여러 다른 주제도 다룰 수 있었다. 1839년에 출간한 《도덕과 예의를 준수하는 방법(How to Observe Morals and

Manners)》은 해리엇 마티노가 프랑스 철학자이자 사회학자 오귀스트 콩트(Auguste Comte, 1798~1857)의 실증주의 철학을 사회과학에 적용한 사회과학 방법론의 초기 모델로 평가받았다. 오귀스트 콩트는 1830년부터 1842년까지 12년에 걸쳐 모두 여섯 권에 달하는 역저《실증철학 강의(Cours de Philosophie Positive)》를 완성했다. 해리엇 마티노가 1858년 이를 두 권으로 편역한《오귀스트 콩트의 실증철학(The Positive Philosophy of Auguste Comte)》을 펴내자 학생들에게 자신의 책 대신 그녀의 책을 추천할 정도였다.

그렇지만 모든 경제학자의 저작들이 대중화하거나 교육 분야에 포함되지는 않았다. 이들의 노고로 애덤 스미스의《국부론》, 데이비드 리카도의《정치경제와 과세의 원리》, 존 스튜어트 밀의《정치경제의 원리》등은 고전주의 경제학의 대표적 저작으로 자리매김했다. 특히 앨프리드 마셜의《경제학 원리》는 신고전주의 경제학의 출발점이 됐다. 훗날 앨프리드 마셜은 1897년 발표한 논문〈구세대 경제학자들과 신세대(The Old Generation of Economists and the New)〉에서 해리엇 마티노를 비롯한 다른 여성 경제 저술가들의 업적을 다음과 같이 설명했다.

트리머 부인이나 마르셋 부인 또는 마티노 씨 같은 인물은 다시 없을 것이다. 이들은 경제 원리를 교리 문답이나 단순한 이야기 형식으로 던져서 명성을 얻었는데, 이를 통해 지적인 가정교사라면 누구나 경제적 진실이 어디에 있는지 자신이 가르치는 아이들에게 명확히 설명할 수 있었다.[28]

하지만 1933년 존 메이너드 케인스(John Maynard Keynes, 1883~1946)가 《인물 평전(Essays in Biography)》에서 이 진술을 재현한 뒤로는 경제학자들의 입에 이들 여성의 이름은 다시 오르지 않았다.[29]

그래도 다양한 일반 대중에게 경제학을 알리고 가르치는 여성들의 전통은 19세기 후반 밀리센트 개럿 포셋에게 이어져 더욱 발전했다. 잉글랜드에서 태어난 그녀는 영국의 정치가이자 여성 운동가로 성장해 1897년부터 1919년까지 전국여성참정권협회연합(National Union of Women's Suffrage Societies, NUWSS)을 이끌었다. 그녀는 1867년 정치가이자 경제학자 헨리 포셋(Henry Fawcett, 1833~1884)과 결혼했다. 그녀보다 열네 살 연상인 헨리 포셋은 당시 케임브리지대학교 정치경제학 교수였다. 밀리센트 개럿 포셋은 그와 함께 경제학 저서 저술 작업에 참여했고, 남편이 시력을 잃은 후에도 그의 눈이 되어 저술 활동을 이어갈 수 있도록 도왔다.[30] 그녀는 여성 참정권 확보를 위한 정치 활동 외에도 당대 경제 정책의 개념과 이론 등을 쉽게 설명하는 갖가지 저작들을 펴냄으로써 정치경제학 대중화에 앞장섰다.

1870년에 그녀는 첫 번째 저서로 《입문자를 위한 정치경제(Political Economy for Beginners)》를 출간했는데, 독자들에게 큰 호평을 받으며 증쇄를 거듭했다. 이 책은 존 스튜어트 밀의 정치경제학 이론 전반을 다뤘다. 그가 1869년에 철회한 자신의 '임금 기금(wage fund)' 정책 이론을 미처 빼지 못했다는 것만 제외하면 정치경제학 교과서로서 손색이 없었다.[31] 1874년에는 무인도에서 표류하는 주인공의 이야기를 담은 대니얼 디포의 소설 《로빈슨 크루소》와 서사 구조가 비슷한 《정치경제 이야기(Tales in Political Economy)》를 출간해 큰 인기를 끌었는데, 이 책의 서문에서 그녀는 해리엇 마티노를 언급했다.

> 이 작은 이야기들이 정치경제학을 가르치려는 이들에게 도움이 되기를 바랍니다. 그리고 30년 전 마티노 씨를 그토록 유명하게 만들었던 발상을 표절한 데 대해 사과 한마디 없이 그대로 책을 출판할 수밖에 없었음을 밝힙니다.[32]

밀리센트 개럿 포셋의 다른 정치경제 저작 대부분은 남편인 헨리 포셋과 함께 썼다.[33] 1928년 마침내 그녀는 영국의 21세 이상 모든 성인 남녀에게 동등한 투표권을 부여하는 '국민대표법(Representation of the People Act)' 또는 '평등선거법(Equal Franchise Act)'이 의회를 통과하는 모습을 지켜볼 수 있었다. 그리고 이듬해 노환으로 사망했다.

지금까지 언급한 여성 경제 저술가들의 정치경제학 대중화를 위한 노력은 대부분 성공했고 이들을 부자로 만들어줬다. 그렇지만 그중 누구의 저작도 아인 랜드(Ayn Rand, 1905~1982)의 작품을 능가하는 성공을 거두지는 못했다. 러시아 태생의 미국 작가이자 철학자 아인 랜드는 주류 경제학의 전반적인 개념에 초점을 맞추는 대신 자유방임주의적 경제 개념을 대중화하는 데 목표를 뒀으며, 특히 우익 자유주의자들과 보수주의자들을 상대로 강연했다. 본래 이름이 알리사 지노브예브나 로젠바움(Alisa Zinov'yevna Rosenbaum)인 그녀는 스물한 살이던 1926년, 이제는 소비에트사회주의공화국연방(Union of Soviet

Socialist Republics, USSR)이 된 제정 러시아의 수도 상트페테르부르크(St. Petersburg)를 떠나 미국으로 건너갔다. 미국에서 그녀는 우연한 기회로 무성 영화 〈왕중왕(The King of Kings)〉에 단역으로 합류했고 이후 시나리오 작가로 활동했다. 이때 단역으로 함께 일한 배우 프랜시스 오코너(Francis O'Connor, 1897~1979)와 1929년 결혼해 앨리스 오코너(Alice O'Connor)로서 미국 영주권을 획득했으며 1931년에는 시민권을 받아 미국인이 됐다.

초기에 시나리오 작가로서 이렇다 할 성과가 없자 그녀는 필명인 아인 랜드로 소설을 썼다. 1936년에 발표한 첫 소설 《우리 살아 있는 자들(We The Living)》은 처음에는 별다른 반응이 없다가 그녀가 유명해진 뒤 베스트셀러가 됐다. 그녀에게 엄청난 부와 명성을 안긴 책은 1943년 출간한 소설 《파운틴헤드(The Fountainhead)》였다.● 이 소설은 완전한 자유시장 경제를 옹호하는 오스트리아 학파의 자본주의 관점과 경제 이론을 노골적으로 드러냈다. 아인 랜드는 기업가(개인주의를 상징)를 경제의 중심에 뒀는데, 그녀가 보기에 강하고 재능 있고 활동적인 기업가야말로 경제 혁신과 발전의 원동력이었다. 《파운틴헤드》에 등장하는 남성 기업가들은 규칙과 규정을 내세워 그들을 통제하려는 무능한 정부 관료들(집단주의를 상징)에게 사사건건 방해를 받는다. 소설에서 그녀가

● 'fountainhead'는 '수원(水原)' 또는 '근원(根原)'이라는 뜻인데, 영화제작사 워너브라더스(Warner Bros.)가 이 소설을 원작으로 1949년 개봉한 영화를 국내에서 '마천루(摩天樓)'라는 제목으로 상영하자 1988년과 1997년 동명의 제목으로 번역판이 출간된 바 있다. 이후에는 그대로 음역한 제목인 《파운틴헤드》(전2권, 2011)로 출간됐다.

그려낸 자유방임주의적 인물들은 현 경제 체제의 기능을 상징하며 새롭게 더 나아간 자본주의의 도덕, 즉 사익을 추구하고 이타주의나 경제적 희생에는 관심을 두지 않는 사람들의 도덕을 전파한다.[34]

1957년에 발표한 소설 《움츠린 아틀라스(Atlas Shouldged)》●는 특히 젊은 독자층 사이에서 더 큰 인기를 끌었다. 이야기는 여주인공 대그니 태거트(Dagny Taggart)와 '초인(übermensch)'●●으로 묘사되는 의문의 남성 존 골트(John Galt)와 진화하는 관계를 중심으로 전개된다. 존 골트는 자신에게 제약을 가하는 사람들, 즉 자신의 가족, 규칙, 현실에 맞서 경제적 자유를 위해 싸우는 고독한 천재로 묘사된다. 이 작품의 백미는 후반부의 "내가 존 골트입니다(I Am John Galt)"라고 밝히는 대목으로, 소설에서 "존 골트가 누구지?(Who is John Galt?)"라는 질문으로만 등장했던 그의 정체가 밝혀지는 동시에 아인 랜드 자신의 경제사상을 존 골트의 라디오 연설에 실어 설명하는 장이다. 이 연설만 50쪽에 달하며 미국 내 자유방임주의자들의 교의로 쓰이기도 했다.

애초부터 그녀는 이 소설을 젊은이들에게 호소하기 위해 썼다. 중간 중간 성적인 언어로 달콤하게 포장해 책장을 넘기지 않고서는 못 배기게 하면서, 개인의 자유를 위협하고 억압하는 인위적 세계에서 벗어나려면 끊임없이 스스로 자아를 확인하고 근본적인 변화를 모색해야 한

● 한국어판은 《아틀라스》(전3권, 2013).
●● 독일 철학자 프리드리히 니체(Friedrich Nietzsche, 1844~1900)가 《차라투스트라는 이렇게 말했다(Also sprach Zarathustra)》(1883)에서 말한 '초인(übermensch, 위버멘쉬)'을 차용한 것으로, 스스로 극복해 인간의 불완전성과 한계를 뛰어넘은 이상적 인간을 지칭한다.

다고 독려했다.

아인 랜드의 저작들은 2000년대 후반 미국 정치 운동 '티파티(Tea Party)'● 발흥의 근간이 됐고 지금도 엄청나게 많이 팔리고 있다. 하지만 1987년부터 2006년까지 연방준비제도이사회(Fed) 의장이자 아인 랜드의 견해를 거침없이 지지했던 앨런 그린스펀(Alan Greenspan)을 제외하면 경제사상가로서의 그녀는 경제학계 담론에 포함되지 않았다. 좌익 성향의 경제학자들에게는 아인 랜드가 우익 사상가였다는 사실만으로도 담론에서 배제하기에 충분했을 테다. 오스트리아 학파 경제학자들에게는 여성이라는 젠더에 더해 학자로 인정하기 싫은 텃세가 작용했을지도 모르겠다. 그럼에도 불구하고 아인 랜드의 견해가 미국 정치와 많은 미국인의 경제관에 미친 영향은 경제사학자를 비롯한 경제학자들이 그녀의 생각에 주목할 수밖에 없는 이유가 됐다.

여성에 의해 그리고 여성을 위해 쓰인 정치경제학 지침서들은 분명히 정치경제학과 이후 경제학이 확산하는 데 이바지했지만, 이 책들이 본래 의도했던 측면에서는 지극히 제한적이었다. 제인 헐디먼드 마르셋과 밀리센트 개럿 포셋의 글은 주로 이용 가능한 문헌 연구 및 교육, 그리고 백인 중산층 여성의 관점에 기반을 두고 쓰였다. 반면 산아 제한이나 여성의 일상 경험처럼 민감한 주제를 다룬 해리엇 마티노의 비판적

● '티파티'는 미국 공화당을 지지하는 자유지상주의적 보수주의 세력을 일컫는다. '티파티'라는 명칭은 미국이 아직 영국 식민 지배를 받고 있던 1773년 영국의 가혹한 세금 징수에 반발한 미국 시민들이 보스턴 항구에 정박한 화물선의 차 상자를 바다에 내던진 '보스턴 차 사건(Boston Tea Party)'에서 따왔다. 보스턴 차 사건은 미국 독립 전쟁의 도화선으로 작용했다.

글쓰기와 분석은 경제 개념을 설명하는 데 그치지 않고 실생활에 적용하는 수준으로까지 나아갔다. 아인 랜드의 소설 작품들도 마찬가지였다. 그녀는 여성 문제에만 천착하지 않고 이를 어떤 방식 어떤 형태로든 인류의 경제적·도덕적 이념과 연결해 개념을 확장하는 가상의 우주를 창조해냈다.

다양한 경제학 개념과 이론은 20세기 동안 전 세계 거의 모든 대학이 경제학부를 개설하면서 경제학 교과서를 채운 표준 모델들을 중심으로 재편됐다. '현대 경제학의 아버지'라고 불린 미국 이론경제학자 폴 새뮤얼슨(Paul Samuelson, 1915~2009)이 신고전주의 경제학과 케인스주의 경제학 이론을 통합해 1948년 《경제학: 개론적 분석(Economics: An Introductory Analysis)》을 출간함으로써 경제학 원론을 완성했다. 이때부터 경제학은 수학이 됐다. 그의 《경제학》은 20세기 후반까지 전 세계 대학 경제학부에서 가장 많이 사용한 경제학 교과서였고, 이후에는 프랑스 경제학자 올리비에 블랑샤르(Olivier Blanchard)의 《거시경제학(Macroeconomics)》(1996)과 미국 경제학자 그레고리 맨큐(Gregory Mankiw)의 《미시경제학 원리(Principles of Microeconomics)》(1997)가 그 뒤를 이었다. 폴 새뮤얼슨은 그의 《경제학》에 여성 경제학자가 등장하지 않을뿐더러 여성이 경제 행위 주체로서 실질적 역할을 하지 않는다는 점에서 애덤 스미스의 전통을 확고히 지켰다. 올리비에 블랑샤르나 그레고리 맨큐도 마찬가지였다.

그런 와중에 1990년 미국 경제학자 수전 파이너(Susan Feiner)와 브루스 로버츠(Bruce Roberts)가 처음으로 현대 경제학 교과서에서 젠더

간 임금 격차, 성별과 인종에 따른 직업차별, 육아가 여성 노동 참여에 미치는 영향 등과 같은 문제를 다루고 있는지 그 실태를 조사·분석해 논문으로 발표했다. 결과는 '거의' 없었다.[35] 다행히 이를 계기로 경제학계에 자성 분위기가 형성됐고, 21세기 초반부터 대부분 경제학 교과서에서는 젠더, 인종, 성 소수자, 이민자, 집단적 경제 행위 등의 분석을 포함한 신고전주의 및 케인스주의 경제 이론이 적용됐다.

경제학을 과학으로 자리매김하려는 경제학계의 욕구는 1980년대와 1990년대에 걸쳐 한층 강화됐다. 정부의 경제 정책 입안에서 영향력이 감소하자 경제학자들은 점점 더 과학적 분석 또는 '순수 이론(pure theory)'을 개발하는 데 집중했다. 그런데 역설적이게도 경제학의 '과학화(수학화)'는 당시 꽤 많은 여성이 포함된 새로운 세대의 박사 과정 대학원생들이 수학적 경제 모델링에 뛰어난 실력을 보여주면서 크게 진전했다.

미국 경제학자 데이비드 콜랜더(David Colander)와 네덜란드 경제학자 아르요 클라머(Arjo Klamer)는 1987년 발표한 논문에서 경제학자로 성공하려면 실제 세계에 대한 지식보다 수학을 잘하는 게 더 중요하다고 말했다.[36] 이에 페미니스트 경제학자들도 과학화한 페미니즘 경제학 교과서를 펴냈다. 1986년 프랜신 블라우와 매리앤 퍼버는 젠더별 경제 행위와 노동 시장 문제를 다룬 페미니스트 경제 이론《여성, 남성, 노동의 경제학(The Economics of Women, Men, and Work)》을 출간했으며, 2004년 드루실라 바커(Drucilla Barker)와 수전 파이너는 경제와 관련한 일반적 페미니즘 관점을 제공하는《해방경제학(Liberating

Economics)》을 펴내 큰 반향을 불러일으켰다.

제4장

부와 여성의 관계: 자본, 돈, 금융

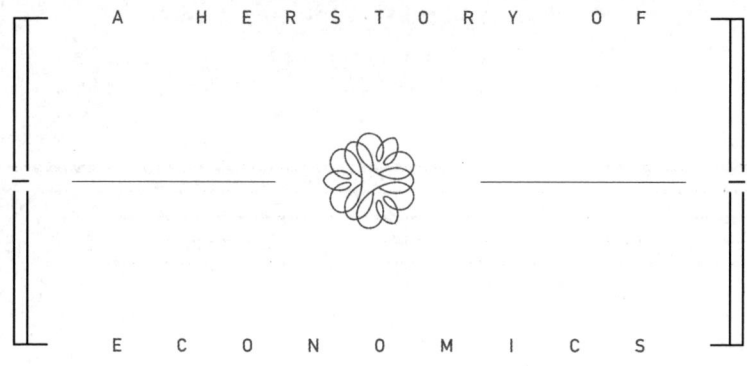

지금까지 우리는 초기 여성 경제 저술가의 저작들을 살피면서 애덤 스미스의 《국부론》 등 정치경제학 주요 문헌에서 나타난 젠더 맥락에 관해 논의했다. 이제부터는 '자본'과 '돈', '금융'에 관한 여성 경제 저술가들의 견해를 통해 부와 여성의 관계를 고찰할 것이다. 그동안 우리는 정치경제학이 노동자와 노예 착취, 결혼을 통한 부의 이동, 무분별한 천연자원 전유 등을 무시하거나 당연시하면서 국가의 부와 경제 성장 문제에 골몰하는 모습을 목격했다. 정치경제학자들은 재화의 실제 가치, 즉 "그것을 획득하기 위한 수고와 노고"로써 "그것을 얻으려는 사람이 실제로 지불해야" 하고 "다른 사람에게 부과할 수 있는 모든 것의 실제 가격"을 설명했다.[1] 그러는 동안 여성의 마땅한 소유물, 즉 물려받은 자산이나 금융을 관리할 권리를 비추던 빛은 점점 희미해졌다. 나는 이번

장에서 여성 경제 저술가들이 남긴 저서, 소책자, 소설, 시, 에세이, 논문, 기사 등 다양한 저작들을 통해 '자본', '돈', '금융'을 둘러싼 경제 변화에 당시 여성들이 어떻게 반응했는지 살필 것이다.

°여성의 자본 통제력 상실°

일찍이 새라 섀폰은 기혼 여성을 남편에게 경제적으로 완전히 의존하게 만든 기독교 규범과 가치의 쇠퇴와 그에 따른 여성의 태도 변화를 강조하면서 여성 권리를 촉구했다. 잉글랜드 관습법은 비록 토지와 관련해서는 여성의 통제를 어느 정도 보호했다. 하지만 그 밖의 자산에 대해서는 남편에게 완전한 통제권을 부여했고, 그가 원하는 방식으로 소비하거나 투자하거나 처분할 수 있었다. 여성이 결혼하기 전 물려받은 재산이나 결혼한 이후 상속받은 재산은 모두 남편에게 통제권이 넘어갔다.

대규모 대출이 허용되고 은행업이 일반화되기 전까지 가계의 자본 대부분은 결혼과 상속을 통해 이전되고 축적됐다.[2] 잉글랜드 결혼법은 가정에서 장남이 모든 재산을 상속받는 장자 상속제 관행과 더불어 독점적인 남성 집단에 자본이 집중되고 축적되게 하는 데 큰 영향을 미쳤다. 그렇기에 일부 여성은 결혼하면서 남편에게 상당 수준의 재산을 안겨줬다. 대개는 귀족, 상류층, 중산층 남성들이 자본을 이용할 수 있게 되면서 그들은 위험한 산업 분야에 투자하곤 했다. 아내는 남편이 쓸데 없는 곳에 자본을 댔다가 실패하는 모습을 보거나 반대로 생산적인 사업에 투자해 큰 이익을 얻는 모습을 봐야 했다. 본래 여성의 것인데 결혼 이후 남편 소유가 된 전체 자본 규모와 잉글랜드 산업화 근간이 된 양모 산업 등에 투여된 이 자본의 정확한 규모를 작성한 자료는 아직 없다. 어쨌든 당시 기혼 여성들의 유산 사용과 투자는 남성들의 경제활동으로 이해됐다. 이 문제는 경제가 아닌 도덕적 차원에서만 거론되고 논의됐다.

부유했던 여성들이 자본 통제력 상실을 경험하자 이들의 삶에 큰 변화가 생겼다. 미래에 대한 경제적 불안감이 깊어졌고, 전적으로 남편에게만 의존해야 한다는 심리적 압박감은 소설을 중심으로 한 문학 작품에 반영됐다. 이런 소설은 정략결혼, 폐가, 저주, 마법, 유령, 비밀 통로 같은 소재를 통해 현실의 안정된 삶 이면에 놓여 있는 여성들의 두려움과 욕망을 표현했다. 특히 여성 작가들이 각 소설 장르 중심에 서 있었다. 이들이 창조한 상상의 세계에는 반드시 옳고 그름에 대한 도덕적 메시지를 전달하는 등장인물이 존재했다. 이 장르가 이른바 '고딕 소설'이었고, 여성들이 이 세계를 지배했다.

18세기 후반에 출현한 고딕 소설은 주로 중상류층 여성들에게 과거(중세)에 대한 낭만적 향수와 동경을 바탕으로 현재의 경제적 불안감을 주입해 긴장(suspense)과 전율(thrill)을 선사했다. 마음이 약하고 순수한 남성은 수많은 여성의 희망이자 편안한 미래를 위한 기반이었다. 그런데 고딕 소설에서는 무서울 정도로 자신감 넘치는 남성의 치명적 유혹과 혼외 임신, 연인이라 굳게 믿었던 남성에게 결국 영혼까지 망가지는 여성들의 이야기로 치환됐다. 응당 자신을 지켜주고 재산과 미래를 보호해야 할 남성에 대한 전적인 의존은 여성으로서의 순진함이 가져올지 모를 소름 끼치는 불행한 결과에 대한 상상으로 연결됐다. 여성 작가들은 고딕 소설을 통해 여성들에게 신뢰, 정직, 옳음, 그름의 한계를 되돌아보게 하면서, 사랑과 사익이 나란히 놓고 추구할 대상일 수 있음을 깨닫게 했다.

미국 영문학자이자 비평가 에드워드 코플랜드(Edward Copeland)는 "여성 작가들의 고딕 소설에서 공포는 끊임없이 경제적"이라고 논평했다.[3] 여기에서 그는 앤 래드클리프(Ann Radcliffe, 1764~1823)의 1791년 작품 《숲속의 로맨스(The Romance of the Forest)》를 언급했는데, 이 소설은 다음과 같은 문장으로 시작한다. 향락과 사치에 빠져 재산을 탕진하고 채권자들과 법의 심판을 피해 아내와 함께 야반도주하려는 피에르 드 라 모트(Pierre de la Motte)에게 변호사 친구가 충고하는 대목이다.

> 더러운 호기심이 한번 마음을 사로잡으면, 따뜻하고 너그러운 감정의 근원은 얼어붙고 만다네. 그것은 미덕과 취향의 적이라고 할 수 있지. 모든 것을 왜곡하고 압살하니까. 친구여, 시간은 끝내 죽음을 부르네. 탐욕의 힘줄은 녹아내리고 정의가 자신의 힘을 휘두를걸세.[4]

앤 래드클리프의 다른 두 작품인 《애슬린과 던베인의 성(The Castles of Athlin and Dunbayne)》(1789)과 《우돌포의 미스터리(The Mysteries of Udolpho)》(1794)도 여성의 정서적·재정적 문제를 구체적인 경제적 공포로 가시화한 이야기다. 이 두 소설에서 그녀는 주인공들의 고조되는 감정선을 운명과 사랑, 그리고 모든 것의 상실이라는 극적 맥락을 따라 전개했다. 《숲속의 로맨스》 도입부에서 앤 래드클리프는 라 모트(La Motte) 부부가 처한 극적 맥락을 다음과 같이 묘사했다.

라 모트 부인이 마차 창문에 기대어 마지막으로 파리의 성벽을 눈에 담았다. 행복했던 시절 소중한 친구들과 어울렸던 곳. 지금껏 그녀를 지탱해 준 강인함이 허물어지며 슬픔이 밀려왔다.
"모두 안녕! 이제 마지막이네. 우리는 영원히 헤어지는 거야!"
눈물이 그녀의 말을 따라 흘러내렸다. 라 모트 부인은 체념하며 슬픔의 고요에 몸을 맡겼다. 지난날의 기억이 마음을 무겁게 짓눌렀다. 불과 몇 달 전만 하더라도 그녀는 친구들에 둘러싸여 부와 명성을 누렸다. 그러나 이제는 모든 것을 잃었다. 고향을 등지고 집도, 위안도, 희망도 없이 떠나야 했다.[5]

우리가 제1장에서 살펴본 《여성을 대신해 영국 남성들에게 호소함》의 저자 매리 헤이스는 1796년 소설 《에마 코트니의 회고록(Memoirs of Emma Courtney)》도 펴냈다. 그녀는 이 소설에서 여성의 열망과 좌절을 명료하고 자세하게 표현했다. 경제적 독립을 바라면서도 사랑하는 남자를 놓칠 수 없는 주인공 에마 코트니의 역설적 모습을 그려내면서 관습적인 결혼관계에 의문을 제기했다. 여성을 무기력한 노예로 만들고 도덕적으로 타락시키는 관습법을 비판하면서 여성의 성, 욕망, 사회적·경제적 자유 사이의 모순을 파헤쳤다.

이보다는 좀 더 가볍게 비슷한 주제의식을 다룬 소설도 있다. 잉글랜드 작가 프랜시스 버니(Frances Burney, 1752~1840)가 1782년 발표한 《세실리아, 또는 상속녀의 회고록(Cecilia, or Memoirs of an Heiress)》이다. 이 소설은 기존 관습과 다르게 결혼할 남편이 자신의 성(姓)을 따라야만 거액의 재산을 상속받을 수 있는 주인공 여성 세실리아 베벌리(Cecilia Beverley)를 사이에 두고 벌어지는 이야기다. 프랜시스 버니는 언뜻 보면 아무것도 아닌 조건이 어떻게 해서 극복할 수 없는 걸림돌이 되는지 보여줌으로써 영국 사회 상류층을 풍자했다.

그녀의 다른 두 편의 소설 《에벨리나, 또는 세상 속으로 뛰어든 젊은 여성의 역사(Evelina, or the History of a Young Lady's Entrance into the World)》(1778)와 《카밀라, 또는 청춘의 그림(Camila, or A Picture of Youth)》(1796) 또한 변화하는 사회적·경제적 흐름에 따라 앞으로 나아가는 여성들을 묘사하고 있다. 모두 그동안 여성의 선택을 제한하고 옳고 그름을 규정해온 관습적 사고방식을 뿌리째 뽑아야 한다는 그녀의 생각을 담고 있다. 이 작품들을 이 책에서 다루기에는 너무 방대하지만, 하나만 주목하자면 이 소설들은 모두 과거 지주 계급과 그들을 지탱해온 규범 및 관습이 부유한 중산층의 새로운 질서로 재편되고 있던 시기의 사회적·경제적 변화와 궤를 함께하고 있다는 점이다. 그것은 사유 재산과 사익 추구가 가장 중요한 덕목으로 떠오른 자본주의의 새로운 질서였다.

고딕 소설 장르는 장-자크 루소를 비롯한 프랑스 문학과 철학에서 큰 영향을 받았다. 1789년 프랑스 혁명과 이후 몇 년 동안 이어진 정치 격변은 바다 건너 잉글랜드에서도 불안감과 억압감, 그리고 낭만적 향수를 불러일으켰다.[6] 에드워드 코플랜드는 이렇게 평가했다.

> 1790년대의 여성 작가들은 돈만 중시하는 탐욕스러운 사회에 둘러싸인 현실을 돌아보면서 최악의 악몽이 실현되고 있음을 발견했다. 자산에 접근할 수 없는 여성들은 설 자리가 전혀 없는 사회였다.[7]

정치경제학이 학문 분야로 발전한 맥락도 이런 배경 때문이었다. 정치경제학은 사익 추구, 재화 생산, 경제 성장에 초점을 맞추면서 새롭게 떠오른 중산층 남성의 이익만 반영했다. 정치경제학자들은 여전히 애덤 스미스의 설명을 따라 자본을 '비축물'로 정의했다. 비축물은 이익을 저축해야 늘어날 수 있었다. 남성이 부유한 과부와 결혼해 얻는 자산도 자본의 원천이지만, 애덤 스미스는 이에 대해 언급하지 않았다. 반면 여성 경제 저술가들은 돈이 점점 더 중요해지는 세상에서 여성들의 자본 통제력 상실과 남성에게 종속된 경제 주체성 문제를 계속해서 드러냈다. 가치와 제도 변화가 초래한 근본적 혼란과 불안을 경제의 중심에 올려놓고자 부단히 애썼다.

제인 오스틴(Jane Austen, 1775~1817)은 아마도 그녀의 소설 《이성과 감성(Sense and Sensibility)》(1811)과 《오만과 편견(Pride and Prejudice)》(1813)만큼이나 여러분에게 유명하고 친숙한 작가일 것이다. 제인 오스틴의 작품은 경제적 측면에서 풍부한 내용을 담고 있으나 고딕 소설 특유의 공포적 측면은 부족하다. 일테면 그녀의 첫 번째 소설 《이성과 감성》 속에는 좋은 남성과 자신이 가진 재산을 속이는 나쁜 남성이 등장한다.

두 여주인공 가운데 '감성'을 대변하는 매리앤(Marianne)은 바람둥이이자 난봉꾼인 남성에게 빠져 인생을 망칠 위험에 처하지만, 결국 자신을 진심으로 사랑하는 브랜든(Brandon) 대령과 결혼함으로써 구원받는다. 이 소설에서 매리앤에게 가해질 피해는 남성의 배신, 열병, 감정 폭발이라는 연쇄 작용으로 묘사된다.

행복한 결말을 향한 희망은 브랜든 대령의 고매한 품성과 지고지순한 사랑으로 암시된다. 이는 모두 독신 여성의 선택에 따른 경제적 결과를 가리킨다. 제인 오스틴은 새로운 중산층의 도덕규범과 행동을 탐구하면서 특권층과 상류층의 낭만적이고 흥미로운 특성을 엮어냈다.

19세기 첫 10년 동안 영국은 보수주의가 지배했다. 특히 페미니즘을 논의하기 위한 지적인 공론장이 부재했다. 메리 울스턴크래프트는 자신의 사후에 남편 윌리엄 고드윈이 쓴 전기 《여성의 권리 옹호 저자에 관한 회고록》으로 불명예를 얻었고, 해나 모어와 샬럿 엘리자베스 토나(Charlotte Elizabeth Tonna, 1790~1846) 같은 여성 작가들은 종교적인 사고의 틀 안에서 자신을 표현했다. 그러다가 1850년대 영국과 미국에 경제 위기가 닥치자 여성 경제 저술가들은 다시 펜을 들었다.

미국 작가 앤 스티븐스(Ann Stephens, 1810~1886)는 30년에 걸쳐 《유행과 기근(Fashion and Famine)》(1854), 《매리 더웬트(Mary Derwent)》(1858), 《서두른 결혼(Married in Haste)》(1870) 등의 소설을 연재했다. 이

런 소설 작품도 무자비하게 사리사욕만 추구한 남성들로 인해 파멸에 이르는 여성들의 이야기를 다룬다는 점에서 미국식 고딕 연재 소설로 볼 수 있으며, 여기에서도 여성에게 가해지는 고통이 반복되고 있다.[8]

이 물결의 일부인 다른 작가들로는 매리 제인 홈즈(Mary Jane Holmes, 1825~1907)와 E. D. E. N. 사우스워스(E. D. E. N. Southworth, 1819~1899)가 있다. 사우스워스의 연재 소설은 영국 빅토리아(Victoria, 1819~1901) 여왕 시대를 배경으로 여주인공이 불행을 극복하는 과정을 위트와 공포가 뒤섞인 상황 속에서 풀어가는 경우가 많다. 미국 비평가 데일 바우어(Dale Bauer)는 이들 연재 소설이 여성의 불안과 고통의 근원을 나타내는 트라우마와 플롯을 어떤 식으로 반복해서 배치했는지 주목했다. 그는 여성이 직면한 사회적·경제적·심리적 불안감을 정화할 "정직하고 흠 없는" 가정이 어떻게 고통의 공간이 되는지를 보여줌으로써 여성들의 현실 인식을 일깨웠다고 설명했다.[9] 이 같은 문학적 비판은 여러 세대에 걸쳐 여성 작가들에 더욱 가혹하게 이뤄졌다.

여성이 자본 통제력을 상실함에 따라 본격적으로 '자본'은 19세기 정치경제학의 중심 개념이 됐다. 카를 마르크스는 인간과 사물 사이의 관계보다 사회적·경제적 관계로 자본을 규정했다. 그는 '가변' 자본과 '불변' 자본으로 구분했다. 가변 자본은 생산에 드는 자본 중에서 노동력에 임금 등으로 투자한 자본을 말하며, 불변 자본은 생산 과정에서 그 가치가 변하지 않는 기계나 토지를 지칭한다.

그러나 '한계주의(marginalist)' 경제학자들이 현장을 장악하면서 자본의 정의와 개념도 바뀌었다. '한계 효용(marginal utility)' 이론을 정립한 윌리엄 스탠리 제번스는 신고전주의 경제 이론에서 자본을 "노동에 종사하는 모든 유형 또는 모든 계급 노동자를 유지하는 데 필요한 재화의 총합"으로 정의했다.[10] 아울러 그는 여성을 도덕적 영역으로 간주하는 가정에 배치하면서 임금 및 무임금 가사 노동도 자본으로 인식했다.

> 우리가 호텔, 가구를 비치한 임대 주택, 숙박 시설 등에 대한 투자를 자본의 특성으로 허용한다면, 일반 가정에도 자본이 투자된다는 사실을 어떻게 거부할 수 있을지 모르겠다. (중략) 가사 노동은 다른 사업과 마찬가지로 임금, 자본, 이자를 포함하는 일이며, 소유자가 그 결과 전체를 소비한다는 측면에서만 다르다.[11]

윌리엄 스탠리 제번스는 주부의 무임금 노동을 자본으로 인정한 대신 도덕적 영역 내의 활동으로 축소했지만, 앨프리드 마셜은 이 노동을 인적 자본에 대한 투자로 이해했다. 그는 자본을 "물질적 재화 생산 그리고 일반적으로 소득 일부라고 간주하는 이익을 얻고자 모아둔 모든 비축물"이라고 정의했다.[12] 자녀 양육을 통한 여성의 공헌에 관해서는 이렇게 썼다.

> 모든 자본 가운데 가장 가치 있는 것은 인간에게 투자된 자본이다. 그리고 그 자본의 가장 귀중한 부분은 어머니의 돌봄과 영향력의 결과다.[13]

달리 말해 어머니의 '일'은 그 자체로는 가치가 없다. 훗날 아들이 확보하게 될 인적 자본 차원에서만 구체적으로 가시화할 뿐이다. 앨프리드 마셜은 별도의 주(註)에서 여성 무임금 가사 노동의 중요성을 인정하지만, 그것을 경제 이론에 적용하지는 않는다. 한편으로는 여성의 무임금 노동이 자본 형태로 귀결된다고 인정하면서도 "그 자본의 가장 귀중한 부분"은 "어머니"가 아니라 어머니의 "돌봄과 영향력의 결과"로 돌리는 것이다. 즉, 아들이 인적 자본으로서 위치하는 순간 여성은 보이지 않게 된다.[14]

자본 축적의 역할과 가치, 경제 위기에 대비한 공헌은 다음 20세기 수십 년 동안 경제학의 중심으로 이동했다. 카를 멩거(Carl Menger, 1840~1921), 존 베이츠 클라크(John Bates Clark, 1847~1938), 오이겐 폰 뵘-바베르크(Eugen von Böhm-Bawerk, 1851~1914)와 같은 경제 이론가들은 자본이 재화 생산 과정에서 노동과 유사한 역할을 한다고 여겼으며, 한계 생산 측면에서 자본 가치를 측정했다. 이들에 따르면 자본 가치는 생산 기여도와 시장에서 형성된 상품의 가격, 그리고 궁극적으로는 소비자에게 제공하는 효용에 따라 결정된다.

하지만 자본 가치를 실제로 측정하는 작업은 매우 어려웠다. 1970년대 영국 케임브리지대학교 경제학자들이 자본을 얼마든지 변형될 수 있는 유동체에 비유한 '퍼티-점토 모델(putty-clay model)'을 비판하자 격렬한 논쟁이 벌어졌다. 하이먼 민스키(Hyman Minsky, 1919~1996)는 정상적인 경제 주기에서도 시장이 내재한 취약성 때문에 '폰지 사기(Ponzi scheme)'● 같은 투기성 거품이 발생할 수 있음을 지적하면서 자본에 독립적 역할을 부여했다.[15]

이후 자본 가치를 측정하려는 또 다른 시도가 이뤄지기까지 몇 년이 더 흘렀다. 이번에는 역사적 실증 분석을 기반으로 연구가 진행됐다. 《21세기 자본(Capital in the Twenty-First Century)》(2014)으로 명성을 얻은 프랑스 경제학자 토마 피케티(Thomas Piketty)는 이 책을 출간하기 전후에 각각 산업계 중심을 방문했다. 이를 통해 그는 소수에게 집중된 생산과 소득, 부의 증가가 민주주의를 위협하고 자본주의를 끝장낼 수 있다는 자신의 생각을 거듭 확인했다.

산업화에 의한 부의 축적 과정에서 여성 참여는 뒤늦게 분석됐다. 미국과 영국을 기준으로 여성의 자본 통제력은 "1860년 약 5퍼센트에서 1900년 약 25퍼센트, 1953년에는 약 40퍼센트 증가"했다.[16] 그러나 흑인 여성들의 경우에는 여전히 재정을 비축할 수 없었다. 금융 산업에서의 투자와 경제적 의사 결정에 여성이 참여할 정도로 제도가 충분히 발전했을 때도 흑인 여성은 금융 이론에 접근할 수 없었다.

˚여성에게 강요된 돈을 대하는 태도˚

1700년대와 1800년대 여성들은 자본 통제력을 상실했으며, 새로운

● '폰지 사기'란 실제 이윤 창출이 불확실한데도 투자자들의 기대 심리를 이용해 투자금을 확보한 뒤 그 자금을 마치 수익이 난 것처럼 기존 투자자에게 배당하는 일종의 다단계 사기 수법을 말한다. 1920년대 처음으로 이 수법을 이용해 금융 범죄를 저지른 이탈리아 은행원 찰스 폰지(Charles Ponzi)의 이름에서 따온 용어다.

부르주아 도덕의 개념에서는 하층 여성들만 물건을 사고파는 일을 하기 때문에 중상류층 여성이 돈을 다루는 것을 '여성답지 않고' 저속한 행위로 치부했다. 가계 생계를 위한 가내 수공업이 산업화 과정에서 대규모 작업장과 공장으로 이동함에 따라 자산의 금전적 가치가 점점 더 중요해졌고, 중산층 여성들은 자산과 재정에 대해 이중적 관점, 즉 돈은 중요한 것이지만 여성이 다룰 대상은 아니라는 생각을 유지하도록 세뇌당했다.

돈을 젠더화한 이 시대의 도덕은 중상류층 여성들에게 돈에 대해서는 신경 쓰지 않거나 임금 노동을 할 일자리를 구하지 않는 게 바람직한 태도라는 의식을 한층 강화했다. 여성이 돈에 관심을 두면 여성성에 부정적 영향을 미쳐 도덕적으로 몰락하게 되고 급기야 삶을 망친다는 논리였다. 간호와 같은 일은 여성이 보수를 받지 않고 자발적으로 임할 때 숭고한 행위로서 도덕적 옹호를 받을 수 있었다. 그러나 여전히 여성은 가정을 관리해야 했기에 신흥 산업 사회의 검약, 근면, 효율, 정직 등에 대한 가치관이 자연스럽게 형성되지는 않았다. 시대가 요구하는 자본주의 시스템의 이 같은 가치관은 자연스럽게 아이들에게 주입됐다.

이 시점에서 블루스타킹협회의 해나 모어는 1795년부터 1798년까지 아동, 여성, 서민을 대상으로 돈을 다루는 방법, 신중하게 소비하는 방법, 정직하게 사업하는 방법 등을 이야기 형식으로 서술한 소책자 시리즈《값싼 지식의 보물창고(Cheap Repository Tracts)》를 펴냈다. 이 소책자의 가격은 제목대로 단돈 1페니에 불과했고 누구나 읽을 수 있도록 쉽게 쓰였다. 이 시리즈는 나올 때마다 엄청나게 팔려나갔으며, 신간 출간이 종료된 이후에도 여러 인쇄업자에 의해 계속해서 다양한 판본으로 재인쇄됐다.

대표적인 이야기로는 제화공 견습생의 성장하는 과정을 다룬 '주인이 된 견습생(Apprentice Turned Master)'을 들 수 있다. 주인공인 견습생이 일하는 제화점 주인은 대충 일하고 손님에게 정직하지 않은 데다 허구한 날 술만 마신다. 그러던 어느 날 주인이 죽자 견습생이 제화점을 맡아 운영하게 된다. "충실한 견습생은 올곧고 정직한 일 처리로 고인이 된 주인의 채권자들과 손님들에게 신뢰를 받았고" 사업은 나날이 번창했다.[17] 이 이야기의 교훈은 명확하다. 사업이 성공하려면 정직하고 성실하게 일해서 투자자와 고객의 신뢰를 얻어야 한다는 것.

마리아 에지워스와 아버지 리처드 로벨 에지워스가 함께 쓴 《현실적 교육》의 한 장인 '검약과 경제(Prudence and Economy)'는 가정에서의 경제적 행동을 다루고 있다. 두 사람은 독자인 부모들에게 다양한 이유를 들어 아들보다 딸을 더 주의 깊게 가르쳐야 한다고 독려했다. 이들이 보기에 "경제는 여성에게 더 본질적인 가정의 미덕"이었다.[18] 나아가 두 사람은 이렇게 덧붙였다.

> 경제는 우리 아이들 것이라면 무엇이든지 아이 스스로 돌보게 할 수 있다. 자기 옷은 자기가 관리해야 하며, 그 일을 소홀히 할 때 하인이나 친구들이 대신 아이의 잘못을 고쳐서는 안 된다. 자신의 태만으로 벌어진 결과를 아이가 자연스럽게 반성하도록 해야 한다. 그렇다고 다른 식으로 벌을 줘서는 안 된다.[19]

에지워스 부녀에 따르면 가정의 맥락에서 경제는 검약, 경험, 재화와 자원을 효율적으로 사용하는 기술, 낭비 최소화 같은 요소로 구성된 것이었다. 자녀에게 돈의 소중함을 가르치려는 부모의 노력은 아이들 스스로 하는 용돈 관리로 이어졌다. 그리고 "젊은 여성들은 가계부를 관리하는 데 익숙해야 하며 모든 필수품과 사치품의 가격을 알아야" 했다.[20] 하지만 한편으로 '물가에 대한 명확한 인식', '정확한 자산 현황 파악', '내 것에 대한 집착보다 우선하는 타인의 재산권 존중' 같은 태도 강요는 젊은 여성이 부모의 집을 떠나 다른 남성의 아내가 됐을 때 똑같은 태도를 취하도록 만들었다. 돈을 대하는 이중적 잣대는 여성은 타인의 자산을 관리하는 존재일 뿐, 스스로 자본을 운용하거나 소득을 끌어내는 존재는 아니라는 인식을 심어줬다. 동시에 결국은 자기 것이 아닌 돈을 아껴 쓰는 것이 여성과 소녀들의 가장 중요한 미덕으로 자리매김하게 됐다.

여성을 돈에서 떨어뜨리고 노동력 대가를 요구하지도 않도록 사상적으로 지원하는 일련의 규범과 가치는 19세기 후반까지 일반적인 개념이었다. 바버라 리 스미스 보디촌은 이 개념이 전혀 정당하지 않다고 여겼다. 그녀는 1857년 출간한 《여성과 일(Women and Work)》에서 이렇게 주장했다.

> 돈을 받고 일하는 데 여성들 스스로 편견을 갖고 있다는 주장은 전혀 가치가 없다. 그런데도 이런 주장이 계속되므로 몇 마디 하는 것이 좋을 듯하다.[21]

이어서 그녀는 일은 돈을 벌기 위해 하는 것이며, 여성의 임금 노동도 당연히 명예로운 일로 여겨야 한다고 강조했다. 돈을 이런 식으로 젠더화하는 규범과 가치는 일과 그 일을 하는 여성의 존재 가치를 훼손했고, 아무리 합법적이고 정당한 일이라도 보상을 받지 못하게 했다. 뒤에서 다시 언급하겠지만, 미국 산업화 시기에 매사추세츠주의 로웰(Lowell) 방적 공장 초기 여성 노동자 중 한 명이었던 해리엇 핸슨 로빈슨(Harriet Hanson Robinson, 1825~1911)의 설명을 읽으면 미국도 같은 상황이었음을 알 수 있다.

> 대부분 여성은 자신이 다른 사람들로부터 돈을 벌거나 쓸 능력이 없다고 여겼다. 1840년 이전의 매사추세츠에서는 어떤 남성이 그녀를 책임지지 않는 이상 여성은 합법적으로 재봉 일을 하고도 자신이 직접 돈을 받지 못했다.[22]

여성과 돈의 관계는 20세기에도 여전히 애매하게 연결된 채로만 이어졌다. 영국 작가이자 비평가 버지니아 울프(Virginia Woolf, 1882~1941)는 너무 유명한 에세이 《자기만의 방(A Room of One's Own)》(1929)에서 처음으로 자신의 지갑에 스스로 번 돈을 넣는 느낌을 묘사하고 있다. 그 '경험' 그리고 그것이 수반하는 힘의 느낌에 대한 그녀의 설명은 직접 돈을 벌고 관리하는 행위가 여성의 경제 주체성에 얼마나 큰 영향을 미치는지 말해준다. 여성의 경제적 의존과 경제 통제력 결여가 초래한 현상은 훗날 저메인 그리어(Germaine Greer)의 《여성, 거세당하다

(The Female Eunuch)》(1970), 슐라미스 파이어스톤(Shulamith Firestone) 의 《성의 변증법(The Dialectic of Sex)》(1970), 수전 브라운밀러(Susan Brownmiller)의 《우리의 의지에 반하여(Against Our Will)》(1975), 앤절라 데이비스(Angela Davis)의 《여성, 인종, 계급(Women, Race, and Class)》 (1981) 등 페미니스트 작가들의 수많은 저작에서 그 이미지와 존재 자체가 공격받는 위기의 주부 모습으로 재등장했다. 여기에서는 몇 권만 언급했지만, 이 책들은 저마다 자신의 삶과 운명에 대한 통제권을 되찾고자 하는 여성들의 목소리를 대변했다.

사실상 오늘날에도 대다수 젊은 이성애자 여성들의 경우 배우자가 될지 모를 남성과 일, 시간, 수입 분리 등을 논의하는 일은 연인 사이의 로맨스에 부정적 영향을 미친다고 생각해 금기시하는 경향이 있다. 그렇지만 이는 여성의 삶을 통틀어 매우 중요한 요소다. 이 부분을 미리 논의해 합의를 이뤄놓지 않으면 반드시 후회하게 된다. 다소 극단적으로 말하자면 이를 거부하는 남성과는 장기적 관계를 맺지 않는 게 좋다. 자본과 돈의 통제권을 경시하고 낭만적으로만 접근하는 결혼 생활은 여성에게 대부분 불리하게 작용하며 크나큰 상처를 입힌다.

°경제의 금융화°

신용, 은행, 투자, 주식 등의 시장은 가계나 여성의 영역으로 정의된 것과 별개로 한층 더 발전했다. 돈과 금융의 세계는 적어도 재정적 의사 결정과 관련된 영역에서 완전히 남성이 지배하게 됐고 그렇게 유지됐다. 예외로 미국 제1대 부통령이자 제2대 대통령 존 애덤스(John Adams, 1735~1826)의 부인 에버게일 애덤스(Abigail Adams, 1744~1818)는 국채에 투자해 상당한 수익을 올렸으며, 그녀와 같은 인물이 몇 명 더 있었다.

앞서 제2장에서 《여성의 현 상황에 대한 고찰》의 저자로 만난 프리실라 웨이크필드는 남편이 경제적으로 무능한 탓에 자신이 가족의 생계를 책임져야 했다. 그녀는 저술가로도 성공했지만 사업 수완도 좋았다. 특히 금융에 밝았다. 나중에는 여성과 아동을 위한 자선단체에 가까운 저축은행도 세웠다. 저소득층 사람들을 위해 60세에 연금으로 지급하는 적금도 운용했다. 저렴한 이자로 돈을 빌려주는 사업을 했으니, 그녀를 최초의 소액 신용 은행가라고 불러도 무방할 것이다.

미국 작가이자 여성 운동가 빅토리아 우드헐(Victoria Woodhull, 1838~1927)은 1870년 월스트리트(Wall Street) 최초로 여성 증권 중개인이 됐고 여동생과 함께 증권 회사를 경영했다. 헤티 그린(Hetty Green, 1834~1916)은 투자가로서 뉴욕 주식 시장에서 상당한 자본을 모았다. 물론 이런 여성 금융가들이 모두 페미니스트는 아니었다. 헤티 그린은 확실히 그렇지 않았다. 그래도 이들은 모두 여성의 재정적 결정과 대규모 자본 통제를 신뢰할 수 없다는 남성들의 주장에 반박했다. 이 부분도 분명히 흥미롭긴 하지만, 여기에서는 자신의 경험을 글로 쓰고 자신이 부딪혔던 잘못된 관행을 비판한 여성들에만 초점을 맞출 것이다.

1790년에 발표된 에세이 《성평등에 관하여(On the Equality of the

Sexes》로 유명한 뉴잉글랜드 출신의 페미니스트 작가 주디스 사전트 머리(Judith Sargent Murray, 1751~1820)가 대표적인 인물이다. 그녀는 남성과 마찬가지로 여성은 지적 성취 능력을 타고났으며 경제적 독립을 달성할 수 있다고 주장하면서 젠더관계 토론에 적극적으로 참여했고 왕성한 저술 활동으로 여성의 권리를 촉구했다.[23]

주디스 사전트 머리는 부유한 상인 가문에서 태어나 어려서부터 형제자매와 함께 양질의 교육을 받았다. 장-자크 루소, 볼테르, 메리 울스턴크래프트는 물론, 잉글랜드 역사가 캐서린 매컬리(Catharine Macaulay, 1731~1791)의 작품을 포함해 많은 책을 섭렵했다. 영국과 식민지 미국이 전쟁에 돌입했을 때 그녀는 스물다섯 살이었고 미국의 독립을 지지했다. 당시 여성은 여전히 정치적 의사 결정에 관여하지 못했지만, 전쟁은 사회에서 여성들의 지위를 어느 정도 강화했다.

그녀가 열여덟 살 때 결혼한 남편은 무역상이었다. 전쟁으로 사업이 기울어 그녀가 출판 활동으로 생계를 유지했으나 머지않아 병으로 죽었다. 남편이 사망하고 2년 뒤인 1788년 그녀는 목사 존 머리(John Murray, 1741~1815)와 재혼했다. 이후 주디스 사전트 머리는 투자, 은행, 증권 같은 재정 문제를 관리하면서 경제 지식을 더 많이 쌓았다. 반면 종교인인 그녀의 남편은 재정 관리에 서툴렀다. 이는 그녀에게 좋은 기회였지만 어디까지나 남편의 돈을 관리하는 데 불과했다. 그 덕분에 오히려 이 시기 그녀는 여성 스스로 사업을 운영할 수 있는 제한된 권리에 대해 더 깊이 성찰하게 됐다.

경제적으로 독립해야겠다는 목표는 그녀 삶에서 크나큰 원동력으로 작용했다. 1789년 그녀는 〈매사추세츠매거진(Massachusetts Magazine)〉에 기고한 칼럼을 세 권의 책으로 엮은 《이삭 줍는 사람(The Gleaner)》●을 펴냈다. 여기에서 주디스 사전트 머리는 여성의 평등과 교육, 그리고 경제적 독립을 주장하면서 자신의 경제 지식을 마음껏 펼쳤다.

해리엇 제이컵스는 1861년 출간한 《노예 소녀의 삶에서 일어난 사건들》에서 노예가 된 사람들의 재정적 역할, 달리 말하면 노예를 담보로 대출받고 노예에게 돈을 빌리기도 한 노예 소유주들의 행태를 설명했다. 그녀는 노예였던 자신의 삶, 노예로서 했던 일, 농장의 관행, 아무런 권리 없이 재산으로 취급받은 노예의 경제적 영향을 상세히 묘사했다. 이 책에서 해리엇 제이컵스는 부업으로 수백 달러를 저축한 자신의 어머니도 언급했다. 그녀의 어머니가 악착같이 돈을 모은 까닭은 다른 곳으로 팔린 자식들을 다시 '매수'하기 위해서였다. 그리고 때때로 노예 소유주들은 노예들에게 돈을 빌리면서 꼭 갚겠다고 했는데, 그 약속은 한 번도 지켜지지 않았다. 그녀는 이렇게 썼다.

> 할머니는 힘들게 번 돈으로 나를 도와주셨지만, 여주인에게 빌려준 300달러는 끝까지 받지 못하셨다. 여주인이 죽었을 때 사위인 플린트(Flint) 박사가 유산 집행인으로 선임됐다. 할머니가 그에게 차입금 지급을 요청했으나, 그는 남은 재산이 없고 법에서도 지급할 의무가 없다고 말했다.[24]

● '이삭 줍는 사람'은 〈매사추세츠매거진〉 기고문에서 사용한 필명이다.

이처럼 노예가 된 사람들은 자신의 소유주에게 실질적인 노동의 열매 이상을 제공했다. 이들은 미국 남부를 포함한 많은 지역에서 자본 축적 자산으로 기능했으며, 노예 소유주들이 노예를 매수하고 투자하는 위험 부담을 줄이기 위한 담보 역할을 하기도 했다.[25]

19세기 금융 산업에서 여성은 재정적 의사 결정과 관련한 위치에 접근할 수 없었다. 《대학, 시장, 법정: 또는 교육, 노동, 법률과 여성의 관계》를 쓴 캐럴라인 힐리 달은 랠프 월도 에머슨(Ralph Waldo Emerson, 1803~1882), 엘리자베스 피바디(Elizabeth Peabody, 1804~1894), 마거릿 풀러(Margaret Fuller, 1810~1850)를 비롯한 미국 보스턴 지식인 집단의 일원이었다. 이 책을 통해 여성의 교육, 노동, 참정권 논쟁에 불을 붙인 그녀는 재정적 의사 결정에서 배제돼온 여성의 현실을 풍자적으로 꼬집었다.

프리먼 클라크●가 미국 통화 감사관이던 시절에 그는 '시민'이 아닌 여성은 은행 관리자가 될 수 없다고 결정했다. 나는 그것이 매우 논리적이고 만족스러운 결정이었다고 생각한다. 계속해서 이런 종류의 결정이 더 많이 내려졌으면 좋겠다. 여성은 '시민'이 아니라는 관점을 극단적으로 밀어붙인다면 결국 여성은 시민이 아니게 될 테니, 그렇게 되면 여성들에게 세금을 부과할 수 없고 오히려 구제책이 필요해질 것이다.[26]

● 프리먼 클라크(Freeman Clarke, 1809~1887)는 미국 남북 전쟁 당시 북부 연방인 뉴욕의 대표였다. 전쟁이 북부 연방의 승리로 끝난 뒤 1865년부터 1867년까지 통화 감사관을 지냈다.

금융 및 국제 금융의 새로운 세계에서 여성을 배제했다는 사실은 정부, 은행, 글로벌 금융 기관 등의 요직에서 여성은 거의 찾아볼 수 없었다는 것 그리고 국제적 관계 및 국제 정치경제 영역이 전적으로 국가와 금융 산업 사이의 관계에만 초점을 맞췄다는 것과 관련이 있다.[27]

1990년대 초반에 이르러서야 월스트리트에서 일자리를 확보한 고학력 여성의 수가 눈에 띄게 증가했다. 그렇지만 여전히 대부분 여성은 직장 내 차별, 괴롭힘, 성희롱, 성추행 등으로 힘겨운 투쟁을 해야 했고 많은 여성이 중도에 일을 그만뒀다. 잔류한 여성들은 입막음을 위한 돈을 받고 그간의 악행에 침묵하겠다는 기밀 유지 계약서에 서명해야 했다. 이 같은 행태는 시한폭탄처럼 훗날 충격적인 내부 고발과 함께 폭발했다.[28]

금융 세계에 관한 역사적 분석과 이론 개발 측면에서의 페미니즘 경제학과 여성 경제 저술가는 다소 늦게 등장했다. 1930년대 영국과 독일의 은행 시스템을 비판한 독일 출신 영국 경제학자 마리 데사우어-마인하르트(Marie Dessauer-Meinhardt, 1901~1986)[29]를 제외하면, 1980년대 국제 부채 위기가 벌어지고서야 수전 조지(Susan George) 같은 경제학자가 등장해 세계은행 구조 조정 정책의 파괴적 영향 등을 신랄하게 비판하게 된다.[30]

그 여파를 이어받은 영국 경제학자 노리나 허츠(Noreena Hertz)는 국제 금융 구조에 대한 비판과 더불어 실패하게끔 설정된 남부 개발도상국들의 대출 과정을 자세히 묘사했다. 그녀가 펴낸 두 권의 책《소리 없는 정복: 글로벌 자본주의와 민주주의의 죽음(The Silent Takeover: Global Capitalism and the Death of Democracy)》(2001)과《차용증: 부채 위협과 이를 해소해야 하는 이유(I.O.U.: The Debt Threat and Why We Must Defuse It)》(2004)는 경제학 분야에서 무시해온 주제를 환기하면서 독창적이고 논쟁적인 접근 방식을 제시했다.

이때부터 페미니스트 경제학자들은 젠더 문제를 국제 금융 시스템의 분석 틀에 적용하기 시작했다. 미국 경제학자 개리 딤스키(Gary Dymski)와 마리아 플로로(Maria Floro)는 2000년에 함께 발표한 논문을 통해 젠더, 권력, 경제 위기 사이의 관계를 분석할 수 있는 경제 이론 모델을 제시했다. 이들의 분석 틀에 따르면 여성의 노동 참여 증가는 가계 대출 접근성을 높였고, 가계 부채가 증가한 상황에서 경제 위기가 닥치면 남성보다 여성이 더 심각한 피해를 입었다.[31] 같은 해 나히드 아슬란베이구이(Nahid Aslanbeigui)와 게일 서머필드(Gale Summerfield)는 공동 논문에서 아시아 경제 위기와 국제통화기금(IMF) 같은 글로벌 금융 기관의 역할을 재고하면서 젠더 문제를 논의에 포함했다.[32]

이후 2002년 네덜란드 경제학자 이레네 판 스타페렌(Irene van Staveren)은 글로벌 금융과 젠더 사이의 연관성, 젠더 불평등이 낳는 다양한 문제를 탐구했다. 그녀는 금융 산업에서의 젠더 구분, 재산권에서의 젠더 불평등, 금융 시장에서의 차별 규범을 한데 모아 경제적 의사 결정에서 여성의 과소 대표 문제가 어떤 악영향을 미치는지 평가했다. 나아가 글로벌 금융 기관의 더 높은 투명성과 여성의 대표성 개선을 요구하면서, 소액 대출 부문도 젠더 관점에서 회계 감사를 철저히 하는 한편, 여성 운동이 국제 금융 및 거시적 경제 정책 수립에도 더 적극적으로 간여해야 한다고 주장했다.[33]

페미니스트 경제학자들이 젠더 문제를 글로벌 금융과 연결한 저작을 더 많이 쏟아낸 계기는 2008~2009년 글로벌 금융 위기 또는 대침체였다. 영국 경제학자 리비 어새시(Libby Assassi)는 2009년 펴낸 《글로벌 금융의 젠더화(The Gendering of Global Finance)》에서 글로벌 금융 시장의 역사적 출현과 복잡한 금융 수단 개발 배경, 금융과 신용이 사회의 가장 취약한 부문을 통제할 때 드러나는 젠더 역할을 분석했다.[34] 오스트리아 출신 독일 경제학자 브리기타 영(Brigitta Young)은 2013년과 2018년 논문에서 금융 위기의 젠더 영향을 평가했다. 그녀는 여성과 소수자들에게 불균형적으로 비우량 대출 및 주택 담보 대출 상품을 팔아 여성과 흑인 사회에 막대한 손실을 끼쳤다고 비판했다.[35]

한편으로 실패하기에는 그 덩치가 너무 크다고 인식된 무역 은행은 주로 남성들이 차지하고 있었다. 이들은 매우 복잡하고 불투명한 수학적 모델을 토대로 경제를 분석했고, 단기 이익을 내야 한다는 엄청난 압박을 견디며 높은 성과급을 받았다. 글로벌 금융 위기 때 파산한 유일한 국가 아이슬란드는 가장 많은 은행가를 감옥에 보낸 유일한 국가이기도 했다. 당시 여성이 경영하던 은행이 살아남으면서 아이슬란드에서는 최초의 여성 총리인 요한나 시귀르다르도티르(Jóhanna Sigurðardóttir, 재임 2009~2013)가 선출됐다.

하지만 금융 산업은 전반적으로 백인 남성 중심 체제를 유지했다. 경제적·재정적 의사 결정을 둘러싼 권력 투쟁은 다양한 형태로 나타났다. 성범죄를 저지른 도미니크 스트라우스-칸(Dominique Strauss-Kahn)이 2011년 총재 자리에서 축출되고 그 뒤를 이어 크리스틴 라가르드

(Christine Lagarde)가 IMF 최초의 여성 총재로 부임했는데, 이후 젠더 문제를 바라보던 IMF의 관점도 크게 바뀌었다. IMF는 젠더평등에 관한 연구 결과를 발표했으며, 비록 제한적이긴 했지만 젠더 간 임금 격차가 경제 성장에 미치는 영향도 고려했다.

2014년 또 한 명의 여성 재닛 옐런(Janet Yellen)이 미국 중앙은행 연방준비제도이사회(Fed) 의장으로 선출됨으로써 실업 문제에 대응하는 Fed의 역할을 강화했다. 지금 이 글을 쓰는 시점인 조 바이든(Joe Biden) 행정부에서 그녀는 미국 재무부 장관직을 수행하고 있다. 2021년에는 나이지리아 출신 응고지 오콘조–이웨알라(Ngozi Okonjo-Iweala)가 세계무역기구(WTO) 총재가 되면서 '여성은 돈을 제대로 다룰 수 없고 다뤄서도 안 된다'는 생각에 큰 변화가 생겼다. 그렇지만 이것이 여성도 의사 결정 테이블에 남성과 똑같이 접근할 수 있음을 뜻하지는 않는다.

지난 수십 년 동안 세계 금융 산업은 많은 나라의 국가 경제, 특히 미국과 영국, 유럽, 동아시아 몇몇 국가들처럼 제조업이 발달한 나라의 경제에서 점점 더 중요해졌다. 이에 페미니스트 경제학자들은 변화와 대안을 위한 정책을 개발함과 동시에 글로벌 금융 시스템과 제도를 날카롭게 비판했다.[36]

경제학 분야는 경제 이론화와 모델 구축에 금융 기반 언어가 사용되는 것과 궤를 같이하면서 변화했다. 소득 격차를 설명할 때 '위험 추구' 및 '위험 회피' 행동 같은 개념이 등장했으며, 연금이나 사회복지, 의료 등의 사회적·경제적 정책을 개념화하고 수립할 때 보험 용어를 적용하고 있다. 여성과 남성이 위험을 감수하는 태도에서 다르리라는 생각도 나타났다. 줄리 넬슨(Julie Nelson)은 이 현상을 일일이 해체해 그것이 '구성의 오류(fallacy of composition)'●와 '확증 편향(confirmation bias)'의 결과임을 밝혀냈다.[37] 그럼에도 불구하고 경제 모델을 만들고 경제 정책을 설계할 때 금융 언어를 사용하는 경향은 멈추지 않았다.

● '구성의 오류'는 개별적으로 타당한 사실이라면 전체에 적용해도 성립한다고 여길 때 발생하는 사고 오류다. '확증 편향'은 자기 생각과 일치하는 정보는 쉽게 받아들이고 그렇지 않은 정보는 무시하려는 그릇된 경향을 말한다.

제5장

생산

생산의 '화폐화'와 '시장화', 즉 생산이 가계의 자급자족을 위한 농업 생산 위주에서 가정 외부인 작업장과 공장, 나아가 글로벌 규모의 기업 생산으로 이동하면서 일부 자원을 효율적으로 사용하는 비율이 증가했다. 생산 비용 상당 부분이 절감되자 자본가와 기업주는 큰 이익을 얻었다. 반면 이렇게 생산된 재화와 서비스는 과거에 이를 직접 생산했던 사람들은 엄두도 내지 못할 정도의 높은 가격으로 시장에서 판매됐다. 다시 말해 어떤 재화와 서비스는 이전에 같은 재화와 서비스를 생산했던 사람들이 감당할 수 없게 됐다. 이와 같은 산업화에서 여성들은 자신의 생산 활동이 가계를 벗어나 그 자리를 남편에 대한 경제적 의존이 대체하는 과정을 몸소 체험하고 적응해야 했다.[1]

여성과 가계가 정치경제학의 이론화에서 일관되게 배제된 것은 사실이지만, 현실에서는 여성이 재화 및 서비스 생산, 분배, 소비에서 그 양상만 달라졌을 뿐 여전히 많은 역할을 담당했다. 생산 과정과 관련해 여성 경제 저술가들은 제1장에서 살펴본 여성의 가사 노동뿐 아니라 대규모 농업, 작업장과 공장, 내수용 서비스 부문의 '임금 노동'에도 초점을 맞췄다. 여성의 '임금 노동'이 이번 장의 주제다. 이번 장에서 나는 여성의 임금 노동 참여 증가를 설명하고, 산업 부문과 일자리에서의 젠더 구분과 관련한 여성 경제 저술가들의 저작을 살핀 뒤, 여성 기업가 정신과 창업 및 경영에 대한 이들의 생각을 곱씹으며 마무리할 것이다.

˚화폐화·시장화한 생산에서의 여성 참여˚

농촌 지역 여성뿐 아니라 도시의 노동 계급 여성도 임금을 받고 일했다. 영국의 경우 초기 산업화 시기에서부터 19세기 말에 이르기까지 노동 계급 여성은 전체 노동 시장의 약 25퍼센트를 차지했다. 전체 노동 시장은 임금 노동을 하고 있거나 일자리를 찾고 있는 15세 이상 모든 사람을 일컫는다. 1700년대 초 임금 노동자로 일한 여성 대부분은 농업에 종사했다. 당시 여성이 남성만큼 일하고 생산했다는 최초의 기록은 매리 컬리어(Mary Collier, 1688?~1762)가 펴낸 시 〈여성의 노동(The Woman's Labour)〉(1739)에 남아 있다. 그녀는 잉글랜드의 가난한 집안에서 태어났지만, 어머니에게서 읽고 쓰는 법을 배웠고 읽을 수 있는 것이라면 무엇이든 읽었다. 일찍이 생활 전선에 뛰어든 매리 컬리어는 세탁부로 일하면서 시를 썼다. 처음에는 출간할 의도 없이 즐거워서 시를 썼다. 그러다가 손님들을 즐겁게 해주려고 자신이 쓴 시를 낭송하곤 했는데, 이를 유심히 지켜본 세탁소 여주인이 그녀의 재능을 알아보고 출판할 수 있도록 지원해줬다.[2]

1762년에 펴낸 시집 서문에서 매리 컬리어가 밝힌 바에 따르면, 그녀는 자신과 같은 노동자 시인 스티븐 덕(Stephen Duck, 1705?~1756)이 1736년에 발표한 시 〈탈곡자의 노동(The Thresher's Labor)〉에 대한 분노의 표시로 〈여성의 노동〉을 썼다. 스티븐 덕은 수확기 남성 탈곡 노동자들의 강도 높은 노동과 일상의 고된 삶을 그리면서, 여성들은 가장 힘들 때 집에서 아이들이나 돌보고 있다고 묘사했다. 이를 읽은 매리 컬리어는 노동 계급 여성을 향한 그의 멸시에 분노를 금치 못했고, 그 응답으로 "스티븐 덕 씨에게 보내는 편지(an Epistle to Mr. Stephen Duck)"라는 부제를 붙여 무려 246행으로 이뤄진 이 시를 출간했다.

〈여성의 노동〉에서 그녀는 여름 농번기와 가을 수확기 여성들의 노동을 묘사하고 있다. 그 노동 강도가 스티븐 덕이 그린 남성 탈곡 노동자에 결코 뒤지지 않았다. 나아가 매리 컬리어는 여성 노동자들의 일상을 자세히 설명함으로써 자신의 주장에 힘을 실었다. 그녀는 일을 마치고 저녁 식사가 차려진 집에서 편히 쉬는 남성과 잠잘 시간도 없이 일해야 하는 여성의 삶을 비교했다. 소리 내서 낭송해보기를 권하고 싶다.

저녁이 다가오면 우리는 서둘러 집으로 돌아가,
집 안 곳곳을 끊임없이 뛰어다닌다네

당신이 집에 도착하기 전 준비해야 해

우리 일은 끝났지만 우리 집은 이제 시작

냄비를 달구고 베이컨과 경단을 넣네

잠자리를 만들고 돼지에게 먹이를 주네

그러고는 당신을 맞으러 문 앞에 서 있다가,

식탁으로 돌아와 음식을 차리지

다음 날 아침 일찍 먼저 일어나,

아이들을 먹이고 입히고 옷을 꿰매고는

일터로 나가 일하는 반복된 일상

떠오른 태양이 이슬을 말릴 새도 없이[3]

매리 컬리어가 이 시에서 제기한 문제, 즉 남성은 열심히 일하고 집에서 쉴 수 있으나 여성 대부분은 밖에서 일하고도 집에서 가사와 육아 노동을 해야 하는 문제는 오늘날에도 여전하다.[4] 그녀는 이 시의 마지막 대목에서 버나드 맨더빌이 《꿀벌의 우화》에서 말한 '정직한 벌집(honest hive)'을 이렇게 묘사했다.

그래서 부지런한 꿀벌은 매시간 애쓰지

꿀을 벌집으로 가져오려고

그들의 주인은 늘 이익을 챙기나,

꿀벌의 수고와 고통은 보잘것없네[5]

매리 컬리어의 〈여성의 노동〉은 노동 계급 여성의 관점에서 여성들의 생산적 기여를 잘 드러낸 작품으로, 그 안에 담긴 쓸쓸한 유머가 메시지를 한층 강화하고 있다. 잉글랜드 계급 구조 사회에서 노동 계급 여성이 시를 쓴다는 것은 드문 현상이었다. 당시 여성은 시인이 되기는커녕 읽고 쓰는 교육도 거의 받지 못했기 때문이다. 하물며 노동 계급 여성은 더욱 그랬다.[6] 그럼에도 불구하고 매리 마스터스(Mary Masters, 1694?~1759?)나 해나 모어의 노예였던 앤 이어슬리(Ann Yearsley, 1753~1806) 같은 여성들의 시가 지난 수십 년 동안 문헌학자들에 의해 발견됐다.[7]

미국에서는 조산사이자 간호사로 활동한 마사 무어 밸러드(Martha Moore Ballard, 1785~1812)가 무려 30년 동안 쓴 일기가 역사학자 로럴 대처 울리히(Laurel Thatcher Ulrich)의 오랜 노력에 의해 1990년 《산파 이야기(The Midwife's Tale)》라는 제목으로 출간됐다. 이 책을 통해 미국 초기 정착민 여성들의 삶을 엿볼 수 있다. 마사 무어 밸러드는 조산사이자 간호사로서 삶과 죽음을 일상적으로 경험한 여성이었고, 그녀가 살던 할로웰(Hallowell) 마을 경제의 중심적 인물로 큰 존경과 신뢰를 받았다. 그녀는 출산과 치료를 돕는 일 외에도 여성 학대, 성폭행, 살해 등 사건의 증인으로 자주 법정에 출두했다. 직업상 마을 여성 대부분의 일상을 꿰뚫고 있던 데다, 여성들 또한 그녀를 찾아와 자신의 고통과 억울함을 호소했다. 나아가 그녀는 1년마다 각 가계의 장부를 마감해주고 서로에게 진 채무관계를 정리해 문제가 생기지 않도록 중재하는 역할도 했다.

잉글랜드에서 노예로 생활한 여성을 포함해 노동 계급 여성들의 다른 일기는 19세기 초중반에 등장했다. 이들 일기는 당시 여성들이 밭에서 한 일, 추수 때의 역할, 각각의 노동에서 여성이 그 일을 하게 된 배경 등을 자세히 설명하고 있다. 노예 생활에서 탈출한 최초의 여성으로 기록된 매리 프린스는 1831년 《매리 프린스의 역사》에서 노예로 팔려온 시점에서부터 고된 노동에 투입되고 훗날 탈출하기까지 흑인 노예 여성으로서 자신의 삶을 자세히 서술했다. 그런데 그녀를 비롯한 다른 노예 여성들의 글에서 노동은 그리 무겁게 다뤄지지 않았다. 어느 정도는 당연하다고 여겼기 때문이다. 이들의 서사는 주로 사랑하는 가족과의 이별, 노예로서 당한 억압과 학대, 무자비한 일상 등을 설명하는 데 할애됐다. 매리 프린스가 자신이 한 노동을 설명할 때 그 내용은 곧바로 여주인에게 그녀가 어떤 대우를 받았는지에 대한 묘사로 이어진다. 이들에게는 노동 자체보다 인간적 처우를 받지 못한다는 고통이 더 무거웠던 것이다. 그녀는 이렇게 썼다.

> 다음 날 아침이 되자 여주인은 내가 할 일을 지시했다. 그녀는 내게 집 안에서 해야 할 모든 일을 가르쳤다. 씻고, 굽고, 면화와 양모를 따고, 바닥을 닦고, 요리하는 것과 그 밖의 수많은 일을 가르쳐줬다. 그리고 그녀는 자신의 잔인한 손으로 내 벌거벗은 몸을 때렸다. 나는 밧줄 채찍과 마부 채찍, 소가죽 채찍이 정확히 어떻게 다른지 알 수 있었다.[8]

매리 프린스가 노동으로 이바지한 생산 활동은 그녀에게 최소한의 음식과 주거를 제공했을 뿐 임금을 보장하지는 않았다. 노예 자체로 시장을 형성함에 따라 권리는 고사하고 착취와 학대가 아무렇지도 않은 것으로 여겨졌다.

다시 잉글랜드로 돌아가 엘리자베스 몬터규는 여러 서신에서 소녀와 여성들의 농장 노동을 매우 중요한 요소라고 언급했다. 그러나 이 같은 통찰은 데이비드 리카도 등 정치경제학자들의 경제 이론화 작업에서 배제됐다. 그는 남성들 사이의 노동 분업과 더 구체적인 노동 전문화를 경제 성장의 주된 토대 중 일부로 강조했다. 프랑스 중농주의 학자들은 농업을 '가치' 생산의 유일한 분야로 인식했지만, 데이비드 리카도의 시각에서 진정한 가치란 노동을 통해 자원이 재화로 전환할 때 창출되는 것이었다. 그와 함께 다른 정치경제학자 대부분은 '잉여 가치(surplus value)'를 노동자가 생산한 가치에서 생산 비용을 뺀 값으로 이해했다.

정치경제학자들에게 노동자가 여성인지 남성인지는 아무런 상관이 없었다. 젠더가 산업 사회에서 여성과 남성 모두의 생활, 권리, 행동을 엄격히 구조화하는 양상을 지켜보고도 말이다. 이런 맥락에서 데이비드 리카도는 생산에서 남성 노동자만 언급했으며, "따라서 노동의 자연 가격은 노동자와 그 가족을 부양하는 데 필요한 식량, 필수품, 편의품의 가격에 따라 달라진다"고 규정했다.[9] 경제를 이렇게 바라보면 무임금 생산 활동에 참여하는 여성은 자신의 노동으로 그 어떤 가치도 창출하지 못한다. 반면 작업장이나 공장에서 일하는 여성은 임금 노동자로 간주하는 대신 경제 지표에 포함되지 않았으며, 남성 노동자와 유일한 차이점은 임금이 훨씬 적다는 것이었다.

19세기 첫 수십 년 동안에는 저항, 투쟁, 파업 등 순탄치 않은 자본주의에 대한 비판이 급속도로 증가했다. 정치경제학은 착취적 산업의 근거를 제공했으며, 그에 따라 갖가지 폐지 운동이 점점 더 확대됐다. 1820년대와 1830년대 정치적 압력은 파업과 폭동 형태로 폭발했다. 여성의 권리를 위해 싸우던 많은 여성 운동가도 폐지 운동에 동참했다. 1840년대 초 영국 정부가 열 살 남짓한 소녀와 소년들이 노동에 투입되고 있던 탄광 산업 실태에 관한 보고서를 발표했을 때, 마침내 대중은 정부가 나서서 노동자들을 보호하라고 요구했다. 이런 배경에서 샬럿 엘리자베스 토나가 다양한 아동 문학 작품을 펴냈다. 대표작인 4부작 소설집 《여성들의 잘못(The Wrongs of Women)》(1843~1844) 제3부에 나오는 이야기에서 그녀는 애덤 스미스가 《국부론》에서 사례로 든 핀(pin) 공장을 직접 언급했다.[10]

그 이야기가 〈꼬마 핀-헤더(The Little Pin-Headers)〉다. 샬럿 엘리자베스 토나는 노동 분업의 효율에 관한 애덤 스미스의 이 유명한 사례에 나오는 핀 공장의 닫힌 문 뒤에 무엇이 있는지 그 공간으로 독자를 안내했다. 애덤 스미스는 《국부론》에서 노동 분업을 다음과 같이 설명했다.

> 아주 작은 공장이지만 노동 분업으로 자주 언급된 적 있는 핀 공장을 예로 들어보자. (중략) 이 공장이 운영되는 방식을 보면 작업 전체가 하나의 특수한 직업일뿐더러 그 작업이 여러 부문으로 분할돼 그 각 부문 또한 특수한 직업이 되고 있다. 첫 번째 사람은 철사를 잡아서 늘이고, 두 번째 사람은 철사를 곧게 펴며, 세 번째 사람은 철사를 끊고, 네 번째 사람은

끝을 뾰족하게 하며, 다섯 번째 사람은 대가리를 붙이려고 끝을 간다. 대가리를 만드는 데도 두세 가지 다른 공정이 필요하다. (중략) 나는 이런 종류의 작은 공장을 본 적이 있다. 그곳에는 열 명만 고용돼 있었고, 그들은 각자가 두세 가지 서로 다른 작업을 하고 있었다.[11]

그녀는 애덤 스미스의 이 사례를 들어 핀 공장의 첫 번째 작업장에서 일하는 남성들을 보여준 뒤 닫힌 문을 열고 그 너머 공간으로 들어갔다. 거기에는 어둡고 끔찍한 작업 환경 속에서 어린 소녀와 아이들이 웅크린 채 일하고 있었다.

우리는 곧바로 새로운 곳, 핀 공장 안쪽으로 들어가요. 겨울이고, 11월의 쌀쌀한 날이에요. (중략) 우리는 저마다 바쁘게 일하고 있는 공장 곳곳을 둘러봐요. 한 아저씨가 증기 동력으로 움직이는 기계에 철심을 집어넣고 거기에서 나온 가느다란 철사를 남자아이가 감고 있어요. 이곳에서는 주로 아빠와 아들이 함께 일해요. 같은 자리에 서서 계속 일하니 갑갑하고 힘들 것 같지만, 일 자체가 그리 고되지는 않아요. 그 옆방에는 더 분주히 돌아다니는 작은 친구들이 있네요. 철사를 곧게 펴고 있는 형들에게 이리저리 뛰어다니며 감긴 철사를 가져다주고 있어요. (중략) 아직은 여자아이나 아주 어린 아이들이 보이지는 않지만, 다음 방으로 들어가면 장면이 바뀔 거예요. 여기 방이 있네요. 만약 우리가 이곳을 방이라고 부를 수 있다면요. (중략) 우리가 지금까지 본 곳과 다르게 기계 앞에 50명 정도가 웅크린 채 서 있어요. 이들 중에서 가장 나이가 많은 여자아이는 열세 살이고

다른 아이들은 훨씬 어려요. 아기라고밖에 볼 수 없는 아이들도 있어요.[12]

이 장면 뒤에는 이 어린아이들이 투입된 노동에 대한 그녀의 설명이 이어진다. 샬럿 엘리자베스 토나는 당시 노동 상황을 마치 눈앞에서 펼쳐지듯 생생히 묘사함으로써 독자의 공감을 끌어냈고, 그들이 이 끔찍한 상황에서 일하는 노동자들과 자신을 동일시하도록 만들었다. 대중의 분노와 노동조합(비록 남성이 지배했지만) 그리고 공장 소유주의 이해관계가 맞물려 결국 정부는 여성과 아동을 장시간 노동과 위험한 작업 환경에서 어느 정도 보호하는 '공장법'을 더 광범위하게 수용했다. 그러나 이 때늦은 조처는 1848년 유럽 전역에서 혁명이 일어나는 것을 막지는 못했다.

무작정 노동 시장에서 고용주와 노동자를 동등한 관계라고 말한 정치경제학 이론은 노사관계의 무자비한 투쟁과 갈등을 포착하지 못했다. 초기 사회주의 사상가 샤를 푸리에, 루이 드 생-시몽(Louis de Saint-Simon, 1760~1825), 장 샤를 레오나르 드 시스몽디(Jean Charles Léonard de Sismondi, 1773~1842), 로버트 오언과 이후 카를 마르크스와 프리드리히 엥겔스는 고용주(자본가 또는 생산 수단 소유자)와 노동자(잉여 가치 생산자) 사이의 갈등에 주목했다. 초기 사회주의 사상가들도 여성 착취, 노예 무역, 아메리카 원주민 학대에 관한 글을 쓰긴 했지만, 마르크스가 강조한 '과학적' 사회주의 이론은 특히 자본가와 노동자 사이의 계급 갈등에 초점을 맞췄다. 그리고 프리드리히 엥겔스는 19세기 자본주의에 남성 임금 노동자 중심 가계가 내재해 있다고 지적했다. 이 가계 모델이 그 시대 경제학의 표준이었으니 아마도 앨프리드 마셜은 이 모델이 노동 계급에도 확산하기를 바랐을 것이다.[13] 그렇지만 이 모델은 부유한 남편과 풍요로운 결혼 생활을 유지하던 중산층 여성에게는 들어맞았을지 모르나, 영국과 유럽, 미국의 하층민 여성들에게 대입했을 때는 심각한 결과를 초래했다.

여성의 교육권과 투표권을 위한 정책을 적극적으로 요구한 '랭엄플레이스그룹'의 바버라 리 스미스 보디촌과 베시 레이너 파크스(Bessie Rayner Parkes, 1829~1925)를 비롯한 여성 예술가, 시인, 교육가, 경제 저술가들은 저술 활동 상당 부분을 여성의 임금 노동에 할애했다. 바버라 리 스미스 보디촌이 펴낸 《여성에 관한 가장 중요한 법률에 대해 쉽게 쓴 개요(A Brief Summary, in Plain Language, of the Most Important Laws Concerning Women)》(1854)와 《여성과 일》(1857)은 그녀가 추진한 '기혼여성재산위원회(Married Women's Property Committee)'의 주장을 뒷받침하기 위한 자료였다. 이 위원회는 영국 의회가 '기혼여성재산법(Married Women Property Act)'을 통과시키지 않자 1858년부터 1864년까지 정기 간행물 〈영국여성저널(English Women's Journal)〉을 매월 발간했다. 이후 이 매체는 영국과 해외 페미니즘 토론의 중심축이 됐다.[14] 이들의 노력은 거대한 사회적 압력을 형성했고, 결국 1857년 이혼법(Divorce Act)에 이어 1870년 기혼여성재산법이 영국 의회를 통과했다.[15]

《여성과 일》에서 바버라 리 스미스 보디촌은 중산층 여성이 양질의 일자리에서 높은 임금을 받을 수 있도록 더 많은 직업을 개방하라고 요구했다. 여성들이 사회와 경제에 더 크게 이바지하고 스스로 만족할 수 있는 일을 할 수 있게 하자는 것이었다. 그녀는 이렇게 썼다.

예뻤고, 젊음이 충만했고, 동물 같은 열정과 선한 본성으로 가득했던 여성이 고작 서른다섯 살에 사그라지는 불행만큼 슬프고 가련한 것은 세상에 없다.[16]

랭엄플레이스그룹은 중상류층 여성 대부분이 자녀를 양육하는 일 말고는 의미 있는 삶을 살지 못할 것이라는 세간의 선입견에 강력하게 저항했다. 바버라 리 스미스 보디촌과 동료 페미니스트 여성들은 객관적인 인구 조사 및 지역 통계 자료를 제시하면서 생산 활동에 참여하는 남성 인구가 충분치 않다는 점, 더욱이 혼자서 아내와 자녀를 부양할 수 있는 남성 인구는 훨씬 더 적다는 사실을 지적했다. 나아가 성비 불균형으로 젊은 여성들이 결혼하기에 적합한 남성들의 수가 턱없이 부족한 현실도 꼬집었다. 랭엄플레이스그룹은 이 같은 논리적 근거를 들어 최소한 독신 여성들만이라도 스스로 생계를 꾸려나갈 수 있도록 일자리를 허용해야 한다고 역설했다.

베시 레이너 파크스는 작업장과 공장에서 일하는 여성들의 노동 환경에 관해 썼다. 그녀는 영국 정부가 발표한 여성 노동 참여 현황 자료를 거세게 비판했다. 이 자료는 그녀가 조사한 영국 전체 여성 노동자 700만 명에 턱없이 모자란 120만 명만 여성 노동 인구로 추산했으며, 그마저 가사 노동자 수는 빠져 있었다.[17] 베시 레이너 파크스는 비록 산업 사회를 자연스럽다고 여기진 않았으나, 공적 영역이 점점 더 여성들의 공간으로 변모한다는 현실은 자각하고 있었다.[18] 그녀는 모든 여성이 스스로 생계를 꾸려나가는 모습을 보고 싶었던 게 아니라, 남성 임금 노동자 중심 가계 모델이 대다수 여성에게 들어맞지 않기에 소득 활동이 필요한 여성들에게 적절한 교육과 일자리가 개방돼야 한다고 주장한 것이었다.

랭엄플레이스그룹의 일원이자 여성고용촉진협회(Society for Promoting the Employment of Women)를 설립한 여성 운동가 제시 부셰렛(Jessie Boucherett, 1825~1905)도 여성에게 개방된 일자리 부족 때문에 독신 여성들이 경제적으로 자립하기 어렵다고 지적했다. 그녀는 〈영국여성저널〉에 발표한 논문 〈독신 여성들에게 만연한 고통의 원인에 관하여(On the Cause of the Distress Prevalent among Single Women)〉에서 이렇게 설명했다.

> 1861년 3월 현재 잉글랜드와 웨일스 구빈원에 거주하는 성인 여성의 수는 3만 9,073명이지만, 이는 구호가 필요한 모든 여성의 수가 아니다. 우리가 이미 알고 있듯이, 그곳에 들어가고 싶어 하는 수많은 여성은 제외한 수치다.[19]

아일랜드계 영국 작가이자 사회 개혁가 프랜시스 파워 코브(Frances Power Cobbe, 1822~1904)는 "남성 인구 대비 약 4~5퍼센트 더 많은 영국 여성들 가운데 약 30퍼센트가 절대로 결혼하지 않을 것이며, 전체 남녀 인구 중 약 25퍼센트가 독신 상태에 있을 것"이라고 추산했다.[20] 그녀는 나이 든 하녀와 과부가 행복하고 건강한 삶을 살지 못하게 만드는 장벽에 관해 연구했다. 그리고 더 많은 청혼과 결혼이 이뤄지려면 "44만 명의 여성을 식민지로 이주시켜 일자리를 제공하면 남은 인구의 '시장 부담을 완화'할 수 있을 것"이라는 몇 가지 해결 방안을 제시했다.[21] 프랜시스 파워 코브는 충분한 시간과 열정을 가진 중상류층 여성 집단이 여성 운동 세력의 기반이 되면, 사회적 압력을 높일 수 있고 여성의 참정권과 경제적 독립을 쟁취할 수 있다고 믿었다.

랭엄플레이스그룹 여성들의 활동에 영감과 격려를 받은 미국의 캐럴라인 힐리 달은 〈영국여성저널〉의 충실한 독자였다. 그녀는 1867년에 펴낸 《대학, 시장, 법정: 또는 교육, 노동, 법률과 여성의 관계》를 통해 여성의 교육, 노동, 임금, 법률적 지위와 관련한 제반 문제를 논의했다. 본문의 한 장인 '죽거나 불명예스럽거나(Death or Dishonor)'에서 그녀는 여성 노동의 근거로 "빵의 절대적 필요성"과 여성이 가진 신체적·정신적 능력, 그리고 그녀가 "능력에 내재한 매력"이라고 표현한 여성의 일하고 싶어 하는 자연스러운 욕구를 들었다.[22] 여기에 덧붙여 파국적인 경제 상황에 직면해 매춘 말고는 다른 선택이 없다고 여긴 여성들의 사례와 수치를 제시했다. 그녀가 말하고 싶었던 핵심은 여성들이 자신과 가족을 부양하고 생계를 유지하려면 충분한 일자리와 임금이 필요하다는 것이었다.

캐럴라인 힐리 달은 바버라 리 스미스 보디촌이나 베시 레이너 파크스와 마찬가지로 여성들에게 교육받을 기회와 일할 기회를 제공해야 한다고 주장했다. 이는 자신의 역량과 기술을 향상하고 삶의 열정을 유용하게 사용하기 위한 수단으로서 노동에 참여하고자 하는 여성들의 욕구를 대변한 것이었다. 한편으로 이 주장은 당시 정치경제학자들 대부분이 노동자를 게으르고 가난한 존재, 원활한 생산을 위해 임금을 지불해야 하는 존재로 인식한 것과는 사뭇 대조적이었다. 개인의 행복 추구와 연결된 좋은 노동의 내재적 가치와 의미를 인정한 초기 사회주의자들 및 마르크스주의 사회주의자들을 제외하고, 윌리엄 스탠리 제번스 같은 한계주의 경제학자들은 노동자를 쾌락과 고통을 저울질하는 기계, 즉 가능한 한 적게 일하는 '효용 극대화(utility maximization)'를 추구하는 존재로 이해했다. 한계주의 경제 이론의 창시자 중 한 사람인 윌리엄 스탠리 제번스는 〈공장의 기혼 여성들(Married Women in Factories)〉이라는 논문에서 영국 대도시의 높은 사망률에 대응해 "3세 미만의 자녀를 둔 어머니는 작업장과 공장에서 완전히 배제해야 한다"고 주장했다.[23] 권위 있는 경제학자의 이런 추론은 어린 자녀와 생존하고자 소득이 필요한 노동 계급 어머니들에게 치명적이었다. 영국 역사학자 헬렌 매카시(Helen McCarthy)는 2020년 출간한 《이중 생활(Double Lives)》에서 모성을 바라보는 지배적인 도덕적 틀로 인해 영국은 19세기 말까지 기혼 여성 임금 노동자를 부정적으로 인식했다고 지적했다. 이 관점은 20세기를 거치면서 서서히 변화했다.

 미국 경제학자이자 경제사학자, 통계학자, 교육가 이디스 애벗(Edith Abbott, 1876~1957)은 20세기 초 당시 여성 경제학자로는 흔치 않은 연구 방식인 통계 조사 자료의 조합으로 여성의 노동 참여에서 영국과 미국의 중요한 차이점을 발견했다. 1910년 그녀는 훗날 페미니즘 경제학의 이정표가 될 역저 《산업계 여성들(Women in Industry)》을 발표했는데, 영국은 땅이 부족한 대신 인구가 많은 반면 미국은 주로 남성 정착민들이 광활한 땅을 일궜기에 여성과 소녀들은 오히려 게을러지겠다는 우려가 있었다고 언급했다. 토지 면적이 좁은 영국에서 남성들은 공장에 나가 일했지만, 여성과 아이들은 가만히 집에 머무를 수밖에 없는 모종의 압력이 있었다는 것이다. 이에 반해 미국에서는 넓은 영토 덕에 젊은 여성과 소녀들을 필요로 하는 일터가 많았고, 그렇게 되면 계속해서 바쁘게 일할 것이므로 미국 사회는 이를 긍정적인 시선으로 봤다.[24]

엘리자베스 리 허친스(Elizabeth Leigh Hutchins, 1858~1935)는 경제학자 제임스 말론(James Mallon, 1874~1961)과 함께 《현대 산업계 여성들(Women in Modern Industry)》(1915)을 쓴 영국 경제사학자이자 사회학자였다. 이 책에서 그녀는 공장에서 일하는 여성 대부분이 젊은 독신 여성이나 과부라는 사실에 주목했다. 그녀가 조사한 바에 따르면 19세기 초 영국의 여성 생산 활동 참여율은 35.5퍼센트였으며, 이 수치 대부분을 젊은 여성과 소녀들이 차지했다. 그런데 이 젊은 여성들은 결혼하자마자 직장을 그만두고 이후 필요한 경우에만 복귀했다. 엘리자베스 리 허친스는 35~44세 사이 약 25만 명의 독신 여성이 방적 공장, 가정부, 전문직 등에서 임금 노동자로 일하고 있다고 추산했다.[25]

엘리자베스 리 허친스는 1884년에 설립됐고 조지 버나드 쇼(George Bernard Shaw, 1856~1950), 허버트 조지 웰스(Herbert George Wells, 1866~1946), 비어트리스 포터 웹과 시드니 웹 부부를 비롯한 좌익 사회주의 지식인들로 구성된 단체 '페이비언협회(Fabian Society)'의 일원이었다. 그 산하 단체인 '페이비언여성그룹(Fabian Women's Group)'은 여성과 노동조합, 여성 문제와 관련이 있는 제반 문제를 다뤘다. 페이비언여성

그룹은 정치적 과정을 통해 자본주의 체제를 민주적 사회주의 체제로 전환하고자 한 여성 운동가와 경제학자들의 야심 찬 모임이었다. 이와 같은 경제사 맥락에서 페이비언여성그룹의 활약은 엘리자베스 리 허친스, 메이블 앳킨슨(Mabel Atkinson, 1876~1958), 엘리너 래스본(Eleanor Rathbone, 1872~1946), 바버라 드레이크(Barbara Drake, 1876~1963), 에마 브룩(Emma Brooke, 1844~1926), 비어트리스 포터 웹의 저작에서 잘 드러난다. 이 저작들 가운데 일부는 더 자세히 논의할 것이다.

엘리자베스 리 허친스는 1911년 페이비언여성그룹 연례 회의 때 발표한 논문 〈여성의 직장 생활(The Working Life of Women)〉에서 노동 시장으로 향하는 여성들이 사회 발전의 평면적인 수준에만 머물다가 더 높은 단계, 즉 자본주의 이전의 가사 노동 단계에서 더 높은 수준의 자본주의 사회 발전 단계로 뛰어들었다고 설명했다. 노동의 '사용 가치(use value)'만 있던 가계에서 '교환 가치(exchange value)'를 확보할 수 있는 자본주의 노동 시장으로 이동했다는 의미였다. 그녀는 자본주의 사회에서 사용 가치가 교환 가치보다 현저히 낮으므로, 달리 말해 여성이 집에 머물러서 발생하는 기회비용이 시간당 이익보다 더 크기 때문에, 사용 가치로는 가족을 부양할 수 없다고 주장했다. 따라서 집에서 가사 노동만 하는 어머니보다 유급 일자리를 가진 어머니가 가정경제에 훨씬 더 도움이 될 것이다. 엘리자베스 리 허친스는 이렇게 못 박았다.

> 이와 같은 사실 앞에서 여성들에게 가정에서 어머니로서의 일이 국가에 중요하다고 말하는 것은 터무니없는 주장이다.[26]

이 대목에서 우리는 집에서의 자녀 양육 이익보다 기회비용이 커질 때 여성들은 유급 일자리를 구하기로 결심한다는 바버라 버그만(Barbara Bergmann, 1925~2015)의 주장이 어디에 근거하는지 엿볼 수 있다.[27]

메이블 앳킨슨은 농업에서 산업 사회로 이동함에 따라 여성의 일과 가계 모델이 어떻게 변화했는지 살핀 후 여성 운동 내부의 계급 이해 차이를 고찰하고 분석했다. 그녀는 여성의 다양한 상황과 관심사를 논의하면서 노동자 계급 여성에게 계급적 이해관계가 페미니즘적 이해관계보다 우선하는 이유를 명확히 설명했다. 노동자 계급 여성들은 노동자 계급 남성들과 마찬가지로 착취당하고 있었다. 반면 중산층 여성들은 경제적 의존과 기생적 행동과 쓸모없는 삶에 내몰리고 있었다. 메이블 앳킨슨은 모든 불평등한 상황이 정상으로 바뀌면 여성 운동 내부의 갈등이 해소될 수 있으리라고 기대했다.[28]

페이비언여성그룹에 속하지는 않았으나 이와 비슷한 맥락에서 생각하고 글을 쓴 여성 경제 저술가는 오늘날 남아프리카공화국인 당시 영국 식민지 트란스발(Transvaal)의 작가이자 반전 운동가 올리브 슈라이너(Olive Schreiner, 1855~1920)였다. 하지만 안타깝게도 '보어 전쟁(Boer War)'● 때 그녀의 집이 폭격을 당해 저술 중이던 원고와 노트 상당 분

● 1899년부터 1902년까지 영국과 트란스발공화국이 벌인 전쟁으로 '남아프리카 전쟁'이라고도 불린다. 트란스발공화국은 네덜란드인의 자손인 보어인이 세운 국가였다. 전쟁은 영국의 승리로 끝났고 트란스발공화국은 영국의 식민 지배를 받다가 1910년 남아프리카 연방에 편입된 후 남아프리카공화국으로 이어졌다.

량이 불에 탔다. 다행히 원고 일부를 복원할 수 있었고, 그녀는 유실된 부분을 보완해 1911년 《여성과 노동(Woman and Labor)》이라는 제목으로 출간했다. 이 책에서 올리브 슈라이너는 19세기 말까지 발달한 '성-관계(sex-relation)' 중심의 모성 숭배를 서구 문명의 쇠퇴 신호로 봐야 한다고 주장했다. 그녀는 독신 여성과 기혼 여성을 막론하고 여성 인구 대부분에게 몸과 마음의 훈련을 허용하지 않은 채 그저 '무책임'과 '기생'만을 강요한 체제가 해당 여성뿐 아니라 그들의 자녀를 무기력하게 만들었고 여성과 남성 사이의 관계를 왜곡했다고 비판했다. 앞서 샬럿 퍼킨스 길먼이 '성-관계'와 '종-관계'를 구분한 것과 같은 맥락에서 올리브 슈라이너는 다음과 같이 말했다.

> '노동 없는 부'라는 속임수의 쇠약한 효과는 삶에 수반하는 물질적 본질에 있는 게 아니라, 그것이 여성 개인에게서 노력해야 할 모든 동기를 앗아감으로써 여성들의 지적, 신체적, 도덕적 기질을 파괴한다는 데 있다.[29]

올리브 슈라이너가 제시한 해결책은 여성들이 경제적으로 자립할 수 있도록 지원하는 것이었다. 그녀의 요구는 "우리에게 노동할 일자리와 그 노동을 위해 훈련할 기회를 달라!"였다.[30]

다른 여성 경제 저술가와 경제학자들도 여성의 역할과 공헌을 생산에 기여한 전반적 구조를 분석했다. 미국 언론인 아이다 미네르바 타벨(Ida Minerva Tarbell, 1857~1944)이 대표적인 인물이었다. 그녀는 탐사 저널리즘의 걸작이라 불리는 《스탠더드오일컴퍼니의 역사(The History of the Standard Oil Company)》(1904)를 썼다. 이 책은 이후 미국 의회에서 갖가지 반독점법이 통과하는 데 결정적 영향을 미쳤지만, 아이다 미네르바 타벨 자신은 저술한 목적을 "그저 사실을 밝힐 뿐"이라고 서술했다.[31] 그녀는 이 책에서 당시 미국 내 석유 생산, 가공, 판매, 유통을 도맡다시피 한 존 데이비슨 록펠러(John Davison Rockefeller, 1839~1937)의 석유 회사가 가진 어두운 면을 적나라하게 드러냈고 미국 법무부는 스탠더드오일컴퍼니를 고소하기에 이르렀다. 몇 년 뒤인 1911년에는 대법원 판결에 따라 이 회사는 수십 개의 작은 회사로 분할됐다. 세간에 '오물을 뒤지는 자들(muckrakers)'로 유명해진 아이다 미네르바 타벨과 다른 진보 언론인들은 1906년 그녀가 쓴 기사 대부분을 게재하는 매체 《아메리칸매거진(The American Magazine)》을 창간했다. 그리고 여기에 게재된 그녀의 기사는 책으로 엮여 계속 출간됐다. 《스탠더드오일컴퍼니의 역사》 이후 그녀의 관심은 여성 문제로 이동했으며, 특히 여성의 '일'에 집중했다.

유럽에서는 사회주의 운동이 한창인 가운데 로자 룩셈부르크(Rosa Luxemburg, 1871~1919)가 마르크스주의 분석에 크게 공헌했다. 폴란드 출신 독일 철학자로 사회주의 사상가이자 혁명가인 그녀는 인문주의적이고 민주적인 마르크스주의 운동을 펼쳤으며 법학과 정치경제학에도 조예가 깊었다. 로자 룩셈부르크는 자신의 주요 경제 분석을 담은 《자본의 축적(The Accumulation of Capital)》(1913)에서 자본주의 체제의 확장은 한편으로는 수요 부족 때문이고 다른 한편으로는 잘못된 수요 때문이라고 설명했다. 그녀는 '경제재(economic goods)' 가운데 기계, 파이프, 보일러, 드릴 등 '자본재(capital goods)'를 생산하는 산업과 의류, 테이블, 신발, 카펫 등 '소비재(consumption goods)'를 생산하는 산업을 구분하면서, 자본재가 소비재보다 수명이 길므로 자본재 시장이 소비재 시장보다 더 빨리 만족하는 경향이 있다고 지적했다. 따라서 그녀는 자본재에 '잉여' 생산물이 생기거나 자본재 '수요'가 부족하게 되면 문제가 발생하기 때문에, 자본주의 체제에서 이 문제를 해결하려면 아직 충분한 산업화를 이루지 못한 국가가 소비재 산업을 육성하기 위한 초기 방안으로 자본재를 구매하도록 유도함으로써 자본재 시장을 확장할 수밖에 없다고 분석했다. 이는 자본주의 체제가 해외로 수출된다는 의미이며, 그렇게 세워진 자본재 공장들은 적어도 초창기에는 자본주의 국가들이 소유하거나 통제할 것이므로, 해당 개발도상국들의 문화와 제도 또한 그 흐름 속에서 함께 자본주의화한다는 것이었다. 그녀가 묘사한 제국주의는 확장한 자본주의의 또 다른 모습이었다.[32]

그러나 로자 룩셈부르크는 사회주의 혁명을 바라보는 자신의 견해로 수많은 대가를 치러야 했다. 그녀는 혁명보다 사회 개혁이 먼저 이뤄져야 한다고 믿었고, 이를 위한 계급 투쟁이 모든 것에 우선해야 한다고 주장하면서 이를 실천했다. 이 때문에 혁명주의자들로부터 거센 비난을 받았다. 그녀는 민족주의에 기반한 군국주의가 계급 투쟁을 방해하고 국가 간 이기주의를 부추겨 전쟁을 초래하리라고 예견했으며, 이는 제1차 세계대전 발발로 현실이 됐다. 《자본의 축적》을 출간한 이듬해인 1914년 로자 룩셈부르크는 대중 연설에서 군국주의 비판과 더불어 당시 독일 제국 황제 빌헬름 2세(Wilhelm II, 1859~1941)를 맹비난해 투옥

됐다가 풀려났고, 1916년에는 전쟁 반대 총파업을 주도한 혐의로 또다시 감옥에 갇혔다. 1918년 11월 독일 혁명(11월 혁명)으로 풀려난 그녀는 활동을 재개했지만, 그토록 반대한 '준비 없는 혁명' 때문에 1919년 1월 독일 우익 자경단 프라이코릅스(Freikorps)의 손에 처참히 죽었다. 그녀의 시신은 한동안 발견되지 않다가, 그해 5월 란트베어(Landwehr) 운하 수면 위로 심하게 부패한 채 떠올랐다.

중산층 여성은 남성이 지배하는 일자리에 성공적으로 자리 잡을 수 없다는 신화는 역설적이게도 제1차 세계대전이 일어나면서 깨졌다. 영국의 경우 전쟁 승리에 이바지하라는 국가의 요청에 응답한 여성들이 노동 시장에서 두각을 나타내자 더는 여성의 노동력을 무시할 수 없게 됐다. 전쟁으로 인해 여성도 필수적 노동 인력이라는 사실이 입증됐으며, 엘리너 래스본이 주장한 것처럼 이들은 돈을 벌 수 있는 새로운 일자리를 기꺼이 떠나려고 하지 않았다. 지금도 런던 한복판에 있는 '워털루 브릿지(Waterloo Bridge)'에 가면 당시 여성들이 총과 탄약, 다리 전체를 만들었음을 알 수 있다. 이 다리는 '레이디스 브릿지(Ladies' Bridge)'라고도 불린다.

메이블 앳킨슨과 엘리너 래스본 같은 여성 경제 저술가들은 여성 능력에 대한 인식의 근본적 변화와 그 잠재적 함의를 인식하고 있었다.[33] 특히 노동 계급과 중산층 여성 모두를 위한 가계 모델 변화와 관련해 메이블 앳킨슨은 미래의 여성 문제가 가정을 꾸릴 수 있는 능력과 일할 수 있는 능력의 결합이라고 파악했다.

그렇지만 전쟁이 끝나자 귀환한 군인들이 일자리를 이어받으면서 여성들은 다시 노동 시장에서 밀려났다. 게다가 이렇게 또 시작된 노동 배제는 1920년대 후반부터 1930년대까지 세계를 강타한 대공황으로 더욱 악화했다.[34] 유럽과 미국 전역에서 기혼 여성의 고용을 금지하는 법이 시행됐다. 그와 동시에 세탁기, 냉장고, 청소기 등 첨단 가전의 등장은 이제 많은 수의 가정부가 필요 없게 됐음을 의미했다. 이 같은 기술 발달은 남성 노동 임금 상승과 함께 주부가 집에서 살림하고, 자녀를 돌보고, 직접 요리할 수 있는 시간을 더 많이 제공했다. 각종 여성 잡지가 이런 가사 노동을 이미지화해 분위기를 형성시켰고, 이는 전쟁 때보다 가계관리에 훨씬 더 많은 시간을 할애하도록 만들었다.

유급 가사 노동 시장은 1950년대 가구당 평균 고용 가정부 수가 1명에서 0명으로 대폭 감소하면서 큰 타격을 입었다. 일부 중상류층 가정만 여성 가정부를 고용했다. 하지만 20세기에 걸쳐 가계 생산의 추가적 화폐화·시장화, 행정 일자리 개방, 여성 임금 증가 등이 여성들의 임금 노동 참여율을 끌어올리게 된다. 그리고 이 현상은 가정의 무임금 생산 활동 외주화, 출산율 감소, 가전 기술 발달 등으로 이어졌다.

20세기 여성 노동 참여 증가에 의한 사회적·경제적 영향은 여성 대부분이 무임금 가계 생산에서 임금 노동 일자리로 옮겨갔음을 보여줬다. 더 많은 수의 기혼 여성이 가정을 돌보는 동시에 재정적 지원을 보태는 경제 주체가 됐다. 현대 가정의 변화 양상을 연구한 스웨덴 사회학자 알바 뮈르달(Alva Myrdal, 1902~1986)은 어머니도 일할 권리를 가져야 한다는 일반적인 주장 대신 "노동자에게는 가정을 가질 자격이 있다"고 주장했다. 스웨덴에서 그녀의 이 접근법은 성공적으로 적용됐다.[35]

알바 뮈르달은 영국 사회학자 비올라 클라인(Viola Klein, 1908~1973)과 함께 《여성의 두 가지 역할: 가정과 일(Women's Two Roles: Home and Work)》(1956)을 썼다. 이 책에서 두 사람은 여성들에게 가계관리와 경력 발전 중 하나를 선택하라는 강요는 불공평하며 불필요하다고 역설했다. 알바 뮈르달과 비올라 클라인은 자녀가 출가하면 젊은 여성이든 나이 든 여성이든 얼마든지 일할 수 있다고 한 샬럿 퍼킨스 길먼의 주장[36]에 동의하면서, 아이들이 어느 정도 크면 다시 충분히 경력을 쌓을 수 있다고 강조했다.

《여성의 두 가지 역할: 가정과 일》은 "직업으로서의 삶을 계획하고, 선택하고, 직무 능력을 향상하고, 동료들의 지지를 얻기 위해" 여성 스스로 해야 하는 일련의 과정과 이를 위해 정부와 고용주가 "시간제 노동, 유급 출산 휴가 연장, 40세 이상 재취업 교육 등을 제공함으로써" 여성의 원활한 노동 시작 복귀를 지원할 방안을 제시했다.[37]

1938년 알바 뮈르달은 경제학자인 남편 군나르 뮈르달(Gunnar Myrdal, 1898~1987)과 함께 미국으로 이주해 미국과 스웨덴을 오가며 1950년부터 1955년까지 유네스코(UNESCO) 스웨덴 대표로 활동했다. 1955년에는 스웨덴 최초 여성 대사가 되어 1961년까지 인도, 미얀마, 스리랑카에서 외교관으로 일했으며, 1962년 의회에 진출해 스위스 제네바에서 열린 핵 군축 회담에 스웨덴 대표로 참석했다. 이후 스톡홀름 국제평화문제연구소(SIPRI) 설립에 관여해 1966년 초대 의장으로 선출됐고, 이듬해 스웨덴 군축 자문 장관으로서 1968년 스웨덴 정부가 핵 보유를 포기하는 데 중요한 역할을 했다. 이런 공로로 그녀는 1982년 노벨 평화상을 받았다.

1970년대에 이르자 미국에서는 남성 임금 상승이 정체된 한편, 여성의 노동 참여 증가 추세가 지속했으며, 과도기적 가계 모델이 산업 사회 깊숙이 퍼졌다. 남편과 아내 모두 경제 주체이면서 아내가 주로 가계관리를 도맡아 하는 '과도기적 가계 모델'은 여성의 경력, 특히 일반적으로 주당 60~80시간을 일하는 기업의 고위직에 오르는 데 상당한 방해 요인으로 작용했다. 알리 러셀 혹실드(Arlie Russell Hochschild)와 앤 마청(Anne Machung)은 기혼 여성이 정규직 직장에 다니면서 아이를 키우고 살림을 해야 하는 이런 상황을 1989년 《제2의 교대(The Second Shift)》라는 제목의 책에서 다뤘다.[38] 이는 우리가 이번 장의 서두에서 살폈듯이 1739년 매리 컬리어가 〈여성의 노동〉에서 묘사한 상황과 정확히 일치한다. 그때로부터 250년이 지났는데도 말이다.

1960년대부터 1990년대까지 기혼 여성의 노동 참여율은 미국의 경우 34퍼센트에서 66퍼센트로, 영국은 35퍼센트에서 69퍼센트로 증가했다. 이와 비교해 네덜란드는 7퍼센트에서 47퍼센트로, 스웨덴은 41퍼센트에서 87퍼센트로 대폭 증가했다.[39] 앞서 잠깐 언급한 미국 페미니스트 경제학자 바버라 버그만은 제2차 세계대전 이후 서구 국가 경제 대부분에서 여성 노동 참여율이 증가한 현상을 1986년 펴낸 《여성의 경제 출현(The Economic Emergence of Women)》을 통해 자세히 설명했다. 이 책에서 그녀는 20세기를 거치는 동안 기술 혁신, 투자 증대, 가전 기술 발달, 출산율 감소 등이 생산성 향상 및 임금 인상으로 이어지면서, 여성의 가계 생산에 따른 혜택은 줄어들고 기회비용은 커졌다고 분석했다.⁴⁰ 미국 경제학자이자 경제사학자 클라우디아 골딘도 비슷한 맥락에서 여성 교육 수준 향상, 여성 접근 가능 일자리 확대, 근무일 단축, 출산율 감소, 가전 기술 발달을 언급했다.⁴¹ 대체로 여성 생산 노동의 화폐화·시장화는 GDP 측면에서 경제 성장에 상당히 공헌했다. 그런데 이 같은 추세는 남부 개발도상국과 저개발국에도 어느 정도 유사하게 영향을 미쳤지만, 그 양상은 사뭇 달랐다.

제국의 식민지 지배 양상이 정치적 지배에서 경제적 지배로 바뀐 이후 IMF와 세계은행을 중심으로 한 경제 정책은 남부의 많은 개발도상국과 저개발국에 두루 영향을 미쳤다. 데이비드 리카도의 양자 무역을 통한 '비교우위(comparative advantage)' 개념은 스웨덴 정치경제학자 엘리 헤크셔(Eli Heckscher, 1879~1952)와 베르틸 올린(Bertil Ohlin)의 무역 이론을 통해 양국 간 무역이 양국 모두의 경제를 성장케 하는 모델로 발전했다. 한 국가는 상대적으로 기회비용이 낮은 자원을 이용해 높은 수준의 기술 및 자본재를 생산하고, 다른 국가는 이 자본재를 수입하는 한편 저렴한 1차 자원과 값싼 노동력을 이용해 생산한 소비재를 상대 국가에 수출하리라는 발상이었다.⁴²

이에 덴마크 경제학자 이스터 보즈럽(Ester Boserup, 1910~1999)은 여성의 관점에서 국제 무역과 관련한 이 같은 주류적 견해를 비판하면서, 대부분의 동료 경제학자가 제시한 정적이고 반역사적인 모델과는 다른 개발 경제 모델을 개발했다. 1965년 그녀는 기술 발전을 인구 수준과 연결한 경제 개발 이론을 정리해 《농업 성장의 조건(The Conditions of Agricultural Growth)》이라는 책으로 발표했다. 일찍이 토머스 맬서스는

《인구론》에서 인구 증가는 기하급수적으로 증가하나 식량 공급은 산술적·선형적으로 증가하기 때문에, 인구 증가가 결국 질병과 기근, 그리고 전쟁을 초래함으로써 양자 사이의 균형을 맞추게 된다고 예견한 바 있다. 이를 반박해 이스터 보즈럽은 인구 증가로 개발되는 농법과 기술이 식량 공급을 충분히 높일 수 있다고 주장했다.[43]

나아가 그녀는 신흥 개발도상국들을 주시하면서 1970년 《경제 개발에서 여성의 역할(Woman's Role in Economic Development)》을 출간했다. 이 책에서 이스터 보즈럽은 인도 등 개발도상국의 경제 성장은 남성의 소득에 긍정적인 영향을 미치지만, 여성에게는 부정적인 결과를 초래할 수 있음을 보여줬다. 이 책은 개발도상국의 경제 성장 과정에서 여성들이 맞닥뜨리는 일에 관한 최초의 연구라는 평가를 받았으며, 대규모 연구 프로젝트 '개발에서의 여성(Women in Development, WID)'이 시작되는 도화선이 됐다.

이후 경제학자들을 포함한 많은 페미니스트가 신자유주의 경제 체제에 근본적인 의문을 제기하면서 이 프로젝트는 '젠더와 개발(Gender And Development, GAD)'로 명칭이 바뀌어 더욱 확산했다. 1980년대와 1990년대, 2000년대에 걸쳐 전 세계적으로 수백만 명 이상의 여성이 유급 일자리를 얻고자 노동 시장으로 이동했다. 그러나 대개는 비공식적이고 불안정한 일에 투입됐다. 그럼에도 불구하고 여성들의 생산은 화폐화·시장화돼 점점 더 눈에 띄게 됐다.[44] 신자유주의 경제 체제의 젠더화한 특성과 영향은 루르데스 베네리아(Lourdes Benería), V. 스파이크 피터슨(V. Spike Peterson), 수잔 버저런(Suzanne Bergeron)과

같은 페미니스트 경제학자, 정치학자, 사회학자들에 의해 그 윤곽이 드러났다.[45]

바버라 에런라이크(Barbara Ehrenreich)와 알리 러셀 혹실드, 라셀 살라자르 파레냐스(Rhacel Salazar Parreñas)는 1990년대 경제적 이주가 증가하면서 더 많은 여성이 돌봄이나 간병 노동력을 팔고자 미국과 서유럽으로 건너갔다는 사실에 주목했다. 이는 이들에게 자녀를 맡긴 서구 여성들의 노동 시장 참여율 또한 증가했음을 뜻했다.[46] 한편으로 이 현상은 또 다른 불균형을 낳았다. 일테면 필리핀 같은 국가들은 여성의 돌봄 노동, 즉 어머니의 사랑을 서구로 수출했는데, 정작 자신들의 자녀는 어머니의 보살핌과 사랑을 받지 못한 채 고국에 남게 됐다.

알리 러셀 혹실드는 이렇게 형성된 세계화한 돌봄 및 간병 서비스 노동 시장을 '글로벌 케어 체인(Global Care Chain)'이라고 이름 붙였다. 서구 선진국에서 이주 노동자들이 매년 고국으로 송금하는 액수를 모두 합치면 수백억 달러에 달한다. 이는 다른 주요 국제 자금 순환 금액에 필적하는 규모다. 북부 선진국과 남부 개발도상국 및 저개발국 사이의 글로벌 불평등이 초래한 돌봄 노동은 그 자체로 국제 무역이 됐고, 때로는 밀거래 형태로 이뤄지기도 했다. 2007년 린다 루카스(Linda Lucas)가 엮어 출간한 《세계화 풀어헤치기(Unpacking Globalization)》는 동남아시아, 남아메리카, 아프리카 등 남부 국가 여성들이 경험하는 이들 국가의 경제 체제, 젠더관계, 정부 정책 등을 연구한 결과물이었다.

˚산업에서의 젠더 분리˚

　서구, 특히 미국에서는 여성과 흑인과 이민자들이 하급 노동 시장에서 일했다. 물론 이 가운데 일부는 스스로 성공하거나 자녀를 좋은 대학에 보내거나 큰 부자가 돼서 이른바 '아메리칸 드림(American Dream)'을 이룬 사람들도 있었다. 그러나 일반적으로 산업 사회는 같은 집단에서 특정 소수집단이 부각하는 '수평적 분리(horizontal segregation)'와, 마찬가지로 같은 집단에서 특정 소수집단이 우위를 차지하는 '수직적 분리(vertical segregation)'가 동시에 이뤄지는 영역이었다.

　여성에게 열린 일자리는 그 일이 유급이든 무급이든 간에 가정에서 해오던 것과 유사한 경향을 띠고 있었다. 예를 들면 음식점이나 카페 종업원 같은 서비스 분야와 보육이나 간병 같은 돌봄 분야 일자리가 그랬다. 흑인이나 히스패닉(Hispanic) 남녀 노동자들은 대개 농업, 가사, 식당, 청소 서비스 일을 하면서 최저 수준의 임금을 받았다. 중국 노동자들은 주로 철도 건설에 투입됐고 히스패닉 노동자들은 제조 공장에서 일했다.

　여기에서 눈여겨볼 지점은 누구에게나 성공할 기회와 자녀에게 더 나은 삶을 마련할 기회가 열려 있는 아메리칸 드림이었지만, 실제 현실에서 미국은 지난 수십 년 동안 오히려 '경제적 이동성(economic mobility)'˚이 감소한 국가 중 한 곳이었다는 사실이다. 이와 같은 노동 시장 구조화, 달리 말해 젠더나 인종에 따른 직업 분리는 다음 제6장 '분배'에서 자세히 논의할 젠더와 인종 간 임금 격차를 설명해준다.

1798년《여성을 대신해 영국 남성들에게 호소함》을 통해 여성이 더 많은 일자리와 직업에 접근할 수 있도록 요구한 매리 헤이스와 마찬가지로, 같은 해 프리실라 웨이크필드도《여성의 현 상황에 대한 고찰》에서 모든 계급 여성들이 더 나은 일자리와 생산 활동에 참여해야 한다는 동일한 주장을 했다. 그중에서 조산사는 여성의 일이냐 남성의 일이냐를 놓고 치열한 다툼이 벌어졌던 대표적 직업이었다. 프리실라 웨이크필드는 이 일이 출산 당사자인 여성에 대한 서비스이므로 당연히 여성의 직업이 돼야 한다고 주장했다. 남성 조산사가 여성의 출산을 돕는 게 불가능한 일은 아니나 보기 좋지는 않다는 것이었다. 이에 더해 그녀는 사회의 계급 구조를 해치지 않는 선에서 미용사, 조산사, 장의사 등의 직업을 여성이 서비스할 수준으로 개방하자고 제안했다. 사회 계급 각각에서 여성과 소녀들이 할 수 있는 일을 제시하고 계급에 따른 직업 훈련을 시행하자고도 주장했다. 당시 시대 분위기상 계급 의식을 극복하지는 못했지만, 여성과 남성 사이의 경제적 평등을 강력히 요구했다는 점에서 프리실라 웨이크필드의 이 페미니즘 소책자는 매우 혁신적이었다고 할 수 있다.

산업화 과정 초기에 작업장과 공장이 출현한 직후 여성들의 품위를 보호하려면 분리가 필요하다는 주장이 힘을 얻으면서 여성과 남성 노동자는 다양한 직업으로 분리됐다. 그렇지만 이 직업 분리 과정 자체가

● '경제적 이동성'은 개인이나 가족의 경제적 지위가 자기 세대 또는 다음 세대에 개선될 수 있는 능력 및 역량을 말한다.

여성들이 더 높은 임금을 받는 직업에서 배제된다는 것을 의미했기 때문에 문제없이 진행된 경우는 거의 없었다. 미국 페미니스트 역사학자 조앤 W. 스콧(Joan W. Scott)은 노동자 문제를 규정할 때 여성을 "계급을 대표하는 적절한 정치적 주체로 간주하지 않고" 남성만을 대표로 인식하게 만드는 언어의 역할과 남성적 표현을 경계했다. 그녀는 젠더 연구가 여성의 역사뿐 아니라 모든 역사도 설명한다고 주장했다. 19세기 초 프랑스 여성 재봉사들의 파업 투쟁을 소개하면서, 전쟁과 혁명을 비롯한 당시 정치경제 상황이 이와 어떻게 연결되는지 자세히 설명했다.[47]

캐럴라인 힐리 달은 1860년 자신의 강의를 엮은 소책자 《"노동에 대한 여성의 권리", 또는 저임금과 고노동("Women's Right to Labor," or, Low Wages and Hard Work)》에서 미국, 프랑스, 영국을 싸잡아 여성의 직업 접근성이 턱없이 부족하다고 맹비난했다. 그녀는 일부 산업 분야의 과도한 남성 대표성으로 인해 해당 산업의 임금이 하락할 것이라고 예측하면서, 무엇보다 여전히 광범위한 직업군에서 여성의 낮은 임금과 고된 노동 문제를 심각하게 받아들이지 않는다고 비판했다.[48] 미국 보스턴 당국이 조사한 바에 따르면 1845년경 보스턴에서는 직물 산업 분야에서 여성 노동자 7만 5,710명과 남성 노동자 5만 5,828명이 종사하고 있었는데, 그녀가 보기에는 "고용주 관점에서 매우 적은" 수였다. 이와 함께 그녀는 당시 보스턴 여성들이 어떤 종류의 일을 했는지 그 목록을 공개했다.

장갑 제작	종이 가공
파종	활자 주조 및 식자
음료 제조	직물 제조
접착제 제조	진료 보조
제분	우산 제작
코담배 및 담배 제조	고무 가공
금박과 은박 제조	채소 수확
가죽 가공	실내 장식
재고 관리	전등 제작
가발 제작	안장 및 마구 제작
간호(간병)	카드 제작
건초 가공	세탁
모자 제작	제화
	시계 유리 연마

캐럴라인 힐리 달은 보스턴 당국이 실시한 직업별 인구 조사에서 여기에 그녀가 약 5,000명의 여성이 종사하고 있다고 추정한 '와셔(washer) 가공', '청소', '가정부' 같은 직업 분야는 빠져 있으며, 이를 통해 여성 임금 노동자 수를 의도적으로 낮게 추정했다고 비판했다.[49]

그녀는 나아가 직업별 젠더 분리로 인한 해당 산업 분야의 느린 성장을 지적했고, 의료나 목공, 관료나 교도관 같은 남성 중심 직업 분야에 여성이 진출하는 문제를 논의했다. 아울러 면화, 비단, 양모 산업의 남성 중심 직업 관행을 꼬집으면서, "뭉친 섬유질을 풀어주고 더러운 이물질을 걸러내는" 카딩(carding) 작업은 여성들이, 그것도 "반값으로 하고 있다"고 비난했다.[50] 그 정도 임금으로는 생계를 유지하기 어려웠고, 특히 부양해야 할 가족이 많으면 더 그랬다. 캐럴라인 힐리 달은 어린 소녀를 포함한 아이들이 탄광, 제분소, 핀 공장에서 일하는 모습도 묘사했는데, 다섯 살 때부터 이 소녀들은 "어린 여자아이인 데다 한창 커야 할 나이에" 하루 16시간 동안 노예처럼 일했다.[51] 그녀는 많은 여성이 턱없이 낮은 임금 때문에 '도덕적 죽음(moral death)'을 선택하고 길거리 매춘부로 전락하게 될 것을 심각하게 우려했다.

켄터키 중산층 가정에서 태어난 미국 경제학자이자 사회 개혁가 버지니아 페니(Virginia Penny, 1826~1913)는 1858년부터 1862년까지 역저 《여성의 고용: 여성 노동 백과사전(The Employments of Women: A Cyclopaedia of Women's Work)》(1862)으로 완성할 실증 연구를 수행했다. 그녀는 이 책에 미국 여성들이 활동한 거의 모든 직업 정보를 상세히 담아냈다. '백과사전'이라는 부제처럼 각각의 직업을 알파벳순으로 나열해 해당 직업의 노동 내용, 임금, 이 직업을 가진 첫 번째 여성, 현재 이 직업에 종사하고 있는 여성의 수 등을 망라한 책이었다.[52]

이후 다양한 직업 분야에서 여성의 대표성은 수 세기에 걸쳐 변화했다. 영국의 엘리자베스 리 허친스와 아이비 핀치벡(Ivy Pinchbeck, 1898~1982), 미국의 캐럴라인 힐리 달과 이디스 애벗 같은 경제사학자들이 다양한 산업과 분야에서 여성의 대표성에 관한 자료를 제공했다. 대공황과 제2차 세계대전은 여성의 경제 발전 공헌에 상당한 저해 요인으로 작용했다. 여성 대부분과 흑인은 1930년대 프랭클린 루스벨트(Franklin Roosevelt, 1882~1945) 정부가 추진한 '뉴딜(New Deal)' 정책 프로그램에서 제외됐다. 여성이 일자리와 직업에서 밀려난 대신 남성을 위한 복지 정책이 시행됐다. 실업 상태에 있던 남성들은 이전에 여성이 종사했던 일자리를 차지했고 남아 있던 여성들은 승진에서 탈락했다. 그러나 경력 전망이 매우 어두워지자 그 반발로 소녀와 여성들의 고등 교육에 대한 욕구가 불타올랐다.[53]

높은 수준의 교육을 받은 여성들의 관심사는 사회 사업과 정책 입법으로 옮겨갔다. 하지만 변화는 서서히 진행됐다. 20세기 동안 독신 및 기혼 여성의 노동 시장 참여는 전반적으로 증가 추세를 보였으나 처우가 좋은 직업과 일자리와는 아직 거리가 멀었고, 학업으로 이룬 학문적 직업에서의 성취에도 가시적 변화가 보이지 않았다. 경제학계의 경우 1930년에서 1970년 사이에 여성 경제학자 수가 현저히 감소했다는 사실이 이를 방증했다. 회복하려면 적어도 수십 년은 더 흘러야 할 터였다.

기혼 여성의 공무원 직업을 금지하는 법률 말고도 여성의 노동 시장 참여를 제한하는 제도적 장치와 사회적 분위기가 한참 동안 유지됐으며, 육아나 교통수단 부족 같은 고질적 문제도 여전히 발목을 잡았다. 1963년을 맞이하고서야 같은 직장에서 같은 일을 하는 남녀의 차별을 금지하는 '동일임금법(Equal Pay Act)'이 발효됐다. 그리고 이듬해인 1964년의 '민권법(Civil Rights Act)'은 인종, 출신, 종교, 성별에 따른 차별을 엄격히 금지했다. 이 법은 명시적 차별을 종식시켰으며, "남자 경비원을 찾습니다" 같은 문구로 구인 광고를 하면 처벌했다.

제2차 세계대전 이후 신고전주의 경제학자들의 영향력은 더욱 커졌고, 1980년대와 1990년대를 거치면서 경제학 분야를 완전히 지배했다. 이들은 소비가 일어나는 과정과 시장 기능에 연구 역량을 집중하면서 생산 과정에는 별다른 관심을 두지 않았다. 이들에게 시장은 재화와 서비스의 가치가 확립되고 수요와 가격이 결정되는 자본주의의 가장 중요한 현장이었다.

앞서 로자 룩셈부르크가 지적했듯이 제국주의는 상품화 경계를 이동시켰고, 과거에는 무임금 노동으로 이뤄졌던 생산을 화폐화·시장화했다. 돌봄 노동을 포함한 무임금 가구 노동 생산은 오랫동안 당연하게 여겨졌기에 여성이 노동 시장에 대거 진출하자 이런 종류의 노동에 대한 필요성과 가치 및 공헌이 가시화했다. 이제 이와 같은 서비스는 시장을 통해 받아야 하므로 비용을 내야 했다. 2000년대에 페미니스트 경제학자들은 이 주제에 관해 활발한 토론을 벌였다. 이때 논쟁은 돌봄 노동의 정의와 이론화를 중심으로 이뤄졌다. 이 문제가 복잡해진 까닭은 그때까지 돌봄 노동은 "일이 아닌 노동"이나 "생산적 활동이 아닌 노동"처럼 부정적으로 정의됐기 때문이었다.

수전 히멜웨이트, 진 가드너(Jean Gardener), 마렌 요힘센(Maren Jochimsen), 낸시 폴브레와 같은 페미니스트 경제학자들은 이와 관련한 새로운 개념을 만들어 아픈 가족과 친구와 이웃을 돌보고, 아이들을 키우고, 노인들을 보살피는 노동의 도덕적·정서적·실용적 차원을 개념화하는 데 도전했다. 노인을 위한 병원과 가정에서의 유급 돌봄 서비스는 화폐화한 경제 일부로서 시장화한 생산 활동이 됐지만, 여전히 일반적인 돌봄 노동은 사람들의 고정관념 속에서 동기 부여가 제대로 이뤄지지 않았다. 이는 경제학에서 말하는 사익 추구 행동과 돌봄 노동 개념화를 양립하기 어렵게 만들었다. 낸시 폴브레는 1994년 《누가 아이들을 위해 돈을 지불하는가?(Who Pays for the Kids?)》에서 이를 해결하고자 신고전주의 이론과 마르크스주의 이론을 결합해 새로운 모델을 고안했다. 그녀는 이 모델에서 합리적 선택을 하면서도 집단 규범과 가치의 맥락에서 다양한 방식으로 행동을 제약받는 경제 주체를 설정했다.[54]

대체로 여성들은 항상 일을 해왔다. 더 높은 소득, 새로운 재화 및 서비스에 대한 좋은 아이디어 같은 견인 요소에 의해 동기를 부여받았다. 그와 동시에 일터에서의 성희롱이나 성차별 같은 부당한 요인에 의해 쓸모없는 존재인 것처럼 느끼는 '부정적' 동기를 부여받으면서도 언제나 여성 자신들의 일을 해왔다. 이 주제에 관한 여성 경제 저술가들의 저작을 살펴보자.

˚ 자신들의 일을 지켜온 여성 ˚

미국 역사학자 수전 루이스(Susan Lewis)는 2009년 펴낸 《평범한 여성들(Unexceptional Women)》에서 19세기 중반 활동한 여성 기업가들의 역사를 집대성했다. 그녀는 당시 여성들의 사업은 일반적으로 정치

(정부)와 기업의 공적 영역을 침해한다고 여겨졌고, 여성의 영역은 가정이라는 사적 영역으로 인식됐다는 점에서 매우 어려운 활동이었다고 분석했다. 따라서 여성 사업가로서 활동한다는 것은 혼자 또는 몇 사람을 고용한 상태에서의 재택근무를 의미하는 경우가 많았다.[55] 그런데 한편으로 이런 방식은 이들 여성의 사업 활동을 드러나지 않게 해주는 효과도 있었다. 이들에 관한 연구가 쉽지 않다는 뜻이기도 하다. 사업을 잘 운영하는 방법에 대한 문헌 대부분은 남성들이 차지하고 있지만, 글을 쓴 자신이 여성 기업가였거나 이와 같은 여성 기업가를 연구한 여성 경제 저술가들의 저작도 분명히 존재했다. 이 여성 기업가들의 사업 분야도 다양했고, 이와 관련한 여성 경제 저술가들의 글도 다양했다.

초기 여성 기업가 글뤼켈 폰 하멜른(Glückel von Hameln, 1646~1724)은 자신이 세운 사업 제국을 물려받을 자녀들을 위해 일기를 남겼다. 그녀는 일기에서 남편에게 이어받은 보석 및 귀금속 사업을 자세히 묘사하면서 자신이 내린 다양한 결정을 설명했다. 일기에는 독일에서 유럽 전역으로 사업을 확장하는 과정에서 그녀의 자녀들이 중요한 역할을 한 내용도 등장하며, 그녀가 사업에 이익이 되는 방식으로 자식들 혼사를 챙긴 이야기도 엿볼 수 있다.[56]

제1장에서 우리는 이미 기업가이기도 했던 엘리자베스 몬터규를 만났다. 그녀가 남긴 서신에도 광산 소유주로서의 사업 경험과 함께 일한 노동자들과 바람직한 관계를 맺고자 한 그녀의 성찰이 담겨 있다. 그녀에게 광산을 경영하고 노동자들을 관리하는 일은 공동체 운영의 일부였다. 실제로 엘리자베스 몬터규는 노동자들을 광산 소유주의 노예처

럼 계약하는 관행을 두고 동료들과 격렬히 논쟁했다. 적어도 그녀의 글에 따르면, 그녀는 사업이 가져다주는 금전적 이익보다 노동자들과의 관계를 더 소중하게 여겼다.

제2장에서 만난 엘리자 루카스 핑크니 역시 인디고 무역을 시작하고 발전시킨 기업가였다. 또 다른 사례는 이곳 대부분 남성이 고래잡이에 뛰어들어서 많은 여성이 사업을 운영했던 매사추세츠 해안 낸터킷(Nantucket) 섬의 케지아 폴저 커핀(Kezia Folger Coffin, 1723~1798)을 들 수 있다.[57] 이보다 작거나 큰 사업을 영위한 여성들은 셀 수 없이 많았다. 이들이 사업 과정에서 얻은 교훈과 색다른 접근 방식, 산업화 흐름에 미친 영향 등을 서술한 저작들도 다수 발견됐다.[58]

그렇지만 이에 관한 연구는 비교적 최근에 등장했다. 위에서 잠깐 언급했듯이 여성들의 기업 활동이 주로 가정 내에서 이뤄져 잘 드러나지 않았던 데다, 몇몇 인물을 제외하고는 그 규모가 작고 덜 화려했기 때문이다. 이들 여성 기업가 또는 수전 루이스가 '소유주들(proprietors)'이라고 지칭한 여성들은 요리, 재봉 같은 일이나 작은 소매업, 여관, 기숙사, 소규모 호텔 등을 운영했기에, 당대 시각에서는 썩 대수롭지 않게 여겼을 것이다. 그러나 수전 루이스의 주장처럼 여성의 기업 활동에 관한 체계적 연구는 경제사에서 소기업의 역할이 어떻게 인식돼왔는지 엿볼 수 있으며, 여성이 경제 생산에 공헌했다는 역사적 사실을 일반화하는 데 지나칠 수 없는 부분이다.

제6장

분배

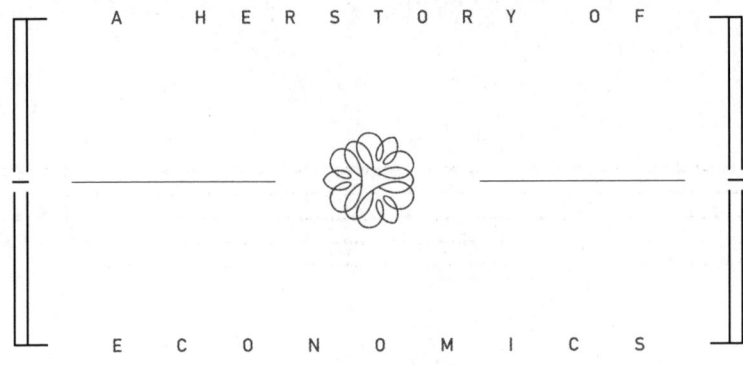

이와 같은 '그녀들의 경제학'에서 소득과 부의 분배 문제는 늘 논쟁의 한가운데 있었다. 질문은 이것이었다.

"어떤 일이 가치가 있으며, 얼마나 그리고 왜 가치가 있는가?"

일반적으로 정치경제학자들은 소득 분배를 단기적·장기적 경제 성장의 중요한 결정 요인으로 인식했다. 그들에게 분배는 '지주', '자본가', '노동자' 가운데 어느 계급이 잉여 소득을 더 적절하게 사용하느냐의 문제였다. 그들은 결국 분배가 이 잉여 소득의 사용 양상, 즉 소비(지주 및 노동자)되고 말 것인지 아니면 투자와 자본 축적(자본가)으로 이어질지를 결정한다고 여겼다. 그들이 보기에 지주와 노동자에게 더 많이 분배되면 경제적 쇠퇴로 이어지고, 자본가에게 더 많은 이익이 돌아가면 경제 성장은 물론 모든 사람의 부가 증가할 것이다.

신고전주의 경제학이 경제 분야의 지배적 이론으로 자리 잡자 부의 분배는 주어지는 것으로 인식됐고, 다양한 계급의 소득은 경제 성장의 자연스러운 파생물로 규정됐다. 정치경제학자들이 노동을 가치 창출의 수단으로 간주한 지점에서 윌리엄 스탠리 제번스와 앨프리드 마셜 등은 재화의 가치가 소비자의 수요로 결정된다고 봤다. 소비자가 느끼는 재화 및 서비스의 효용이 시장에 반영돼 가격이 매겨지고 그것이 수요로 나타나 가치를 결정한다는 의미였다. 이들이 완벽하다고 가정한, 서로 연결된 수많은 경쟁 시장으로 이뤄지는 시장의 메커니즘이 수요와 공급이라는 작용을 통해 재화의 가격과 생산 물량을 결정할 것이다.[1]

미국 경제학자 존 베이츠 클라크가 1899년 《부의 분배: 임금, 이자, 이익 이론(The Distribution of Wealth: A Theory of Wages, Interest, and Profits)》에서 소득 분배의 한계주의 이론을 개발함으로써 이 그림을 완성했다. 그에 따르면 토지, 자본, 노동 각각의 생산 요소는 생산에 대한 기여 또는 한계 생산성에 따라 보상을 받게 되며, 생산에 의한 전체 잉여 소득은 각 생산 요소에 완벽하게 분배된다.[2] 이렇게 해서 소득 분배는 경제 성장의 핵심 결정 요인에서 경제 성장의 파생 요인으로 바뀌었다. 이는 노동자들에게 자신의 임금이 생계비용이 아닌 (한계) 생산성을 기반으로 결정된다는 것을 의미했다.

여성 관점에서 보자면 초기 산업화는 가부장적 권력에 기반한 가계 모델이 남성 임금 노동 모델, 즉 아내의 경제적 의존과 남편의 '관용', '자애' 또는 '기사도'를 토대로 한 모델로 전환하는 과정이었다. 20세기에 걸쳐 점차 여성이 노동 시장에 더 많이 접근하고 가계에서 두 번째 임금 소득자 역할을 차지함에 따라 '과도기적 가계 모델'이 등장해 깊숙이 안착했다.³ 적어도 미국에서는 노동통계국 추산 2019년 12월 기준으로 여성이 남성보다 더 많은 일자리를 차지했고 한부모 가구 비율도 증가했다.

이 장에서는 여성 경제 저술가와 경제학자들이 남성, 여성, 부양가족 사이의 자원 관리 및 분배를 위한 도구로 이 같은 가계 모델에 어떻게 접근했는지 논의할 것이다. 그리고 후반부에는 젠더와 인종에 따른 임금 격차에 대한 이들의 논의와 설명을 살필 것이다.

˚ 분배의 이동 패턴 ˚

19세기 동안 정치경제학자들은 산업 사회가 어디에서나 널리 받아들일 수 있는 체제라는 사실을 깨달았다. 그와 더불어 부의 불평등이 점점 심화하면서 특히 남성들 사이에 '평등' 관념이 급속도로 떠오르고 있었다. 이에 지대한 영향을 미친 것이 노예제 폐지 운동과 초기 사회주의 운동이었다. 미국 여성 운동의 시발점이 된 〈감정 선언서(The Declaration of Sentiments)〉는 1848년 미국 뉴욕 세니커폴스에서 열린 제1차 여성 회의 때 발표된 선언문으로, 〈독립 선언서(The Declaration of Independence)〉에서 '남성'이 언급되는 곳마다 '여성'을 추가해 작성한 것이었다. 그때까지 젠더관계의 기반은 대체로 권력, 힘, 정치, 법률과 이를 뒷받침하는 규범 및 가치에 있었다. 그리고 미국의 인종관계는 오랫동안 남부와 북부 일부 지역의 노예제로 특징지어져 왔다. 일찍이 애덤 스미스도 노예제 폐지를 주장했는데, 노예제가 경제적으로 '비효율적'이라는 이유에서였다.

> 노예가 다치거나 병들면 주인의 몫이라고 하지만, 자유로운 하인에게는 자신의 몫이다. (중략) 따라서 모든 시대와 국가의 경험에 비춰볼 때 나는 노예가 하는 일보다 자유인이 하는 일이 결국 더 저렴해진다고 믿는다.[4]

1820년대와 1830년대에 일어난 잦은 파업과 노예 폭동에 대응해 현상 유지와 현재의 소득 및 부의 분배가 '자연스러운' 일이라고 말한 경제학자 나소 윌리엄 시니어도 애덤 스미스와 유사한 맥락에서 '자유인'이 자신과 가족을 어떻게 돌보는지 설명했다. 19세기에 걸쳐 미국의 노예제는 임금 노동제로 대체됐으며, 중산층 이상 가정에서는 기혼 여성의 노동 시장 배제를 지지하는 남성 임금 노동 가계 모델을 표준으로 남편에게 아내의 무임금 가사 노동 및 가계관리 서비스가 보장됐다. 미국 수정 헌법 제13조는 1865년 노예제를 종식했지만, 죄를 지은 수감자를 노예로 취급할 수 있는 선택권은 유지했다. 이로 인해 수감된 흑인을 노예처럼 부리는 이른바 '죄수 임대(convict leasing)' 관행이 남부에 널리 퍼졌고, 이 조항을 악용해 흑인을 범죄자로 만들어 노예화한 사례도 비일비재했다. 오늘날에도 미국 백인 사회에 이 같은 정서는 완전히 사라지지 않았다.

아주 최근까지도 산업 사회는 여성 임금과 남성 임금을 분리했다. 여성은 남성보다 40~60퍼센트 정도 낮은 임금을 받았고, 흑인 여성은 조금이라도 번다면 훨씬 더 적게 벌었다. 낮은 임금을 경험한 여성 노동자들은 당연히 자신의 소득을 공평하다거나 자연스럽다고 여기지 않았다. 19세기 초 영국에서 낮은 임금에 가사 노동까지 도맡았던 공장 여성과 소녀들은 식량 폭동이나 농업 및 직물 산업 기계화 반대 파업 등에 깊이 관여했다.[5]

제4장에서 잠깐 이야기한 해리엇 핸슨 로빈슨은 미국 매사추세츠 '로웰 공장 소녀들(Lowell Mill Girls)' 중 한 사람이었다. 방적 공장에서 어린 여자아이들을 고용한 것은 이들이 결혼할 때까지 젊은 여성들을 대체하리라는 기대로 시작한 일종의 실험이었다. 노동 환경은 세월이 흐르면서 더욱 악화했다. 그녀는 이 공장의 경제적 역사와 함께 신체적·정신적으로 미성숙한 소녀들이 공장 노동과 노동 환경 때문에 망가지는 과정을 자신의 경험을 바탕으로 묘사했다. 그렇지만 해리엇 핸슨 로빈슨은 프랜시스 캐벗 로웰(Francis Cabot Lowell, 1775~1817)이 자신의 이름을 딴 마을에 공장을 세워 지역과 국가 경제 발전에 이바지하겠다는 그의 비전을 긍정적으로 바라봤다. 당시 로웰은 '아메리카의 맨체스터(Manchester of America)'라고도 불렸다. 그녀는 로웰 공장의 성공을 "자신들 부의 원천인 노동자들의 신체적·정신적·도덕적 요구를 고려할 만큼 충분히 현명한 사람들에 의한 경영" 덕분이라고 설명했다.[6] 그러나 1836년 임금이 25퍼센트나 하락했고 결국 "소녀들은 밖으로 뛰쳐나갔다"는 서술에서 알 수 있듯이 상황은 매우 심각했다. 해리엇 핸슨 로빈슨은 당시 상황을 "이 나라에서 일어난 면화 공장 노동자들의 첫 번

째 파업"이라고 썼다.[7] 훗날 그녀는 노예제 폐지 운동과 여성 참정권 운동에 적극적으로 참여했다.

미국 최초의 노동조합은 1830년대와 1840년대에 형성됐다. 노동조합이 설립되고 원활히 운영되는 데는 여성들의 역할이 매우 컸다. 여성의 이해관계에 대한 인식은 초기 사회주의 운동의 급진적 측면이 낳은 결과였다. 이 운동에서 그 중심은 노동이었고 신성한 것으로 간주했다. 반면 소득 분배는 기존 정치적·경제적 개념이 아닌 노동 생산이 창출한 가치와 경제 성장 기여도에 따라 달라졌다. 그렇기에 여성 노동자들도 자신의 경제적 이해관계에 관심을 둘 수밖에 없었다. 1840년 직물 노동자 '로웰 공장 소녀들'은 자신들이 직접 기고하고 발행하는 정기 간행물 〈로웰오퍼링(The Lowell Offering)〉을 창간했다.[8] 이 시기 마찬가지로 로웰 지역 방적 공장에서 일하던 여성 노동자이자 노동 운동가 새라 배글리(Sarah Bagley, 1806~1889)를 비롯한 '로웰 공장 소녀들'이 '로웰여성노동개혁협회(Lowell Female Labor Reform Association)'라는 미국 최초의 여성 노동조합을 세워 '하루 10시간' 노동을 위한 투쟁을 시작했다.[9] 새라 배글리는 이후 뉴잉글랜드 직물 노동조합의 핵심 인물로 성장했다.

여성 임금 노동자들은 아버지, 형제자매, 친구, 남편과 똑같은 방식으로 착취당하면서 남성 노동 계급과 이해관계를 공유했다. 노예들은 상황이 훨씬 더 끔찍했다. 노예제 폐지 운동과 사회주의 운동이 힘을 얻자 노예 착취는 자본주의 발전 과정에 관한 카를 마르크스의 과학적 경제 분석으로 이론화됐다. 1917년 러시아 혁명 당시 독일 마르크스주의 이론가 클라라 제트킨(Clara Zetkin, 1857~1933)은 연설문 〈여성의 일과 노동조합〉(1893), 〈노동자 인민의 여성〉(1915), 〈파시즘은 반드시 타도돼야 한다〉(1932)를 통해 사회주의 운동에서 여성 노동자들의 역할과 공헌을 역설했다. 이 연설에서 그녀는 자본주의의 사회적·경제적 기반, 특히 막대한 소득과 부의 불평등이 파시즘의 출현을 초래했다고 비판했다. 그녀는 여성 노동자들이 당당히 목소리를 낼 수 있도록 이를 사회주의 운동 강령에 포함하도록 요구했으나 번번이 묵살당했다. 이처럼 여성 문제를 일관되게 뒷전으로 내팽개친 사회주의 운동에 대한 자신의 경험을 바탕으로 클라라 제트킨은 훗날 독립적인 페미니즘 운동을 옹호했다.

프리드리히 엥겔스와 사상적 맥락을 함께한 러시아 마르크스주의 이론가이자 혁명가 알렉산드라 콜론타이(Alexandra Kollontai, 1872~1952)는 페미니즘을 부르주아적 노력으로 간주하고 사회주의 운동에 저해가 된다고 주장한 여성 경제 저술가 중 한 사람이었다. 그녀는 여성과 소녀 노동자들의 이해관계와 관심을 무시하는 당대 서구 페미니즘을 거듭 비난했다. 알렉산드라 콜론타이는 1917년 두 차례에 걸쳐 일어난 러시아 혁명 이후 볼셰비키(Bolsheviki) 행정부의 첫 여성 인민위원으로 선출돼 1919년 여성부를 창설하고 노동 계급 여성과 남성의 동등한 권리를 주장했다.[10] 하지만 그녀는 공산당 내부의 권력 싸움에서 패배했다. 여성의 경제적 독립과 배우자를 선택할 권리, 무임금 가사 노동을 줄여야 한다는 그녀의 주장은 당 내부의 지지를 얻지 못했다.[11] 여러분도 알다시피 소비에트 연방은 수백만 명의 자국민을 학살한 권위주의 국가로 타락할 터였다. 그래도 세월이 흐름에 따라 서구 여성 노동자들은 과거에 접근할 수 없었던 분야에서 점차 자리를 확보했고, 남성 노동자들과 동일한 권리를 갖는 데 가까워졌으며, 광범위한 육아 정책 덕분에 가사 노동을 상당히 줄일 수 있었다.

°경제 기사도와 임금 노동제°

수 세기를 지배해온 경제적·이념적 젠더관계에 19세기 동안 법률, 정책, 제도, 규범, 가치 측면에서 많은 변화가 일어났다. 해리엇 테일러 밀과 존 스튜어트 밀은 법 앞에서 부부는 완전히 평등하다고 주장하면서 이렇게 말했다.

> 우리는 순종의 도덕성 그리고 기사도와 관용의 도덕성을 가졌다. 이제는 정의의 도덕성을 발현할 차례다.[12]

'경제 기사도(economic chivalry)' 개념이 등장하기 이전이었으므로 이들의 생각은 시대를 훨씬 앞선 것이었다. 그렇지만 '기사도' 개념은 중세로까지 거슬러 올라가며, 수 세기에 걸쳐 성별 사이의 문명적 관계와 관련한 논쟁에서 반복적으로 등장했다.[13] 기사도는 남성의 우월성을 유지하면서 여성과 남성의 주체성과 심지어 평등까지 관대하게 인정하는 '남성성' 개념을 제공해왔다. 앨프리드 마셜은 이 기사도에 기반한 젠더

관계를 지지했다.[14] 그는 1907년 〈이코노믹저널〉에 기고한 칼럼에서 중세에 기사도가 여성과 약자를 보호했듯이 이제 '경제 기사도'를 발휘해야 한다고 주장하면서, 사회적으로 책임 있게 부를 사용할 수 있는 고용주나 자본가 등의 이타적 태도를 촉구하면서 이를 사회주의 및 협동조합 운동의 대안으로 제시했다. 페미니즘 경제학 이론에서도 아내와 자녀를 경제적으로 보호해야 할 남편의 관대한 태도로서 경제 기사도가 언급됐다.[15] 더욱이 경제 기사도는 19세기 후반 아내가 가정의 도덕적 보호자 역할을 하면서 남편과 자녀에게 자신을 삶을 희생하는 여성성을 강조할 때도 '모성 숭배(cult of motherhood)'를 반영한 개념으로 활용됐다. 남성 임금 노동자 중심 가계 모델의 도덕적 기반인 경제 기사도는 19세기 끝 무렵 정점을 찍고 이후 제2차 세계대전의 여파로 다시 돌아오게 된다.

중산층 여성이 노동 시장에서 배제되고 경제적으로 의존하는 삶을 살아야 하는 상황을 샬럿 퍼킨스 길먼과 올리브 슈라이너, 메이블 앳킨슨은 '기생(parasitism)'이라고 불렀다.[16] 여성 경제 저술가들은 수 세기 동안 젠더관계에 대한 가부장적 인식을 비판하고 경제 기사도에 대항해 싸웠다. 샬럿 퍼킨스 길먼은 이런 경제적 젠더관계를 부자연스럽다고 꼬집었다. 그녀는 《여성과 경제학(Women and Economics)》 제1장에서 이렇게 썼다.

> 우리는 암컷이 수컷에게 먹이를 의존하는 유일한 동물 종이며, 성-관계가 곧 경제-관계인 유일한 종이기도 하다.[17]

경제적 젠더관계 설정에 대한 샬럿 퍼킨스 길먼의 공격은 매우 날카롭게 핵심을 관통하고 있다. 그녀는 찰스 다윈(Charles Darwin, 1809~1882)의 진화론과 자연 선택 이론에 근거한 생물학적·진화적 은유와 추론으로 '자연 선택'과 '성 선택' 간 힘의 균형이 깨졌다고 지적했다. 여성을 남성에게 경제적으로 의존하게 함으로써, 여성을 부양하는 남성이 여성의 경제 환경으로 자리 잡게 됐다는 것이었다. 그녀는 이것이 '여성'과 '인종' 모두에게 피해를 준다고 인식했다. 이후 엘리너 래스본은 경제 기사도에 기반한 이와 같은 성별 간 소득 재분배 모델을 다음과 같이 비판했다.

> 이는 남성에게 자금을 조달해 어떻게든 모든 일을 해결하도록 하는 간접적이고 기이하며 서투른 방법이다. 그에게 직접적인 재정 지원도 하지 않으면서 남성의 임금 노동만으로 가족을 부양할 수 있음을 보여주고자 그저 그의 '맹목적인 경제력'에 모든 것을 맡긴다.[18]

에이더 헤더 비그(Ada Heather Bigg, 1855~1944)는 1894년 발표한 논문 〈가계 소득에 대한 아내의 기여(The Wife's Contribution to Family Income)〉를 통해 여성들이 산업화 이전 경제 생산에 상당한 공헌을 했다고 설명하면서, 여전히 많은 생산 활동이 가정에서 일어나고 산업 전반에 영향을 미친다고 주장했다.

이 모든 증거에도 불구하고 현재의 여성 고용 증가를 이례적인 양상이라고 비난하거나, 19세기 문명에 여성 노동과 성별 간 노동 경쟁의 책임을 씌우는 것은 참으로 어리석은 일이 아닐 수 없다.[19]

이에 더해 그녀는 여성 노동에 반대하는 것보다 기혼 여성 노동자가 임금을 받는 데 대한 불만이 문제의 본질이라고 지적했다. 그녀는 정당한 노동으로 얻은 임금을 가정경제와 가계관리에 쓰는 것은 온전히 여성들의 문제라고 일갈했다.

여성의 전쟁 승리 노력과 공헌을 바탕으로 노동 시장 참여가 급속도로 증가한 제1차 세계대전 말엽부터는 젠더 구분에 따른 소득 분배 체제에 대한 비판이 더욱 거세졌다. 엘리너 래스본은 경제 기사도에 근거한 젠더관계를 여성과 아동 지원이라는 허울뿐인 명분을 위한 구시대적이고 비효율적인 분배 메커니즘이라고 규정했다. 그녀는 이 체제를 따라 경제 기사도를 발휘해야 할 남편들에 대해 이렇게 썼다.

> 그가 그렇게 받은 임금을 가족을 위해 쓸지 자신만의 '작은 즐거움'에 쓸지는 물론 전적으로 그의 호의에 달렸다. 국가는 남편의 아내와 자녀 부양권을 인정하면서도 실제로 그렇게 하는지는 아무런 관심이 없기 때문이다. 남편의 권리만 명시하고 그 수행에 관해서는 무관심한 이 같은 법률은 너무 불완전해서 가족 보호 수단으로서의 가치가 전혀 없다.[20]

이후 엘리너 래스본은 여성 스스로 임금을 벌어 가정에 재정적으로 공헌할 수 있도록 정부, 기업, 노동조합이 개입해 경제적 젠더관계 체제를 바꾸라고 주장하면서, 정부를 향해서는 복지 차원에서 가족 수당을 지급함으로써 자녀 양육을 국가적 과업으로 격상하라고 요구했다.

그러나 경제학자 대부분은 경제 기사도에 기반한 젠더관계에 계속해서 집착했다. 19세기 후반 영향력 있는 영국 철학자이자 사회학자 허버트 스펜서(Herbert Spencer, 1820~1903)는 역사의 진보와 다윈 진화론을 지지한 비어트리스 포터 웹과 시드니 웹 같은 진보주의자들 사이에서도 인기가 있었다. 사회진화론자로서 허버트 스펜서는 '적자생존(survival of the fittest)'이라는 용어를 처음 사용했고, 1851년 첫 번째 저서 《사회정역학(Social Statics)》에서 인간의 행복은 확고한 자연 법칙에 기반을 두고 있다고 주장했다.[21] 1862년 《제1원리(First Principles)》에서는 진화론적 개념과 인종에 기반한 관점에 근거해 문화 순위를 매겼다. 그가 볼 때 영국은 경제적 부 덕분에 아내들이 임금 노동에서 자유롭고 자녀 양육에 평생을 바칠 수 있다는 점에서 압도적인 경제 기사도를 발휘하는 1위 국가였다.[22]

미국에서는 1896년에서 1932년에 해당하는 이른바 '진보 시대(Progressive Era)' 동안 소포니스바 브레킨리지(Sophonisba Breckinridge, 1866~1948), 이디스 애벗, 헤이즐 커크(Hazel Kyrk, 1886~1957) 같은 '제도주의(institutionalism)' 옹호론자들이 여성의 고임금 일자리 접근을 막는 '이중 노동 시장(dual labour market)' 이론을 파헤쳤다. 소포니스바 브레킨리지의 사회 사업 연구와 이디스 애벗의 임금 노동 역사 연구는 경제적 젠더관계 체제의 작동 원리와 그것이 사회적으로 혜택받지 못한 사람들에게 미친 영향에 관한 통찰을 제공했다.

더 많은 여성이 고등 교육을 받고 한계에서 경력을 쌓아가자 오스트리아 출신의 미국 경제학자 조지프 슘페터(Joseph Schumpeter, 1883~1950)는 결혼의 도덕적 기반을 우려했다. 그는 이 같은 변화를 자본주의 발전 과정에서 나타나는 병폐 가운데 일부로 인식했다. 그는 자본주의의 이 "피할 수 없는 쇠퇴"를 설명하면서 다음과 같이 묘사했다.

> 장래 행동 방침에서 개별적 장단점을 저울질하는 습관을 몸에 익히자마자 그들은 공리주의적 교훈 그리고 그동안 사회적 환경이 자신을 위해 만들어준 전통적인 조정을 더는 당연시하지 않게 됐다.[23]

이를 달리 말하면 여성과 남성에게 부모로서 요구되는 희생, 특히 여성들이 그런 희생을 기꺼이 감내하지 않게 됐다는 의미다. 비슷한 맥락에서 남성들은 "작물을 수확하면 자기 것이 되는지 아닌지와 상관없이 모두의 미래를 위해 일하는" 자본주의 윤리를 잃게 됐다는 뜻이다.[24] 이로 볼 때 조지프 슘페터는 자본주의 문화의 중요한 부분으로서 남성의 미덕, 희생, 기사도라는 전통적 개념을 중시했다고 할 수 있다.

20세기에 이르러 여성의 노동 시장 참여가 더욱 증가하면서 제1차 세계대전 중 등장한 새로운 경제적 젠더관계 체제인 '과도기적 가계 모델'이 널리 퍼졌고, 여성과 노동 시장과의 연결도 한층 강화됐다. 과도기적 가계 모델에서 여성은 당당히 직업을 갖고 전문가가 될 수 있다고 인식됐으며, 남편과 별개로 독립적인 소득을 올릴 것으로 기대됐다. 하지만 그와 동시에 여전히 여성은 가사 노동에 전반적 책임을 지고 있었다.

1970년대와 1980년대 서구의 수많은 여성이 고등 교육을 받고 경제 학부에서 공부함에 따라 다음과 같은 질문이 본격적으로 제기됐다.

"여성은 어디에 있는가?"

"(유색인종) 여성은 어떤 일을 하는가?"

"그들은 얼마를 버는가?"

"왜 그토록 적은가?"

"왜 집안일은 늘 여성이 하는가?"

이와 관련한 초기 연구에서 여성 경제 저술가와 경제학자들은 마르크스주의, 신고전주의, 제도주의, 케인스주의 경제 이론을 두루 적용하는 한편, 이 주제에 제대로 된 개념화나 충분한 설명이나 만족스러운 답변을 제공하지 못하는 이들 이론의 남성 편향적 한계를 비판했다. 사회주의 페미니스트들은 여기에 주로 마르크스주의 경제 이론을 적용했고,[25] 자유주의 경제학자들은 신고전주의 경제 이론과 모델을 대입했다.[26] 주류 경제학으로 자리 잡은 신고전주의 전통에서 연구를 수행한 제이컵 민서(Jacob Mincer, 1922~2006) 등 노동경제학자들은 기혼 여성들의 노동 시장 참여 증가를 여성의 노동 시간 공급과 여가 수요 사이에서의 선택이 노동 시간 공급과 "집에서 일해야 하는" 시간 사이에서의 선택으로 대체돼야 한다는 그들의 생각에 따른 결과라고 분석했다. 그는 기혼 여성의 노동 시장 참여율은 "가장의 소득"과 직접적 관련이 있으며, 그 소득이 감소할 때 "가정경제 일꾼을 추가하고자" 기혼 여성들이 노동 시장에 뛰어든다는 결론에 이르렀다.[27]

1981년 《가족에 관한 논고》를 발표한 개리 베커는 경제 기사도 전통의 가정경제를 개념화하면서 가장을 '이타주의자(altruist)'로, 아내를 '수혜자(beneficiary)'로 명명했다. 그는 '가족'을 교환관계를 시작하기로 한 두 사람의 최소 공동체로 정의하고 이를 비교우위 관점에서 이론화했다. 《가족에 관한 논고》 후반부에서 개리 베커는 아내의 경제 주체성은 결국 사라지고 그녀의 효용은 남편의 효용에 흡수된다고 묘사했다. 그는 '이타주의자 가족(altruist family)'을 가장 효율적인 가계 모델로 간주했다. 이 모델에서 아내와 자녀는 남편과 아버지의 효용에 감사히 의존하며, 이 이타주의자가 최대 효용을 내는지 확인하는 데 관심이 있다. 결혼 생활, 즉 가족이 지속한다는 가정과 아내와 자녀에게 다른 선택이나 위협 요소가 없다는 가정이 이 모델의 중요한 전제다.

가정 내 의사 결정 설명에 '게임 이론(game theory)'을 적용한 매럴린 맨서(Marilyn Manser)와 머리 브라운(Murray Brown), 마저리 메켈로이(Marjorie McElroy)와 매리 호니(Mary Horney) 외에 쇼샤나 그로스바드-셰흐트먼(Shoshana Grossbard-Shechtman)도 결혼을 '노동의 교환(exchange of labor)'으로 정의했다.[28] 이후 놋부르가 오트(Notburga Ott)는 개리 베커 모델에서 아내가 가사 노동에 완전히 전문화하려면 이혼 가능성 배제를 전제해야 한다고 지적하면서 여기에 '교섭 이론(bargaining theory)'을 적용했다.[29]

20세기에 접어들어 유럽과 미국에서는 과도기적 가계 모델이 더 우세해진 데 반해 주류인 신고전주의 경제학자들은 자신들이 표준 가계 모델로 간주한 개리 베커의 접근 방식을 여전히 고수했다. 게임 이론 접근법은 자녀를 위한 노동 공급과 소득 지출에 대한 가족 내 갈등을 분석할 때 적용됐다. 개발경제학에서의 페미니즘 경제 분석은 젠더화한 소득 분배 개념이 경제 성장에 미치는 영향을 평가하는 데 특히 유용했다. 마침내 세계은행은 2001년 보고서에서 성평등이 경제 성장을 촉진하리라고 전망했다.[30] 그렇지만 미국에서 미혼모 증가와 그에 따른 여성 빈곤화는 남성 임금 노동자 중심 가계 모델의 병폐를 보여주는 명백하고 가슴 아픈 사례였다. 미국 주류 경제학계는 가계 모델 변화를 인정하려 들지 않은 데다 젠더별 임금 격차의 원인도 철저히 이해하지 못했다. 또한 미국 정부는 자국 경제학자들이 고수한 모델을 바탕으로 가정에서 여성의 생산적 활동을 재정적으로 지원하거나 다음 세대 중심이 될 아이들의 양육에 도움이 될 정책을 제대로 시행하지 않았다.

˚동일노동 동일임금 논쟁˚

프리실라 웨이크필드는 여성의 임금이 남성보다 훨씬 낮은 이유를 설명하면서 여성에게 개방된 괜찮은 직업이 턱없이 부족하다고 비판해 논쟁을 촉발했다. 여성에게 열린 소수의 질 낮은 일자리조차 많은 여성이 몰리면서 임금이 하락하고, 그마저 구하지 못한 여성들은 아무 일도 하지 못한다는 것이었다.[31] 캐럴라인 힐리 달은 다양한 국가와 대륙의 사례를 제시하면서, 여성이 남성과 같은 직업에 종사하는 경우가 가끔 있으나 임금은 남성의 30~50퍼센트 수준이기에 자신과 가족의 생계를 돌보기엔 역부족이라고 주장했다.[32] 바버라 리 스미스 보디촌과 올리브

슈라이너는 저임금이 독신 여성의 독립적 생활을 불가능하게 만든다고 지적했다.[33]

19세기 후반부터 '동일노동 동일임금' 개념과 관련한 논쟁이 수십 년에 걸쳐 유럽의 대부분 산업 사회에서 벌어지고 있었다. 엘리자베스 리 허친스와 이디스 애벗 같은 경제사학자들은 여성 노동자를 과도한 노동 시간과 취약한 노동 환경에서 보호하는 공장법 제정과 젠더별 임금 격차 해소를 요구했다.[34] 그 밖에 많은 페미니스트가 가부장적이고 여성의 선택권을 제한하는 갖가지 법률과 규범을 비판했고, 노동법 조항을 여성과 남성에게 평등하도록 개정해야 한다고 주장했다.

1891년 정치경제학자 시드니 웹은 새로 설립된 영국경제협회(British Economic Association)에서 여성과 남성의 임금 격차 문제에 관한 논문을 발표했다. 이 논문은 〈이코노믹저널〉 창간호에 게재됐다. 그런데 그는 이 주제와 관련한 많은 문헌과 역사적 배경을 심각하게 고려하지 않은 채 논문을 쓴 듯 보였다. 시드니 웹은 "비슷한 직업에 종사하는 여성과 남성은 거의 동일한 임금을 받지만", 전반적으로 "서로 다른 일을 하고 있고 산업 분야도 달라서" 임금 차이가 발생한다고 주장했다.[35] 그가 보기에 여성이 생산하는 재화와 서비스의 가치는 남성이 지배하는 분야에서 생산되는 재화와 서비스보다 낮았다. 시드니 웹에 따르면 생산된 재화 및 서비스 가치의 차이가 임금 격차의 원인이었다. 요컨대 노동 시장은 응당 해야 할 일을 했다는 것이었다.

그의 이 논문은 이후 〈이코노믹저널〉 지면에서 젠더별 임금 불평등의 실재와 양상에 대한 불꽃 튀는 논쟁의 도화선이 됐다. 1892년 밀리센트 개럿 포셋[36]을 시작으로, 1917년에는 엘리너 래스본,[37] 1919년에는 시드니 웹의 아내인 비어트리스 포터 웹('페이비언협회'에서 책으로 출간),[38] 1922년과 1923년에는 마리아 에지워스의 조카 프랜시스 Y. 에지워스 (Francis Y. Edgeworth, 1845~1926)[39]가 논문을 게재했다.[40] 밀리센트 개럿 포셋은 1892년 논문에서 시드니 웹의 의견에 대체로 동의하면서, 비경쟁 노동 시장은 희소한 데다 여성 대부분이 남성과 다른 분야, 즉 임금을 적게 받는 생산 분야에서 일한다고 강조했다. 이때 그녀는 여성이 남성과 동등한 임금을 요구하면 원칙적·전술적으로 오류에 빠지게 되며, 남성과 노동 시장에서 힘겨운 경쟁을 하게 된다고 꼬집었다. 그러나 1918년 다시 〈이코노믹저널〉에 게재한 논문에서는 생각을 완전히 바꾸고 정반대의 결론에 도달했다.[41]

1917년 논문에서 엘리너 래스본은 여성과 남성의 임금 격차 문제를 매우 상세히 논의했다. 그녀는 전쟁 이후 시기를 내다보며 무임금 가사 노동과 임금 노동에서 여성들의 공헌이 어떻게 보상받아야 하는지 고찰했다. 엘리너 래스본은 시드니 웹의 주장에 일부 동의하면서도 "여성이 남성보다 적게 버는 이유는 그렇게 될 수밖에, 즉 가치가 덜한 일을 할 수밖에 없기 때문"임을 분명히 했다.[42] 그녀는 여기에서 젠더 분리 문제를 재차 지적했다. 여성들에게 주로 저임금 일자리만 열려 있는 까닭으로 임금이 적을 수밖에 없으며, 더욱이 그런 일자리는 대개 가치가 낮은 재화와 서비스를 생산하기 때문에 임금이 낮다는 논리였다. 곧이어 엘리너 래스본은 여성이 생산한 재화와 서비스 가치를 고려하더라도 여전히 여성들은 자신이 마땅히 받아야 할 수준보다 더 적은 임금을 받는다고 주장했다. 그녀는 이렇게 설명했다.

> 여성들은 자신이 하는 일의 가치에 비례해 남성들보다 적은 임금을 받는데, 이것이 여기에서 우리가 우려하는 문제 중 하나다. 열등한 임금의 원인은 대략 네 가지로 분류할 수 있다.
>
> 1. 일터의 사업 조직력 부족
> 2. 남편에게 받는 용돈 또는 부수입
> 3. 일터의 낮은 경제 생산성
> 4. 개별 가계 수준에 따른 임금 요건[43]

엘리너 래스본은 남성에게 이른바 '가족 임금(family wage)'을 지급하는 관행을 비판하면서 각각의 요점을 정리했다. 당시 통상적으로 남성 노동자의 임금은 결혼하거나 자녀가 태어나면 인상됐다. 여성 노동자의 경우 가정을 꾸리면 임금 인상은 고사하고 오히려 해고 위험이 증가했다. 엘리너 래스본은 '동일노동 동일임금'을 현실적으로 모호하고 실현되기 어려운 요구라고 판단했다. 그렇게 되면 일터에서 여성 고용을 꺼리게 되고 결국 여성들의 노동 시장 참여가 더욱 어려워진다고 우려한 것이었다. 그렇다고 여성이 계속해서 낮은 생산 가치에 비례해 낮은 임금을 받을 수는 없기에, 그녀는 자녀를 둔 기혼 여성 노동자에게 정부 차원에서 일종의 '가족 수당(family allowance)'을 지급하는 방안을 해법으로 제시했다.

밀리센트 개럿 포셋은 무엇보다 영국의 전국여성참정권협회연합 회장으로서 활동과 제1차 세계대전 때의 경험을 바탕으로 동일노동 동일임금에 관한 자신의 견해를 1918년 논문에서 전면 재검토했다. 그녀는 노동자 성별을 임금 결정 요인으로 만드는 차별, 직장에서 관행적으로 자행되는 여성 배제, 노동조합에서의 여성 대표성 부족, 여성 대상 직업훈련 부족 등을 모두 인정했다. 밀리센트 개럿 포셋은 엘리너 래스본의 동일노동 동일임금에 대한 정의를 수용하면서 이렇게 썼다.

> 여성에게 남성과 공정한 경쟁의 장을 보장해 그에 따라 적용되는 이익 및 불이익을 수용 또는 거부하게 해야 하며, 여성 노동자에게 그 자체로 고착되는 영구적 불이익 또한 그에 따른 표준 요율에 비례해 감소해야 한다는 관점을 수용한다.[44]

밀리센트 개럿 포셋은 동일노동 동일임금 요구에 모호하거나 잘못된 지점이 없음을 인정했다. 말 그대로 같은 가치의 노동에 대해서 같은 임금을 받아야 한다는 것이지, 여성과 남성이 무조건 똑같은 임금을 받아야 한다는 주장은 아니었기 때문이다. 게다가 여성의 임금에 그들의 생산적 기여가 제대로 반영되지 않았고, 남성에게 더 많은 직업 훈련과 고임금 직업 접근 기회가 편중돼온 그간의 현실을 고려하면 동일노동 동일임금 요구는 정당하다고 그녀는 결론지었다.

1892년 시드니 웹과 결혼한 사회주의 경제학자이자 노동 개혁가이자 페이비언협회 일원인 비어트리스 포터 웹도 이 논쟁에 참여했다. 그녀는 왕립구빈법위원회(Royal Commission on the Poor Laws) 위원으로서 1905년부터 1909년까지 영국 내 빈민층 및 소외 계층을 조사해 보고서를 작성하기도 했다. 그녀는 오랫동안 페미니즘에 반대했으나 1906년에 이르러 "마음을 바꾸게" 됐다.[45] 그 계기가 바로 왕립구빈법위원회에 제출한 〈소수파 보고서(Minority Report)〉였다. 당시 왕립구빈법위원회는 자유주의·보수주의 진영의 〈다수파 보고서(Majority Report)〉와 사회주의·개혁주의 진영의 〈소수파 보고서〉를 취합했고 1909년 각각 발간했다. 비어트리스 포터 웹은 이 보고서에서 구빈원이 여성, 남성, 아동 등을 구분하지 않은 채 수용하던 문제를 지적했고, 자녀를 둔 빈곤층 기혼 여성에 대한 최소한의 지원을 요청하면서 이렇게 주장했다.

> 어머니 자신이나 남편이 어린 자녀를 양육하고 있는 가정을 대상으로 한 모든 형태의 공적 지원은 가족을 온전히 부양하기에 충분해야 한다.[46]

그녀는 노동자들에게 적절한 임금을 지급하면 살아남을 수 없다고 하는 '기생 산업(parasitic industries)'은 이미 생존 역량을 상실한 산업으로 봤다. 나아가 비어트리스 포터 웹은 임시적이고 불연속적인 고용 구조로 인해 대부분 노동자가 불완전 취업 상태에 있으며, 전반적으로 노동자 임금을 성별에 따라 책정해 남성과 여성에게 각각 별도의 임금을 지급하는 산업계 관행을 지적했다.

프랑스 식민지였던 니제르(Niger) 출신의 캐나다 페미니스트 경제학자이자 인권 운동가로 여성 경제 저술가 연구에 커다란 업적을 남긴 미셸 푸졸(Michèle Pujol, 1951~1997)은 《초기 경제사상의 페미니즘과 반페미니즘(Feminism and Anti-Feminism in Early Economic Thought)》(1992)에서 프랜시스 Y. 에지워스가 1922년과 1923년 〈이코노믹저널〉에 발표한 두 논문 〈동일노동에 대한 남성과 여성의 동일임금(Equal Pay to Men and Women for Equal Work)〉과 〈경제적 복지와 관련한 여성 임금(Women's Wages in Relation to Economic Welfare)〉이 이 주제에 공헌한 마지막 논쟁이었다고 설명했다.[47] 하지만 한계주의 이론을 대입해 이 문제를 풀고자 시도했던 프랜시스 Y. 에지워스는 결국 가부장적 현상 유지에 찬성하는 이념적으로 무거운 주장을 펼치면서 논문을 마무리했다. 이후 경제학계에서는 이 주제와 관련한 논쟁이 이어지지 않다가, 1960년대 다시 논란이 불거지자 그의 이 두 논문이 여러 곳에서 인용됐다.

°젠더와 인종별 임금 격차 설명°

20세기 마지막 수십 년 동안 서구, 특히 미국은 소득 불평등 심화를 혹독히 경험했다. 젠더별 임금 격차는 감소했으나 백인 위주였다. 유색인종은 여전히 인종별 임금 격차가 30~50퍼센트 수준을 유지했고 흑인의 경우 그 차이가 더 두드러졌다.

신고전주의 경제학자들에게 노동은 재화와 서비스 생산에 사용하는 상품으로 정의됐다. 이는 모든 노동이 본질에서 같으며 노동이라는 상품이 포함하는 인적 자본 수준, 즉 교육이나 기술이나 경험에서만 차이가 있음을 의미했다. 과거 정치경제학자들의 추론대로 노동자에게 생계 기반 임금을 지급해야 한다는 생각은 완전히 밀려났고, 이 새로운 사고의 틀에서는 노동자가 (한계) 생산성에 따라 임금을 받아야 한다고 인식됐다.

기나긴 역사적·경제적 억압과 배제에 근거를 둔 노동 임금의 젠더별·인종별 격차에 대한 분석은 이제 신고전주의 경제학자들에 의해 이해됐으며, 이들의 임금 격차는 생산성과 노동 수요 사이의 차이로 축소됐다. 낮은 임금은 낮은 생산성 또는 제공되는 재화 및 서비스의 낮은 가치를 의미한다는 스미스 웹과 프랜시스 Y. 에지워스의 관점을 받아들인 것이었다. 그 인과관계가 다른 방향으로 갈 수도 있다는 여성 경제 저술가들의 견해는 거의 논의되지 않았다.

페미니스트 경제학자들의 분석은 정확히 이 지점을 지적했다. 여성과 유색인종이 장기간에 걸쳐 고임금 일자리에서 배제됐고, 임금·무임금 농업과 가사 노동, 그리고 육아, 청소, 간호(간병), 교육 등 노동을 화폐화·시장화한 분야에서 여성의 대표성이 과도하게 부각했다는 사실은, 합리화된 모성 숭배나 직업 훈련 기회 부족 같은 다른 차별 요인과 더불어 젠더별·인종별 임금 격차의 주된 원인으로 드러났다.[48]

1960년대와 1970년대에 젠더별·인종별 임금 격차가 표준 경제 이론에서 이례적 현상으로 재등장했을 때 사회주의 페미니스트들은 여성 노동자를 일종의 '노동 예비군(labor reserve army)'으로 이해했으나, 계급 체제 바깥에 있는 기혼 여성의 위치는 가부장 사회에 대한 페미니즘 분석과 자본주의에 대한 마르크스주의 분석 사이의 결합을 어렵게 하는 요인으로 작용했다.[49] 앤 제닝스(Ann Jennings), 데보라 피가트(Deborah Figart), 엘런 뮤터리(Ellen Mutari), 매릴린 파워(Marilyn Power) 같은 제도주의 경제학자들은 임금 설정 과정과 성차별 및 인종 차별 규범과 가치의 역할을 분석했다.[50] 신고전주의 경제학자들은 이른바 '방법론적 개인주의(methodological individualism)'를 연구에 적용해 (합리적) 개인을 분석의 기본 단위로 삼았다.● 젠더별 및 인종별 임금 격차에 대한 설명은 오직 '노동 시장'과 관련한 문제로만 이론화했으며, 연구 또한 전적으로 노동 시장의 공급 측면에만 초점을 맞췄다. 노사관계를 개별 고용주와 개별 근로자 사이의 협상으로 개념화하자, 동일노동에 대한 평균 임금과 차별 임금은 고용주의 개인 선호도 또는 노동자 사이의 특성 차이로 설명됐다.[51] 이 가운데 '노동자 사이의 특성 차이'에 관한 연구는 1980년대에 시작됐다.

1990년 여성 최초로 하버드대학교 경제학부에서 종신 교수 지위를 확보한 클라우디아 골딘은 일찍이 1973년 미국 여성들의 노동 시장 참여와 젠더별 임금 격차에 대한 역사적이고 실승적인 경제 연구를 수행한 바 있다. 1990년 출간한 《젠더 격차 이해: 미국 여성의 경제사(Understanding the Gender Gap: An Economic History of American

---

● '방법론적 개인주의'란 복잡한 사회적·경제적 현상을 개인에게 환원했을 때도 그대로 나타나는지 확인하는 접근법을 말한다. 이 관점은 (합리적) 개인의 상호 작용을 모든 사회적·경제적 현상의 원인, 즉 '개인의 합=사회(경제)'라고 간주한다.

Women)》에서 그녀는 18세기부터 20세기 후반까지 미국 내 여성 고용 증가, 여성 노동자의 경제 성장 공헌, 젠더별 임금 격차 등이 발생한 이유를 설명했다. 클라우디아 골딘은 1800년대 중반 미국 산업혁명 기간에 젠더별 임금 격차가 감소했고, 20세기 첫 수십 년 동안 다시 감소했다고 지적하면서, 1990년대와 2000년대에 이 같은 감소 현상이 또다시 일어나리라고 예측했다. 그러나 어디까지나 감소일 뿐 전반적인 젠더별 임금 격차는 계속 유지될 것이며, 특히 자녀 양육으로 인해 노동 시장에서 멀어지는 기혼 여성들의 인적 자본 손실이 여성의 직업과 승진에 악영향을 미친다고 결론지었다.[52]

개리 베커는 1957년 《차별의 경제학(The Economics of Discrimination)》에서 차별은 고용주가 인적 자본에 따라 특정 부류의 노동자와 함께 일하기를(또는 일하지 않기를) 선호하는 데서 발생한다고 주장했다. 이런 선호는 비용이 많이 들기 때문에 노동자 사이의 인적 자본 경쟁으로 고용주의 차별 행태를 없앨 수 있다고 덧붙였다.[53] 하지만 그렇게 되지 않자 일부 페미니스트 경제학자들은 개리 베커가 신고전주의 경제 이론을 단순한 접근 방법으로 좁혀서 열어준 문을 이용해 가계의 경제적 행태, 여성의 노동 시장 참여, 젠더별·인종별 임금 격차 연구에 적용했다.

프랜신 블라우와 로런스 칸(Lawrence Kahn)은 1992년 전미경제연구소(National Bureau of Economic Research, NBER) 연례 회의 발표 논문에서 1971년부터 1988년까지 젠더별 임금 격차가 30.4퍼센트로 감소했다고 보고했다.[54] 시프 구스타프손(Siv Gustafson)과 다니엘레 뮬더스(Danièle Mulders)는 여성의 노동 시장 참여, 젠더별 임금 격차, 젠더별 고용 패턴 등을 연구한 결과를 2000년에 저서 《젠더와 노동 시장: 평등 달성 걸림돌에 관한 계량경제학적 증거(Gender and the Labour Market: Econometric Evidence of Obstacles to Achieving Equality)》로 펴냈다.[55]

젠더별 임금 격차에 대한 설명은 이제 노동자의 '인적 자본'에 집중했다. 제3장에서 살폈듯이 노동자의 인적 자본은 주로 교육을 통해 향상했다. 그래서 교육은 훗날 더 높은 소득이 보상해줄 투자로 여겨졌다. 나아가 경제학자들은 교육 및 훈련에 따른 기술과 노동 기간에 따른 경험(숙련도) 수준을 기반으로 한 인적 자본 개념을 대입해 여성과 남성 사이 그리고 인종·민족 사이의 임금 격차를 설명했다.

여성과 유색인종의 교육 수준이 높아지면서 남성 및 여성 중위 소득 간 젠더별 임금 격차는 1980년대 40~60퍼센트에서 30퍼센트로, 2000년대에는 20퍼센트까지 좁혀졌다. 인종 간 임금 격차도 줄긴 했지만, 아시아계 미국 여성을 제외하면 여전히 큰 격차를 유지했다. 1980년에서 2015년까지 백인 여성은 40퍼센트에서 18퍼센트로, 흑인 여성은 44퍼센트에서 35퍼센트로, 라틴계 여성은 46퍼센트에서 42퍼센트로, 아시아계 여성은 2016년 21퍼센트에서 2015년 13퍼센트로 백인 남성 대비 중위 소득에서 차이를 보였다.[56]

신고전주의 경제 이론의 틀 안에서 활동하는 경제학자들은 자녀 수와 직접 육아 여부 등의 변수를 끌어들여 젠더별 임금 격차에 대한 설명을 보완하는 데 관심을 집중했다. 그리고 그런 식으로 설명되지 않는 7~12퍼센트의 젠더별 임금 격차는 '차별'이라는 꼬리표 아래 사회학

연구로 밀려나 그 자세한 연구가 사회학자들에게 맡겨졌다. 최근에는 젠더별·인종별 임금 격차를 온전히 이해하기 위해 기업의 구별 짓기 문화, 차별적 정책, 여성 노동 지원 부족, 이중 노동 시장 등 정책적·제도적 요인도 고려해야 한다는 인식이 대두하고 있다.[57]

일터를 둘러싼 규범과 규정을 접한 많은 여성 경제 저술가와 경제학자 및 페미니스트 경제학자들, 특히 유색인종 경제학자들은 젠더별·인종별·계급별 임금이 권력 메커니즘, 착취, 차별, 직업 분리 등을 통해 직간접적으로 결정된다고 지적했다. 폴라 잉글랜드(Paula England)는 1982년 발표한 논문에서 신고전주의 경제학자들이 직업 분리를 제대로 고려하지 못한다고 비판했다.[58] 앤절라 데이비스는 젠더와 인종, 계급을 기본 경제 범주로 규정해 이들 각각의 경제적 행태와 경제를 구조화한 방식에 초점을 맞췄다.[59] 테리사 아모트와 줄리 매세이는 백인, 아프리카계, 라틴계, 아메리카 원주민 여성 관점의 경제사에 관한 개요를 제공함으로써 미국 전역 고등학교에서 교육하는 '백인 역사(white history)'와 맥락을 연결했다.[60] 마를린 킴(Marlene Kim)은 표준 경제 모델을 이용해 피부색으로 차별받는 여성들이 이른바 '교차성(intersectionality)' 때문에 젠더차별과 인종차별을 각각 고려했을 때의 경제적 영향에 더해 훨씬 큰 경제적 후퇴를 경험한다는 사실을 밝혀냈다.[61]

낸시 폴브레는 돌봄 노동에서의 분배, 여성 임금이 경제에 미치는 영향, 돌봄 비용 등을 이론화하는 연구를 수행했다.[62] 이후 그녀는 인종, 젠더, 계급 범주로 '교차성'을 정의하는 보다 포괄적인 이론을 제시했다. 특히 가부장적 자본주의 발전에 영향을 미치는 집단과 집단적 행태 및 집단 역학을 이론으로 정립했다.[63] 낸시 폴브레가 돌봄 노동의 경제 이론적 토대를 만든 방식과 이 같은 여성 활동에 대해 복지 국가의 지원이 증가했거나 감소했던 방식은 모두 전통적 경제 이론에서 벗어나 오랫동안 경제 역사에서 철저히 무시되고 배제돼온 여성의 더 많은 이해관계를 포함하는 페미니즘 경제학 체계를 구축할 커다란 첫걸음이었다.

제7장

소비

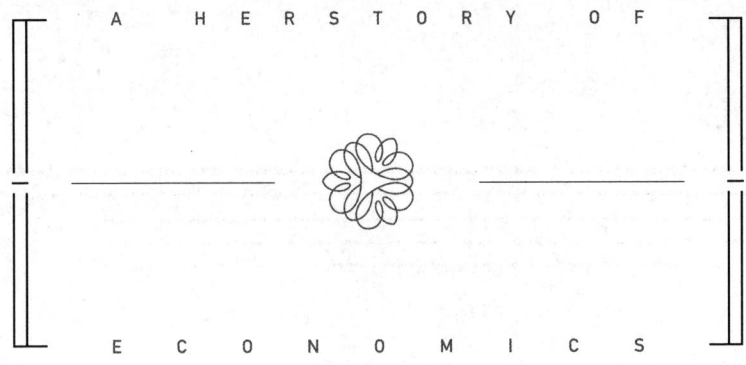

'소비', 그중에서도 사치품 소비가 영혼을 타락시킨다는 인식은 산업 사회의 등장으로 변화했다. 그동안 소비는 생산의 목적으로서 중요한 요소였으나 정치경제 이론에서는 미미한 역할에 그쳤고, 사치품 소비는 정치경제학자들 사이에서도 오랜 논쟁거리로 남아 있었다. 애덤 스미스는 《국부론》에서 이렇게 주장했다.

> 소비는 모든 생산의 유일한 종착점이자 목적이며, 생산자의 이익은 소비자의 이익을 촉진하는 데 필요한 만큼만 고려돼야 한다.[1]

그런데 한편으로 '수요'는 그저 존재하는 것으로만 가정했다. 또는 장-바티스트 세(Jean-Baptiste Say, 1767~1832)의 악명 높은 주장처럼 물물

교환 경제에서 "공급은 그 자체로 수요를 창출"하는 것이었다. 그가 말한 '공급'은 '노동력'을 뜻했다. 그가 볼 때 사람들은 자신이 원하는 것을 구매하기 위해 노동력을 '공급'하므로, 그렇게 생산된 상품의 '수요'는 언제나 보장되기 마련이었다.[2] 토머스 맬서스의 생각은 달랐다. 그는 지주 계급 수가 적어질 수 있고, 설령 그들이 매우 부유하더라도 소비는 제한적이기에, 장기간에 걸쳐 경제 성장을 견인하지 못하리라고 우려했다. 사람은 결국 많은 식량과 많은 사치품만 소비할 수 있다는 관점이었다. 게다가 나머지 인구는 너무 가난해서 생산된 소비재에 대한 구매력이 떨어지기 때문에, 과잉 생산에 따른 경제 위기 또는 장기적 경제 불황이 뒤따를 수 있었다.[3] 당시 정치경제학자들은 생산 과정에서 노동력 사용을 통해 가치가 결정되므로, 소비는 가계에서 일어나고 가치를 창출하지는 않는다고 가정했다. 그래서 소비에 비용을 더 많이 지출할수록 이익과 자본은 줄어든다고 여겼다. 따라서 노동자와 그 가족의 재생산을 초과하는 모든 소비는 기본적으로 잘못된 것이었다.

농업 사회에서 물건을 사고팔고자 시장에 간 사람은 대부분 여성이었지만, 산업 사회에서 시장은 정치경제학자들에게 점점 더 추상적인 개념으로 바뀌었고, 가계를 대표하는 남성들이 지배하는 것으로 인식됐다. 그렇지만 실제로는 집에서 여성들이 하인에게 시장에 다녀오라고 지시하거나 자신들이 직접 필요한 물건을 구매했기 때문에, 여성은 여전히 시장의 지배적 소비자로 남아 있었다. 그뿐 아니라 여성은 식민지에서 들어온 의류, 장신구, 가구, 장식품, 주방 도구, 차, 커피, 향신료 등 사치품 시장의 소비자이기도 했다. 이 '여성들의 경제사'를 연구한 영국 역사학자 맥신 버그(Maxine Berg)는 다양한 사치품 무역과 시장 발전 과정을 설명했다. 그녀는 신흥 소비 계급으로 부각한 중산층을 위해 이 상품들이 어떻게 설계되고 제조됐는지 조사하면서 이들 소비자가 스스로 '만들어진' 과정을 파헤쳤다.

상품 목록 확장, 선택지 증가, 고도로 전문화한 상점 출현, 광고와 유행 양상에 대응하면서 소비가 자연스럽게 학습됐다.[4]

당시 여성 경제 저술가들은 한창 떠오르던 소비 문화와 관련해 광범위한 저작을 남겼다. 사치품과 유행, 특히 의복의 의미가 달라지고 있던 상황은 19세기 소설에서 폭넓게 나타났다. 제인 오스틴은 등장인물의 외모와 행동뿐 아니라 잠재적 상속인으로서 지위와 재산과 함께 이들이 착용한 옷과 장신구 등도 자세히 묘사했다.[5] 이런 묘사 기법을 포함해 신흥 소비 문화의 다양한 측면이 엘리자베스 클레그혼 개스켈(Elizabeth Cleghorn Gaskell, 1810~1865)의 작품에도 이어졌다. 그녀는 찰스 디킨스(Charles Dickens, 1812~1870)가 편집하던 문학 주간지 〈하우스홀드워즈(Household Words)〉에 소설을 기고했으며,《북부와 남부(North and South)》(1855),《실비아의 연인들(Sylvia's Lovers)》(1863),《아내와 딸(Wives and Daughters)》(1864~1866)과 같은 소설 작품을 통해 자신의 독자들에게 19세기 영국 사회 중상류층 여성들의 삶에 대한 깊은 인상을 심어줬다.

《실비아의 연인들》 초반부 '새로 산 외투(Buying a New Cloak)' 장의 경우 사건의 중심이 되는 의류 상점 방문, 제품 검토, 재질 확인, 다른 제품과 비교, 가격 흥정 같은 구매의 모든 과정을 상세히 묘사하고 있다.[6] 엘리자베스 클레그혼 개스켈의 소설들은 당시 중상류층 여성의 사회적 지위와 정체성을 소비자로 확장된 여성의 역할로 연결 짓는 미묘한 분석을 제공했다. '모성 숭배'와 '경제 기사도'라는 빅토리아 시대의 이데올로기가 절정에 달했던 19세기 말, 샬럿 퍼킨스 길먼 같은 페미니스트 작가들도 중상류층 여성을 바라보는 사회의 시선을 놓치지 않았다. 이와 동시에 그녀가 살던 시대에 표면화한 새로운 여성성을 볼 수 있는데, 그것은 여성의 소비 패턴에 의해 부분적으로 결정됐다. 이른바 이들 '신여성(New Woman)'은 독립적인 교육을 받은 전문직 여성들로, 세련된 옷차림에 자전거를 타고 자유롭게 돌아다닐 수 있었다.

이 장에서는 여성 경제 저술가들의 바라본 '소비' 주체로서의 여성과 이들이 경제학에서 소비 행태를 경제 이론으로 정립하는 데 어떤 공헌을 했는지 살필 것이다. 그리고 천연자원 과잉 소비가 환경에 미치는 영향에 관한 여성 경제 저술가들과 경제학자들의 연구를 확인하면서 이 장을 마무리할 것이다.

°소비를 이론화한 여성 경제학자들°

경제학자들은 각 주요 계급에 대한 잉여 소득 분배와 그것이 경제에 미치는 영향 대신 '희소성(scarcity)'에 따라 자원을 가장 효율적으로 사용하는 데 초점을 맞추기 시작했다. 신고전주의 경제학자들은 현재 소득과 부의 분배를 '현상'으로 인식했다. 나아가 합리적 개인의 사익 추구 행태를 '자연적' 또는 '정상적' 현상으로 받아들이면서, 경제사와 인구 증가는 배제한 채 양적 한계 변화 측면에서만 경제를 분석하는 쪽으로 방향을 틀었다. 그들은 기본적으로 경제를 정적이고 비역사적인 현상으로 규정한 뒤 자신들의 역량을 양적이고 기술적인 시장 관계, 즉 가격과 공급량의 결정 및 시장 균형에 미치는 외부 변화 영향을 분석하는 데 집중했다.

한계주의 경제학자들이 점점 더 많은 경제학 분야를 장악하면서 소비는 가치 결정의 중심 무대로 이동했다. 이들 신고전주의 경제학자에 따르면 재화와 서비스는 그에 대한 개인의 필요와 욕구를 충족시킴으로써 가치를 창출하며, 가격과 공급량은 시장의 가격 메커니즘을 통해 결정된다. 과거 정치경제학자들은 가계를 단순히 경제 바깥의 탈역사적이고 불변하는 영역으로 여겼지만, 신고전주의 경제학자들은 이제 가계의 소비자들, 즉 자신들을 포함한 남성들이 경험하기 어려운 일상의 일부에 의해 가치가 결정된다고 바라봤다. 동시에 그들은 그 가치가 개인의 선호와 선택으로 '순수하게' 결정되므로 개인의 판단은 객관적이라고 규정했고 선택도 개인의 도덕적 판단에 맡겼다.

이와 거의 같은 시간과 장소인 20세기 초반 영국에서는 더 많은 여성이 고등 교육을 받아 더 넓은 직업군으로 진출했다. 여성 경제 저술가와 경제학자들도 한 걸음 더 나아갔다. 이 여성들 대부분은 여성 참정권 운동, 협동조합 운동, 노동 운동에 참여했다. 어떤 이는 경제학자의 아내로서, 어떤 이는 언론인으로서, 어떤 이는 독립적인 연구자로서 저마다 영향력을 키웠지만, 아직 경제학계에서 자리를 잡은 여성은 없었다. 그 대신 회의, 집회, 모임 등에서 자신들의 견해와 저작을 발표했다. 일테면 페이비언협회의 일원이던 에마 브룩은 그녀의 소설 《불필요한 여성(A Superfluous Woman)》(1894)과 《이행(Transition)》(1895)을 통해 페미니즘, 사회주의, 성 문제에 관한 논쟁을 탐구했다.

페이비언협회에서 활동한 여성으로 애니 베전트(Annie Besant, 1847~1933)와 모드 펨버 리브스(Maud Pember Reeves, 1865~1953)도 있었다. 애니 베전트는 방대한 저작을 남긴 사회주의 여성 운동가로 〈아워 코너(Our Corner)〉라는 비평지를 발행하고 편집했으며, 가족 계획과 산아 제한을 전파한 활동가였다. 모드 펨버 리브스도 사회주의 여성 운동가로 여성 교육과 고용 확대 및 참정권을 위해 헌신했다. 그녀는 페이비언여성그룹을 통해 극빈 가정의 소비 및 지출 패턴을 조사하고 소득에 따른 다양한 예산을 책정하는 연구를 수행했다. 그리고 그 결과물을 1912년 〈1주일 1파운드의 가족 생활(Family Life on a Pound a Week)〉이라는 제목의 연구 보고서로 출간했다. 모드 펨버 리브스는 터무니없이 낮은 소득으로는 생활할 수 없다고 호소하면서 이렇게 물었다.

> 1주일에 1파운드로 어떻게 아이들을 제대로 키우고 먹일 수 있겠는가? 그의 아내가 무슨 수로 가족을 돌볼 수 있을까? 그 대답은 적어도 런던에서는 아무리 열심히 일하고 냉혹할 정도로 검소하더라도 그런 일은 불가능하다는 것이다.[7]

가장 기본적인 필수 지출과 사치품 지출을 구분해 가정의 지출 패턴을 분석한 그녀의 연구는 영국 대다수 저소득 가정이 직면하고 있던 생활고 문제를 여실히 드러냈다. 반면 신고전주의 경제학자들은 소득 제한, 개인 선호, 무차별 곡선, 효용 최적화 같은 경제 이론적 측면에서만 추상적으로 이 문제를 언급했다.

한편으로 미국에서는 경제학에 대한 제도주의적 접근을 비롯한 절충적 방법론이 시도됐다. 이에 여성 경제 저술가들도 다양한 의견에 귀를 기울이고 연구를 수행할 수 있었다. 인류학, 심리학, 사회학, 경제학 등 학문 분야에서 생성된 지식을 바탕으로 제도주의 경제학의 시초라 불리는 소스타인 베블런(Thorstein Veblen, 1857~1929) 같은 남성 경제학자들도 소비 과정과 그 안에서의 여성 역할을 심층적으로 분석하는 데 주저하지 않았다. 그는 1899년 펴낸 《유한계급론(The Theory of the Leisure Class)》●에서 상류층의 값비싸지만 쓸모없는 사치품 소비를 "눈에 띄게 하는 소비", 즉 자신의 "부와 사회적 지위를 과시하기 위한 소비"로 특징짓는다. 소스타인 베블런은 상류층뿐 아니라 일부 중산층도 과시적 소비를 한다고 지적했다. 그에 따르면 "중산층 부인은 남편의 이름을 빛내기 위해" 사치품을 소비함으로써 "대리적 유한"을 과시했다.[8]

● 국내에서 '유한계급론'이라는 제목으로 익히 알려져 그대로 옮겼고 잘못된 번역이라고 할 수는 없지만, '유한'이라는 용어 때문에 의미가 헷갈릴 수 있기에 덧붙인다. 여기에서 '유한'은 한자로 '有閑', 즉 '시간(재산) 여유가 많아 한가하다'는 뜻이며, 원제의 'leisure(여가)'를 옮긴 것이다. 'leisure class'는 말 그대로 '여가를 즐기는 계급', '노는 계층'을 지칭하는데, 소스타인 베블런의 의미로는 '과시 소비를 하는 상류층과 중산층'을 말한다.

이후 여성 경제학자들도 이와 유사한 방법론을 적용해 사회적·경제적 스펙트럼의 반대편에 관심을 가졌으며, 이들 가운데 많은 여성이 사회 사업 분야에서 활동했다. 대표적으로 소포니스바 브레킨리지(Sophonisba Breckinridge, 1866~1948)는 1901년 시카고대학교에서 정치경제학 박사 학위를 받은 뒤 사회경제학 교수로 임용됐다. 1911년 전미여성참정권협회 부회장을 역임했고, 1915년에는 네덜란드 헤이그(Hague)에서 열린 국제여성회의(International Congress of Women)에 미국 대표단으로 참석했다. 1927년 사회학 학술지 《소셜서비스리뷰(Social Service Review)》를 공동 창간했고, 창립 편집자로서 1948년 생을 마감할 때까지 간행물 작업에 참여했다. 1934년에는 미국사회복지학교협회(American Association of Schools of Social Work) 회장으로 선출됐다. 그녀는 사회 복지 정책을 추진함으로써 증가하는 경제적 불평등을 해소하도록 정부를 압박했다. 그녀의 연구는 경제적 의사 결정 과정, 소비 측정 및 이론화, 광고 개발, 기본 및 표준 예산, 물가 지수 조정 등에 초점을 맞췄다.[9] 소포니스바 브레킨리지는 1905년에서 1923년까지 《정치경제학저널(Journal of Political Economy)》에 노동조합, 입법, 주택, 동일임금 등에 관한 다수의 논문을 게재했으며, 일부는 이디스 애벗과 함께 작업했다.

시카고대학교에 가정관리학부를 설립한 매리언 탤벗(Marion Talbot, 1858~1948)은 소포니스바 브레킨리지와 공저로 1912년 《현대 가정(The Modern Household)》을 출간했다. 이 책에서 두 사람은 주부의 능동적 역할과 책임을 강조하며 이렇게 지적했다.

(2,000달러에서 1만 달러 수입을 관리하면서도 전문가는 아닌) 여성은 자신들의 역할이 얼마나 중요한지 그 임무와 존엄성에 책임을 명확히 해야 하며, 효율성과 효용 개념이 낭비와 사회적 경쟁 개념을 완전히 대체하도록 해야 한다.[10]

여기에서 초점은 분명히 남편이 벌어들인 소득을 효율적으로 지출하거나 분배하는 데 있었다. 가계관리 과정에서 이 부분은 카를 멩거와 같은 오스트리아 학파 경제학자들이 설명한 내용과 유사했다. 그는 소비자가 재화를 한계 효용에 따라 소비하듯이 소득도 동일한 방식으로 배분한다고 주장했지만 이를 세부적으로 파고들지는 않았다. 반면 매리언 탤벗과 소포니스바 브레킨리지는 소비와 가계관리를 직접 연결해 상품을 구매하는 게 나을지, 직접 만들어 쓰는 게 효율적일지를 매우 상세히 논의했다.

우리 여성은 새롭게 확립된 지출 기능이 오래된 만들기 기능만큼 중요하다는 사실을 알고 있다.[11]

20세기 초 여성이 경제학계에 진출했을 때 처음 맡게 된 분야는 '여성의 영역'으로 간주하던 가계관리 및 가정경제였다. 가계관리와 마찬가지로 가정경제는 제1장에서 살폈듯이 '오이코노미아(oeconomia)'라는 오랜 전통에 기반했다. 소비에 관한 획기적 이론 정립과 실증적 연구는 1925년 시카고대학교 교수가 된 미국 제도주의 경제학자 헤이즐 커크가 수행했다. 그녀는 시카고대학교 경제학부에 가정학 분야를 재구성하는 작업 말고도 소비를 경제 연구의 별도 분야로 정립해 전통적인 가계관리 접근법에서 더 분석적이고 과학적인 접근 방식으로 초점을 이동시켰다.

헤이즐 커크는 1923년 출간한 《소비 이론》에서 소비자 행태에 관한 자신의 연구 개요를 설명했다. 이 분야를 체계화하면서 그녀는 소비자 행태 이론을 수립할 때 세 가지 주요 분야인 신고전주의 경제 이론, 경영경제학, 가계관리 이론을 구분해 적용했다. 여기에서 그녀는 정치경제학자들이 무시한 소비 개념을 언급하면서 한계주의 창시자 가운데 한 사람인 윌리엄 스탠리 제번스를 맹렬히 비판했다. 헤이즐 커크는 다음과 같이 단언했다.

> 경제학 이론은 정확히 소비 이론에서 시작해야 한다. 한계주의 경제 이론은 교환 가치 또는 가격에 관한 이론이며, 그렇게 의도됐다.[12]

헤이즐 커크는 소비 이론을 정교하게 구성하려면 학제 간 접근이 필요하다고 봤다. 그리고 우선 소비는 모든 사람이 하는 것이기에 '소비자'를 특정 부류 사람들로 규정하면 안 된다고 못 박았다. 소비자를 특정 집단으로 규정하는 것은 특정 소비자 집단으로서의 이해관계만 다룰 뿐이었다.

소비자 개인의 이해관계는 다른 역할에서의 이해관계와 구별되는 명확하

고 뚜렷한 실재다.[13]

그녀는 소비를 소비자가 풀어가야 할 세 가지 뚜렷한 문제, 즉 '선택과 예산 책정', '구매 결정', '구체적인 상품 사용' 과정으로 인식했다. 그녀가 보기에 소비를 연구하는 경제학자는 소득, 부, 행복 사이의 상관관계에 관심이 있어야 했다. 따라서 소비자 행동의 이해, 분석, 이론화를 목표로 삼는 경제학자는 '소비 과정이 일어나는 더 큰 맥락', '소비 과정이 통제되고 안내되는 방식', '사회 규범 및 가치 측면에서 어떤 기준으로 선택이 이뤄지는지', '소득과 부가 행복에 미치는 영향의 정도'를 유심히 살펴야 한다. 헤이즐 커크는 소비 의사 결정 과정에서 규범, 가치, 광고의 역할 등도 포괄적이고 체계적인 방식으로 상세히 다뤘다.

이처럼 그녀는 《소비 이론》 초반부에 소비를 개념화하면서 그 경제적 역할이 수동적 형태에서 능동적 형태로 변화한 원인을 분석했다. 이후 책 전반에 걸쳐 인칭 대명사 '그(he/him)'를 사용해 소비자를 '남성'으로 지칭한 뒤 맨 마지막 페이지에서 이렇게 설명했다.

가정의 생활 수준을 이야기할 때 고립된 개개인이 아닌 가족 전체를 일컫는 것처럼, 소비 단위를 말할 때도 보통은 한 가정을 지칭한다. 그런데 이 소비 단위에서 구매와 지출 등 모든 소비 방향 결정은 대개 해당 가정의 가계관리를 책임지는 여성의 기능이다. 하지만 그녀가 제공하는 이 기능의 본질과 중요성은 여성 자신이나 타인에게 온전히 인식되지 못했다. 이 가계관리 기술이 이론으로 수립되려 하자, 여성은 경제적 기능을 상실했으며 그렇지 않더라도 남성의 경제 질서에 기생할 뿐이라는 억측이 자주 제기됐다. 여성에게 걸맞은 지위를 부여한답시고 여성성이라는 이상을 이런 방향으로 끌고 왔지만, 계속 현실에서 일어난 일은 늘 남성과 여성 사이의 분업이었다. 가정의 복지는 각자의 분야에서 얼마나 효율적인지에 달려 있다. 그러므로 현재 여성에게 할당된 역할의 본질과 중요성에 대한 명확한 인식을 이 이론화 작업에서 공고히 해야 했다.[14]

헤이즐 커크는 소비자 역할을 단순히 선호와 가격을 고려해 재화 및 서비스를 선택하는 것 이상으로 이해했다. 소비 행위가 능동적 과정이라는 점을 고려하면 소비자가 생산에 영향을 미치는 것만큼 경제 방향을 결정하는 데에도 중요한 역할을 한다는 것이었다. 공급이 그 자체로 수요를 창출한다는 '세의 법칙(Say's law)'과 대조적으로 그녀는 소비자 수요가 공급을 창출한다고 주장했다.

헤이즐 커크는 나아가 당시 미국 농무부 산하에 가정경제국을 신설하기 위한 획기적인 연구도 수행했다. 그녀는 "공식 소비자 물가 지수의 당해 연도 가격을 제공함으로써"[15] 미국 정부가 대규모로 시행한 가계 지출 조사에 상당한 공헌을 했으며,[16] 이른바 "괜찮은 생활의 최소 요건이라고 간주할 수 있는" 기준을 마련해 제시했다.[17] 그리고 그녀는 1953년 펴낸 《미국 경제에서의 가족(The Family in the American Economy)》에서 저축과 보험을 통한 미래 준비와 같은 가정의 폭넓은 경제적 측면을 살피며, 사회 보장 정책과 '집에 있는 여성'이라고 불리는 '전업주부'의 경제적 위치를 논의했다. 이 책의 후반부에서는 가정의 적정 생활비 수준을 측정하고 해마다 어떻게 증가하는지 설명했다.

마거릿 길핀 리드는 헤이즐 커크가 가르친 학생이었으며, 1931년 시카고대학교에서 경제학 박사 학위를 받았다. 그녀는 가정을 경제의 능동적이고 생산적이며 필수적인 부분으로 인식한 헤이즐 커크의 연구를 발전시켜 박사 논문을 완성했고, 1934년 이를 제1장에서 소개한 《가계 생산의 경제학》이라는 제목의 책으로 출간했다. 이 책에서 마거릿 길핀 리드는 소비와 가계 생산을 구분해 가계 생산을 평가하는 네 가지 요소인 '기회비용', '소매가', '가사 노동비', '돌봄 제공비'를 제시했다.

그녀는 아이오와주립대학교에서 소비자경제학을 강의할 때 엘리자베스 엘리스 호이트(Elizabeth Ellis Hoyt, 1893~1980)를 만났다. 마거릿 길핀 리드는 1940년 정교수가 됐고, 제2차 세계대전이 막바지로 치닫던 1943년에서 1944년까지 대통령 직속 기관 산하 통계표준국에서 경제 고문으로 재직했다. 전쟁이 끝난 1945년에는 농무부 산하 가정경제국을 3년 동안 이끌었다.[18] 앞서 헤이즐 커크가 설립을 위해 애썼던 그 가정경제국이었다. 그렇게 1951년에는 시카고대학교 경제학부 정교수로 학계에 복귀했다.

마거릿 길핀 리드는 헤이즐 커크 및 엘리자베스 엘리스 호이트와 더불어 오늘날 우리가 필수 '금융 지식'이라고 부르는 소비자 교육을 개선하고자 노력했다. 그녀의 관점에서 소비자에게는 개인 재정 계획, 광고에서 제공하는 정보 평가, 가계 예산 책정, 집에서 사용할 물건을 구매할지 만들지 여부 등에 대한 교육이 필요했다. 가계관리의 오랜 연구의 일부였던 이 부분은 여성의 가계 활동을 소득 분배와 지출로 환원하는 신고전주의적 방식 때문에 길을 잃은 상태였다.

마거릿 길핀 리드의 이 작업은 훗날 오히려 남성 경제학자들에게서 더 큰 인정을 받았다. 20세기 경제학에 지대한 영향을 미쳤다고 평가받는 밀턴 프리드먼(Milton Friedman, 1912~2006)과 프랑코 모딜리아니(Franco Modigliani, 1918~2003)도 그녀의 업적을 인정했고, 개리 베커도 결국 가계 생산과 소비를 구분하는 마거릿 길핀 리드의 '제3자 기준'을 받아들였다.[19]

엘리자베스 엘리스 호이트는 "선물이나 다른 교환 행위에서 시작된 개인 간 거래가 경제 시장 교역으로 발전하는 과정"을 심리학과 연계해 추적한 논문 〈미개 교역: 심리학과 경제학(Primitive Trade: Its Psychology and Economics)〉으로 1925년 하버드대학교에서 박사 학위를 취득했다.[20] 같은 해 아이오와주립대학교의 초청으로 부교수 자리를 얻은 뒤 1927년 불과 35세의 나이에 정교수로 임용됐고 1928년에 《부의 소비(The Consumption of Wealth)》를 출간했다. 이 책에서 그녀가 연구 주제로 삼은 상당 부분은 소비자 물가 지수의 근거가 되는 생활비 지수에 관한 것이었다.[21]

엘리자베스 엘리스 호이트의 소비에 대한 접근법은 동료들의 접근 방식보다 인류학적이며 꽤 흥미롭다. 예를 들면 그녀는 '수요 창출'을 분석하면서 이렇게 설명했다.

> 인간(남성)은 만족스럽지 못한 이해관계의 묶음이 아니다. 그 반대로 그는 자신의 이해관계를 배우고자 하고 보통은 열심히 배운다. 그런데 스승이

있으면 혼자 배우는 것보다 더 쉽게 배울 수 있다.[22]

그녀 또한 산업화 과정의 피할 수 없는 결과로서 가계 생산의 화폐화·시장화를 받아들였다. 저마다의 이해관계에 적응해야 할 대상은 소비자였다.

엘리자베스 엘리스 호이트는 광고 산업을 눈여겨봤다. 광고는 소비자에게 이해관계, 욕구, 필요 사항을 가르치는 데 결정적으로 작용했다. 그녀는 기업의 '공격적인 판매 방식'이 어느 정도 효과가 있는지 질문을 던진 뒤 이렇게 답했다.

> 사실 아무도 모른다. 수요에 영향을 미치는 판매 노력 외에 일반적인 사회적 경향, 보완재(complementary goods)에 대한 수요 변화, 재화 자체의 개선 같은 다른 영향도 있다. 그리고 어떤 경우 광고로 인한 수요 증가 속도가 엄청나다는 데는 의심의 여지가 없다.[23]

그녀는 관련 비용이 수십억 달러에 달하기 때문에 광고에 지출되는 비용 역시 "소비자가 지불하는 셈"이라고 말하면서 확장된 주장을 전개했다. 나아가 그녀는 경제학자들이 가격에 등급을 매기는 데 익숙하다는 점을 지적하며 "기본적으로 같은 상품을 서로 다른 계급에 호소하고자 다양한 가격을 설정하는 것"이라고 설명했다.[24] 이 밖에도 엘리자베스 엘리스 호이트는 문화가 소비에 미치는 영향, 생활 수준 변화와 인구 증가 등에 대해 논의했다. 그리고 생활 수준 측정과 예산 수립을 위한 몇 가지 지침을 짚어본 후 책을 마무리했다.

영국 경제학자 조앤 로빈슨(Joan Robinson, 1903~1983)이 1933년 출간한 《불완전 경쟁의 경제학(The Economics of Imperfect Competition)》은 '독점(monopsony)' 개념으로 유명하지만, 그녀는 이 책에서 무려 두 장을 할애해 '가격차별(price discrimination)'을 광범위하게 논의했다. 가격차별에 대한 그녀의 분석은 경제 이론에서 매우 중요한 공헌 중 하나로 여겨진다. 조앤 로빈슨은 가격차별이 재화 판매 시장에서 수요가 가격 변화에 어떻게 반응하는지를 나타내는 '수요 탄력성(elasticity of demand)' 차이에 달려 있다고 지적했다.[25] 그녀가 보기에 가격차별은 수요 곡선의 형태 문제였다. 그녀에 따르면 특정 재화에 대한 모든 소비자의 수요 곡선이 동일하면 가격차별은 발생하지 않았다.

1937년 조앤 로빈슨은 아서 세실 피구(Arthur Cecil Pigou, 1887~1959)가 주축이던 케임브리지대학교 경제학부에서 강사직을 얻을 수 있었다. 케임브리지 학파는 이후 그녀와 가까이에서 일하게 될 존 메이너드 케인스가 이끌었다. 조앤 로빈슨은 신고전주의 경제학에 비판적이었으며 후기 케인스주의 경제학 중심인물로 성장했다. 그녀는 젠더나 페미니즘 문제를 직접 논의하지는 않았지만, 젠더별 임금 격차를 노동 시장의 가격차별 사례로 설명하면서 수요 문제와 연결했다.[26] 조앤 로빈슨에게 우리가 제6장에서 논의한 젠더별 임금 격차의 원인은 노동 시장의 공급 측면, 즉 노동자의 행동과 특징에 있는 게 아니라 고용주에게 있었다. 시간이 흐를수록 그녀는 신고전주의 경제학을 더 가혹하게 비판했고, 그 가운데 일부는 1962년 펴낸 《경제철학(Economic Philosophy)》에서 다뤘다.

비교적 최근 들어 소비자 젠더에 따른 가격차별 문제가 불거지고 있다. 생산자와 소매업자가 기본적으로 동일한 제품을 남성과 여성, 남자아이와 여자아이 각각에 다른 가격을 책정하고 요구하기 때문이다. '여성스러운' 스타일로 디자인된 제품을 구매하는 여성들은 그 기능이 똑같은 탈취제, 신발, 티셔츠, 중고차 등에 더 비싼 가격을 지불한다. 여성과 여자아이들 대부분은 늘 '여성스러운' 제품을 구매하기에 이런 사실을 인식하지 못하고 이런 정보에도 어둡다. 2020년 뉴욕주는 이 같은 행태에 대응하고자 이른바 '핑크 세금(Pink Tax)'으로 불리는 젠더별 차등 가격 책정을 불법으로 규정했다.

아마도 경제학을 공부하는 대부분 학생은 마케팅이 경영경제학 일부라고 생각할 것이다. 그러나 1920년대에 마케팅은 상대적으로 여성을 대상으로 한 새로운 분야였다. 기업은 돈을 쓰는 방식과 관련한 여성의 소비 행동을 조사했고, 신흥 소비재 시장과 해당 제품을 원하는 여성의 연결 고리로 광고와 광고 문구(카피)를 발전시켰다.

2013년 마케팅 학술지 〈마케팅역사연구저널(Journal of Historical Research in Marketing)〉은 특별호를 발행해 마케팅 분야에 업적을 남긴 여성 창업자들을 소개했다. 그 가운데 한 사람이 바로 "마케팅은 소비자 행동의 일부"라고 주장했던 헬렌 우드워드(Helen Woodward, 1882~1960)였다. 그녀는 1920년대에 마케팅 이론 및 광고 실행 분야를 연구하고 발전시킨 인물이었다.[27] 가난한 유대인 가정에서 태어난 그녀는 일평생 경제적 안정을 추구했고, 소비자들에게 돈을 효율적으로 사용하는 방법을 가르치면서 경력을 성공적으로 쌓아갔다. 헬렌 우드워드는 광고용 글쓰기를 정립한 인물이기도 했다.

그녀는 앞에서 '공격적인 판매 방식'이라고 언급한 기업 마케팅 부서의 일방적 접근 방식을 거부하면서, 설령 제품에 대한 잘못된 정보가 아니더라도 구매를 강요하는 식의 접근법은 지속 가능하지 않다고 확신했다. 그녀는 광고 분야 초창기 카피라이터 중 한 사람으로 기록됐지만, 여성으로서 그녀는 그녀 자신이 말한 "주어진(given)" 각각의 직업을 위해 열심히 일해야 했다. 헬렌 우드워드는 여러 권의 책을 남겼는데, 그중 1926년 펴낸 자서전 《수많은 창문 사이로(Through Many Windows)》가 가장 인상적이다. 이 책에서 그녀는 다양한 분야에서 일하는 여성이 직면한 어려움을 묘사했고, 좋은 직원을 육성한 경험을 포함해 광고 회사 임원으로서 자신의 경력에 대해 자세히 설명했다.[28]

전통적인 가계관리 분야 일부가 학문적 접근을 통해 가정학, 가정경제, 마케팅 등의 영역으로 확장함에 따라 육아, 살림, 가정 청결 같은 분야는 고등학교와 칼리지 및 대학교에서 실기 위주로 교육했다. 그러다가 이미지를 좀 더 학문화하고 현대화하고자 1994년에 이르러 해당 분야 주요 전문 협회들이 '가족 및 소비자 과학(family and consumer sciences)'이라는 명칭을 부여했다.[29]

앨프리드 마셜이나 존 메이너드 케인스 같은 경제학자들은 소비를 재화 및 서비스 구매로 개념화했고, 효용은 구매한 재화 및 서비스에 뿌리를 둔 것으로 이해했으며, 재화 및 서비스의 가치는 가격에 상응하는 것으로 간주했다. 미시경제학에서는 소비재와 서비스에 얼마의 소득을 지출할지, 가격 변동에 대응해 무엇을 구매할지를 놓고 개인의 경제적 의사 결정에 미치는 영향 측면에서 장단기 소득 수준, 물가 수준, 금리 등을 모두 고려했다. 그러면서 가계의 경제적 의사 결정 과정은 경제학에서 무시됐고, 결국 제품을 판매하는 기업의 관심 대상으로만 인식됐다.

한편으로 가정의 무임금 가사 노동 및 돌봄과 화폐화·시장화한 생산 활동 사이의 경계가 계속해서 바뀌었다. 과거에는 가계 생산이었던 것들이 가정 밖으로 이동하거나 소비로 규정됐다. 일테면 자녀의 숙제를 도와주면서 아이들과 좋은 시간을 보내는 일은 외주로 맡겨지거나 소비 과정의 일부로 인식됐다. 일찍이 개리 베커가 자녀를 '내구 소비재(durable consumption goods)'로 지칭한 것은 이런 점에서 앞을 내다본 안목이었다고 할 수 있겠다.

알리 러셀 혹실드는 2012년 《외주하는 자아: 우리가 우리 삶을 살기 위해 다른 사람들에게 돈을 지불할 때 벌어지는 일(The Outsourced Self: What Happens When We Pay Others to Live Our Lives for Us)》에서 이 같은 변화를 서술했다. 최저 임금을 받고 일하는 사람들에게 필요한 육아를 제공할 사회적 연결망이 없다면 자녀를 감당하기 힘들어지고, 경제적 어려움으로 인해 자녀 보호 통제력을 쉽게 상실할 수 있다.[30]

예컨대 1975년 이른바 워킹맘(working mom)과 직장 여성에 대한 지원 부족은 아이슬란드에서 전국적인 여성 파업으로 이어졌다. 1990년대 이탈리아에서는 정부가 뾰족한 대책을 마련하지 않는 한 아이를 낳지 않겠다는 '출산 파업(birth strike)' 운동으로 확산했다. 일본의 경우 "2017년 기준 합계 출산율이 1.4명(가임기 여성 1인당 평균 2.1명 출산)으로 역대 최저치"*를 기록했다.³¹ 미국도 그 과정은 비슷했으나 새로운 이민자들 덕분에 2.1명 이상의 출산율은 유지했다.

경제학에서 이런 방식의 초개별적 접근법은 대부분 소비자인 개인의 경제적 선택과 관련한 의사 결정에 초점을 맞추는 데 그대로 반영된다. 인간 뇌를 관찰해 의사 결정 행동을 이해하려는 신경경제학 분야 경제학자들은 뇌가 외부 입력에 반응할 때 나타나는 과정을 연구한다. 심리학 및 신경학적 연구를 적용해 소비자의 경제적 의사 결정을 탐구하는 행동경제학은 소비자 개인의 선호도 형성, 실수와 착각의 역할, 광고의 영향, 당면한 경제 환경 등을 강조한다. 이 같은 이론적 모델과 도구는 모두 유용하고 혁신적인 방식으로 적용될 수 있으며, 관련성이 매우 높은 문제를 해결하면서 발전한다.

그렇지만 여기에서 주목해야 할 것은 우리가 통상적으로 '경제학'이라고 간주하는 분야의 발전 방향이다. 이 분야에서 젠더 차이는 인간에게 태생적으로 고정된 회로 일부이거나, 그간의 역사를 근거로 개개인 스스로 자신의 행동에 영향을 미치는 것이라고 규정된다. 페미니스트 경제학자들은 이 같은 주장에 이의를 제기하고 반론을 제시했다.³² 개인의 행동에만 집중하는 접근 방식은 경제의 나머지 부분, 즉 경제와 관련을 맺고 있는 사회 구조, 제도, 공동체 및 사회적 관계와 역사를 간과하는 것이다.

---

* 참고로 우리나라는 2017년 합계 출산율이 일본보다 낮은 1.05명이었으며, 2022년에는 0.78명으로 OECD (경제협력개발기구) 가입국 가운데 합계 출산율이 1명 아래로 떨어진 유일한 국가가 됐다.

˚소비와 환경 문제˚

생산과 반대되는 요소로의 소비 개념화는 가정을 정서적·사회적 지원 공간, 피난처, 욕구 제공 및 욕구 충족의 현장으로 선언하는 것 이상의 일을 해냈다. 경제 발전 과정을 비역사적이고 선형적인 것으로 바꾸는 데 이바지했고, 가정을 '소비되는 곳', 즉 '쓰레기로 바꾸는 곳'으로 인식하도록 만들었다. 생산적 특징을 제거함으로써 가정은 미래 세대와 연결되지 못했다. 게다가 노동자의 재생산과 차세대 노동자의 생산을 보이지 않게 했고, 재화 유지와 폐기물 감소, 공동체 일원으로서 역할, 환경 보호를 경제 방정식에서 제외했다. 재화를 만들거나 고칠 시간이 없으므로 새로운 재화를 구매하는 편이 더 효율적이라는 생각은 어떻게 합리화하든 간에 자원을 더 효율적으로 사용하는 방법으로서 옹호될 수 없다. 그저 재화 생산 비용의 외부화와 소비자가 이용할 정보 부족에 근거한 추론일 뿐이다.

제2차 세계대전 이후 수십 년 동안 소비는 미국 사회의 중심으로 떠올랐고, 소비 행동의 주체는 주로 여성이었다. 미국 페미니스트 저술가 베티 프리던(Betty Friedan, 1921~2006)이 1963년에 발표한 책 《여성의 신비(The Feminine Mystique)》는 자신의 직업보다 결혼과 자녀를 선택하고 쇼핑, 요리, 청소가 중심이 된 여성들, 고립된 정체성으로 고통받는 수많은 주부의 "이름 없는 문제(problem with no name)"에 목소리를 입혔다. 이들에게 소비는 자신의 정체성을 표현하는 거의 유일한 수단이었다. 소비는 미국 경제의 시작이자 끝, '알파(A)'와 '오메가(Ω)'가 됐다.

여성들이 대부분의 쇼핑, 식사 준비, 육아 및 다른 가사 노동을 했기 때문에 공장에서 생산한 식품이 초래하는 환경 오염 영향을 직접 경험하는 경우가 많았다. 여성들은 가공식품의 품질 저하를 인지하고 제품이 함유한 유독 물질이 자녀와 가족 건강에 미치는 영향을 몸소 체험했다. 자연스럽게 많은 여성이 환경 운동에 참여하게 됐다. 레이첼 카슨(Rachel Carson, 1907~1964)의 저 유명한 《침묵의 봄(Silent Spring)》(1962)은 실로 많은 사람을 환경 문제에 눈뜨게 해줬다. 도넬라 메도즈(Donella Meadows, 1941~2001) 등 '로마클럽(Club of Rome)' 경제학자들이 1972년 출간한 《성장의 한계(The Limits to Growth)》가 그 첫 번째 결실이었다. 같은 해 곧바로 환경 문제를 논의하기 위한 최초의 세계 회의 '유엔인간환경회의(UN Conference on Human Environment)'가 스웨덴 스톡홀름에서 열렸고, 그 20주년을 맞아 1992년에는 브라질 리우데자네이루에서 '지구정상회담(Earth Summit)'이 개최됐다.[33] 1981년 노르웨이 최초 여성 총리가 된 그로 할렘 브룬틀란(Gro Harlem Brundtland)이 당시 국제적 환경 문제 논의에서 중대한 공헌을 했다.[34]

수전 그리핀(Susan Griffin)과 캐럴라인 머천트(Caroline Merchant)처럼 생태주의와 페미니즘을 결합해 연구하고 투쟁하는 에코페미니스트들은 여성과 자연을 바라보는 심리적 태도가 매우 유사하다고 지적했다.[35] 마리아 미스(Maria Mies), 반다나 시바(Vandana Shiva), 매리 멜러(Mary Mellor), 엘리 퍼킨스(Ellie Perkins) 같은 에코페미니스트들도 여성과 자연에 대한 경제적 착취와 억압, 그리고 천연자원을 무한히 제공될 것처럼 개념화하는 관점 사이의 유사성을 강조했다.[36] 이들은 자본주의가 남부 개발도상국 및 저개발국의 자연과 여성을 착취한다고 비판하면서 국가 간 협력과 공유지 유지를 촉구했다. 미국 정치경제학자 엘리너 오스트롬(Elinor Ostrom, 1933~2012)은 공유지와 공유자원 관리에 대한 제도적 접근법을 개발했다. 2009년 그녀는 세계 경제학의 난제인 '공유지의 비극(tragedy of the commons)'●을 극복하기 위한 대안을 제시함으로써 여성 최초로 노벨 경제학상을 수상했다.[37]

그런데 여성이 자연과 '본성상' 더 밀접하게 연결돼 있다는 개념은 성평등 측면에서 페미니스트 경제학자들에게 문제의 소지가 있었다. 이로 인해 지구 온난화 및 기후 변화에 관한 문제를 페미니즘 경제 이론으로 구성하는 데도 어려움을 겪었다. 인도 개발경제학자 비나 아가르왈(Bina Agarwal)은 인도 여성들의 경험을 사례로 들어 여성과 자연 사이의 이념적 연결을 설명했다. 그녀는 "인도의 농촌 가정에 있는 여성들은 젠더에 따른 환경 훼손의 희생자인 동시에 환경 보호와 개선에 적극적인 행동 주체로 활동하고 있다"고 주장했다.[38]

한편으로 주류 경제학에서는 무임금 가계 생산과 자연 착취 문제는 비용을 발생시키지 않는다는 기본 전제가 확고히 자리 잡았다. 그들에게 깨끗한 공기는 '희소'하지 않은 데다 비용을 치를 필요가 없는 '자유재(free goods)'이므로 경제학과는 관련이 없었다. 그렇기에 대기 오염이

● '공유지의 비극'은 사회 공동 자원을 무분별하게 사용하면 머지않아 고갈해 아무도 사용하지 못하게 되는 현상을 가리키는 용어다. 생물학자 개릿 하딘(Garrett Hardin, 1915~2003)이 1968년 과학 학술지 〈사이언스(Science)〉에 게재한 논문에서 "공유지의 공유자원은 공통의 강제적 규칙이 없으면 많은 이들의 무임 승차로 결국 파괴된다"고 지적한 데서 유래했다.

나 무책임한 벌목 등으로 인한 피해는 경제에 영향을 미치지 않는 것으로 간주했다. 생분해되지 않는 플라스틱 및 기타 독성 폐기물 생산도 경제에 영향을 미치지 않는다고 가정했다. 만약 영향을 미친다면 가격 메커니즘이 화석 연료의 가격 상승과 재화 및 서비스 비용을 주도하는 기술 혁신과 함께 이를 해결할 수 있다고 여겼다. 이런 측면에서 기후 변화와 같은 문제는 주류 경제 이론을 확장한 환경경제학 분야로 이동했다.

경제와 관련한 더 폭넓고 혁신적인 관점을 사회적이고 도덕적이며 지속 가능한 형태로 개발하기 위한 전문 계획을 수립한다는 목표 아래 사회, 정치, 학술 네트워크를 갖춘 기관들이 설립됐다. 신경제이론연구소(Institute for New Economic Theory, INET), 녹색경제학연구소(Green Economics Institute, GEI), 공동체경제연구네트워크(Community Economies Research Network, CERN) 등이 그런 곳들이었다. 《성장의 한계》는 2004년 개정판으로 출간되면서 '동적 시스템 이론(Dynamic Systems Theory, DST)'을 제시했다. 동적 시스템 이론은 개별 요인을 경제 분석의 중심 단위로 삼는 대신 시스템 전체를 조망해 긍정적·부정적 순환 고리를 찾은 뒤, 긍정적 순환 고리와 부정적 순환 고리 사이의 균형 상태, 즉 건강한 시스템을 유지할 수 있는 순환 모델을 구축하기 위한 방법론이다. 특히 이 모델을 구축하면 다양한 조건의 시뮬레이션을 통해 긍정적·부정적 순환 고리가 서로 간섭하는 '레버리지 지점(leverage point)'을 알 수 있어 정책적 조치가 가능하다고 제안했다. 그럼으로써 무분별한 개발을 억제하고 자본 흐름을 안정화해 세계를 균형 상태로 유도할 수 있다는 것이다.

좀 더 최근에는 케이트 레이워스(Kate Raworth) 등의 경제학자들이 지속 가능 경제를 모색할 완전히 새로운 모델을 제공하기도 했다. 그녀는 2017년《도넛 경제학(Doughnut Economics)》에서 기존 선형 인과관계에 기초한 기계적 경제 접근 방식의 한계를 지적하며 인간과 환경을 함께 지켜내기 위한 도넛 모양의 경제 모델을 제시했다. 케이트 레이워스는 이 모델에서 고리 모양 도넛의 큰 원 바깥쪽을 에워싼 기후 변화, 해양 산성화, 오존층 파괴, 대기 오염, 생물 다양성 손실, 담수 고갈 같은 '생태적 한계(ecological ceiling)'는 과열되고 있으며, 도넛의 작은 원 안쪽으로 위치한 교육, 소득과 일자리, 보건, 평화와 정의 같은 '사회적 기반(social foundation)'은 부족한 상황이라고 설명하면서 '생태적 한계'와 '사회적 기반'의 균형을 찾아야 한다고 역설했다.[39] 그곳이야말로 인류를 위한 가장 안전하고 공정한 공간이기 때문이다. 요컨대 인간의 경제 활동은 생태적 한계의 범위 내에서 이뤄져야 한다.

인도계 영국 경제학자 나지아 민츠-하비브(Nazia Mintz-Habib)의 연구도 경제와 사회, 환경을 서로 중첩되고 통합된 것으로 규정하고 지속 가능한 경제 발전 모델을 분석한다는 점에서 케이트 레이워스 못지않게 혁신적이다. 그녀는 2016년 펴낸《바이오 연료와 식량 안보 그리고 개발경제학(Biofuels, Food Security, and Development Economics)》을 통해 지속 가능한 경제 정책 수립에 도움이 될 행동경제학 모델과 분석 틀을 제시했다.[40]

그렇지만 이 두 경제학자는 환경 문제에서 젠더를 분석 범주로 포함하지는 않았다. 여성 또는 페미니즘 관점에서 환경 문제에 관한 에코페미니스트들의 연구는 여성, 계급, 인종 억압 문제와 비교적 명확한 연결 고리를 만드는 데 성공했지만, 앞서 잠시 언급한 개념상의 오해 등이 걸림돌로 작용해 지속 가능 경제개발 관련 페미니즘 경제학의 이론 정립은 비교적 뒤늦게 발전했다.[41] 줄리 넬슨과 매럴린 파워는 최근 페미니스트 경제학자들의 페미니즘 분야와 생태학 분야에서 동시다발적으로 활동하고 있는 배경을 설명하기도 했다.[42] 이들은 일종의 '준비' 또는 '대비' 차원에서 페미니즘 경제학을 재개념화하는 데 심혈을 기울이고 있다.[43] 페미니스트 경제학자들은 '교차성'에 대한 폭넓은 인식을 바탕으로 페미니즘에 생태학을 적용해 더 광범위한 이론적 접근을 시도하고 실질적인 정치적 실천 운동과 연계하려는 것으로 보인다.

제8장

정부 정책

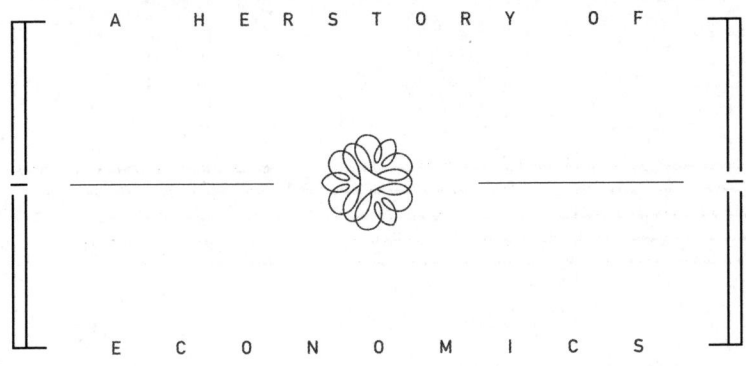

20세기 초까지 정치적으로 여성을 대신해 목소리를 낼 대표자가 없었던 까닭에 영국과 미국의 여성들은 정부와 불편한 관계를 유지할 수밖에 없었다. 그러다가 투표권을 확보하고 국가 및 지역 대표 정부 기관에 여성이 진출한 무렵부터 개선되기 시작했다. 그때까지 여성들은 여성 운동이나 노동 운동의 맹렬한 압박을 통해서야 겨우 법률을 개정할 수 있었고, 자신들의 이해관계를 존중하는 새로운 법안을 제안할 수 있었다. 국가가 경제 과정을 세부적으로 통제하는 중상주의 시대 이후 정치 경제학자들은 정부 역할을 후퇴시켜야 한다고 주장했다. 그들은 '개인'은 자신의 이익과 이해관계를 자유롭게 추구할 수 있어야 한다는 명분을 내세웠다.

이 장에서는 경제에서 정부의 역할과 과제가 어떻게 변화해야 하는

지, 여성의 경제적 이해관계와 관련해 정부가 어떤 정책을 펼쳐야 하는지에 관한 여성 경제 저술가들의 생각, 개념, 이론을 살필 것이다. 경제학에서 표준 가계 모델로 간주하는 것들에 근거한 정부 정책을 바라보던 인식의 변화도 함께 다룰 것이다. 아울러 여성 경제 저술가와 경제학자들이 가사 및 돌봄 노동, 자원의 효율적 사용, 자연 환경 보전, 그리고 이른바 '글로벌 사우스(Global South)'로 통칭하는 남부 개발도상국 및 저개발국과 바람직한 관계를 위한 정부 정책에 관심을 기울이면서 변화가 이뤄지기를 바란 방식을 논의할 것이다.

˚ 정부의 역할 ˚

이전에는 가계 생산으로 제공된, 새롭게 화폐화하고 시장화한 재화 및 서비스를 민간 부문에서 제공해야 하는지 아니면 공공 부문에서 제공해야 하는지의 문제가 19세기 후반 주요 논쟁 주제로 떠올랐다. 이 논쟁은 '강력한 정부'를 바라는 사람들과 '자유로운 시장'을 선호하는 사람들 사이를 왔다 갔다 하면서 20세기 내내 계속됐고 지금도 이어지고 있다. 하지만 이 논쟁에서 경제학자들은 일반적으로 아동, 노인, 병자를 돌보는 가정의 역할과 이에 대한 정서적·사회적·제도적 지원에 대해 말을 아꼈다.

여러분은 이 책에서 지금까지 여성의 권리와 평등을 위해 새라 새폰, 매리 울스턴크래프트, 바버라 리 스미스 보디촌, 비어트리스 포터 웹과 같은 여성 경제 저술가들이 의회 정치인들에게 서한, 탄원서, 제안서를 보내고, 해리엇 테일러 밀, 소포니스바 브레킨리지, 클라라 제트킨, 엘리자베스 엘리스 호이트 등이 연설하고 강연하는 모습들을 지켜봤다. 세월이 흐름에 따라 여성 경제학자들은 정부가 추진하는 정책의 분석에도 상당한 관심을 보였다. 《여성 경제학자 인명사전(A Biographical Dictionary of Women Economists)》(2000)을 함께 쓴 경제학자 로버트 디맨드(Robert Dimand), 매리 앤 디맨드(Mary Ann Dimand), 이블린 포제(Evelyn Forget)는 "전반적으로 여성이 남성보다 사회 정책과 젠더별 임금 격차에 더 많은 관심을 보였다"고 결론지었다.[1] 페미니스트 경제학자 커스틴 메이든(Kirsten Madden), 재닛 시즈(Janet Seiz), 미셸 푸졸도 공저 《1940년까지 여성 경제사상 참고문헌(A Bibliography of Female Economic Thought to 1940)》(2004)에서 다음과 같이 서술했다.

> 여성 학자들 상당수가 젠더별, 연령별, 인종별 분석을 포함한 노동 및 노동 복지 연구에 초점을 맞추고 있다. (중략) 실제로 매우 많은 여성이 젠더 불평등을 없애고 노동 착취와 관련한 부당함을 바로잡기 위해 모든 열정을 바쳤다.[2]

특히 1900년에서 1940년까지 여성 경제학자들의 저술을 정량적으로 분석한 커스틴 메이든은 이 시기에 노동경제학, 가정경제학, 젠더평등 등이 여성 경제학자들의 주력 관심 분야로 떠올랐다고 설명했다.[3] 더욱이 당시 여성 경제학자들은 동료 남성 경제학자들보다 학제 간 접근법을 더 많이 활용했다. 이는 자신들의 정치, 행정, 저널리즘, 사회학, 인류학적 배경에 영향을 받은 것이기도 했다.

19세기를 거쳐 20세기 초까지 영국을 비롯한 유럽 국가는 점진적으로 '복지 국가'의 모습을 갖추기 시작했다. 때로는 시장이 더 잘 기능할 수 있도록 고안한 규제와 조정을 시행했고, 때로는 기업들의 생산 촉진과 국민 개개인의 생활 안정을 도모하고자 금전적으로 지원하기도 했다. 소비에트 연방과 다른 사회주의 국가에서 정부의 역할은 가격 통제, 생산 계획, 임금 규제, 고용 보장, 육아 지원 등 경제를 관리하는 데 더 포괄적이었다. 일부 자유주의 여성 경제 저술가와 경제학자들은 시장 메커니즘이 제 역할을 하도록 정부가 간여하지 말아야 한다고 주장했다. 정부 역할을 더 확대해야 한다고 목소리를 높이는 사람들도 있었다. 이들은 국가에 맡겨진 전통적 과제 외에도 더 폭넓은 공교육과 양질의 보육을 제공해야 할뿐더러 차별을 철폐하고 무임금 가사 노동 재분배를 지원해 누구에게나 평등한 가계 모델을 현실화해야 한다고 주장했다.

사회 정책을 다룬 문헌도 20세기에 걸쳐 정량적 측면에서 상당히 증가했다. 여성의 경우 정부의 출산 통제 정책이 이들의 경제적 위치와 밀접하게 얽혀 있었다. 예를 들면 교회의 바람과 다르게 정부가 산아 제한 정책을 시행하자 여성들은 시간을 더 자유롭게 쓸 수 있었고 이는 더 나은 생활로 이어졌다. 여러 유럽 국가와 미국이 일테면 푸에르토리코 식민지에서 인구 통제에 간여하는 한편 가족 계획은 일찍부터 토머스 맬서스와 존 스튜어트 밀 등의 경제학자들에 의해 추진된 바 있었다. 존 스튜어트 밀은 젊은 시절 산아 제한 자료를 유포한 혐의로 당국에 체포된 적이 있었고, 앞서 살펴본 애니 베전트도 가족 계획과 산아 제한을 외치고, 쓰고, 가르쳤다. 당시 정부는 이 주제를 성적 행위와 결부해 이에 대한 말과 글을 모조리 외설적이라고 판단했으며, 이에 음란물 작성 및 유포 금지법을 적용해 처벌했다. 애니 베전트가 저술한 수백 편의 저작 중에는 토머스 맬서스의 《인구론》을 거드는 소책자 《인구 법칙(The Law of Population)》(1877)이 있다. 여기에서 그녀는 존 스튜어트 밀, 해리엇 마티노, 로버트 오언, 존 램지 맥컬록(John Ramsay McCulloch, 1789~1838)의 연구를 참조해 자신의 주장을 뒷받침했다.[4]

미국에서는 간호사이자 성교육자로서 활동하며 인구 조절 및 산아 제한의 영향에 관해 여러 권의 책을 쓴 마거릿 히긴스 생어(Margaret Higgins Sanger, 1879~1966)가 음란물을 유포했다는 혐의로 체포됐다. 그녀는 피임과 낙태를 철저히 구분하고 간호사로서 낙태 참여를 거부했지만, 낙태 반대론자들에게 거센 비판을 받았다. 마거릿 히긴스 생어는 1914년 피임법을 그림으로 쉽게 설명한 소책자 《가족 제한(Family Limitation)》 출간 후 신변에 위협을 느끼고 유럽으로 피신해 네덜란드 등지에서 새로운 피임 수단을 접한 뒤 미국으로 돌아왔다.

1916년 그녀는 뉴욕에서 미국 최초의 가족 계획 및 피임 클리닉을 개원했다. 불과 9일 후 체포돼 징역 30일을 선고받았으나 항소를 거듭한 오랜 법정 투쟁 끝에 1918년 무죄 판결을 받았다. 이 과정에서 많은 사람이 그녀의 대의를 지지하기 시작했고 미국 전역에서 산아 제한 운동이 일어났다. 1920년 마거릿 히긴스 생어는 인구 과잉, 빈곤, 교육, 건강 문제와 피임 실패에 따른 원치 않는 출산 또는 낙태가 초래하는 문제 등을 바탕으로 《여성과 새로운 인종(Woman and the New Race)》을 출간했다. 이 책에서 그녀는 우생학적 논리를 내세워 미국 정부를 이렇게 설득했다.

> 이 모든 참혹한 상황의 세부 사항은 미국이 더 위대한 인종을 지향하기 전 반드시 해결해야 할 문제가 있음을 가리키고 있다.[5]

마거릿 히긴스 생어는 나아가 "왜 미국에서는 피임 클리닉이 있으면 안 되는가?"라고 질문을 던진 뒤 그녀가 네덜란드 피임 클리닉을 방문했을 때를 언급하면서 "인구의 점진적 증가를 자연스럽게 유도할 뿐 아니라 국민의 부, 체력, 키, 수명 등에도 긍정적 영향"을 미친다고 역설했다.[6] 1921년 그녀는 오늘날에도 미국 및 전 세계에 생식 건강, 가족 계획, 피임 정보, 성교육을 제공하는 비영리 조직 '플랜드페어런트후드(Planned Parenthood)'의 설립자이자 초대 회장이 됐다.

그러나 아메리카 원주민 미국인에 관한 한 미국 정부는 강제 불임 수술 또는 자녀를 가족에게서 분리해 백인 가정에 입양시키거나 보육 기관에 양육을 위탁함으로써 이들의 출산과 양육권을 강탈했다. 아울러 아프리카계 미국인은 1950년대와 1960년에 대규모 강제 불임 수술을 시행하면서 마찬가지로 아동 보호 정책이라는 명분 아래 다수의 흑인 가정을 해체했는데, 이는 부모와 자식 간 유대 및 자녀 양육 통제력 상실이라는 결과를 낳았다.[7]

찰스 다윈의 생물진화론을 인간 사회에 적용한 허버트 스펜서의 사회 진화론은 앞에서 살폈듯이 지식인들 사이에서 꽤 흔히 수용된 이론이었다. 그의 책《사회정역학》과《제1원리》는 앨프리드 마셜의《경제학 원리》에 근본적 차원에서 영향을 미쳤다.[8] 사회주의 진보 지식인들도 상류층이 자신들 문명에 위협이 되는 노동자나 빈곤층보다 자손이 훨씬 적다는 사실을 우려했다. 샬럿 퍼킨스 길먼과 비어트리스 포터 웹 같은 여성 경제 저술가들은 이런 생각을 두고 각각 인종 개량에 대한 환상과 재산 유지에 대한 두려움에 기인한 것이라고 비판했다. 우생학적 믿음과 인종차별주의로 인한 이 같은 명시적·암묵적 백인 우월주의는 미국에서 인종차별법 '짐 크로 법'의 실행 근거로 악용됐다.

신고전주의 경제 이론 고려 대상에서 제외됐던 경제적 요인으로서의 인구 증가는 1980년대 경제학자들에게 이번에는 인구경제학을 응용한 분야로 다시 떠올랐다. 출산율과 출생 시기 및 간격, 그리고 자녀 수가 어머니의 노동 참여와 임금 수준에 미치는 영향 등을 주로 신고전주의 표준 경제 모델과 정량적 연구 방법을 이용해 조사했다. 자연스럽게 여성 경제학자들이 이 분야를 대표했다. 프란체스카 베티오(Francesca Bettio), 클라우디아 골딘, 프랜신 블라우와 매리앤 퍼버 같은 경제학자들의 연구는 가계 협의, 경제 정책, 출산율 사이의 관계에 관한 일반 데이터, 모델, 경험적 경제 지식을 축적했다.[9] 그렇지만 이번에는 사회진화론적 분석이 없었다.

대부분 유럽 국가와 미국의 중앙 및 지역 정부는 19세기와 20세기 동안 초등, 중등, 고등 교육 과정을 의무 교육으로 무상 제공했다. 이는

제3장에서 논의했듯이 숙련 노동자에 대한 수요 증가와 더불어 여성들이 투쟁을 통해 얻어낸 결과였다. 시간이 흘러 20세기에 이르자 의무 교육 대상 연령이 높아졌다. 처음에는 12세까지만 무상으로 제공하다가 14세로 올라갔고, 이후 일부 국가에서는 17세 또는 18세까지 의무 교육 대상을 확대했다. 그뿐 아니라 남성 노동자 대상 무상 직업 훈련도 제공해 생산 업무를 체계화·전문화했다. 철도, 교량, 항만, 도로, 운하 등 대체로 남성 노동자가 건설 작업에 참여하는 산업은 정부 주도로 광범위하게 지원해 민간 기업이 번영할 수 있도록 했다.

대책 없이 팽창만 하고 있던 자본주의를 통제하고자 등장한 규제가 바로 '공장법'이었다. 처음에는 공장에서 일하는 아동 견습공들을 보호하기 위해 시행됐다가, 노동 계급 여성들의 노동 시간을 통제하고 위험한 작업을 금지하는 조항도 추가됐다. 페이비언여성그룹의 비어트리스 포터 웹은 이 공장법의 유용성을 놓고 벌어진 논쟁에 뛰어들어 자신의 주장을 펼쳤다. 그녀는 여성 노동자에게 위생용품을 제공하고 비상 탈출구 같은 시설 확충을 규정한 1895년 공장법 개정안은 바람직하다고 주장했다.[10] 그러면서 이 법안을 부정적으로 바라본 밀리센트 개럿 포셋과 에이더 헤더 비그를 다음과 같이 비판했다.

이들은 이 법안이 남성과 여성의 자유와 평등을 훼손하고, 생산성을 감소시키며, 더 큰 대의를 위한 투쟁을 방해한다고 봤다. 지난 세대 나소 윌리엄 시니어와 존 브라이트 같은 남성들이 그와 같은 관점을 얼마나 확고하고 성실하게 유지했는지를 기억할 필요도 없다. 오늘날에도 교육 수준과

지위가 높은 여성들 상당수가 그와 같은 믿음에 미신적으로 매달리고 있기 때문이다.[11]

또 다른 페이비언여성그룹의 일원 에마 브룩은 당시 모든 유럽 국가에서 시행 중이던 공장법을 정리해 소개했다.[12] 엘리자베스 리 허친스와 에이미 해리슨(Amy Harrison)은 함께 쓴 책에서 이 법의 역사를 설명한 뒤 현실에서는 제대로 집행이 이뤄지지 않았다고 지적했다. 두 사람은 공장법이 아동 견습생과 여성 노동자의 광산 갱도 작업, 야간 근무, 무거운 짐 운반 등을 금지해 산업 사회의 일부 거친 부분을 보완하는 정도였다고 평가했다. 노동자 나이에 따라 노동 시간이 하루 14시간에서 12시간으로 줄었고, 그다음에는 10시간으로 줄었다. 1867년 개정법에서는 8세 미만 아동 고용을 금지하는 조항이 추가됐고, 1870년에는 교육법이 의무 교육 연령을 확대함에 따라 아동 노동은 사실상 종식됐다.[13] 미국의 경우 1938년 공정근로기준법(Fair Labor Standards Act)에 따라 최저 임금과 초과 근무 수당이 설정됐고, 모든 노동자에게 주당 40시간 근로제가 적용됐다.

정부 영향력이 커지면서 경제 이론 연구와는 별개로 통계국 인구 조사에 의한 데이터 생산이 경제학의 표준 관행으로 자리 잡았다.[14] 영국 최초의 인구 조사는 1801년에 실시됐고, 여성 노동 시장 참여 현황은 1841년 처음 발표됐다. 미국은 이보다 앞선 1790년에 대대적인 인구 조사를 시행했다. '복지 국가'로의 발전 초기였던 이 시기 프랑스와 영국 정부는 모두 대규모 조사에 착수했다. 프랑스는 《파리의 산업 통계

《La Statistique de l'Industrie à Paris》(1847~1848)를 출간했으며, 영국은 《광산 및 탄광에 관한 아동고용위원회 보고서(Report of the Children's Employment Commission, on Mines and Collieries)》(1842)를 펴냈다.[15] 여성 경제 저술가들은 이 데이터를 사용할 수 있게 된 데 감사해했고, 이후 다양한 대규모 실증 연구 프로젝트에 참여했다. 예컨대 프랑스 언론인 줄리-빅투아르 도비에(Julie-Victoire Daubié, 1824~1874)는 사비를 들여 대규모 연구 프로젝트를 진행했다. 이 연구를 위해 그녀는 프랑스 전역을 취재했고, 그 결과를 1866년 출간한 역저 《19세기의 가난한 여성들(La femme pauvre au XIXe siècle)》에 담아냈다. 이 책에서 줄리-빅투아르 도비에는 프랑스 거의 모든 지역의 빈곤층 여성을 조명했다. 특히 임금만으로 도저히 버틸 수 없는 독신 여성들의 열악한 현실과 다니던 일터에서 쫓겨난 여성들의 수많은 사례도 소개했다.[16] 그녀는 1848년 프랑스 혁명 이후 여성들이 접근할 수 없었던 행정직 일자리를 여성에게 다시 개방해야 한다고도 주장했다.[17]

영국의 사회 개혁가들, 찰스 부스(Charles Booth, 1840~1916), 시봄 론트리(Seebohm Rowntree, 1871~1954), 에드워드 캐드버리(Edward Cadbury, 1873~1948), 세실 매더슨(Cécile Matheson, 1874~1950), 조지 샨(George Shann, 1876~1919) 등은 런던과 버밍엄에서 19세기 말에서 20세기 초 빈곤율과 노동 및 생활 조건을 측정하기 위한 대규모 연구 프로젝트를 수행했다. 이들이 고용한 조사원들이 설문지를 들고 집집이 돌아다니면서 데이터를 수집했다. 찰스 부스와 시봄 론트리는 1891년의 인구 조사 결과를 포함한 정량적 방법과 정성적 방법을 모두 활용해

400만 명 런던 인구 가운데 약 30퍼센트가 빈곤층임을 밝혀냈다.[18]

비어트리스 포터 웹과 영국 경제학자이자 행정가 클라라 컬릿(Clara Collet, 1860~1948)도 이 같은 노력에 공헌했다. 두 사람은 모두 찰스 부스의 연구를 도왔는데, 비어트리스 포터 웹은 그녀의 자서전에서 찰스 부스가 무려 17년 동안 진행해 17권의 최종 보고서로 1903년 출간한 《런던 국민의 삶과 노동(Life and Labour of the People in London)》을 상세히 설명했다.[19] 이 연구 과정에 참여한 경험은 그녀가 시드니 웹과 결혼하기 전 수행하던, 런던에서 가장 취약한 계층의 생활 환경에 관한 연구에 커다란 통찰력을 제공했다. 훗날 비어트리스 포터 웹과 시드니 웹 부부는 경제 행동의 기본 원칙으로 경쟁보다 협력을 중시하는 협동조합 운동을 주도했다. 이런 모든 노력은 정부가 추가 정책을 시행하는 데 크게 이바지했다. 비어트리스 포터 웹에 따르면, 요컨대 찰스 부스의 연구는 "이전에 없던 노령연금법이 1908년 의회를 통과해 1911년, 1919년, 1924년에 걸쳐 크게 확대되는" 결정적 계기로 작용했다.[20]

클라라 컬릿 또한 찰스 부스의 위대한 연구 작업에 동참했으며, 《런던 국민의 삶과 노동》에서 다양한 산업 분야 여성 노동자들에 대한 분석 자료를 제공했다. 그녀는 런던대학교를 졸업한 최초의 여성이었고, 같은 대학에서 1886년 정치경제학 석사 학위를 취득했다. 이후 클라라 컬릿은 찰스 부스의 연구를 도왔고, 나머지 경력을 모두 여성 노동 및 여성 임금 통계 연구에 집중했다. 이 과정에서 정부의 최저 임금 정책 추진을 강력히 요구했다.[21] 그녀의 가족 차원의 친분과 여러 경제 연구 모임 활동으로 카를 마르크스, 프랜시스 Y. 에지워스, 헨리 힉스(Henry

Higgs, 1864~1940)와 같은 경제학자들과 가깝게 지냈다. 나중에는 영국 정부 행정가로 합류해 고용 및 노령연금 정책을 개혁하는 데 힘을 보탰고 노동법 개정에도 간여했다. 클라라 컬릿은 1893년 무역위원회 선임 조사관으로 임명됐고, 1920년 은퇴한 뒤 왕립경제학회 및 왕립통계학회 정회원으로 활동했다.[22]

에드워드 캐드버리, 세실 매더슨, 조지 샨이 팀을 이뤄 진행한 대규모 실증 조사는 버밍엄 여성 노동자들의 노동 환경에 초점을 맞췄다. 그 결과를 정리해 1906년 펴낸 《여성의 일과 임금: 산업 도시의 위상 (Women's Work and Wages: A Phase of Life in an Industrial City)》에서 이들은 여성의 임금을 사회적·역사적 맥락에 올려놓은 뒤, 소득 분배에 대한 남성 임금 노동자 중심 가계 모델과 여성은 2차 소득만 취하므로 남성의 부속물일 뿐이라는 가정을 모두 거부하면서 이렇게 주장했다.

> 여성의 경제적 지위가 높아져야 한다. 그들의 경제적 열등은 과거의 종속 때문이며, 결국 열등은 종속을 영구화하기 때문이다.[23]

이디스 애벗은 〈정치경제학저널〉에 게재한 서평에서 이들의 연구 결과를 다음과 같이 논평했다.

> 매우 흥미롭고, 시사하는 바가 크다. 비록 여성 고용에 관한 더 새롭고 가치 있는 통계적 증거를 제시하지 못했더라도, 그동안 대중에게 중요한 사회 문제를 알기 쉽게 설명한 보고서가 없었다는 점에서 충분히 성공한 연

구라고 할 수 있다.[24]

이디스 애벗과 소포니스바 브레킨리지도 미국, 정확히 말하면 시카고에서 이와 비슷한 대규모 연구 프로젝트를 수행했다. 소포니스바 브레킨리지처럼 이디스 애벗도 〈정치경제학저널〉에 면화, 담배, 신발 공장 등 여러 제조업 분야 여성 노동자들과 노동 환경에 관해 여러 편의 논문과 칼럼을 발표했다. 그녀의 역저 《산업계 여성들》에 이때의 글 일부가 포함됐다. 그녀는 소포니스바 브레킨리지와 공동으로 세 종류의 대규모 실증 연구를 진행했다. 그 첫 번째 결과물인 《비행 아동과 가정(The Delinquent Child and the Home)》(1912)은 아동 범죄 원인과 가능한 해결책에 초점을 맞췄다. 두 번째인 《시카고 학교 내의 불출석과 무단결석(Truancy and Non-Attendance in the Chicago Schools)》(1917)은 시카고 지역 소재 학교 학생들의 출석 문제를 다뤘다. 세 번째 결과물인 《시카고의 공동 주택, 1908~1935년(The Tenements of Chicago, 1908-1935)》에서는 아동·청소년 범죄의 온상인 도시 빈민 밀집지 주택 문제를 파헤쳤다. 두 사람은 이 세 가지 연구를 통해 빈곤이야말로 온갖 문제의 주된 요인이며, 이 문제를 해결하려면 시급히 정부가 정책적으로 개입해야 한다고 주장했다.[25]

앞서 잠깐 언급한 것처럼 새디 태너 모셀 알렉산더는 1921년 경제학 박사 학위를 취득한 최초의 흑인 여성이었다. 그녀에게 박사 학위를 안겨준 논문은 〈필라델피아 흑인 이주자 가족 100명의 생활 표준(The Standard of Living Among One Hundred Negro Migrant Families in

Philadelphia)〉이었다. 그 자체로 노동 시장이기도 한 학계에서 그녀는 말도 못 할 인종차별을 경험했고, 자신의 교육 수준에 합당한 일자리를 찾을 수 없었다. 펜실베이니아대학교에서 경제학 석사와 법학 박사 학위를 받고도 교수직을 얻을 수 없음을 깨달은 그녀는 결국 필라델피아를 떠나 노스캐롤라이나 생명보험 회사에서 직업 경력을 시작할 수밖에 없었다. 그러다가 각고의 노력 끝에 변호사 자격을 획득하고 필라델피아로 돌아와 펜실베이니아대학교 로스쿨에 이 역시 흑인 여성 최초로 입학했다. 이후 필라델피아 시청 등에서 법률 업무를 담당했고 마침내 자신의 법률 사무소를 설립했다.

훗날 새디 태너 모셀 알렉산더는 훗날 트루먼 행정부 대통령 직속 민권위원회를 비롯한 여러 정부 부처에서도 활동했다. 그녀는 훌륭한 연설가이기도 했다. 〈우리 경제 생활 속 흑인 여성(Negro Women in Our Economic Life)〉(1930)과 〈흑인 여성의 경제적 지위: 흑인의 경제적 지위 지수(The Economic Status of Negro Women: An Index of the Negro's Economic Status)〉(1934)를 비롯해 다양한 연설문을 남겼다. 이를 통해 그녀는 흑인 여성의 노동 참여와 임금 현실을 설명했고, 대공황 기간에 흑인이 더 높은 실업률을 겪었는데도 정부의 정책적 지원은 턱없이 부족했다고 비판했다.

새디 태너 모셀 알렉산더는 흑인 미국인들의 경제적 상황을 조사하고 경제 정의를 위해 투쟁하는 데 일생을 바쳤다. 경제학자들이 우생학을 내세워 인종 불평등을 일반적으로 접근하던 시기에 그녀는 제1차 세계대전 기간과 1960년대 사이 미국으로 건너온 수백 명의 흑인 이민자를 인터뷰하면서, 인종차별이 이들 흑인 미국인을 저임금 일자리로 몰아세워 불행하고 빈곤한 삶의 수레바퀴를 타게 했다고 비판했다.[26] 나아가 그녀는 미국의 경제 불평등이 대공황을 초래했다고 지적하며 뉴딜 정책에서 흑인을 배제한 국가부흥청(National Recovery Administration, NRA)에 날을 세웠다. 이런 문제를 해결하는 방안으로 훗날 그녀는 이들에게 "기회 보상금을 지급하라"고 주장하면서 차별 철폐 정책과 정부가 보장하는 일자리를 설치하라고 촉구했다.[27]

미국 내 흑인 노동자의 경제적 지위에 관해 새디 태너 모셀 알렉산더가 제공한 실증적 연구 결과는 미국 인구 다수를 차지하는 하위 계층의 경제 행태를 새롭게 조명했지만, 결국 주류 경제학의 비관심 분야 서랍 깊숙이 처박혔다가 2021년에 이르러서야 출판되고 인용되기 시작했다.[28] 페미니스트 경제학자들이 지겹도록 경험한 것처럼 데이터와 사실이 '과학적 사실'로 평가받고 인정받기 위해서는 해당 분야 내에서 힘과 영향력과 지원이 뒷받침돼야 했다. 앞서 애나 줄리아 쿠퍼나 아이다 벨 웰스-바넷과 마찬가지로 새디 태너 모셀 알렉산더도 흑인 여성 지식인으로서 이 한계를 극복하기 어려웠다.

20세기 초 성인이 된 여성 세대는 정치와 언론뿐 아니라 경제 및 기타 학문 분야에서도 더 높은 교육과 직업 경력을 쌓을 기회를 확보하게 됐다. 엘리너 루스벨트(Eleanor Roosevelt, 1884~1962)는 영부인의 자격으로 능력과 자격을 갖춘 여성들을 자주 저녁 식사에 초대했다. 그런 여성 가운데 한 사람인 프랜시스 퍼킨스(Frances Perkins, 1933~1945)는 1933년부터 1945년까지 프랭클린 루스벨트 행정부에서 노동부 장관으로 활동했다. 그녀는 미국 정부에 자신이 시행하고 싶은 사회 및 경제 정책 목록을 제공했고 이를 실제로 시행함으로써 그녀의 전기 제목처럼 그야말로 "뉴딜 뒤에 있던 여성(The Woman behind the New Deal)"이 됐다.[29] 프랜시스 퍼킨스는 1935년 미국 사회보장법(Social Security Act)과 1938년 공정근로기준법(Fair Labor Standards Act)에도 이름을 올렸다.[30]

엘리너 루스벨트는 "나의 날(My Day)"이라는 제목의 일간 칼럼과 자신의 시대가 직면한 어려운 문제를 정면에서 다룬 《여성에게 달렸다(It's Up to the Women)》(1933) 등의 다양한 책을 썼다. 그녀는 자본주의 체제 옹호자인 동시에 흑인 공동체가 겪고 있던 경제적 빈곤과 인종차별을 심각한 문제로 직시한 인권 운동가이자 평화주의자이기도 했다. 엘리너 루스벨트는 1945년 남편 프랭클린 루스벨트의 사망 이후에도 계속해서 정치 활동을 이어갔다. 그녀는 1946년 유엔인권위원회 초대 의장으로서 1948년 자신이 직접 초안을 작성한 '세계인권선언(Universal Declaration of Human Rights)'의 유엔 총회 만장일치 채택을 이끌어냈으며, 유엔이 여성지위위원회(Commission on the Status of Women)를 설립하는 데 결정적 역할을 담당했다. 여성지위위원회는 이후 페미니즘 경제학이 사용할 인권 기반 경제 모델 개발에 크게 이바지했다.

1980년대와 1990년대 유럽의 페미니스트 경제학자들은 연구 대부분을 공공 정책 수립에 집중했으며, 각국 중앙 정부 및 유럽연합 집행위원회(European Commission)를 위한 대규모 연구 프로젝트를 수행했다. 정책 방향은 여성 노동 참여 확대, 조세 개편, 임금 및 수당 조정을 통한 남성과 여성 간 소득 재분배 등에 초점을 맞췄다.[31] 그러나 2008~2009년 글로벌 금융 위기 이후 유럽연합 회원국 대부분은 성평등을 지향하던 정책에 상당한 부정적 영향을 미치는 긴축 조치를 시행했다.[32]

같은 기간 미국에서도 경제학자 로버트 루카스(Robert Lucas Jr.)가 고안한 '합리적 기대(rational expectation)' 이론과 '레이거노믹스(Reaganomics)'에 영감을 받은 경제학자들이 이와 같은 사회 정책 연구를 외면했다. 그 자리에 더 '과학적인' 연구 모델이 들어섰고, 그 결과 경제 모델은 온갖 수학 공식으로 가득 찼다. 페미니스트 경제학자들은 비판적 이론 분석과 인식론적 논증으로 대응했다. 하이디 하트만(Heidi Hartmann)은 여러 페미니스트 경제학자들과 함께 1987년 워싱턴 DC에 여성정책연구소(Institute of Women's Policy Research, IWPR)를 설립한 뒤 여성의 경제적 지위와 페미니즘 문제를 연구하는 한편, 여성의 사회적·경제적·정치적 평등을 위한 정책 자료를 미국 정부에 계속 제출했다.

과거에 가정에서 행해졌던 노동의 화폐화·시장화에 가속도가 붙으면서 20세기를 거쳐 21세기 초 정부의 역할은 공공재로만 생산되던 재화 및 서비스 제공까지 포함할 정도로 확장했다. 1990년대 초반 페미니스트 경제학자들은 공공 정책 수립 과정에 젠더 편향이 있다는 사실을 깨달았다. 여성과 아동을 대상으로 하는 사회 정책은 물론 일반적인 경제, 주거, 무역 정책 등의 설계와 운영에서 여성에 대한 편향이 반영돼 있었다. 1995년 남아프리카공화국 페미니스트 경제학자 데비 버드렌더

(Debbie Budlender)와 호주의 론다 던 샤프(Rhonda Dawn Sharp)는 중앙 및 지역 정부 예산의 성별 편향을 평가하기 위한 이니셔티브 활동을 시작했다.

'젠더 인지 예산(Gender Responsive Budgeting, GRB)' 이니셔티브는 예산을 정부 기관이 활용할 수 있는 가장 강력한 수단으로 인식한다. 그래서 페미니스트 경제학자들은 이 개념을 토대로 예산 수립 과정에 참여하는 실무자들과 협력해 젠더 편향 정도를 분석·평가하고 수정 및 개선 사항을 제안했다. 이런 제안은 철저히 예산 편성 주기에 맞춰 이뤄졌으며, 아프리카와 유럽 및 동남아시아 일부 국가에서는 효과적인 예산 프로세스로 정착했다.[33] 유엔개발계획(UNDP)도 이 접근 방식을 수용해 정부 정책 개발과 추진에 올바른 젠더 인식을 포함하도록 권고했다. 2018년 남아프리카공화국 정부는 젠더 인지 계획, 예산 책정, 모니터링, 평가, 감사 모델 개발과 구현을 보장하겠다고 발표했다.

미국은 여전히 젠더 인지 예산 개념과 관련한 이니셔티브가 부족한 상황이다. 예산 프로세스를 투명하고 공정하게 관리할 수 있는 효과적인 도구이긴 하지만, 수많은 페미니스트 경제학자와 영국의 여성예산그룹(Women's Budget Group)처럼 풀뿌리 이니셔티브로 자리 잡기 위해서는 다소 긴 시간과 노력이 필요할 것이다. 그럼에도 불구하고 이와 같은 이니셔티브는 젠더 인지 예산 기본 원칙이 전 세계 중앙 및 지역 정부 행정 부처 실무자들의 필수 교육에 통합될 때까지 계속돼야 한다.

˚지역 및 전 세계 공공재로서의 돌봄 서비스˚

계속 언급하지만 이전에 가정에서 이뤄진 여성 생산 활동의 화폐화·시장화는 그 가치와 양상이 경제학자와 정치인들에게 거의 인식되고 있지 않았다는 사실 때문에 혼란을 일으켰다. 여성, 특히 기혼 여성들이 노동 시장으로 몰려오자 경제학자들은 당황스러움을 감추지 못했다. 그들에게 이들 여성은 경제 활동 없이 '집에 머물러 있는' 어머니였기 때문이다. 무임금 가사 노동으로 치부해온 생산 활동에 대한 필요와 수요가 급속히 증가하자 화폐화·시장화한 이 생산 활동에 높은 비용 부담이 발생했다. 그렇지만 당시에는 아직 이 재화 및 서비스는 민간 또는 공공 부문에서 제대로 제공되지 못했다. 이제 돌봄 노동으로 개념화한 이 영역의 정부 정책을 여성 경제 저술가와 경제학자들이 어떻게 바라봤는지 살펴볼 차례다. 그리고 이와 관련한 남부 개발도상국 및 저개발국과의 관계를 논의한 뒤 이 장을 마무리할 것이다.

오래전부터 여성 경제 저술가와 경제학자들은 기혼 여성이 남편과 자녀를 위해 매일 집안일을 하는 것의 비효율성을 지적했다. 일찍이 샬럿 퍼킨스 길먼은 "요리와 청소, 그리고 아이를 키워 집 밖으로 내보내는 이 위대한 기능"을 훈련된 전문가에게 맡겨야 한다고 주장했다. 그녀는 그럼으로써 여성을 온전한 경제적 주체로 세울 수 있고, "인류의 건강과 행복을 크게 향상하기 위한 아내와 어머니로서 의무를 훨씬 더 잘 수행하도록" 지원할 수 있다고 생각했다.[34] 그러면서 샬럿 퍼킨스 길먼은 공동 주방과 양질의 보육소를 염두에 뒀다. 그런데 오늘날 실제로 일어난 일은 이익이 된다는 사실을 눈치챈 기업들이 개별 가정에 재화와 서비스를 판매하는 것이었다. 적어도 식품 및 외식 산업의 경우 이제는 통상적인 서비스 경제의 중요한 부분으로서 잘 조리된 음식 또는 조리법을 포함한 음식 재료를 팔고 있다.

여성이 임금 노동으로 경제적 독립이 가능해지고 또 이를 기대하면서 '과도기적 가계 모델'이 미국의 전통적 남성 임금 노동자 중심 가계 모델을 대체했다. 그러나 일하는 여성을 지원하는 데 필요한 공공재는 그 구체화가 너무 천천히 이뤄져 자녀가 있는 기혼 여성의 압박감이 심해졌다. 이들은 밖에 일하고 집으로 돌아와 또 일했다. 정부는 40년 넘게 이 문제로 지속적인 공격을 받았지만, 주류 경제학자들의 비호를 받으며 스스로 '최후의 수단' 제공자로 전환해 계속해서 이익을 위한 생산을 우선시했다. 절박한 필요, 심각한 불행 초래, 죽음을 피할 수 없는 경우에만 정부가 개입했다. 그렇게 나온 정책이 의무 교육, 응급 의료, 돌봄, 식료품 쿠폰 같은 것들이었다. 그마저 한부모 가정에 치우쳤다. 한부모 가정은 대부분 남성 임금 노동자, 즉 남편과 아버지가 없는 가정이었고 이는 빈곤층에서 이와 같은 가족 집단이 지나치게 두드러지는 주된 이유로 거론됐다.[35]

비록 유럽과 다른 많은 국가에서는 유급 출산·육아 휴직이나 보육 지원과 같은 형태의 돌봄 정책을 적어도 일부 시행하고 있지만, 미국에서는 육아 휴직이나 보육 지원 등의 조건이 주마다 다르고 매우 제한적이다. 유럽의 경우 1980년대에 남성 임금 노동자 모델에서 과도기적·한부모 모델로 변화할 때 그 사회적·경제적 영향과 더 바람직한 가계 모델에 대한 학문적 논의가 활발히 이뤄졌다. 이때 페미니스트 경제학자, 사회학자, 정치학자 등이 정부의 실질 정책 추진에 초점을 맞춘 실증적 연구에 공헌했다. 유럽연합 집행위원회도 개별 회원국에 (기혼) 여성의 노동 참여 증가에 대한 중앙 및 지역 정부 차원의 '사회적 합의'를 도출해내라고 압박했다.

제인 루이스(Jane Lewis), 질 루버리(Jill Rubery), 야네케 플란텡가(Janneke Plantenga)와 같은 경제학자들은 정량적 조사에 기반을 둔 대규모 국가 비교 연구를 통해 조세 개편, 임금 인상, 유급 출산 휴가 기간 등이 여성의 노동 시장 참여에 미치는 영향을 분석했다. 이들은 이 연구를 바탕으로 2차 소득자에 대한 가사 노동 관련 비용, 즉 육아 비용, 가정 내 업무 공간 유지 비용을 세금 공제 대상으로 지정하는 등의 정책 제안으로 역사적 장애 요인을 인식하고 제거하고자 애썼다. 제인 루이스가 엮고 쓴 《여성 복지, 여성 권리(Women's Welfare, Women's Rights)》(1983)와 《유럽의 여성과 사회 정책(Women and Social Policies in Europe)》(1993)에서 이들의 조사 과정과 분석 내용을 상세히 설명하고 있다.

독일, 네덜란드, 스페인보다 미국에서 여성의 임금 노동에 대한 요구가 훨씬 강했지만, 아이를 양육하는 일은 사적 영역이며 어머니에게 일차적인 책임이 있다는 표준적인 경제 관념은 여전했다. 1990년대까지 서구 선진국의 다양한 사회적·경제적 합의 비용과 영향에 대한 문헌이 등장했다. 덴마크 사회학자 요스타 에스핑-안데르슨(Gøsta Esping-Anderson)의 《복지자본주의의 세 세계(Three Worlds of Welfare Capitalism)》(1990)는 자유주의(미국과 영국), 조합주의(독일), 사회민주주의(북유럽 국가)라는 세 가지 유형의 복지 국가를 구분했다. 하지만 여성과 젠더의 역할은 다루지 않았다. 반면 스웨덴 정치학자 다이앤 세인스버리(Diane Sainsbury)는 1996년 펴낸 《젠더평등과 복지 국가(Gender Equality and Welfare States)》에서 복지 국가가 여성에 미치는 영향을 다뤘으며, 정부가 복지 정책을 추진할 때 경제 및 젠더 구조를 파악해 여성과 남성 모두에 대한 영향력을 고려하도록 연구 범위를 확장했다. 그녀는 경제적 목표 설정에 사용되는 GDP 지수, 혜택 수준, 대상 인구, 자금 조달 유형 등 복지 국가의 다양한 요소를 구분한 뒤 미국, 영국, 네덜란드, 스웨덴을 전형적인 복지 국가라고 규정했다.

그 본질에서 공공재인 재화와 서비스를 제공할 때 미국이 시장 지향적 접근 방식으로 중점을 둔 부문은 여성, 아동, 환경과 관련해 문제를 초래해왔다. 그러다가 2020년 전 세계로 퍼진 코로나19 팬데믹 동안 전면으로 부각했다. 여성들은 양질의 보육 지원과 직장의 유연성 부족 때문에 일자리를 포기하거나 전례 없이 많은 수가 노동 시장을 떠났다. 2019년 가을까지만 하더라도 미국 노동 시장에서 여성이 남성보다 많았다. 이 시장에서 여성의 지위가 근본적으로 바뀌었음을 의미했다. 여성의 임금 노동 참여를 방해하는 문제가 완전히 표면화할 수 있었다.

˚ 산업 폐기물 통제와 자연 환경 보전 ˚

산업 폐기물 통제 및 자연 환경 보전과 관련해 페미니스트 경제학자와 생태경제학자 및 다른 비주류 경제학자들은 생산 과정에서 소진된 쓰임새 없는 노동자와 폐기물을 가정과 자연 환경으로 돌려보내는 경제의 심각한 한계를 지적했다. 가격을 낮게 유지하고자 비용을 외부화하고 실제 생산 비용을 무시하는 행태는 여러 방면에서 문제를 초래했다. 그런 행태가 지속 불가능하다는 사실은 코로나19 같은 전염병과 기후 변화가 우리 삶에 직접적 영향을 미치게 되면서 더 분명해졌다.

대표적인 경제 성장 척도인 GDP에 수많은 비판이 제기되자 인간개발지수(HDI), 행복지수(Happiness Index, HI), 젠더평등척도(Gender Equality Measure, GEM), 젠더평등지수(Gender Equality Index, HEI) 같은 새로운 지표가 등장해 정책 입안자와 경제학자들에게 더 폭넓은 성장 목표로의 방향 전환을 요구했다. 유엔을 비롯한 국제사회는 2000년 밀레니엄 정상회의(Millenium Summit)를 열어 189개국 정상들의 만장일치로 2000년에 시작해 2015년까지 실행해나갈 여덟 가지 공동 목표를 '밀레니엄 개발 목표(Millennium Development Goals, MDGs)'로 설정해 채택했다. '젠더평등과 여성 권익 신장'은 '극한적인 가난과 기아 퇴치'와 '초등 교육 확대와 보장'에 이어 세 번째 목표로 제시됐다. '유아 사망률 감소', '임신부 건강 개선', '에이즈, 말라리아 및 기타 질병 퇴치', '지속 가능한 환경 보전', '개발을 위한 전 세계적 협력 구축'이 뒤를 이었다. 2015년이 되자 유엔은 만료된 밀레니엄 개발 목표의 후속 조치로 2016년부터 2030년까지 이행할 열일곱 가지 '지속 가능 개발 목표(Sustainable Development Goals, SDGs)'를 제시하면서 '젠더평등'을 다섯 번째 목표로 설정했다(물론 이 공동 목표에 순서가 있는 것은 아니었다).

여성글로벌리더십센터(Center for Women's Global Leadership)의 라디카 발라크리슈난(Radhika Balakrishnan) 등 페미니스트 경제학자들은 젠더 문제가 다른 밀레니엄 개발 목표와 통합돼야 한다고 요구했다. 지속 가능 개발 목표는 밀레니엄 개발 목표보다 서로 더 밀접하게 연결돼 있었다. 이 의제를 채택한 국가의 정부는 젠더평등을 포함해 모든 목표의 자국 진행 상황을 매년 보고해야 했다. 이를 통해 각국 정부는 기후변화에 적극적으로 대응해야 하며, 적어도 지구 온난화를 억제하기 위해 최선을 다해야 한다는 사실을 인식하게 됐다. 그러나 우리 사회에서 청년의 목소리가 부족하고 우리 경제 모델에서 다음 세대가 보이지 않는다는 점은 분명히 해결해야 할 결함이다.

˚ 국제 경제 정책 ˚

밀턴 프리드먼의 '제한된 정부' 주장, 로버트 루카스의 '합리적 기대' 이론, 그리고 정부의 '시장 간섭'은 비용이 많이 들고, 해롭고, 쓸모없다는 프리드리히 하이에크(Friedrich Hayek, 1899~1992)의 주장에 힘입어 경제학은 '정부 정책'에서 점점 더 멀어졌고 수학적 모델과 이론 개발로만 나아갔다. 이는 두 가지 주요한 영향을 미쳤다. 첫 번째는 정책 수립과 시행에 참여하는 경제학자들이 점점 더 적어지는 대신 금융 같은 다른 분야를 선택하는 이들이 많아졌다는 것이다. 두 번째는 수학적 모델이 경제학을 철저히 과학으로 만들어 보편적으로 적용할 수 있다는 생각을 강화했다는 사실이다. 이 두 가지 측면은 개발도상국의 대출 관행에 대응한 IMF와 세계은행의 정책을 뒷받침하는 데 이용됐다.

이와 같은 경제 모델이 국제사회에 표준으로 퍼진 계기가 이른바 '워싱턴 컨센서스(Washington Consensus)'라고 불리는 체제였다. 1990년대 초 미국 재무부, IMF, 세계은행 등 미국 워싱턴 DC에 모여 있던 기관들, 정확히 말하면 그곳에 소속된 경제학자들이 논의해 그 개념을 정립했다. 워싱턴 컨센서스는 미국이 남부 개발도상국들에 제시한 미국식 시장 경제 체제 확산 전략이었다. 미국에게 개발도상국은 떠오르는 '신흥 시장'이었기 때문이다. 이때 IMF와 세계은행에서 일하던 경제학자들은 대출을 빌미로 개발도상국이 자국 금융 시장을 자유화하고, 무역 장벽을 낮추고, 공기업을 민영화하고, 국가 지출을 줄이고, 글로벌 시장을 고려해 생산 결정을 내리도록 유도했다. 기업들의 구조 조정 정책도 제시했다. 이들 정부는 무능하고 부패해서 선진국을 따라잡는 경제 계획을 스스로 수립할 수 없다는 논리였다.

1995년을 마지막으로 유엔이 중국 베이징에서 소집한 제4차 세계여성회의(World Conference on Women) 때 '베이징 행동 강령(Beijing Platform of Action)'이 결정됐다. 이 선언과 계획은 이후 수십 년 동안 국제 무대에서 페미니스트 정책 토론의 장을 마련했다. 10년 전인 1985년 케냐 나이로비에서 개최된 제3차 세계여성대회에서와 마찬가지로 남부 국가의 페미니스트들은 경제적 독립이라는 명분 아래 여성의 노동 참여를 늘리는 데 집중한 일방적인 경제 접근과 백인 자유주의 여성들의 의제를 비판했다. 이들은 무엇보다도 대부분 저임금 비정규직이고 아무런 정책적 지원도 받지 못하는 남부 국가 여성 노동자들의 비참한 상황에 주목하라고 요구했다. 이렇게 해서 나온 베이징 행동 강령은 여성, 특히 남부 개발도상국 여성을 위한 젠더평등과 경제 정의를 핵심으로 내세웠다.

어떤 페미니스트 학자들은 '젠더평등(gender equality)'이나 '젠더형평(gender equity)'이라는 말보다 '여성 역량 증진(women's empowerment)'이라는 용어를 선호했다. 2007년 세계은행의 '젠더평등 계획(Gender Equality Plan)'은 여성이 자신의 성공 또는 실패를 스스로 평가할 수 있도록 하는 '여성 역량 증진'을 "(정책 차원에서) 시장이 여성을 위해서도 작동하게 하고 (기관 차원에서) 여성이 경쟁할 수 있도록 하는 것"이라고 정의했다. 한편으로 인도 출신 영국 페미니스트 경제학자 나일라 카비르(Naila Kabeer)는 세계은행보다 더 광범위한 경제적 측면에서 여성 역량 증진을 개념화했다. 그녀는 여성 역량 증진을 "경제 행위 주체로서 여성 자신의 성과를 결과 척도로 고려해 삶의 중요한 선택 능력을 향상하는 역동적 과정"이라고 규정했다.[36]

또 다른 페미니스트의 경제학자들은 특히 워싱턴 컨센서스가 제시한 구조 조정 정책을 엄중히 비난했으며, 계획 SAPs에 대해 엄격한 비판을 표명했으며, 여성의 무임금 가사 노동을 고려해 젠더를 거시경제 및 무역 정책에 통합하기 위한 연구를 추진했다.[37] 라디카 발라크리슈난, 제임스 하인츠(James Heintz), 다이앤 엘슨(Diane Elson)은 국제적인 여성 역량 증진을 위해서는 인권이라는 틀 안에서 경제적 주장을 확립해야 한다고 역설했다.[38]

제9장

앞으로의 경제학은
어떻게 달라질 것인가

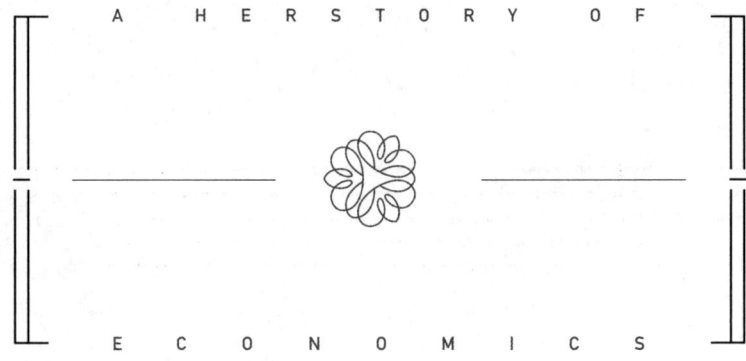

경제학은 여전히 남성이 지배하는 학문 분야이긴 하지만, 유럽과 미국 대학 경제학부 여학생 비율은 1970년대 30퍼센트에서 2020년대 35퍼센트로 서서히 증가하고 있다. 미국의 경우 여성 조교수, 부교수, 정교수 수도 조금씩 늘어나고 있다. 1994년부터 2020년까지 경제학부 여성 조교수 비율은 25퍼센트에서 31퍼센트로 증가했다. 같은 기간 부교수 비율은 14.5퍼센트에서 28퍼센트로 두 배 가까이 늘었고, 정교수 또한 7퍼센트에서 15퍼센트로 두 배 이상 증가했다.[1] 그렇지만 이 정도 비율로는 여성 경제학자들이 경제학 분야의 의사 결정에 깊숙이 간여할 정도로 충분한 발언권을 확보하기 어렵다. 유색인종 여성 경제학자들에게는 더욱 그렇다.[2]

이 책의 마지막 장인 이 장에서는 우리가 이전 장들에서 논의한 내용의 결과를 간략히 설명하고, 경제학 분야에 대한 새로운 접근법으로서 페미니즘 경제학이 출현한 배경을 살핀 뒤, 여성 경제학자들이 참여한 경제 분야 페미니즘 논쟁과 관련해 더 탐구할 만한 사안을 알아보는 것으로 마무리할 것이다.

˚ 경제사상사에 기록되지 않은 12가지 키워드 ˚

여성 경제 저술가들과 경제학자들은 현실이라는 무대 한복판에서 소녀와 여성, 활동가와 대중을 위해 글을 썼다. 반면 정치경제학자들은 주로 입법자, 정부, 기업가, 그리고 다른 경제학자들을 위해 썼다. 이는 여성과 남성 경제학자 모두의 언어, 개념, 관점에 영향을 미쳤다. 공적 영역과 사적 영역에서 전부 남성이 여성을 지배하고 있었기에 국가 권력자들은 남성 중심적 시각의 한계에서 비롯된 경제학의 일방성을 문제 삼지 않았다.

여성의 관점을 취하면 경제 발전의 다른 역사, 남성 중심 경제적 사고방식의 문제점, 경제학에서 간과한 여러 측면을 파악할 수 있다. 우리가 이 책에서 살핀 여성들의 연구는 경제학이나 경제사상사에서 거의 언급되지 않았다. 그러나 우리는 그동안 이들 여성의 작업이 철저히 무시당하고 이들이 다룬 주제가 의도적으로 과소평가되는 상황에서도 꾸준히 조금씩 스며들어 경제 안팎의 다양한 문제에서 영향력을 발휘하게 되는 과정을 지켜봤다.

시간이 흐름에 따라 인간의 기회와 행동을 결정하는 지표로서의 성별은 상류층 여성들에게는 어느 정도 그 중요성이 감소했다. 20세기 말까지 상당수의 상류층 여성 경제학자들이 경제 연구에 참여했다. 물론 차별이 있었고, 이 여성들의 경험에 여전히 영향을 미쳐서, 이들이 내세운 주제나 연구 방법이 크게 부각하지 못했다. 여성이 경제에서 배제된 역사는 수 세기는 아니더라도 계속해서 이어졌기 때문에, 여성의 삶을 크게 좌우하고 정치경제학과 이후 경제학에서 여성을 배제하게 된 요인으로 여성 경제 저술가들이 젠더 문제를 지적한 것은 정당했다고 할 수 있다. 우여곡절 끝에 여성들이 사회적·경제적·정치적 제도에 접근할 수 있게 되면서 남성과 여성이 다루는 주제 역시 그 차이가 크게 줄었으나 완전히 일치하지는 않았다. 다음은 우리가 이 책에서 살핀 여성 경제 저술가와 경제학자들의 전통적인 경제사상과 다른 연구 결과를 열두 가지 부문으로 정리한 것이다. 지금까지 내용을 요약한다고 보면 될 것이다.

1 | 정치경제학과 경제학의 전신인 오이코노미아

'오이코노미아(oeconomia)', 즉 '가계관리'는 효율적인 가계 운영 방법으로서 훗날 경제의 모태가 된 개념이다. 이와 관련한 초기 문헌에서 여성은 자신의 태도, 기술, 인맥, 경험이 가계의 부에 지대한 영향을 미치는 행위 주체로 묘사됐다. 이 책의 초반부에서 우리는 오이코노미아가 17세기와 18세기까지 발전해 가정을 잘 운영하는 방법으로 나타난 여성 경제 저술가들의 저작을 발견했다. 일종의 교과서라고 할 수 있는 이 문헌들은 효율적인 자원 분배, 화학, 생물학, 의학, 방적, 직조, 가구 보수, 식자재 보관, 요리, 고용, 감독 등에 관한 지식을 담고 있었다. 이처럼 과거에는 가정에서 이뤄진 생산이 화폐화·시장화하면서 가계관리에 관한 연구는 '가정경제학(home economics)'으로 체계화되면서 축소됐다.

2 | 결혼과 가정에서 여성의 경제 주체성

여성 경제 저술가 대부분은 결혼을 여성의 경제 주체성을 제한하는 데 중심 역할을 하는 법률적·경제적 제도이자 계약이라고 여겼다. 산업 사회 출현과 더불어 영국과 유럽, 미국에서 일어난 법률적 변화로 인해 특히 기혼 여성의 주체성이 크게 훼손됐고 남편에 대한 경제적 의존이 이를 더욱 강화했다. 법적 권리에서의 불평등은 서구를 중심으로 오랫동안 다뤄졌고 큰 변화가 있었지만, 남편에 대한 아내의 경제적 의존은 지금도 여전히 중요한 문제다. 이는 주로 가사 노동 및 돌봄과 재정적 책임이라는 불평등한 분업과 노동 시장의 차별 때문에 발생한다. 빈곤층 가정 중 한부모(대부분 여성) 가정이 과하게 부각하는 현실 또한 이를 반영한다.

경제적 사고에서 가계관리를 배제하고 정치경제에서 개인(남성)과 사회 계급을 분석 단위로 설정한 방향 전환은 여성을 공적 영역에서 제외하는 법적 변화가 자리 잡던 맥락에서 일어났기 때문에 젠더 중립적이지 않았다. 이는 여성을 경제 분석에서뿐 아니라 법적 측면에서도 보이지 않게 하거나 심지어 존재하지 않게 만들었다. 가정(가족)은 자본주의 이전 제도로 이해됐고, 따라서 경제 이론의 적용을 받지 않게 됐다. 경제학이 정치경제학을 대체하고, 과학적 지위를 주장하고, 자연과학에서 사용하는 수학적 추론과 정량적 접근을 추구하면서 '개인'인 '남성'이 물리학에서의 원자와 유사한 기본 경제 분석 단위로 규정됐다. 여성의 경제적 문제, 관심, 이해관계, 행동을 분석하려면 개리 베커가 '경제학 방법론'이라고 부른 이 접근 방식을 가치 중립적이거나 무가치하다고 주장하면서 이를 여성 문제에 적용할 수밖에 없었다.

3 | 가계 생산의 화폐화 및 시장화한 활동 사이의 경계 이동

과거에 가정에서 생산된 재화와 서비스의 화폐화 및 시장화 과정은 서유럽과 미국의 산업화와 함께 시작됐다. 이 과정은 부의 증가 또는 경제 성장으로 인식되는 것들에 이바지했으며, 이 재화와 서비스 제공을 공공 부문에서 해야 하는지 민간 부문에서 해야 하는지를 놓고 계속 논쟁이 이어졌다. 이와 함께 우리는 여성의 가정 내 활동이 '소비'로 재개념화되는 현상을 봤다. 기술 발전은 다양한 새로운 직업 및 일자리와 더불어 효율성 향상을 가져왔다. 한편으로 수명이 점점 더 짧아지는 상품의 소비 증가는 자원의 효율적 사용을 감소시켰고 각종 산업 폐기물과 환경 오염을 가중했다. 가계 생산의 화폐화·시장화 과정은 오늘날에도 여전히 강세를 보이며 물리적 한계에 다다랐지만, 이런 경향이 다시 예전으로 돌아가거나 멈출 것 같은 징후는 전혀 없다.

4 | 여성 자신, 자녀, 소득, 자본에 대한 법적 통제

19세기에 걸쳐 법적 권리 변화와 젠더 이데올로기가 강화되면서 대부분 여성 경제 저술가들은 '경제 기사도'와 '모성 숭배'에 기반한 가부장제와 젠더 가치 체제에 저항했다. 산업 사회의 성장과 함께 발전한 부르주아 도덕은 중상류층 남성이 사회에 공헌하고 그 발전에 대한 의사 결정을 할 수 있게 했지만, 그 과정에서 여성 권리는 극심한 제약을 받았다. 19세기가 지나면서 상황이 어느 정도 호전됐으나, 경제학계를 비롯한 경제 기관들은 현재에도 유색인종 여성들에게 부정적 영향을 미치는 인종차별적 규범과 가치관을 벗어던지지 못했기에 이 같은 젠더차별적이고 여성 혐오적인 규범, 가치관, 관행의 잔재를 청산하지 못했다고 할 수 있다. 성장하는 금융 및 기술 산업과 경제학에서 여성의 대표성이 아직도 떨어진다는 사실은 젠더차별과 인종차별의 역사가 이어진다고 볼 수 있으며, 여전히 젠더와 인종에 따른 계급 구조가 남아 있다고 인식될 수 있다.

5 | 교육에서 여성의 역할

여성들은 인간 기본권으로서의 교육을 위해 오랫동안 투쟁해왔다. 건전한 공부와 훈련을 통해 여성들은 일자리를 얻고, 생계를 유지하고, 경제적으로 독립하고, 자신의 권리를 인지하고, 법적으로 자신을 방어하고, 자신의 자산을 관리하고, 학문과 사회 전반에 공헌할 기술을 확보할 수 있었다. 많은 경우 교육이 국가의 의도에 따라 아이들을 역사와 문화에서 멀어지게 하는 도구로 악용됐는데도 말이다. 유사한 방식으로 여성의 경험, 역사, 이해관계, 특히 유색인종의 이해관계를 배제한 경제 이론의 가르침은 (유색인종) 여성의 정신을 식민화했다. 이들은 자신에게 무가치한 과학적 접근 방식으로 제시된 경제에 관한 시각과 이해를 강요받았는데, 경제학자들의 그와 같은 접근 방식은 이들의 역사와 이해관계를 망각하도록 만들었다.

여성 경제 저술가들은 아주 어릴 때부터 교육을 시작해야 하며, 선하고 책임감 있는 삶을 영위하는 데 필요한 도덕적 가치와 기술을 포함해 개인의 모든 측면을 포괄해야 한다고 인식했다. 그러나 정치경제학과 이후 경제학은 교육 개념을 경제에서 장래에 생산자와 소비자 역할을 담당하게 될 경제 주체에 대한 투자로 축소했다. 자녀를 양육하고 교육하는 것은 여성의 일로 치부했기 때문에, 여성과 (어린) 아이들 교육의 중요성은 경제학에서 충분히 다루지 않았다. 경제학은 아이들의 능력과 잠재력 차이를 어머니의 헌신적인 사랑과 관심, 그리고 자원에서 발생하는 것이 아닌 그저 태생적인 재능 차이로 이해했다.

6 | 생산에서 착취와 차별

인클로저 운동, 노예제, '커버처(coverture)'● 처럼 법적·제도적 장치 역할을 했던 자본 축적의 기본 과정은 산업화가 시작되고도 끝나지 않고 계속됐다. '토지', '자본', 여성과 노예의 '노동'은 자본 축적의 상당 부분을 차지했고 국가의 부에 크게 공헌했다. 그리고 소비, 저임금, 자원 생산 및 환경 오염 측면에서 비용의 외부화로 가장 많은 영향을 받은 이들은 사회에서 가장 취약한 계층이었다.

● 제2장의 옮긴이 주를 참조할 것.

여성들은 교육, 강연, 저술 활동과 공동체 건설 및 운영을 통해 노예제 폐지와 사회주의 운동에 적극적으로 참여했다. 임금 인상, 최저 임금, 동일노동 동일임금 요구는 100년 전에도 있었고, 어떤 경우는 2세기 이상 거슬러 올라가서도 발견된다. 19세기 말 본격적으로 펼쳐진 동일노동 동일임금 논쟁에서 남성 경제학자 대부분은 과거 역사를 들먹거리면서 이 주제에 관한 초기 여성 경제 저술가들의 연구와 저작을 무시했고, 노동 생산물이 남성보다 적기 때문에 당연히 여성 임금이 낮을 수밖에 없다고 주장했다. 반면 여성 경제학자들은 임금 격차 원인을 여성과 유색인종에게 그런 종류의 노동만을 할당한 역사적 관행을 지적하면서, 일자리와 기회 차별에 대한 인식 결여가 젠더별·인종별 임금 격차를 유발한 대표적 요인이라고 맞섰다. 이 논쟁은 1960년대에 비슷한 노선으로 다시 벌어졌다. 다행히 최근 주류 경제학자들은 제도적 차별과 직업적 분리가 젠더별·인종별 임금 격차 발생에 실질적 역할을 한다는 사실을 인지하고 있다.

문서로 남아 있는 자료는 얼마 되지 않지만, 많은 여성이 산업화 시대에 기업가로서, 남편의 사업 동료로서, 소기업 소유주로서, 소매업자로서 활동했다. 금융 산업과 경제 위기에 대한 여성 경제학자들의 저술은 이 산업이 오래도록 사실상 여성을 배제해왔기에 최근 들어 이뤄졌다.

7 | 소비자의 관점에서 바라본 소비, 예산, 금융 지식

생산과 소비의 구분은 해당 활동을 수행한 개인의 젠더를 기반으로 결정됐다. 여성이 가정에서 행하는 생산 활동은 이전에는 생산 활동이 아니라고 무시되다가 어느 순간부터는 소비로 인식됐다. 반면 임금, 수익, 국가 경제를 위한 남성의 집 밖 활동은 모두 생산으로 간주했다.

경제학자들은 소비를 주로 시장 관점에서 개념화했다. 재화와 서비스 범주에서 무엇을 구매하고 얼마를 지불하는지가 중요한 요소였다. 소비자의 선호는 설명이 필요한 요소가 아니라 당연한 것으로 여겨졌으며, 소비자가 소득을 어떻게 소비하느냐에 따라 도출됐다. 여성 경제학자들은 가계관리 분야를 가정행정, 소비자 의사 결정, 가정경제, 마케팅 등으로 세분화해 재구성했다. 전반적으로 볼 때 여성 경제학자들은 주류 남성 경제학자들보다 소비자에게 더 적극적인 역할을 부여했고, 이들이 똑똑하고 효율적이고 책임감 있는 소비자가 될 수 있도록 훈련받아야 한다고 주장했다.

생산에서 소비로 경제학의 관심 주제가 이동하면서 자녀 양육, 생산, 유지, 소비, 토지 관리, 폐기물 관리, 병자와 노인 돌봄, 망자 돌봄 등의 순환 과정은 이 모든 것이 재화라는 데 초점을 맞춘 탈역사적 선형 과정으로 바뀌었다. 모든 재화는 생산되고, 유통되고, 인간의 무한한 욕구를 충족시키는 소비 과정에서 파괴돼 폐기물로 남았다.

8 | 가계 모델 변화: 남성 임금 노동자 모델에서 과도기적 가계 모델로

남성 임금 노동자 모델이 경제 이론의 가계 모델로 정립되기까지는 다소 시간이 걸렸으며 19세기 말 절정을 이뤘다. 이후부터는 중산층 여성들의 노동 시장 참여 증가와 함께 아내를 가정 돌봄 역할과 더불어 재정적 지원 역할을 겸하는 경제 주체로 설정한 과도기적 가계 모델이 등장했다. 이 모델은 1960년대와 1970년대에 대세로 자리 잡았고, 1970년대 남성 임금 하락과 여성 임금 상승, 이혼율 증가로 인한 한부모 가정이 급격히 늘어나면서 더 굳어졌다.

1960년대와 1970년대에 그 어느 때보다 많은 여성이 경제학계에 진출했을 때 여성 경제학자들은 한부모 가정이 직면한 문제점과 취약성을 지적하면서 과도기적 가계 모델에 근거한 연구를 수행했다. 이들의 무임금 가계 생산 재평가 요구는 경제 성장 지표, 정책 연구 및 제안, 젠더 인지 예산(GRB) 이니셔티브, 돌봄 노동 등의 연구에 이 유형의 생산을 포함하는 결과를 낳았다. 정책 논쟁이 여성 노동 시장 참여 확대에 집중되자 가사 노동을 분담하고 가정 내 젠더 분업을 종식하려는 정책 제안은 사실상 답보 상태가 됐다.

9 | 돌봄 활동

가정과 가족 생활을 구성하는 생산 활동인 돌봄은 과거에는 경제 이론화에서 배제됐지만, 20세기에 걸쳐 점점 더 화폐화·시장화함에 따라 경제에서 무시할 수 없는 요소가 됐다. 페미니스트 경제학자들은 무임금 가계 생산 또는 무급 돌봄 노동의 가치를 측정하고 의존관계 측면에서 돌봄 활동을 개념화하거나,[3] 보살핌과 헌신 및 이타심으로 동기를 부여하는 활동으로 돌봄을 이론화하는[4] 도구를 개발했다. 돌봄 노동의 화폐화·시장화로 관련 상품과 서비스 가격이 크게 인상됐다. 이에 뒤따른 것은 여성 대상의 비정규직 저임금 일자리였다. 이는 전반적인 소득 불평등을 가중했고 이 여성들이 아이를 낳고 키우는 데 더 많은 걸림돌을 만들면서 악순환으로 이어졌다.

오늘날 부유한 가정은 남부 국가나 과거 소비에트 연방이었던 나라들에서 계약 또는 미계약 형식으로 여성 노동자를 고용해 이 문제를 해결한다. 이 여성들은 육아나 보육 같은 돌봄 활동이나 요리와 청소 같은 가사 노동을 대행한다. 이런 가정들은 국가에 양질의 돌봄 서비스 지원을 요구하는 대신 시장을 선택하고, 북부 국가와 남부 국가 사이의 소득을 재분배하는 '글로벌 케어 체인'에 글로벌 돌봄 체인에 동참한다. 그렇지만 그 비용은 남부 국가에 남아 있는 이들 여성의 자녀가 어머니의 보살핌을 받지 못하는 대가이기도 하다.

10 | 폐기물 최소화와 환경 보전

과거에는 농부들이 건강한 자연 환경을 유지하고 공유지를 관리하는 데 직접 관여했고, 여성들은 가정을 운영하는 데 자원과 재화를 효율적으로 사용하도록 훈련받았지만, 수 세기에 걸쳐 농업 역시 산업화하면서 이런 모습도 옛날이야기가 됐다. 가계관리의 전통은 폐기물을 줄이고, 재료를 재활용하고, 옷을 수선해 입고, 음식이 상하지 않도록 보존하고, 자원 사용을 개선하는 방법을 설명하는 데 충분한 시간과 공간을 할애했다. 그런데 자연 환경 비용 외부화, 소비 기반 경제, 소비자 욕구는 무한하다고 주장하는 현대 경제 개념은 구매한 식품의 약 20퍼센트가 절대로 소비되지 않는 상황을 초래했다. 의류는 더 짧은 기간만 제대로 기능하도록 만들어지고, 제품 수리 비용과 새 제품 구매 비용이 비슷해졌으며, 폐기물로 나오는 물량이 자원 재활용 물량을 훨씬 능가

한다. 사회 및 자연 환경을 염두에 두는 생산과 분배 대신 시장 기능에만 초점을 맞추는 주류 경제학은 이런 경제 행태가 지속 불가능하다는 사실을 감추는 데 이바지하고 있다.

11 | 이전에는 가계에서 생산된 공공재 및 서비스의 국가 제공

과거에 가계가 제공했던 재화 및 서비스 가운데 화폐화·시장화 과정에서 공공재로 간주할 수 있는 것들은 국가가 제공하기 시작했지만 완전하지는 않았다. 일테면 교육과 관련해 공교육은 교육을 전문화하는 데 일조했지만, 전인교육에서 노동 시장 준비 과정으로 초점을 전환했다. 보육 지원의 경우에도 이를 민간 부문에서 제공해야 하는지 아니면 공공 부문에서 제공해야 하는지를 두고 오늘날에도 여전히 많은 논쟁이 벌어지고 있다. 그동안 가정에서 기본적으로 여성이 해야 한다고 인식됐던 일을 처리하는 데 필요한 시간과 자원이 뼈만 앙상할 정도로 줄었는데도 여전히 가정은 여성이 돌봐야 하는 곳이라고 여겨진다.

20세기에 이르러 인구의 부와 경제적 건강을 기록하는 것을 목표로 한 민간 및 공공 연구 프로젝트가 여성에게 연구 기술을 획득하고 개발하고 적용할 기회를 제공하기 시작했다. 이런 연구 프로젝트는 여성과 관련이 있다고 보이는 문제를 대상에 집중했고, 그 결과 주류 경제 이론에 반하는 여성들의 빈곤, 저임금, 열악한 노동 환경을 증명하는 데이터를 제공함으로써 법률 개정 및 신설 요구를 뒷받침할 수 있었다. 차별이 자연스럽게 사라지지 않는 것으로 드러나자 경제, 예산, 노동 시장, 자원 분배 등의 편향을 바로잡기 위한 정부 정책이 시급해졌다. 국가는 경제에서 더는 가정이 제공하지 못할 공공재와 서비스를 제공한다는 뚜렷한 명분을 갖고 있다. 국가나 기업이 가정에서 부모인 노동자의 노동시간 단축과 임금 인상을 원하지 않는다면, 정부나 고용주가 이를 보완할 재화와 서비스를 제공해야 한다.

12 | 경제학과 경제사상사의 여성 배제

정치경제의 주요 공헌자이자 연구 대상인 여성을 배제한 정치경제학의 행태는 이 분야가 형성되는 초기 몇 세기 동안 방향을 설정하고 오늘날 '경제'와 '경제학'으로 불리는 것의 토대를 마련했다. 여성 배제가 가져온 영향은 여성과 연관된 주제, 문제, 특징을 모퉁이로 밀어냈으며, 여성이 빠진 경제사상사의 흐름을 구성했다. 아동, 노인, 장애인, 병자의 이해관계와 더불어 여성의 이해관계는 언급되기는커녕 드러나지도 않았다. 여성을 포함한 이 같은 집단뿐 아니라 백인 남성이 아닌 사람들은 그저 '나머지'였고 '일반'이나 '표준'에서 벗어난 개체였다. 가정 생산에 관한 관심 결여, 경제적 의사 결정 제외, 자녀 교육 및 돌봄 문제 등은 몇 가지 사례에 불과하다. 경제 이론에서 유색인종 여성, 특히 흑인 여성의 이해관계는 여전히 온전한 인정을 받지 못하고 있다. 젠더 이데올로기에 따라 '미래 세대(성인이 될 자녀들)'는 '여성의 문제'로 여겨왔기 때문에 이들의 관심과 이해관계도 제대로 대변되지 못하는 실정이다. 요컨대 지구의 미래에 대해 관심이 부족한 것이다.

페미니즘 관점에서 본 경제학

전미경제학회(American Economic Association, AEA)는 경제학계에서 여성의 대표성이 지나치게 낮다는 문제가 제기되자 1971년 여성경제직지위위원회(Committee for the Status of Women in the Economic Profession, CSWEP)를 신설했다. 여성경제직지위위원회는 1993년부터 매년 경제 분야에 종사하는 여성들이 이룬 성과에 대해 발표하고 있다.

1970년대 페미니스트 경제학자들이 연구를 시작할 무렵에는 여성의 경제적 지위에 대한 가장 기초적인 데이터도 구할 수 없었다. 여성들의 실업, 연금, 기업 진출, 노동 공급 등의 데이터를 처음부터 조사해 수집해야 했다. 페미니스트 경제학자들은 여성의 경제 경험을 설명하고자 제도주의, 마르크스주의, 케인스주의 경제학 분석을 대입해 여성의 실업, 저임금, 노동 시장 참여, 차별 관행, 가사 노동의 경제적 가치 같은 비전통적 경제 문제를 분석했다. 예를 들면 노동 시장 이론에서 남성의 경험에 기초한 개념은 여성의 경험에 적용하기 위해 조정하고 확장할 필요가 있었다. 노동경제학 관점에서 보면 남성의 노동 시장 행태를 설명하는 노동 시간과 여가 사이의 선택을 여성의 노동 시장 행태를 설명하기 위한 임금 노동 시간, 여가, 가사 노동 시간 사이의 선택으로 변경해야 함을 의미했다.

1990년대 초까지 한 그룹의 페미니스트 경제학자들은 이런 이론들에 근본적인 결함이 있다는 사실을 발견했는데, 기본 용어나 개념 대부분에 젠더에 대한 계급적이고 차별적인 정의가 뿌리내려 있었다.[5] 페미니스트 경제학자들은 이와 같은 경제 개념과 이론을 비판하는 데 그치지 않고, 이 이론들의 과학적 주장을 뒷받침하는 경제 방법론과 인식론을 분석해 페미니즘 경제 연구를 '정치적'이고 '불완전'하다거나 단순히 '관련성 없는', '현장의 핵심이 아닌' 것으로 치부할 때 이용한 근거가 과학적이고 논리적인지 검증했다.[6] 한편으로 1992년에는 여성의 경제적 문제, 경제에서 젠더의 역할, 경제 분야에 젠더·인종·계급이 미치는 영향 등의 연구를 지원하고 독려하기 위한 목표로 국제페미니스트경제학협회(International Association for Feminist Economics, IAFFE)가 설립됐다.[7]

페미니즘 경제학 또는 페미니즘 정치경제학은 주류 경제학이 포함하는 하위 분야의 전통적 범주와 맞지 않는다. 하위 분야 대부분은 후기 케인스주의 경제학이나 신제도주의 경제학과 같은 이론적 접근 방식에 기반을 두거나 행동경제학이나 신경경제학처럼 경제 현실의 한 측면에 초점을 맞춘다. 반면 페미니즘 경제학은 경제학을 하나의 사회 제도로 인식하고 성별, 인종, 계급, 나이, 건강, 지위 등의 개념이 수 세기에 걸쳐 경제 이론에 뿌리내렸다는 사실에서 출발한다.

페미니스트 경제학자들은 이에 속하는 주류 경제학을 위시한 경제 이론들을 모두 비판하고, 남성 중심 경제 모델을 초월하는 새로운 개념, 이론, 관점을 지향한다. 페미니즘 경제학은 나아가 시스젠더(cisgender) 여성뿐 아니라 트랜스젠더나 젠더 이분법으로 구분할 수 없는 제3의 젠더, 유색인종, 남부 개발도상국 및 저개발 국가 사람들의 경제 행태를 전부 포함하도록 경제 연구 초점을 확장한다. 물론 페미니스트 경제학자들도 미시경제학, 거시경제학, 개발경제학을 비롯해 금융, 공공 정책, 경제사상사에 이르기까지 다양한 분야에서 연구를 수행한다.[8]

경제학에서 여성의 과소 대표 문제는 미디어에서 반복돼왔으며, 지난 수십 년 동안 정기적으로 대두했다. 이는 부분적으로는 차별과 배제의 고약한 과정으로 설명할 수 있다. 한편으로는 해당 분야에서 여성 경제학자의 지위를 강화하는 것으로도 설명할 수 있다. 일테면 2009년 여성 최초의 노벨 경제학상을 받은 엘리너 오스트롬에 대한 현장의 반응은 개리 베커가 현대 경제학의 과학적 특성에 의문을 제기하도록 유도했다. 2010년 여성경제직지위위원회는 경제학계에서 벌어지는 여성차별을 〈뉴스레터CSWEP(Newsletter CSWEP)〉 전체 지면을 할애해 다뤘다. 결론은 비록 차별이 이전보다는 덜하나 여전하다는 것이었다. 앨리스 우(Alice Wu)는 박사 논문에서 여성 경제학자 대상 차별 수준을 수치를 제시하고, 정량적 분석을 통해 주요 경제학 분야 구직 목록에서 여성 후보자들은 외모로 평가받고 남성 후보자들은 학문적 자질로 평가받는다는 사실을 밝혀냈다.[9] 2018년 사회과학협회연합(Allied Social Sciences Associations, ASSA)은 '미투(#MeToo)' 운동 물결 속에서 학문 분야 성희롱·성추행 문제를 특히 현장에서 유색인종 여성 학자들의 매우 낮은 대표성과 연결해 활발한 논의를 이끌어냈다. 확실히 상황은 바뀌고 있다. 다음은 미래로 나아가는 몇 가지 가능한 방향을 살펴보도록 하겠다.

"반쪽짜리 경제학의 좁은 터널을 어떻게 통과할 것인가"

　이 책에서 다룬 여성 경제 저술가와 경제학자의 이야기는 2020년이 마지막이다. 오늘날 미국과 영국, 그리고 전 세계 대부분 선진국의 여성들은 고등 교육은 물론 대학과 대학원에도 얼마든지 접근할 수 있다. 미국과 서유럽에서는 오히려 남학생보다 여학생이 더 많은 석사 학위를 취득한다. 그러나 이 사실이 다양한 민간 부문, 공공 부문, 경제 부문에서 더 높은 지위에 여성이 남성과 똑같이 접근할 수 있음을 의미하지는 않는다. 경제학 분야의 경우 정교수 자리는 여성에게 여전히 제한적이며, 유색인종 여성 경제학자의 경우에는 진입 장벽이 훨씬 더 높다. 지난 수십 년 동안 일부 페미니스트 경제학자들이 마침내 이 분야에서 권력을 행사할 위치에 올랐지만, 문화 변화를 충분히 이끌 수 있는 임계치에는 아직 도달하지 못했다. 페미니스트 경제 연구를 공개적으로 수행하면서 경제 분야의 영구 재직권을 얻기란 여전히 어렵다.

　최근 유색인종 여성 경제학자들이 경제학자라는 직업을 선택할 때 직면하는 어려움에 대해 목소리를 높이고 있다. 급진적 페미니스트 정치경제학자 그룹은 국제페미니스트경제학협회와 전미경제학회 회원들에게 여전히 현장에서 자행되는 젠더차별과 인종차별을 인지하고 이에 대응하는 정책을 촉구하도록 압력을 가하고 있다. 전미경제학회 이사회는 수백 명의 페미니스트와 경제학자들이 서명한 공개서한을 받고 그 응답으로 구인 구직 웹사이트 감시 작업을 진행하기로 의결했다. 경제학 분야는 다양성과 포용성 문제들을 다루도록 강한 압박을 받고 있으며,

특히 유색인종 경제학자 고용을 촉진하라는 요구에 결국 응하기 시작했다.

하지만 다양성이 객관성을 더 높이고 '터널 시야(tunnel vision)'가 객관적 지식 생산에 심각한 위협이 된다는 사실을 인정하고 수용하려면 경제학자들의 더 강한 의지가 필요할 것이다. 기득권 사회의 경제적 이익과 밀접한 관계를 맺고 있는 주류 경제학의 뿌리 깊은 지배력은 그 자체로 더 광범위한 이론적 변화를 막는 보루를 형성해왔다. 경제학계 변화에 별 관심이 없거나 엮이기 싫은 경제학자들은 뉴이코노믹씽킹(New Economic Thinking)이나 리씽킹이코노믹스(Rethinking Economics) 같은 연구 기관을 학계 외부에 조직했다.

지구 온난화, 전염병, 권위주의 경향, 대규모 이민 등 현재의 위기 앞에 경제학은 거대한 도전에 직면해 있다. 이는 경제 시스템의 신속하고 근본적인 변화, 즉 주류 경제학이 다루기에 준비가 부족한 변화를 예상하고 해결할 필요성이 있음을 뜻한다. 물론 주류 경제학은 지금껏 그래왔듯이 광범위한 주제에 적용하고 관련 연구를 흡수하면서 덩치를 계속 키우는 '다원적 경제학 접근법(pluralist approach to economics)'을 확대하면서 기존 경로를 유지하려 들 것이다. 그렇더라도 나쁘지 않다. 여성과 유색인종 문제와 관련해 젠더 및 가족 경제학 분야에서 하는 것처럼 임금 격차, 실업, 차별 등의 문제를 신고전주의적 연구로 끌어오면 된다.

그래도 더 혁신적인 접근 방식은 젠더, 인종, 계급, 지위 및 자연과의 관계가 경제와 경제사상 발전에 공헌한 역사를 명확히 직시하고 경제와 지속 가능한 개발에 대한 새로운 이해를 장려할 때 이를 포함하는 것이다. 나는 이 책에서 경제사상의 역사를 학계의 논쟁 속에서 확립된 목소리만 수렴하는 내부주의적 접근으로 제한한 행태가 너무나도 오랫동안 경제학계의 배타적 관행과 제도적 차별을 재현해왔음을 설명했다. 모든 게 변화하는 세상에서 자원의 공급, 구성, 효율적 사용을 다루는 방식을 설명할 때 이와 같은 경제 개념, 이론, 내용, 역할로는 우리의 관점을 제한할 수 없다.

페미니스트 경제학자들은 이 순간에도 목소리를 높이고 있다. 자신들의 분야는 물론 그 이상을 발판으로 경제 분야 연구와 토론에 능동적으로 참여하고 있으며, 특히 젠더차별, 계급차별, 인종차별, 성 소수자 문제, 글로벌 불평등, 지속 가능 개발 등 세계를 구성하는 것과 관련 있는 모든 사회 운동과 지식의 흐름 및 경험을 공유하기 위해 자신들의 목소리를 제공하고 있다. 이렇듯 지치지 않는 열정과 의지가 케케묵은 문제와 전례가 없던 문제에 대한 더 나은 해답을 찾고 이를 사실과 과학적 분석, 그리고 건전한 토론의 장으로 이끄는 힘이 될 것이다.

주

감사의 말

1. Drucilla K. Barker and Edith Kuiper(2010) 참조. Edith Kuiper(2014)도 참조할 것.
2. Mary Chudleigh(1701) 참조.

서장: 경제학에서 사라진 여성들

1. Michele Pujol(1992), Peter Groenewegen(1994), Nancy Folbre(2009) 참조.
2. Dorothy Lampen Thomson(1973)와 Barbara Libby(1990) 그리고 Robert Dimand, Mary Ann Dimand, Evelyn L. Forget(2000) 및 Kirsten Madden, Janet Seiz, Michele Pujol(2004) 참조.
3. Robert Dimand(1995) 및 Kirsten Madden(2002) 참조.
4. Drucilla K. Barker and Edith Kuiper(2010) 및 Edith Kuiper(2014) 참조.
5. Kirsten Madden and Robert W. Dimand(2019), Joanna Rostek(2021) 참조.
6. Mabel Atkinson(1987〔1914〕) 참조.
7. Claudia Goldin(1990) 참조.
8. Elizabeth Reis(2009) 참조.
9. Julie A. Nelson(1995) p. 131에서 인용.
10. Judith Butler(1990) 참조.
11. Kimberlé Crenshaw(1993) 참조.
12. Bina Agarwal(1994) 참조.
13. Susan George(1988), Gary Dymski and Maria Floro(2000), Libby

Assassi(2009) 참조.

제1장: 정치경제학의 등장

1. Robert B. Ekelund and Robert F. Hébert(1997) 참조.
2. Xenophon(2021) p. 13에서 인용.
3. Robert B. Ekelund and Robert F. Hébert(1997) 참조.
4. Keith Tribe(1978) 참조.
5. Silvia Federici(2014) 참조.
6. Christine de Pisan(1982[1405]) 참조.
7. Earl Jeffrey Richards(1982) 참조.
8. Marion Lochhead(1948) 참조.
9. Harro Maas(2016) 참조.
10. Jurgen Habermas(1989[1962]) 및 Nancy Fraser(1992[1990]) 참조.
11. Jean-Jacques Rousseau(2016[1755]) 참조.
12. Jane Rendall(1987) 참조.
13. Adam Smith(1976[1776]) p. 25에서 인용.
14. Edith Kuiper(2003) 참조.
15. Marianne A. Ferber and Julie A. Nelson(편저, 1993) 참조.
16. Agnès le Tollec(2020) 참조.
17. UNDP(1995) 참조.
18. Marilyn Manser and Murray Brown(1979) 및 Marjorie B. McElroy and Mary J. Horney(1981) 참조.
19. Mariarosa Dalla Costa and Selma James(1972) 및 Silvia Federici(2012[1975]) 참조.
20. Susan Himmelweit and Simon Mohun(1977), Jane Humphries(1977), Nancy Folbre(1982) 참조.
21. Marilyn Waring(1988) 참조.
22. Rania Antonopoulos and Indira Hirway(편저, 2009)

23. Nancy Folbre(2008) 참조.

24. Judith P. Zinsser(2006) 참조.

25. 위의 책 p. 50에서 인용.

26. Felicia Gottmann(2011) 참조.

27. Judith P. Zinsser(2006) p. 48에서 인용.

28. Edith Kuiper and Adrienne Springer(2013) 및 Judith P. Zinsser(2006) 참조.

29. Judith P. Zinsser(2006) 참조.

30. Alexander Carlyle(1973) 참조.

31. Edith Kuiper and Claudia Robles-García(2012) 참조.

32. Elizabeth Robinson Montagu(1769) 참조.

33. Edith Kuiper and Claudia Robles-García(2012) 참조.

34. Stewart Justman(1993) 참조.

35. Edith Kuiper(2003) 참조.

36. Adam Smith(1984[1759]) pp. 146~147에서 인용.

37. Nancy Folbre(2009) 참조.

38. Marie-Jean Antoine Nicolas de Caritat, Marquis de Condorcet(1822) 참조.

39. Karin Brown(편저, 2008) 참조.

40. 위의 책 p. 181에서 인용.

41. Mary Hays(1798) p. 279에서 인용.

42. Robert Heilbroner(1999[1981]) 및 William Kern(1998) 참조.

43. Alfred Marshall(1890) p. 1에서 인용.

44. 위의 책 p. 29에서 인용.

45. Kirsten Madden(2002) 참조.

46. Sandra Harding(1995) pp. 7~32에서 인용 및 요약.

제2장: 권력과 주체성 그리고 재산권

1. Joseph A. Schumpeter(1954) p. 238에서 인용.

2. Peter Groenewegen(2002) p. 5에서 인용.

3. Evelyn Fox Keller(1985), David F. Noble(1992), Londa Schiebinger(1989) 참조.
4. John Strang(1856) 참조.
5. Ian S. Ross(1995) 참조.
6. Anne-Thérèse Marquise de Lambert(1729) p. 22에서 인용.
7. Jeremy Bentham(1789) p. 8에서 인용.
8. Miriam Williford(1975) p. 169에서 인용.
9. Sarah Kirkham Chapon(1735) p. 5에서 인용(작은따옴표로 표시한 부분은 원문에서 강조됨).
10. 위의 논문 p. 7에서 인용(작은따옴표로 표시한 부분은 원문에서 강조됨).
11. Joanna Rostek(2021) p. 103에서 인용.
12. William Blackstone(1765-1769, 제4권 p. 430) 참조. Joanna Rostek(2021) p. 90에서 재인용.
13. David Harvey(2003) 참조. Ellen Meiksins Wood(1990) 및 Michael Perelman(2000)도 참조할 것.
14. David Harvey(2003) p. 145에서 인용 및 요약.
15. Amy Louise Erickson(2005) p. 2에서 인용.
16. Hannelore Schröder(1989) 참조.
17. Olympe de Gouges(1791, 영문판) p. 92에서 인용.
18. Nancy Folbre(2009) 참조.
19. Jane Rendall(1987) 및 Sumitra Shah(2006) 참조.
20. Adam Smith(1976[1776]) p. 10에서 인용.
21. 위의 책 p. 33에서 인용.
22. Ivy Pinchbeck(1930) 참조.
23. Priscilla Wakefield(1798) pp. 1~2에서 인용.
24. Sarah Robinson Scott(1762) p. 29에서 인용.
25. Joanna Rostek(2021) 참조.
26. David Ricardo(1911[1817]) p. 20에서 인용.
27. Chris Nyland and Tom Heenan(2003) 및 Kristen Madden and Joseph

Persky(2021) 참조.

28. Nassau William Senior(1830) 서문 참조.
29. Flora Tristan(1983〔1843〕) p.51에서 인용(작은따옴표로 표시한 부분은 원문에서 강조됨).
30. 위의 책 p.76에서 인용(작은따옴표로 표시한 부분은 원문에서 강조됨).
31. 위의 책 p.84에서 인용.
32. Charlotte Perkins Gilman(1998〔1898〕) pp. 19~20에서 인용.
33. World Bank(2001) 참조.
34. Ruth Perry(2005) 참조.
35. Sarah Kirkham Chapone(1735) 참조
36. 위의 책 p.30에서 인용(작은따옴표로 표시한 부분은 원문에서 강조됨).
37. Mary Wollstonecraft(2008〔1788〕) 참조.
38. Joanna Rostek(2021) 참조.
39. Hannelore Schröder(1989) 참조.
40. H. Hardenberg(1962) 참조.
41. Evelyn L. Forget(1999) p.99에서 인용.
42. 위의 책 p.6에서 인용.
43. Ronald G. Bodkin(1999) 참조.
44. Jo Ellen Jacobs and Paula Harms Payne(편저, 1998) 참조.
45. Lee Holcombe(1983) p. 246에서 인용.
46. Hettie A. Pott-Buter(1992) 및 Cornell Law School(2021) 참조.
47. Albert A. Ehrenzweig(1959) 참조.
48. Sojourner Truth(1993〔1850〕) p. 66에서 인용(작은따옴표로 표시한 부분은 원문에서 강조됨).
49. 위의 책 p. 118에서 인용.
50. Anna Barbauld(1791) 참조.
51. Celia Morris Eckhardt(1984) 참조.
52. A. J. P. Perkins and Theresa Wolfson(1939) p. 127에서 인용.

53. Frances Wright(2020[1855]) p. 29에서 인용.

54. 위의 책 p. 20에서 인용.

55. Nancy Folbre(2009) p. 78에서 인용.

56. Sarah Grimké(1838) p. 60에서 인용.

57. Anna Julia Cooper(2016[1892]) pp. 79~80에서 인용.

58. Patricia Hill Collins(2000) 참조.

59. Teresa Amott and Julie Matthaei(1991) 참조.

60. Nina Banks(편저, 2021) 참조.

제3장: 교육

1. Londa Schiebinger(1989) 참조.

2. Mary Astell(1695) p. 99에서 인용.

3. Florence M. Smith(1966[1916]) p. 60에서 인용.

4. Anne-Thérèse Marquise de Lambert(1748)

5. Mrs. Cartwright(1777) 참조.

6. Mary Wollstonecraft(1787) 참조.

7. Hester Mulso Chapone(1773) p. 121에서 인용.

8. 당시 여성 교육 과목의 더 많은 예는 P. J. Miller(1972)를 참조할 것.

9. Daniel Defoe(1719), https://sourcebooks.fordham.edu/mod/1719defoe-women.asp에서 인용.

10. Adam Smith(1976[1776]) p. 781에서 인용.

11. Mary Wollstonecraft(1787) p. 21에서 인용.

12. Nancy Folbre(2008) 참조.

13. Hettie A. Pott-Buter(1992) 참조.

14. Barbara Leigh Smith Bodichon(1860) p. 79에서 인용.

15. Caroline Healey Dall(1972[1867]) 참조.

16. Mary Paley Marshall(1947) 및 Peter Groenewegen(1994) 참조.

17. Anna Julia Cooper(2016[1892]) p. 128에서 인용.

18. 위의 책 p. 138에서 인용.

19. UNDP(1995) 참조.

20. Edith Kuiper and Claudia Robles-García(2012) 참조.

21. James E. Hartley(2008) 참조.

22. Mary Church Terrell(1898) p. 113에서 인용.

23. 위의 책 p. 119에서 인용.

24. Dorothy Lampen Thomson(1973) 참조.

25. 위의 책 p. 19에서 인용.

26. 위의 책 p. 24에서 인용.

27. James Cicarelli and Julianne Cicarelli(2003) p. 110에서 인용.

28. Peter Groenewegen(1995) p. 445에서 인용.

29. Willie Henderson(1995) 참조.

30. Dorothy Lampen Thomson(1973) 참조.

31. Millicent Garrett Fawcett(1870) 참조.

32. Millicent Garrett Fawcett(1874) 서문에서 인용.

33. Dorothy Lampen Thomson(1973) 참조.

34. Ayn Rand(1993[1943]) 참조.

35. Susan F. Feiner and Bruce Roberts(1990) 참조.

36. David Colander and Arjo Klamer(1987) 참조.

제4장: 부와 여성의 관계: 자본, 돈, 금융

1. Adam Smith(1976[1776]) p. 47에서 인용.

2. Amy Louise Erickson(2005) 참조.

3. Edward Copeland(1995) p. 36에서 인용.

4. Ann Radcliffe(1999[1791]) p. 1에서 인용.

5. Ann Radcliffe(1999[1791]) p. 2에서 인용.

6. Angela Wright(2013) 참조.

7. Edward Copeland(1995) p. 37에서 인용.

8. Dale M. Bauer(2020) 참조.
9. 위의 책 p. 130에서 인용.
10. William S. Jevons(1965〔1871〕) p. 223에서 인용.
11. 위의 책 p. 263에서 인용.
12. Alfred Marshall(1890) p. 138에서 인용.
13. 위의 책 p. 564에서 인용(작은따옴표로 표시한 부분은 원문에서 강조됨).
14. Edith Kuiper(2001) 참조.
15. Hyman Minsky(1982) 및 Hyman Minsky(1992) 참조.
16. Carmen Maria Deere and Cheryl Doss(2006) p. 1에서 인용.
17. Hannah More(1795-1798, 시리즈 중 어떤 편인지는 불명) p. 3에서 인용.
18. Maria Edgeworth and Richard Lovell Edgeworth(1815〔1798〕) p. 701에서 인용.
19. 위의 책 p. 702에서 인용.
20. 위의 책 p. 704에서 인용.
21. Barbara Leigh Smith Bodichon(1857) p. 61에서 인용.
22. Harriet Hanson Robinson(2021〔1898〕) p. 68에서 인용.
23. Sheila L. Skemp(1998) 참조.
24. Harriet Jacobs(2001〔1861〕) p. 13에서 인용.
25. Bonnie Martin(2016) 참조.
26. Caroline Healey Dall(1972〔1867〕) p. 472에서 인용.
27. Libby Assassi(2009) 참조.
28. Susan Antilla(2003)
29. Hans-Michael Trautwein(2000) 참조.
30. Susan George(1988) 참조.
31. Gary Dymski and Maria Floro(2000) 참조.
32. Nahid Aslanbeigui and Gale Summerfield(2000) 참조.
33. Irene van Staveren(2002) 참조. Diane Elson(2002)도 참조할 것.
34. Libby Assassi(2009) 참조.

35. Brigitta Young(2013) 및 Brigitta Young(2018) 참조.
36. Diane Elson(2002), Mary Mellor(2010), Irene van Staveren(2002) 참조.
37. Julie A. Nelson(2014) 참조.

제5장: 생산

1. Ivy Pinchbeck(1930) 참조. Sara Horrell and Jane Humphries(1995)도 참조할 것.
2. Moira Ferguson(1985) 참조.
3. Mary Collier(1739) 75~86행에서 인용.
4. Arlie Russell Hochschild and Anne Machung(1989) 참조.
5. Mary Collier(1739) 243~246행에서 인용.
6. Moira Ferguson(1985) 참조.
7. Donna Landry(1990) 참조.
8. Mary Prince(1997[1831]) p. 66에서 인용.
9. David Ricardo(1911[1817]) p 52에서 인용.
10. Charlotte Elizabeth Tonna(1843) 참조.
11. Adam Smith(1976[1776]) pp. 14~15에서 인용.
12. Charlotte Elizabeth Tonna(1843) pp. 63~64에서 인용.
13. Peter Groenewegen(1995) 참조.
14. Candida Ann Lacey(1987) 참조.
15. William D. Sockwell(2000) 및 Lee Holcombe(1983) 참조.
16. Barbara Leigh Smith Bodichon(1857) p. 39에서 인용.
17. Bessie Rayner Parkes(1860) p. 175에서 인용 및 요약.
18. Bessie Rayner Parkes(1862) 참조.
19. Jessie Boucherett(1864) p. 270에서 인용.
20. Frances Power Cobbe(1862) p. 355에서 인용.
21. 위의 논문 p. 363에서 인용(작은따옴표로 표시한 부분은 원문에서 강조됨).
22. Caroline Healey Dall(1972[1867]) p. 135에서 인용.
23. William S. Jevons(1883) p. 172에서 인용.

24. Edith Abbott(1910) 참조.
25. Elizabeth Leigh Hutchins and James J. Mallon(1915) pp. 169~170에서 인용 및 요약.
26. Elizabeth Leigh Hutchins(2020[1911]) p. 176에서 인용.
27. Barbara Bergmann(1986) 참조.
28. Mabel Atkinson(1987[1914]) 참조.
29. Olive Schreiner(1911) p. 101에서 인용.
30. 위의 책 p. 27에서 인용.
31. Ida M. Tarbell(1904) 참조.
32. Rosa Luxemburg(2003[1913]) 참조.
33. Mabel Atkinson(1987[1914]) 및 Eleanor F. Rathbone(1917) 참조.
34. Lois Scharf(1980) 참조.
35. Hedvig Ekerwald(2016) 참조.
36. Alva Myrdal and Viola Klein(1968[1956]) 참조.
37. Charlotte Perkins Gilman(1998[1898]) pp. 154~165에서 인용 및 요약.
38. Arlie Russell Hochschild and Anne Machung(1989) 참조.
39. Diane Sainsbury(1996) p. 105에서 인용 및 요약.
40. Barbara Bergmann(1986) 참조.
41. Claudia Goldin(1990) 참조.
42. Eli F. Heckscher and Bertil Ohlin(1991) 참조.
43. Ester Boserup(1993[1965]) 참조.
44. Diane Elson(편저, 1991) 참조.
45. Lourdes Benería(2003), V. Spike Peterson(2003), Suzanne Bergeron(2004) 참조.
46. Barbara Ehrenreich and Arlie Russell Hochschild(2002) 및 Rhacel Salazar Parreñas(2001) 참조.
47. Joan W. Scott(1988) p. 64에서 인용.
48. Caroline Healey Dall(1860) 참조.

49. 위의 책 pp. 97~100에서 인용.

50. 위의 책 p. 43에서 인용.

51. 위의 책 p. 50에서 인용.

52. Susan H. Gensemer(2000) 참조.

53. Lois Scharf(1980) 참조.

54. Nancy Folbre(1994) 참조.

55. Susan I. Lewis(2009) 참조.

56. Glückel von Hameln(1920[1715-1717]) 참조.

57. Natalie Mitchell(2020)

58. Alice Clark(1919) 참조. Leonore Davidoff and Catherine Hall(1987)도 참조할 것.

제6장: 분배

1. William S. Jevons(1965[1871]) 및 Alfred Marshall(1890) 참조.

2. John Bates Clark(1899) 참조.

3. Arlie Russell Hochschild and Anne Machung(1989) 및 Drucilla K. Barker and Susan F. Feiner(2004) 참조.

4. Adam Smith(1976[1776]) pp. 98~99에서 인용.

5. Ivy Pinchbeck(1930) 및 E. P. Thompson(1966[1963]) 참조.

6. Harriet Hanson Robinson(2021[1898]) p. 18에서 인용.

7. 위의 책 p. 83에서 인용.

8. 위의 책 참조.

9. Joyce Maupin(1964) 참조.

10. Alexandra Kollontai(1920) 참조. Alexandra Kollontai(1971[1926])도 참조할 것.

11. Alix Holt(1977) 참조.

12. John Stuart Mill and Harriet Taylor Mill(1997[1869]) p. 259에서 인용.

13. K. O'Brien(2009) 및 Barbara Taylor(2005) 참조.

14. Peter Groenewegen(1995) 참조.

15. Michèle Pujol(1989) 참조. Michèle Pujol(1992)도 참조할 것.
16. Charlotte Perkins Gilman(1998[1898]), Olive Schreiner(1911), Mabel Atkinson(1987[1914]) 참조.
17. Charlotte Perkins Gilman(1998[1898]) p. 3에서 인용.
18. Eleanor F. Rathbone(1917) p. 61에서 인용.
19. Ada Heather Bigg(1894) p. 54에서 인용.
20. Eleanor F. Rathbone(1917) pp. 61~62에서 인용.
21. Herbert Spencer(1851) 참조.
22. Herbert Spencer(1900[1862]) 참조.
23. Joseph A. Schumpeter(2008[1942]) p. 157에서 인용.
24. 위의 책 p. 160에서 인용.
25. Lourdes Benería and Gita Sen(1981), Diane Elson and Ruth Pearson(1981), Nancy Folbre(1982), Heidi I. Hartmann(1979) 참조.
26. Barbara Bergmann(1986) 및 Francine Blau and Marianne A. Ferber(1986) 참조.
27. Jacob Mincer(1962) p. 65에서 인용.
28. Marilyn Manser and Murray Brown(1979), Marjorie B. McElroy and Mary J. Horney(1981), Shoshana Grossbard-Shechtman(1984) 참조.
29. Notburga Ott(1992) 참조. Notburga Ott(1995)도 참조할 것.
30. World Bank(2001) 참조.
31. Priscilla Wakefield(1798) 참조.
32. Caroline Healey Dall(1860) 참조.
33. Barbara Leigh Smith Bodichon(1857) 및 Olive Schreiner(1911) 참조.
34. Elizabeth Leigh Hutchins and James J. Mallon(1915) 및 Edith Abbott(1910) 참조.
35. Sidney Webb(1891) p. 635에서 인용.
36. Millicent Garrett Fawcett(1892) 참조.
37. Eleanor F. Rathbone(1917) 참조.

38. Beatrice Potter Webb(1919) 참조.
39. Francis. Y. Edgeworth(1922) 및 Francis. Y. Edgeworth(1923) 참조.
40. Michèle Pujol(1992) 및 Cléo Chassonery-Zaïgouche(2019) 참조.
41. Millicent Garrett Fawcett(1918) 참조.
42. Eleanor F. Rathbone(1917) p. 60에서 인용.
43. 위의 책 p. 60에서 인용.
44. Millicent Garrett Fawcett(1918) pp. 3~4에서 인용.
45. Michèle Pujol(1992) p. 85에서 인용.
46. Beatrice Potter Webb(1909) p. 342에서 인용.
47. Michèle Pujol(1992) 참조.
48. Barbara Bergmann(1974), Heidi I. Hartmann(1976), Angela Davis(1981), Teresa Amott and Julie Matthaei(1991) 참조.
49. Lydia Sargent(편저, 1981) 참조.
50. Ann Jennings(1990) 및 Deborah M. Figart, Ellen Mutari and Marilyn Power(2001) 참조.
51. Gary S. Becker(1957) 참조.
52. Claudia Goldin(1990) 참조.
53. Gary S. Becker(1957) 참조.
54. Francine D. Blau and Lawrence M. Kahn(1992) 참조.
55. Siv S. Gustafsson and Danièle E. Meulders(2000) 참조.
56. Eileen Patten(2016) 참조.
57. Francine D. Blau and Lawrence M. Kahn(2017) 참조.
58. Paula England(1982) 참조.
59. Angela Davis(1981) 참조.
60. Teresa Amott and Julie Matthaei(1991) 참조. Irene Browne(편저, 1999)도 참조할 것.
61. Marlene Kim(편저, 2007) 참조.
62. Nancy Folbre(1994) 참조.

63. Nancy Folbre(2020) 참조.

제7장: 소비

1. Adam Smith(1976〔1776〕) p. 660에서 인용.
2. Evelyn L. Forget(1999) 참조.
3. Thomas Malthus(1970〔1798〕) 참조.
4. Maxine Berg(2005) p. 195에서 인용.
5. Emma Clery(2017) 참조.
6. Elizabeth Gaskell(1996〔1863〕) 참조.
7. Maud Pember Reeves(1912) p. 218에서 인용.
8. Thorstein Veblen(1899) p. 81에서 인용.
9. Claire Holton Hammond(2000b) 참조.
10. Marion Talbot and Sophonisba Preston Breckinridge(1912) p. 3에서 인용.
11. 위의 책 p. 6에서 인용.
12. Hazel Kyrk(1923) p. 16에서 인용.
13. 위의 책 p. 2에서 인용.
14. 위의 책 p. 292에서 인용.
15. Richard A. Lobdell(2000) p. 253에서 인용.
16. Hazel Kyrk, Day Monroe, Dorothy S. Brady, Colette Rosenstiel and Edith Dyer Rainboth(1941) 참조.
17. Susan van Velzen(2003) p. 42에서 인용.
18. Evelyn L. Forget(2000) 참조.
19. 위의 책 참조.
20. Alison Comish Thorne(2000) p. 216에서 인용.
21. Elizabeth Parsons and Mark Tadajewski(2013) 참조.
22. Elizabeth Hoyt(1928) p. 101에서 인용.
23. 위의 책 p. 102에서 인용.
24. 위의 책 p. 106에서 인용.

25. Joan Robinson(1969[1933]) p. 185에서 인용.
26. 위의 책 p. 302에서 요약.
27. Mark Tadajewski(2013) 참조.
28. Helen Woodward(1926) 참조.
29. Sarah Stage and Virginia B. Vincenti(편저, 1997) 참조.
30. Arlie Russell Hochschild(2012) 참조.
31. Jenny Brown(2019) p. 16에서 인용.
32. Cordelia Fine(2010) 및 Gina Rippon(2019) 참조.
33. Hilkka Pietilä(2002) 참조.
34. Gro Harlem Brundtland(1987) 참조.
35. Susan Griffin(1978) 및 Caroline Merchant(1980) 참조.
36. Maria Mies(1986), Maria Mies and Vandana Shiva(1988), Mary Mellor(1997), Ellie Perkins(편저, 1997) 참조.
37. Elinor Ostrom(1990) 참조.
38. Bina Agarwal(1992) p. 119에서 인용.
39. Kate Raworth(2017) 참조.
40. Nazia Mintz-Habib(2016) 참조.
41. Ellie Perkins(편저, 1997), Ellie Perkins and Edith Kuiper(편저, 2005), Bina Agarwal(2010) 참조.
42. Julie A. Nelson and Marilyn Power(2018) 참조.
43. Julie A. Nelson(1993), Marilyn Power(2004) 참조.

제8장: 정부 정책

1. Robert W. Dimand, Mary Ann Dimand, and Evelyn L. Forget(편저, 2000) p. 23에서 인용.
2. Kirsten Madden, Janet Seiz and Michèle Pujol(편저, 2004) pp. 28~29에서 인용.
3. Kirsten Madden(2002) 참조.
4. Annie Besant(1877) 참조.

5. Margaret Sanger(2005[1920]) p. 13에서 인용.
6. 위의 책 p. 61에서 인용.
7. Andrea Minna Stern(2020) 참조.
8. Peter Groenewegen(1995) 참조.
9. Francesca Bettio(공저, 2013), Claudia Goldin(1990), Francine Blau and Marianne A. Ferber(1986) 참조.
10. Beatrice Potter Webb(1896) 참조.
11. 위의 논문 p. 18에서 인용.
12. Emma Brooke(1898) 참조.
13. Elizabeth Leigh Hutchins and Amy Harrison(1911) 참조.
14. Mary Poovey(1998) 참조.
15. Elizabeth Leigh Hutchins and Amy Harrison(1911) 및 Joan W. Scott(1988) 참조.
16. Julie-Victoire Daubié(1993[1866]) 참조.
17. Christine Ivory(2000) 참조.
18. Charles Booth(1903) 및 B. Seebohn Rowntree(1901) 참조.
19. Beatrice Potter Webb(1979[1926]) 참조.
20. 위의 책 p. 255에서 인용.
21. Clara Collet(1898) 및 Clara Collet(1911) 참조.
22. Deborah McDonald(2004) 참조.
23. Edward Cadbury, Cécile M. Matheson, and George Shann(1906) p. 144에서 인용. Michele Pujol(1992)도 참조할 것.
24. Edith Abbott(1907) p. 564에서 인용.
25. Claire Holton Hammond(2000a) 참조.
26. Nina Banks(편저, 2021) 참조.
27. Sadie Tanner Mossel Alexander(1963) p. 123에서 인용.
28. Nina Banks(편저, 2021) 참조.
29. Kirstin Downey(2009) 참조.
30. Susan Ware(1981) 참조.

31. Mariagrazia Rossilli(편저, 2000) 참조.
32. Francesca Bettio(공저, 2013) 및 Maria Karamessini and Jill Rubery(편저, 2014) 참조.
33. Debbie Budlender(2000) 참조.
34. Charlotte Perkins Gilman(1998[1898]) 참조.
35. Randy Albelda(2013) 및 Randy Albelda, Susan Himmelweit and Jane Humphries(편저, 2005) 참조.
36. Naila Kabeer(1999) 참조.
37. Diane Elson and Nilüfer Çagatay(2000) 및 Irene van Staveren, Diane Elson, Caren Grown and Nilüfer Çagatay(편저, 2007) 참조.
38. Radhika Balakrishnan, James Heintz and Diane Elson(2016) 참조.

제9장: 앞으로의 경제학은 어떻게 달라질 것인가

1. CSWEP(2020) 참조.
2. Carycruz M. Bueno and Cruz Caridad Bueno(2020) 참조.
3. Maren Jochimsen(2004) 참조.
4. Nancy Folbre(1991) 참조.
5. Julie A. Nelson(1992), Marianne A. Ferber and Julie A. Nelson(편저, 1993), Edith Kuiper, Jolande C. M. Sap, Susan F. Feiner, Notburga Ott and Zafiris Tzannatos(편저, 1995) 참조.
6. Ellie Perkins and Edith Kuiper(편저, 2005) 참조.
7. Marianne A. Ferber and Julie A. Nelson(2003) 참조.
8. Jane Humphries(편저, 1995), Janice Peterson and Margaret Lewis(편저, 1999), Deborah M. Figart and Tonia L. Warnecke(2013), Juanita Elias and Adrienne Roberts(편저, 2018), Drucilla K. Barker and Edith Kuiper(편저, 2010), Drucilla K. Barker and Edith Kuiper(2020), Joyce Jacobsen(2020), Günseli Berik and Ebru Kongar(편저, 2021) 참조.
9. Alice H. Wu(2017) 참조.

참고문헌

- Abbott, Edith(1907). *Women's Work and Wages: A Phase of Life in an Industrial City*, by Edward Cadbury, M. Cécile Matheson, and George Shann. 서평: *Journal of Political Economy*, 15(9): pp. 563-565. https://www.journals.uchicago.edu/doi/10.1086/251366.
- Abbott, Edith(1910). *Women in Industry: A Study in American Economic History*. New York: Appleton and Comp.
- Abbott, Edith, and Breckinridge, Sophonisba(1917). *Truancy and Non-Attendance in Chicago Schools: A Study of the Social Aspects of the Compulsory Education and Child Labor Legislation of Illinois*, Chicago, IL: University of Chicago Press.
- Abbott, Edith, with Breckinridge, Sophonisba(1936). *The Tenements of Chicago 1908-1935*. Chicago, IL: University of Chicago Press.
- Agarwal, Bina(1992). "The Gender and Environment Debate." *Feminist Studies*, 18(1): pp. 119-158.
- Agarwal, Bina(1994). *A Field of One's Own. Gender and Land Rights in South Asia*. New York: Cambridge University Press.
- Agarwal, Bina(2010). *Gender and Green Governance*. New Delhi: Oxford University Press.
- Albelda, Randy(2013). "Low-wage Mothers on the Edge in the US." In Deborah M. Figart and Tonia L. Warnecke(편저), *Handbook of Research on Gender and Economic Life*. Northampton, MA: Edward Elgar, pp. 257-272.

- Albelda, Randy, Himmelweit, Susan, and Humphries, Jane(편저, 2005). *The Dilemmas of Lone Motherhood*. London: Routledge.
- Alexander, Sadie Tanner Mossell(1930). "Negro Women in Our Economic Life." In *Democracy, Race, and Justice. The Speeches and Writings of Sadie T. M. Alexander.*, Nina Banks(편저). New Haven, CT: Yale University Press, pp. 52-57.
- Alexander, Sadie Tanner Mossell(1934). "The Economic Status of Negro Women." In *Democracy, Race, and Justice. The Speeches and Writings of Sadie T. M. Alexander*, Nina Banks(편저). New Haven, CT: Yale University Press, pp. 65-72.
- Alexander, Sadie Tanner Mossel(1963). "New Tempos-New Concepts." In *Democracy, Race, and Justice. The Speeches and Writings of Sadie T. M. Alexander*, Nina Banks(편저). New Haven, CT: Yale University Press, pp. 117-126.
- Amott, Teresa, and Matthaei, Julie(1991). *Race, Gender, and Work. A Multicultural Economic History of Women in the United States*. Boston: South End Press.
- Antilla, Susan(2003). *Tales from The Boom-Boom Room: The Landmark Legal Battles that Exposed Wall Street's Shocking Culture of Sexual Harassment*. New York: HarperCollins.
- Antonopoulos, Rania, and Hirway, Indira(편저, 2009). *Unpaid Work and the Economy: Gender, Time Use and Poverty in Developing Countries*. New York: Palgrave Macmillan.
- Aslanbeigui, Nahid, and Summerfield, Gale(2000). "The Asian Crisis, Gender, and the International Financial Architecture." *Feminist Economics* 6(3): pp. 81-103.
- Assassi, Libby(2009). *The Gendering of Global Finance*. Basingstoke: Palgrave Macmillan.

- Astell, Mary(1695). *A Serious Proposal to the Ladies for the Advancement of their True and Greatest Interest. By a Lover of her Sex. Part I*. London.
- Astell, Mary(1697). *A Serious Proposal to the Ladies. Wherein a Method is Offer'd for the Improvement of their Minds. Part II*. London.
- Astell, Mary(1700). *Some Reflections upon Marriage, Occasion'd by the Duke and Duchess of Mazarine's Case: which is also considered*. London.
- Atkinson, Mabel(1987[1914]). "The Economic Foundations of the Women's Movement." In *Women's Fabian Tracts*, Sally Alexander(편저). London, pp. 256-282.
- Austen, Jane(1986[1811]). *Sense and Sensibility*. New York: Barnes and Noble.
- Austen, Jane(1813). *Pride and Prejudice*. Cambridge: Heffer and Sons.
- Baillie, Grisell(1911). *The Household Book of Lady Grisell Baillie, 1692-1733*. Notes and introduction by R. Scott-Moncrieff. Edinburgh: Scottish History Society.
- Balakrishnan, Radhika, Heintz, James, and Elson, Diane(2016). *Rethinking Economic Policy for Social Justice*. New York: Routledge.
- Banks, Nina(편저, 2021). *Democracy, Race, and Justice: The Speeches and Writings of Sadie T. M. Alexander*. New Haven, CT: Yale University Press.
- Barbauld, Anna(1791). *Epistle to William Wilberforce, Esq. on the Rejection of the Bill for Abolishing the Slave Trade*. In E. Kuiper(편저), *Women's Economic Thought in the Eighteenth Century*, 제3호. New York: Routledge, 2014, pp. 469-477.
- Barker, Drucilla K., and Feiner, Susan F.(2004). *Liberating Economics: Feminist Perspectives on Families, Work, and Globalization*. Ann Arbor: Michigan University Press.
- Barker, Drucilla K., and Kuiper, Edith(편저, 2010). *Feminist Economics. Critical Concepts*. London: Routledge.

- Barker, Drucilla K., and Kuiper, Edith(2020). *Feminist Economics*. In S. Crasnow and K. Intemann(편저), *The Routledge Handbook for Feminist Philosophy of Science*. London: Routledge, pp. 355-367.
- Bauer, Dale M.(2020). *Nineteenth-Century American Women's Serial Novels*. Cambridge: Cambridge University Press.
- Bebel, August(1988[1879]). *Women in the Past, Present and Future*. 모리아 도널드(Moira Donald)의 서문을 추가해 재출간. London: Zwan Publications.
- Becker, Gary S.(1957). *The Economics of Discrimination*. Chicago, IL: University of Chicago Press.
- Becker, Gary S.(1964). *Human Capital. A Theoretical and Empirical Analysis, with Special Reference to Education*, New York: NBER.
- Becker, Gary S.(1965). "A Theory of the Allocation of Time." *The Economic Journal*, 75(299): pp. 493-517.
- Becker, Gary S.(1981). *A Treatise on the Family*. Cambridge, MA: Harvard University Press.
- Beecher, Catharine Esther(1851). *The True Remedy for the Wrongs of Woman: With a History of an Enterprise Having that for its Object*. Boston, MA: Phillips, Simpson.
- Beecher, Catharine Esther(1856[1841]). *A Treatise on Domestic Economy. For the Use of Young Ladies at Home and at School*, 재출간. New York: Harper & Row.
- Beeton, Isabella Mary(1861). *Mrs. Beeton's Book of Household Management*. London: Jonathan Cape.
- Benería, Lourdes(2003). *Gender, Development and Globalization*. London: Routledge.
- Benería, Lourdes, and Sen, Gita(1981). "Accumulation, Reproduction, and Women's Role in Economic Development: Boserup Revisited." *Signs: Journal of Women and Culture in Society*, 7(2): pp. 279-298.

- Bentham, Jeremy(1789). *Introduction to the Principles of Morals and Legislation*. London: Payne and Son.
- Berg, Maxine(2005). *Luxury and Pleasure in Eighteenth-Century Britain*. Oxford: Clarendon Press.
- Bergeron, Suzanne(2004). *Fragments of Development*. Ann Arbor: University of Michigan Press.
- Bergmann, Barbara(1974). "Occupational Segregation, Wages and Profits, When Employers Discriminate by Race or Sex." *Eastern Economic Journal*, 1(2): pp. 103-110.
- Bergmann, Barbara(1986). *The Economic Emergence of Women*. New York: Basic Books.
- Berik, Günseli, and Kongar, Ebru(편저, 2021). *The Routledge Handbook of Feminist Economics*. London: Routledge.
- Besant, Annie(1877). *The Law of Population: Its Consequences, and Its Bearing upon Human Conduct and Morals*. London: Freethought Publishing.
- Bettio, Francesca(공저, 2013). *The Impact of the Economic Crisis on the Situation of Women and Men and on Gender Equality Policies*. Synthesis Report. Brussels: European Union.
- Bigg, Ada Heather(1894). "The Wife's Contribution to Family Income." The *Economic Journal*, 4(13): pp. 51-58.
- Blackstone, William(1765-1769). *Commentaries on the Laws of England*, 제 4권. Worcester, MA: Isaiah Thomas.
- Blanchard, Olivier(1996). *Macroeconomics*. Pearson.
- Blau, Francine, and Ferber, Marianne A.(1986). *The Economics of Women, Men, and Work*. Englewood Cliffs, NJ: Prentice Hall.
- Blau, Francine D., and Kahn, Lawrence M.(1992). "The Gender Earnings Gaps: Some International Evidence." Cambridge, MA: NBER. https://

www.nber.org/system/files/chapters/c7854/c7854.pdf
- Blau, Francine D., and Kahn, Lawrence M.(2017). "The Gender Wage Gap: Extent, Trends and Explanations." *Journal of Economic Literature*, 55(3): pp. 789-865.
- Bodichon, Barbara Leigh Smith(1854). *A Brief Summary, in Plain Language, of the Most Important Laws Concerning Women: Together with a Few Observations Thereon*. in C. Lacey(편저), *Barbara Leigh Smith Bodichon and the Langham Place Group*. London: Routledge & Kegan Paul, 1987, pp. 23-35.
- Bodichon, Barbara Leigh Smith(1857). *Women and Work*, in C. Lacey(편저), *Barbara Leigh Smith Bodichon and the Langham Place Group*. London: Routledge & Kegan Paul, 1987.
- Bodichon, Barbara Leigh Smith(1860). "Middle-Class Schools for Girls." C. 레이시(C. Lacey)의 편저로 재출간, *Barbara Leigh Smith Bodichon and the Langham Place Group*. London: Routledge & Kegan Paul, 1987, pp. 74-83.
- Bodkin, Ronald G.(1999). "Women's Agency in Classical Economic Thought: Adam Smith, Harriet Taylor Mill, and J.S. Mill." *Feminist Economics*, 5(1): pp. 45-60.
- Booth, Charles(1903). *Life and Labour of the People in London*. London: Macmillan.
- Boserup, Ester(1970). *Women's Role in Economic Development*. London: Allen and Unwin.
- Boserup, Ester(1993[1965]). *The Conditions of Agricultural Growth: The Economics of Agrarian Change Under Population Pressure*. London: Routledge.
- Boucherett, Jessie(1864). "On the Cause of the Distress Prevalent among Single Women." *The English Woman's Journal*, February. C. 레이시(C. Lacey)의 편저로 재출간, *Barbara Leigh Smith Bodichon and the Langham*

Place Group. London: Routledge & Kegan Paul, 1987, pp. 268-272.
- Bradley, Martha (1758). *The British Housewife: or, the Cook, Housekeeper's, and Gardiner's Companion*. Prospect Books.
- Breckinridge, Sophonisba, and Abbott, Edith (1912). *The Delinquent Child and the Home: A Study of the Delinquent Wards of the Juvenile Court of Chicago*. New York: Russell Sage.
- Brooke, Emma (1895). *Transition. A Novel*. Philadelphia, PA: J.B. Lippincott.
- Brooke, Emma (1898). *A Tabulation of the Factory Laws of European Countries in so far as they Relate to the Hours of Labour, and to Special Legislation for Women, Young Persons, and Children*. London: Grant Richards.
- Brooke, Emma (2015[1894]). *A Superfluous Woman*, Barbara Tilley(편저). Brighton: Victoria Secrets.
- Brown, Jenny (2019). *Birth Strike. The Hidden Fight over Women's Work*. Oakland, CA: PM Press.
- Brown, Karin(편저, 2008). *Sophie de Grouchy Letters on Sympathy(1798): A Critical Edition*. James E. McClellan III(번역). Philadelphia, PA: American Philosophical Society.
- Browne, Irene(편저, 1999). *Latinas and African American Women at Work: Race, Gender, and Economic Inequality*. New York: Russell Sage.
- Brundtland, Gro Harlem (1987). *Our Common Future*. New York: Oxford University Press.
- Budlender, Debbie (2000). "The Political Economy of Women's Budgets in the South." *Feminist Economics*, 28(7): pp. 365-378.
- Bueno, Carycruz M., and Bueno, Cruz Caridad (2020). "Corona, the Great Exposer: How the Pandemic has exacerbated Inequalities in American Society." *The Minority Report-American Economic Association*,

13(Winter): pp. 1-5.
- Burke, Edmund(1790). *Reflections on the Revolution in France and on the Proceedings in Certain Societies in London Relative to that Event*. London: J. Dodsley.
- Burney, Frances(1778). *Evelina, or the History of a Young Lady's Entrance into the World*. London: Thomas Lowndes.
- Burney, Frances(1782). *Cecilia, or, Memoirs of an Heiress*. London.
- Burney, Frances(1796). *Camila, or a Picture of Youth*. London.
- Butler, Judith(1990). *Gender Trouble*. New York: Routledge.
- Cadbury, Edward, Matheson, M. Cécile, and Shann, George(1906). *Women's Work and Wages: A Phase of Life in an Industrial City*. London: Fischer Unwin.
- Carlyle, Alexander(1973). *Anecdotes and Characters of the Times*. James Kinsley(편저). London: Oxford University Press.
- Carson, Rachel(1962). *Silent Spring*. New York: Houghton Mifflin Comp.
- Cartwright, Mrs.(1777). *Letters on Female Education, Addressed to a Married Lady*. London: Edward and Charles Dilly. E. 카이퍼(E. Kuiper)의 편저로 재출간, *Women's Economic Thought in the Eighteenth Century*, 제2호. New York: Routledge, 2014, pp. 114-137.
- Chapone, Hester Mulso(1773). *Letters on the Improvement of the Mind, Addressed to a Young Lady*. London: J. Walter. E. 카이퍼(E. Kuiper)의 편저로 재출간, *Women's Economic Thought in the Eighteenth Century*, 제1호. New York: Routledge, 2014, pp. 588-613.
- Chapone, Sarah Kirkham(1735). *The Hardship of the English Laws in Relation to Wives. With an Explanation of the Original Curse of Subjection Passed upon the Woman. In an Humble Address to the Legislature*. London. E. 카이퍼(E. Kuiper)의 편저로 재출간, *Women's Economic Thought in the Eighteenth Century*, 제3호. New York: Routledge, 2014, pp. 177-243.

- Chassonery-Zaïgouche, Cléo(2019). "Is Equal Pay Worth It? Beatrice Potter Webb's, Millicent Garrett Fawcett's and Eleanor Rathbone's Changing Arguments." In Kirsten Madden and Robert W. Dimand(편저), *The Routledge Handbook of the History of Women's Economic Thought*. London: Routledge, pp. 129-149.
- Châtelet, Émilie du(2009[1779]). "Discourse on Happiness." In Judith P. Zinsser(편저), *Du Châtelet, Émilie, Selected Philosophical and Scientific Writings*, Isabelle Bour and Judith P. Zinsser(번역). Chicago, IL: University of Chicago Press.
- Chudleigh, Mary Lee(1701). *The Ladies Defence: or, The Bride-Woman's Counsellor Answer'd: A Poem. In a Dialogue Between Sir John Brute, Sir William Loveall, Melissa, and a Parson*. London: John Deeve.
- Cicarelli, James, and Cicarelli, Julianne(2003). *Distinguished Women Economists*. London: Greenwood Press.
- Clark, Alice(1919). *Working Life of Women in the Seventeenth Century*. London: Routledge.
- Clark, John Bates(1899). *The Distribution of Wealth: A Theory of Wages, Interest, and Profits*. New York: MacMillan.
- Clery, Emma(2017). *Jane Austen: The Banker's Sister*. London: Biteback Publishing.
- Cobbe, Frances Power(1862). "What Shall We Do With Our Old Maids?" C. 레이시(C. Lacey)의 편저로 재출간, *Barbara Leigh Smith Bodichon and the Langham Place Group*. London: Routledge & Kegan Paul, 1987, pp. 354-377.
- Colander, David, and Klamer, Arjo(1987). "The Making of an Economist." *Journal of Economic Perspectives*, 1(2): pp. 95-111.
- Cole, Margaret(1953). *Robert Owen of New Lanark*. New York: Oxford University Press.
- Collet, Clara(1898). "The Collection and Utilization of Official Statistics

Bearing on the Extent and Effects of the Industrial Employment of Women." *Journal of the Royal Statistical Society*, 61(2): pp. 219-260. In D.K. Barker and E. Kuiper(편저), *Feminist Economics*. 제1호: *Early Conversations*. London: Taylor & Francis, 2010, pp. 250-290.
- Collet, Clara(1911). *Women in Industry*. London: Women's Print.
- Collier, Mary(1739). *The Woman's Labour*. https://www.eighteenthcenturypoetry.org/works/pco62-w0010.shtml
- Collins, Patricia Hill(2000). *Black Feminist Thought: Knowledge, Consciousness, and the Politics of Empowerment*. New York and London: Routledge.
- Condorcet, Marie-Jean Antoine Nicolas de Caritat, Marquis de(1822). *Esquisse d'un tableau historique des progrès de l'esprit humain*. Paris: Masson and Sons.
- Cooper, Anna Julia(2016[1892]). *A Voice from the South*. Mineola, NY: Dover Publications.
- Copeland, Edward(1995). *Women Writing about Money: Women's Fiction in England 1790-1820*. Cambridge: Cambridge University Press.
- Cornell Law School(2021). "Legal Capacity of Married Persons Act." *Legal Information Institute*. https://www.law.cornell.edu/women-and-justice/resource/legal_capacity_of_married_persons_act.
- Crenshaw, Kimberlé(1993). "Demarginalizing the Intersection of Race and Sex: A Black Feminist Critique of Antidiscrimination Doctrine, Feminist Theory and Antiracist Politics." *University of Chicago Legal Forum*, 1989(1): pp. 139-167.
- CSWEP(2020). "CSWEP Survey and Annual Report." *American Economic Association*. https://www.aeaweb.org/about-aea/committees/cswep/about/survey.
- D'Aelders, Etta Palm(1791). Etta Palm d'Aelders Proposes a Network of

Women's Clubs to Administer Welfare Programs in Paris and Throughout France. In D.G. Levy, H. B. Applewhite, and M. D. Johnson(편저), *Women in Revolutionary Paris 1789-1795*. Urbana: University of Illinois Press, 1979, pp. 68-71.
- Dall, Caroline Healey(1860). "*Women's Right to Labor,*" or, *Low Wages and Hard Work: in Three Lectures, Delivered in Boston*. Boston, MA: Walker, Wise, & Co.
- Dall, Caroline Healey(1972[1867]). *The College, the Market, and the Court: or Women's Relation to Education, Labor, and the Law*. New York: Arno Press.
- Dalla Costa, Mariarosa, and James, Selma(1972). *The Power of Women and the Subversion of the Community*. Bristol: Falling Wall Press.
- Daubié, Julie-Victoire(1993[1866]). *La Femme pauvre au XIXe siècle*. Paris: Côté-femmes.
- Davidoff, Leonore, and Hall, Catherine(1987). *Family Fortunes: Men and Women of the English Middle Class 1780-1850*. Chicago, IL: Chicago University Press.
- Davis, Angela(1981). *Women, Race, and Class*. New York: Random House.
- Deere, Carmen Maria, and Doss, Cheryl(2006). "The Gender Asset Gap: What Do We Know and Why Does It Matter?" *Feminist Economics*, 12(1-2): pp. 1-50.
- Defoe, Daniel(1719). "On the Education of Women. English Essays from Sir Philip Sidney to Macaulay." *Modern History Sourcebook*. https://sourcebooks.fordham.edu/mod/1719defoe-women.asp.
- Dimand, Robert(1995). "The Neglect of Women's Contributions to Economics." In Mary Ann Dimand, Robert W. Dimand, and Evelyn L. Forget(편저), *Women of Value. Feminist Essays on the History of Women in Economics*. Cheltenham: Edward Elgar, pp. 1-24.

- Dimand, Robert, Dimand, Mary Ann, and Forget, Evelyn L.(편저, 2000). *A Biographical Dictionary of Women Economists*. Cheltenham: Edward Elgar.
- Downey, Kirstin(2009). *The Woman Behind the New Deal. The Life and Legacy of Frances Perkins: Social Security, Unemployment Insurance, and the Minimum Wage*. New York: Anchor Books.
- Drumgoold, Kate(1988[1898]). *A Slave Girl's Story*. In Annie Burton(공저), *Six Women: Slave Narratives*. New York: Oxford University Press, pp. 105-154.
- Duck, Stephen(1736). *The Thresher's Labour*. https://www.eighteenth century poetry.org/works/o4741-w0030.shtml.
- Dymski, Gary, and Floro, Maria(2000). "Financial Crisis, Gender, and Power: An Analytical Framework." *World Development*, 38: pp. 1269-1283.
- Eckhardt, Celia Morris(1984). *Fanny Wright. Rebel in America*. Cambridge, MA: Harvard University Press.
- Edgeworth, Francis, Y.(1922). "Equal Pay to Men and Women for Equal Work." *The Economic Journal*, 32: pp. 431-457.
- Edgeworth, Francis Y.(1923). "Women's Wages in Relation to Economic Welfare." *The Economic Journal*, 33: pp. 487-495.
- Edgeworth, Maria(1800). *Castle Rackrent*. London.
- Edgeworth, Maria, and Edgeworth, Robert Lovell(1796). *The Parent's Assistant: or Stories for Children*. London: Macmillan.
- Edgeworth, Maria, and Edgeworth, Robert Lovell(1815[1798]). *Practical Education*, 제2판. Boston: Wait and Sons.
- Ehrenreich, Barbara, and Hochschild, Arlie Russell(2002). *Global Woman: Nannies, Maids, and Sex Workers in the New Economy*. New York: Holt and Comp.

- Ehrenzweig, Albert A.(1959). "Contractual Capacity of Married Women and Infants in the Conflict of Laws." *Minnesota Law Review*, 811.
- Ekelund, Robert B., and Hebert, Robert F.(1997). *A History of Economic Theory and Method*, 제4판. New York: McGraw-Hill.
- Ekerwald, Hedvig(2016). "Alva Myrdal and the Role of Politics in the Transformation of Sweden in the 1930s." In S. Eliaeson, L. Harutyunyan, and L. Titarenko(편저), *After the Soviet Empire*. Leiden: Brill Publishers, pp. 108-132.
- Elias, Juanita, and Roberts, Adrienne(편저, 2018). *Handbook on the International Political Economy of Gender*. Cheltenham: Edward Elgar.
- Elson, Diane(편저, 1991). *Male Bias in the Development Process*. Manchester: Manchester University Press.
- Elson, Diane(2002). "International Financial Architecture: A View from the Kitchen." *Femina Politica*, 11(1): pp. 26-37.
- Elson, Diane, and Çagatay, Nilüfer(2000). "The Social Content of Macroeconomic Policies." *World Development*, 28(7): pp. 1347-1364.
- Elson, Diane, and Pearson, Ruth(1981). "Nimble Fingers Make Cheap Workers": An Analysis of Women's Employment in Third World Export Manufacturing. *Feminist Review*, 7: pp. 87-107.
- Engels, Friedrich(1972[1884]). *The Origin of the Family, Private Property, and the State*. London: Pathfinder.
- England, Paula(1982). "The failure of human capital theory to explain occupational segregation." *Journal of Human Resources*, 17(30): pp. 358-370.
- Erickson, Amy Louise(2005). "Coverture and Capitalism." *History Workshop Journal*, 59: pp. 1-16.
- Esping-Anderson, Gøsta(1990). *The Three Worlds of Welfare Capitalism*. Princeton: Princeton University Press.
- Fawcett, Millicent Garrett(1874). *Tales in Political Economy*. London:

Macmillan.
- Fawcett, Millicent Garrett(1892). "Mr. Sidney Webb's Article on Women's Wages." *The Economic Journal*, 2: pp. 173-176.
- Fawcett, Millicent Garrett(1911[1870]). *Political Economy for Beginners*, 제10판. London: Macmillan.
- Fawcett, Millicent Garrett(1918). "Equal Pay for Equal Work." *The Economic Journal*, 28(109): pp. 1-6.
- Federici, Silvia(2012[1975]). "Wages Against Housework." In S. Federici. *Revolution at Point Zero: Housework, Reproduction, and Feminist Struggle*. Brooklyn: Autonomedia, pp. 11-18.
- Federici, Silvia(2014). *Caliban and the Witch. Women, the Body and Primitive Accumulation*. New York: Autonomedia.
- Feiner, Susan F., and Roberts, Bruce(1990). "Hidden by the Invisible Hand: Neoclassical Economic Theory and the Textbook Treatment of Race and Gender." *Gender and Society*, 4(2): pp. 159-181.
- Ferber, Marianne A., and Nelson, Julie A.(편저, 1993). *Beyond Economic Man: Feminist Theory and Economics*. Chicago, IL: University of Chicago Press.
- Ferber, Marianne A., and Nelson, Julie A.(2003). *Feminist Economics Today. Beyond Economic Man*. Chicago, IL: University of Chicago Press.
- Ferguson, Moira(1985). "Mary Collier 1689/90-after 1759." In M. Ferguson(편저), *First Feminists: British Women Writers, 1578-1799*. New York: The Feminist Press, pp. 257-265.
- Figart, Deborah M., and Warnecke, Tonia L.(2013). *Handbook of Research on Gender and Economic Life*. Cheltenham: Edward Elgar.
- Figart, Deborah M., Mutari, Ellen, and Power, Marilyn(2001). *Living Wages, Equal Wages: Gender and Labor Market Policies in the United States*. New York: Routledge.

- Fine, Cordelia(2010). *Delusions of Gender*. London: Norton.
- Folbre, Nancy(1982). "Exploitation Comes Home: A Critique of Marxian Theory of Family Labor." *Cambridge Journal of Economics*, 6(4): pp. 317-329.
- Folbre, Nancy(1991). "The Unproductive Housewife: Her Evolution in Nineteenth-Century Economic Thought." *Signs*, 16(2): pp. 245-255.
- Folbre, Nancy(1994). *Who Pays for the Kids?: Gender and the Structures of Constraints*. New York: Routledge.
- Folbre, Nancy(2008). *Valuing Children: Rethinking the Economics of the Family*. Boston, MA: Harvard University Press.
- Folbre, Nancy(2009). *Greed, Lust and Gender: A History of Economic Ideas*. Cambridge: Cambridge University Press.
- Folbre, Nancy(2020). *The Rise and Decline of Patriarchal Systems: An Intersectional Political Economy*. London: Verso.
- Forget, Evelyn L.(1999). *The Social Economics of Jean-Baptiste Say: Markets and Virtue*. London: Routledge.
- Forget, Evelyn L.(2000). "Margaret Gilpin Reid(1896-1991)." In Robert W. Dimand, Mary Ann Dimand, and Evelyn L. Forget(편저), *A Biographical Dictionary of Women Economists*. Cheltenham: Edward Elgar, pp. 357-362.
- Fraser, Nancy(1992[1990]). "Rethinking the Public Sphere: A Contribution to the Critique of Actually Existing Democracy." In Craig Calhoun(편저), *Habermas and the Public Sphere*. Cambridge, MA: MIT Press, pp. 109-142.
- Friedan, Betty(1963). *The Feminine Mystique*. New York: W.W. Norton.
- Gaskell, Elizabeth(1855). *North and South*. London: Walter Scott.
- Gaskell, Elizabeth(1996[1863]). *Sylvia's Lovers*. London: Penguin Classics.
- Gaskell, Elizabeth(1906[1864-1866]). *Wives and Daughters*. London: Smith, Elder and Co.
- Gensemer, Susan H.(2000). "Virginia Penny(b. 1826)." In Robert W. Dimand,

Mary Ann Dimand, and Evelyn L. Forget(편저), *A Biographical Dictionary of Women Economists*. Cheltenham: Edward Elgar, pp. 330-334.
- George, Susan(1988). *A Fate Worse than Debt. A Radical Analysis of the Third World Debt Crisis*. Harmondsworth: Penguin Books.
- Gilman, Charlotte Perkins(1899[1892]). *The Yellow Wallpaper*. Boston, MA: Small, Maynard and Co.
- Gilman, Charlotte Perkins(1998[1898]). *Women and Economics: A Study of the Economic Relation Between Men and Women as a Factor in Social Evolution*, S. L. Meyering(편저). Boston, MA: Small, Maynard and Co.
- Godwin, William(1798). *Memoirs of the Author of A Vindication of the Rights of Woman*. London: Johnson.
- Goldin, Claudia(1990). *Understanding the Gender Gap: An Economic History of American Women*. New York: Oxford University Press.
- Gottmann, Felicia(2011). "Du Châtelet, Voltaire, and the Transformation of Mandeville's Fable." *History of European Ideas*, 38(2): pp. 218-232.
- Gouges, Olympe de(1791). *Déclaration des Droits de la Femme et de la Citoyenne*. Paris. *The Declaration of the Rights of Women*(영문판). In D. Levy, H. Branson Applewhite, and M. Durham Johnson(번역 및 편저), *Women in Revolutionary Paris 1789-1795*. 편집자가 선별해 번역한 문헌을 주석 및 논평과 함께 제공. Urbana: University of Illinois Press, 1980, pp. 87-96.
- Griffin, Susan(1978). *Women and Nature. The Roaring Inside Her*. New York: Harper & Row.
- Grimké, Sarah(1838). *Letters on the Equality of the Sexes and Other Essays*. Boston, MA: Isaac Knapp. 엘리자베스 앤 바틀렛(Elizabeth Ann Bartlett)의 서문을 추가해 재출간. New Haven/London: Yale University Press, 1988.
- Groenewegen, Peter(편저, 1994). *Feminism and Political Economy in Victorian England*. Cheltenham: Edward Elgar.
- Groenewegen, Peter(1995). *A Soaring Eagle: Alfred Marshall 1842-1924*.

Cheltenham: Edward Elgar.
- Groenewegen, Peter(2002). *Eighteenth-century Economics: Turgot, Beccaria and Smith and Their Contemporaries.* London: Routledge.
- Grossbard-Shechtman, Shoshana(1984). "A Theory of Allocation of Time in Markets for Labour and Marriage." *The Economic Journal*, 94(376): pp. 863-882.
- Grouchy de Condorcet, Sophie de(1798). *Lettres à C[abanis], sur la théorie des sentiments moraux.* 애덤 스미스의 《도덕감정론(The Theory of Moral Sentiments)》 제7판을 프랑스어로 번역한 판본. Paris: F. Buisson 1792.
- Gustafsson, Siv S., and Meulders, Daniele E.(2000). *Gender and the Labour Market: Econometric Evidence of Obstacles to Achieving Equality.* London: Macmillan.
- Habermas, Jurgen(1989[1962]). *The Structural Transformation of the Public Sphere: An Inquiry into a Category of Bourgeois Society.* Cambridge, MA: MIT Press.
- Hameln, Glückel von(1920[1715-1717]). *The Memoirs of Glückel of Hameln*, Marvin Lowenthal(번역). Berlin.
- Hammond, Claire Holton(2000a). "Edith Abbott(1875-1957)." In Robert W. Dimand, Mary Ann Dimand, and Evelyn L. Forget(편저), *A Biographical Dictionary of Women Economists.* Cheltenham: Edward Elgar, pp. 1-8.
- Hammond, Claire Holton(2000b). "Sophonisba Breckinridge(1866-1948)." In Robert W. Dimand, Mary Ann Dimand, and Evelyn L. Forget(편저), *A Biographical Dictionary of Women Economists.* Cheltenham: Edward Elgar, pp. 81-89.
- Hardenberg, H.(1962). *Etta Palm: Een Hollandse Parisienne, 1743-1799.* Assen: Van Gorcum.
- Harding, Sandra(1995). "Can Feminist Thought Make Economics More Objective?" *Feminist Economics*, 1(1): pp. 7-32.

- Hartley, James E.(2008). *Mary Lyon. Documents and Writings*. South Hadley, MA: Doorlight Publications.
- Hartmann, Heidi I.(1976). "Capitalism, Patriarchy, and Job Segregation by Sex." *Signs, Journal of Women in Culture and Society*, 1(3): pp. 137-170.
- Hartmann, Heidi I.(1979). "The Unhappy Marriage of Marxism and Feminism: Towards a More Progressive Union." *Capital and Class*, 3(2): pp. 1-33.
- Harvey, David(2003). *The New Imperialism*. Oxford: Oxford University Press.
- Harvey, Karen(2012). *The Little Republic. Masculinity and Domestic Authority in Eighteenth-Century Britain*. Oxford: Oxford University Press.
- Hays, Mary(1996[1796]). *Memoirs of Emma Courtney*, Eleanor Rose Ty(편저). New York: Oxford University Press.
- Hays, Mary(1798). *Appeal to the Men of Great Britain on Behalf of Women*. London: J. Johnson.
- Heckscher, Eli F. and Ohlin, Bertil(1991). *Heckscher-Ohlin Trade Theory*, Harry Flam and M. June Flanders(번역 및 편저). Cambridge, MA: MIT Press.
- Heilbroner, Robert(1999[1981]). *The Worldly Philosophers. The Lives, Times, and Ideas of the Great Economic Thinkers*. New York: Touchstone.
- Henderson, Willie(1995). *Economics as Literature*. London: Routledge.
- Hertz, Noreena(2001). *The Silent Takeover: Global Capitalism and the Death of Democracy*. New York: HarperCollins.
- Hertz, Noreena(2004). I.O.U.: *The Debt Threat and Why We Must Defuse It*. London: Fourth Estate.
- Himmelweit, Susan, and Simon Mohun(1977). "Domestic Labour and Capital." *Cambridge Journal of Economics*, 1(1): pp. 15-31.
- Hochschild, Arlie Russell(2012). *The Outsourced Self: What Happens When We Pay Others to Live Our Lives for Us*. New York: Henry Holt.
- Hochschild, Arlie Russell, and Machung, Anne(1989). *The Second Shift*.

Working Parents and Revolution at Home. New York: Viking Press.
- Holcombe, Lee(1983). *Wives and Property. Reform of the Married Women's Property Law in Nineteenth-Century England*. Toronto: University of Toronto Press.
- Holt, Alix(1977). "Introduction." In Alix Holt(편저), *Alexandra Kollontai. Selected Writings*. New York: Norton, pp. 13-27.
- Horrell, Sara and Humphries, Jane(1995). "Women's Labour Force Participation and the Transition to the Male-Breadwinner Family, 1790-1865." *The Economic History Review*, 8(1): pp. 89-117.
- Hoyt, Elizabeth(1928). *The Consumption of Wealth*. New York: Macmillan.
- Hoyt, Elizabeth(1938). *Consumption in Our Society*. New York/London: McGraw-Hill.
- Hume, David(1985[1739]). *A Treatise of Human Nature*. London: Penguin Books.
- Humphries, Jane(1977). "Class-Struggle and the Persistence of the Working-Class Family." *Cambridge Journal of Economics*, 1: pp. 241-258.
- Humphries, Jane(편저, 1995). *Gender and Economics*. Cheltenham: Edward Elgar.
- Hunt, E.K., and Lautzenheiser, Mark(2011). *History of Economic Thought. A Critical Perspective*, 제3판. New Delhi: PHI Learning.
- Hutcheson, Francis(2004[1726]). *An Inquiry into the Original of our Idea of Beauty and Virtue*. Indianapolis, IN: Liberty Fund.
- Hutchins, Elizabeth Leigh(2020[1907]). "Home Work and Sweating: The Causes and the Remedies." In Sally Alexander(편저), *Women's Fabian Tracts*, 제7호. London: Routledge, pp. 33-52.
- Hutchins, Elizabeth Leigh(2020[1911]). "The Working Life of Women." In Sally Alexander(편저), *Women's Fabian Tracts*, 제7호. London: Routledge, pp. 164-178.

- Hutchins, Elizabeth Leigh, and Harrison, Amy(1911). *A History of Factory Legislation*. London: King and Son.
- Hutchins, Elizabeth Leigh, and Mallon, James J.(1915). *Women in Modern Industry*. London: Bell and Sons. 재출간. Wakefield, England: E.P. Publishing, 1978.
- Ivory, Christine(2000). "Julie-Victoire Daubié(1824-1874)." In Robert W. Dimand, Mary Ann Dimand, and Evelyn L. Forget(편저), *A Biographical Dictionary of Women Economists*. Cheltenham: Edward Elgar, pp. 125-129.
- Jacobs, Jo Ellen, and Payne, Paula Harms(편저, 1998). *The Complete Works of Harriet Taylor Mill*. Bloomington: Indiana University Press.
- Jacobs, Harriet(2001[1861]). *Incidents in the Life of a Slave Girl*, Joselyn T. Pine(편저). Mineola, NY: Dover Publications.
- Jacobsen, Joyce(2020). *Advanced Introduction to Feminist Economics*. Cheltenham: Edward Elgar.
- Jennings, Ann(1990). "On the Possibility of a Feminist Economics: The Convergence of Institutional and Feminist Methodology." *Journal of Economic Issues*, 24(2): pp. 613-622.
- Jevons, William S.(1883). "Married Women in Factories." In *Methods of Social Reform, and Other Papers*. London: Macmillan, pp. 156-179.
- Jevons, William S.(1965[1871]). *The Theory of Political Economy*. New York: August Kelley.
- Jochimsen, Maren(2004). *Careful Economics. Integrating Caring Activities and Economic Science*. Dordrecht: Kluwer Academic Publishers.
- Justman, Stewart(1993). *The Autonomous Male of Adam Smith*. Norman: University of Oklahoma Press.
- Kabeer, Naila(1999). "Resources, Agency, Achievements: Reflections on the Measure of Women's Empowerment." *Development and Change*, 30: pp. 435-464.

- Karamessini, Maria, and Rubery, Jill(편저, 2014). *Women and Austerity: The Economic Crisis and the Future of Gender Equality*. London: Routledge.
- Keller, Evelyn Fox(1985). *Reflections on Gender and Science*. New Haven, CT: Yale University Press.
- Kern, William(1998). "Maria Edgeworth and Classical Political Economy." *Newsletter CSWEP*(겨울호): 9, 19.
- Keynes, John Maynard(1933). *Essays in Biography*. London: Macmillan.
- Kim, Marlene(편저, 2007). *Race and Economic Opportunity in the Twenty-First Century*. London: Routledge.
- Kollontai, Alexandra(1920). *Communism and the Family*. London.
- Kollontai, Alexandra(1971[1926]). *The Autobiography of a Sexually Emancipated Communist Woman*, Salvator Attansio(번역). https://www.marxists.org/archive/kollonta/1926/autobiography.htm.
- Krugman, Paul(2009). "How Did Economists Get It So Wrong?" *New York Times*, September 6.
- Kuiper, Edith(2001). "The Most Valuable of All Capital: A Gender Reading of Economic Texts." *Tinbergen Institute Research Series*. https://www.semanticscholar.org/paper/The-most-valuable-of-all-Capitall%3Ba-gender-reading-Kuiper/6c0301490d51d54b487805ff26f55577306dfe38.
- Kuiper, Edith(2003). "The Construction of Masculine Identity" in Adam Smith, *Theory of Moral Sentiments*(1759). In D.K. Barker and E. Kuiper(편저), *Towards a Feminist Philosophy of Economics*. London: Routledge. pp. 45-60.
- Kuiper, Edith(편저, 2014). *Women's Economic Thought in the Eighteenth Century*. Routledge Major Work Series, 제3권. London: Routledge.
- Kuiper, Edith, and Robles-García, Claudia(2012). "The Economic Experiences and Views of Elizabeth Montagu, the Queen of the Bluestockings." 2012년 스페인 바르셀로나에서 개최된 국제페미니스트경제학

협회(IAFFE) 연례 회의 때 발표한 논문.
- Kuiper, Edith, and Springer, Adrienne(2013). "Navigation Technique of a Female Philosopher." 2013년 뉴욕 포킵시(Poughkeepsie)에서 열린 여성학회의(Women's Studies Conference, WSC) 발표 논문.
- Kuiper, Edith, Sap, Jolande C. M., Feiner, Susan F., Ott, Notburga, and Tzannatos, Zafiris(편저, 1995). *Out of the Margin. Feminist Perspectives on Economics*. London: Routledge.
- Kyrk, Hazel(1923). *A Theory of Consumption*. Boston, MA: Houghton Mifflin.
- Kyrk, Hazel(1953). *The Family in the American Economy*. Chicago, IL: University of Chicago Press.
- Kyrk, Hazel, Monroe, Day, Brady, Dorothy S., Rosenstiel, Colette, and Rainboth, Edith Dyer(1941). *Family Expenditures for Housing and Household Operations. Five Regions*. Washington, DC: US Department of Agriculture.
- Lacey, Candida Ann(1987). Introduction. In C.A. Lacey(편저), *Barbara Leigh Bodichon and the Langham Place Group*. London: Routledge & Kegan Paul, pp. 1-16.
- Lambert, Anne-Thérèse Marquise de(1729). *The Philosophy of Love, or New Reflections on the Fair Sex*, J. Lockman(번역). London: Prevost and Lewis.
- Lambert, Anne-Thérèse Marquise de(1748). *Lettres de l'Éducation In Oeuvres de Madame la Marquise de Lambert*. Amsterdam.
- Lambert, Anne-Thérèse Marquise de(1749). *The Works of the Marchionesse de Lambert. Containing Thoughts on Various Entertaining and Useful Subjects. Reflections on Education, on the Writings of Homer and on Various Public Events of the Time. Carefully Translated from the French*. London: William Owen.
- Landry, Donna(1990). *The Muses of Resistance: Laboring-Class Women's*

Poetry in Britain 1739-1796. Cambridge: Cambridge University Press.
- Lee, Jarena(2019[1836]). Religious Experience and Journal of Mrs. Jarena Lee: Giving an Account of her Call to Preach the Gospel. Philadelphia, PA: Pantianos Classics.
- Lewis, Jane(편저, 1983). Women's Welfare, Women's Rights. London: Croom Helm.
- Lewis, Jane(편저, 1993). Women and Social Policies in Europe: Work, Family, and the State. Cheltenham: Edward Elgar.
- Lewis, Susan I.(2009). Unexceptional Women: Female Proprietors in Mid-Nineteenth-Century Albany, New York 1830-1885. Columbus: Ohio State University.
- Libby, Barbara(1990). "Women in the Economics Profession: 1900-1940. Factors in Declining Visibility." Essays in Economic and Business History, 8: pp. 121-130.
- Lobdell, Richard A.(2000). "Hazel Kyrk(1886-1957)." In Robert W. Dimand, Mary Ann Dimand, and Evelyn L. Forget(편저), A Biographical Dictionary of Women Economists. Cheltenham: Edward Elgar, pp. 251-253.
- Lochhead, Marion(1948). The Scots Household in the Eighteenth Century. A Century of Scottish Domestic and Social Life. Edinburgh: Moray Press.
- Lucas, Linda(편저, 2007). Unpacking Globalization: Markets, Gender, and Work. Plymouth: Lexington Books.
- Luxemburg, Rosa(2003[1913]). The Accumulation of Capital. Agnes Schwarzschild(번역). London: Routledge.
- Maas, Harro(2016). "Letts Calculate: Moral Accounting in the Victorian Period." History of Political Economy, 48(증보판): pp. 16-43.
- McCarthy, Helen(2020). Double Lives. A History of Working Motherhood. London: Bloomsbury.
- McDonald, Deborah(2004). Clara Collet 1860-1948: An Educated

Working Woman. London: Routledge.
- McElroy, Marjorie B., and Horney, Mary J.(1981). "Nash-Bargained Household Decisions: Toward a Generalization of the Theory of Demand." *International Economic Review*, 22(2): pp. 333-349.
- Madden, Kirsten(2002). "Female Contributions to Economic Thought, 1900-1940." *History of Political Economy*, 34(1): pp. 1-30.
- Madden, Kristen, and Persky, Joseph(2021). "Anna Doyle Wheeler on the Conditions for Gender Equality." 2021년 에콰도르 키토(Quito)에서 온라인으로 개최된 국제페미니스트경제학협회(IAFFE) 연례 회의 발표 논문.
- Madden, Kirsten, and Dimand, Robert W.(편저, 2019). *The Routledge Handbook of the History of Women's Economic Thought*. London: Routledge.
- Madden, Kirsten, Seiz, Janet, and Pujol, Michèle(편저, 2004). *A Bibliography of Female Economic Thought to 1940*, 제2판. London: Routledge.
- Malthus, Thomas(1970[1798]). *An Essay on the Principle of Population*. London: Penguin Books.
- Mandeville, Bernard(1924[1714]). *The Fable of the Bees: or, Private Vices Publick Benefits*. Oxford: Oxford Clarendon Press.
- Mankiw, N. Gregory(1997). *Principles of Microeconomics*. Stanford, CA: Cengage Learning.
- Manser, Marilyn, and Brown, Murray(1979). "Bargaining Analysis of Household Decisions." In C.B. Lloyd, E.S. Andrews, and C.L. Golroy(편저), *Women in the Labor Market*. New York: Columbia Press.
- Marcet, Jane H.(1824[1816]). *Conversations on Political Economy, in which the Elements of that Science are Familiarly Explained*, 제5판. London: Longman, Hurst, Rees, Orme, Brown, and Green.
- Marcet, Jane H.(1833). *John Hopkins's Notions on Political Economy*. Boston.
- Marcet, Jane H.(1851). *Rich and Poor*. London: Longman, Brown, Green,

and Longman.

- Marshall, Alfred(1890). *Principles of Economics*. London: Macmillan.
- Marshall, Alfred(1897). "The Old Generation of Economists and the New." *The Quarterly Journal of Economics*, 11(2): pp. 115-135.
- Marshall, Alfred(1907). "The Social Possibilities of Economic Chivalry." *The Economic Journal*, 17(65): pp. 7-29.
- Marshall, Alfred, and Paley Marshall, Mary(1879). *The Economics of Industry*. London: Macmillan.
- Martin, Bonnie(2016). "Neighbor-to-Neighbor Capitalism. Low Credit Network and the Mortgaging of Slaves." In S. Beckert and S. Rockman(편저), *Slavery's Capitalism. A New History of American Economic Development*, Philadelphia: University of Pennsylvania Press, pp. 107-121.
- Martineau, Harriet(1834). *Illustrations of Political Economy*, 제9권. London: Charles Fox.
- Martineau, Harriet(1838). *How to Observe Morals and Manners*. London: Knight and Co.
- Martineau, Harriet(1962[1837]). *Society in America*, Seymour Martin Lipset(편저). Garden City, NY: Anchor Books.
- Maupin, Joyce(1964). *Labor Heroines. Ten Women Who Led the Struggles*. Berkeley, CA: Union Wage.
- Meadows, Donella H., Meadows, Dennis L., Randers, Jørgen, and Behrens, William W., III(1972). *The Limits to Growth*. Washington, DC: Universe Books.
- Meadows, Donella H., Randers, Jørgen, and Meadows, Dennis L.(2004). *Limits to Growth. The 30-Year Update*. White River Junction, VT: Chelsea Green Publishing.
- Mellor, Mary(1997). *Feminism and Ecology*. Cambridge: Polity.
- Mellor, Mary(2010). *The Future of Money. From Financial Crisis to Public*

Resource. OAPEN. http://library.oapen.org/handle/20.500.12657/30777.
- Merchant, Caroline (1980). *The Death of Nature: Women, Ecology, and the Scientific Revolution*. New York: Harper and Row.
- Mies, Maria (1986). *Patriarchy and Accumulation at the World Scale. Women in the International Division of Labour*. London: Zed Books.
- Mies, Maria, and Shiva, Vandana (1988). *Ecofeminism*. London: Zed Books.
- Mill, John Stuart (1848). *Principles of Political Economy*. London.
- Mill, John Stuart, and Mill, Harriet Taylor (1997 [1869]). *The Subjection of Women*. Mineola, NY: Dover Publications.
- Mill, John Stuart (2008 [1873]). *Autobiography*. Rockville, MA: Arc Manor.
- Mill, Harriet Taylor (1851). "The Enfranchisement of Women." *Westminster Review*.
- Miller, P. J. (1972). "Women's Education, 'Self-improvement' and Social Mobility: A Late Eighteenth-century Debate." *British Journal of Educational Studies*, 20(3): pp. 302-314.
- Mincer, Jacob (1962). "Labor Participation of Married Women. A Study of Labor Supply." In H. Gregg Lewis(편저), *Aspects of Labor Economics*. NBER. Princeton: Princeton University Press, pp. 63-105.
- Minsky, Hyman (1982). *Can "It" Happen Again*? Armonk, NY: M. E. Sharpe.
- Minsky, Hyman (1992). "The Financial Instability Hypothesis." Working Paper no. 74. The Jerome Levy Economics Institute of Bard College.
- Mintz-Habib, Nazia (2016). *Biofuels, Food Security, and Development Economics*. London: Routledge.
- Mitchell, Natalie (2020). "A Girl's Song: Recounting Women and the Nantucket Whaling Industry, 1750-1890." 윌리엄스아너스 칼리지(Williams Honors College) 연구 프로젝트, 1017. https://ideaexchange.uakron.edu/honors_research_projects/1017.

- Montagu, Elizabeth Robinson(1769). *An Essay on the Writings and Genius of Shakespear, compared with the Greek and French Dramatic Poets. With Some Remarks upon the Misrepresentations of Mons. de Voltaire.* London: Dodsley.
- More, Hannah(1795-1798). *Cheap Repository Tracts.* London: J. Marshall and R. White.
- More, Hannah(1796). *The Apprentice turned Master: Or, the Second Part of the Two Shoemakers. Shewing How James Stock from a Parish Apprentice became a creditable Tradesman.* Oxford Text Archive. http://ota.ox.ac.uk/id/3847.
- Murray, Judith Sargent(1798). *The Gleaner: A Miscellaneous Production in Three Volumes.* Boston, MA: Thomas and Andrews.
- Myrdal, Alva, and Klein, Viola(1968[1956]). *Women's Two Roles. Home and Work.* 제2판. London: Routledge & Kegan Paul.
- Nelson, Julie A.(1992). "Gender, Metaphor, and the Definition of Economics." *Economics and Philosophy*, 8(1): pp. 103-125.
- Nelson, Julie A.(1993). "The Study of Choice or the Study of Provisioning? Gender and the Definition of Economics." In Marianne A. Ferber and Julie A. Nelson(편저), *Beyond Economic Man.* Chicago, IL: University of Chicago Press, pp. 23-36.
- Nelson, Julie A.(1995). *Feminism, Objectivity and Economics.* London: Routledge.
- Nelson, Julie A.(2014). "The Power of Stereotyping and Confirmation Bias to Overwhelm Accurate Assessment: The Case of Economics, Gender, and Risk Aversion." *Journal of Economic Methodology*, 21(3): pp. 211-231.
- Nelson, Julie A., and Power, Marilyn(2018). "Ecology, Sustainability, and Care: Developments in the Field." *Feminist Economics*, 24(3): pp. 80-88.

- Nettl, J.P.(1969[1966]). *Rosa Luxemburg*, 요약 편저. Oxford: Oxford University Press.
- Noble, David F.(1992). *A World Without Women. The Christian Clerical Culture of Western Science.* Oxford: Oxford University Press.
- Nyland, Chris, and Heenan, Tom(2003). "William Thompson and Anna Doyle Wheeler: A Marriage of Minds on Jeremy Bentham's Doorstep." In Robert Dimand and Chris Nyland(편저), *The Status of Women in Classical Economic Thought.* Cheltenham, UK: Edward Elgar, pp. 241-261.
- O'Brien, K.(2009). *Women and Enlightenment in Eighteenth-Century Britain.* Cambridge: Cambridge University Press.
- Ostrom, Elinor(1990). *Governing the Commons: The Evolution of Institutions for Collective Action.* Cambridge: Cambridge University Press.
- Ott, Notburga(1992). *Intrafamily Bargaining and Household Decisions.* New York: Springer.
- Ott, Notburga(1995). "Fertility and Division of Work in the Family." In Edith Kuiper and Jolande Sap, with Susan F. Feiner and Notburga Ott(편저), *Out of the Margin. Feminist Perspectives on Economics.* London: Routledge, pp. 80-99.
- Paley Marshall, Mary(1896). "Conference of Women Workers." The Economic Journal, 6(21): pp. 107-109.
- Paley Marshall, Mary(1947). *What I Remember.* Introduction by G. M. Trevelyan. Cambridge: Cambridge University Press.
- Parkes, Bessie Rayner(1860). "Statistics as to the Employment of the Female Population of Great Britain." C. 레이시(C. Lacey)의 편저로 재출간, *Barbara Leigh Smith Bodichon and the Langham Place Group.* London: Routledge & Kegan Paul, 1987, pp. 174-179.
- Parkes, Bessie Rayner(1862). "The Balance of Public Opinion in Regard to Women's Work." C. 레이시(C. Lacey)의 편저로 재출간, *Barbara Leigh Smith*

Bodichon and the Langham Place Group. London: Routledge & Kegan Paul, 1987, pp. 200-205.
- Parreñas, Rhacel Salazar(2001). *Servants of Globalization: Women, Migration, and Domestic Work*. Stanford, CA: Stanford University Press.
- Parsons, Elizabeth, and Tadajewski, Mark(2013). "Pioneering Consumer Economist: Elizabeth Hoyt." *Journal of Historical Research in Marketing*, 5(3): pp. 334-350.
- Patten, Eileen(2016). "Racial, Gender Wage Gaps Persist in US Despite Some Progress." *Pew Research Center*, July 1.
- Penny, Virginia(1862). *The Employments of Women: A Cyclopaedia of Women's Work*. Boston, MA: Walker, Wise & Co.
- Perelman, Michael(2000). *The Invention of Capitalism. Classical Political Economy and the Secret History of Primitive Accumulation*. Durham, NC: Duke University Press.
- Perkins, A. J. P., and Wolfson, Theresa(1939). *Frances Wright: Free Enquirer*. London: Harper & Row.
- Perkins, Ellie(편저, 1997). "Women, Ecology, and Economics: New Models and Theories." *Ecological Economics*, 20(2).
- Perkins, Ellie, and Kuiper, Edith(편저, 2005). "Explorations: Feminist Ecological Economics." *Feminist Economics*, 11(3): pp. 107-150.
- Perry, Ruth(2005). "Mary Astell and Enlightenment." In S. Knott and B. Taylor(편저), *Women, Gender and Enlightenment*. London: Palgrave Macmillan.
- Peterson, Janice, and Lewis, Margaret(편저, 1999). *The Elgar Companion to Feminist Economics*. Cheltenham: Edward Elgar.
- Peterson, V. Spike(2003). *A Critical Rewriting of Global Political Economy*. London: Routledge.
- Pietilä, Hilkka(2002). *Engendering the Global Agenda. The Story of Women*

and the United Nations. Geneva: UN Nongovernmental Liaison Service.
- Piketty, Thomas(2014). *Capital in the Twenty-First Century*. Cambridge, MA: Harvard University Press.
- Pinchbeck, Ivy(1930). *Women Workers and the Industrial Revolution 1750-1850*. London: Frank Cass and Co.
- Pisan, Christine de(1982[1405]). *Book of the City of Ladies*. New York: Persea Books.
- Poovey, Mary(1998). *A History of the Modern Fact. Problems of Knowledge in the Sciences of Wealth and Society*. Chicago, IL: University of Chicago Press.
- Pott-Buter, Hettie A.(1992). *Facts and Fairy Tales about Female Labor, Family and Fertility, A Seven-Country Comparison, 1850-1990*. Amsterdam: Amsterdam University Press.
- Power, Marilyn(2004). "Social Provisioning as a Starting Point for Feminist Economics." *Feminist Economics*, 10(3): pp. 3-19.
- Prince, Mary(1997[1831]). *The History of Mary Prince. A West Indian Slave. Related by Herself*, Moira Ferguson(편저). Ann Arbor: University of Michigan Press.
- Pujol, Michèle(1989). "Economic Efficiency or Economic Chivalry?: Women's Status and Women's Work in Neo-classical Economics." 박사 논문, Simon Fraser University, National Library Canada.
- Pujol, Michèle(1992). *Feminism and Anti-Feminism in Early Economic Thought*. Cheltenham: Edward Elgar.
- Radcliffe, Ann(1999[1791]). *The Romance of the Forest*. Oxford: Oxford University Press.
- Rand, Ayn(1985[1957]). *Atlas Shrugged*. New York: Signet.
- Rand, Ayn(1993[1943]). *The Fountainhead*. New York: Signet.
- Rathbone, Eleanor F.(1917). "The Remuneration of Women's Services."

The Economic Journal, 27(105): pp. 55-68.

- Raworth, Kate(2017). *Doughnut Economics: Seven Steps to Think Like a 21st Century Economist*. White River Junction, VT: Chelsea Green Publishers.
- Reeve, Clara(1792). *Plans of Education: with Remarks on the System of Other Writers. In a Series of Letters between Mrs. Danford and her friends*. London: Hookham and Carpenter.
- Reeves, Maud Pember(1912). "Family Life on a Pound a Week." In Sally Alexander(편저), *Women's Fabian Tracts, Women's Source Library*, 제7호. London: Routledge, pp. 200-223.
- Reid, Margaret G.(1934). *Economics of Household Production*. New York: J. Wiley and Sons.
- Reis, Elizabeth(2009). *Bodies in Doubt: An American History of Intersex*. Baltimore, MD: John Hopkins University Press.
- Rendall, Jane(1987). "Virtue and Commerce: Women in the Making of Adam Smith's Political Economy." In E. Kennedy and S. Mendus(편저), *Women in Western Political Philosophy, Kant to Nietzsche*. Brighton: Wheatsheaf Books, pp. 44-77.
- Ricardo, David(1911[1817]). *The Principles of Political Economy and Taxation*. London: Everyman's Library.
- Richards, Earl Jeffrey(1982). "Introduction." In *Book of the City of Ladies* by Christine de Pizan. New York: Persea Books.
- Rippon, Gina(2019). *The Gendered Brain. The New Neuroscience that Shatters the Myth of the Female Brain*. London: Bodley Head.
- Robinson, Harriet Hanson(2021[1898]). *Loom and Spindle*. Middletown, DE: Forgotten Books.
- Robinson, Joan(1962). *Economic Philosophy*. London: C.A. Watts.
- Robinson, Joan(1969[1933]). *The Economics of Imperfect Competition*, 제2

판. London: Macmillan.
- Roosevelt, Eleanor(2017[1933]). *It's Up to the Women*. New York: Nation Books.
- Ross, Ian S.(1995). *The Life of Adam Smith*. Oxford: Clarendon Press.
- Rossilli, Mariagrazia(편저, 2000). *Gender Policies in the European Union*. Berlin: Peter Lang.
- Rostek, Joanna(2021). *Women's Economic Thought in the Romantic Age. Towards a Transdisciplinary Herstory of Economic Thought*. London: Routledge.
- Rousseau, Jean-Jacques(2016[1755]). *A Discourse on Inequality*. New York: Philosophical Library.
- Rowntree, B. Seebohn(1901). *Poverty, A Study of Town Life*. London: Macmillan.
- Sainsbury, Diane(1996). *Gender Equality and Welfare States*. Cambridge: Cambridge University Press.
- Samuelson, Paul(1948). *Economics. An Introductory Analysis*. New York: McGraw-Hill.
- Sanger, Margaret(1914). *Family Limitation*. 발행처 불명(Newark, DE: University of Delaware Press로 추정). 다음 링크 참조. https://babel.hathitrust.org/cgi/pt?id=udel.31741115153472&view=1up&seq=6.
- Sanger, Margaret(2005[1920]). *Woman and the New Race*. New York: Cosimo.
- Sargent, Lydia(편저, 1981). *Women and Revolution. The Unhappy Marriage of Marxism and Feminism*. London: Pluto Press.
- Scharf, Lois(1980). *To Work and To Wed: Female Employment, Feminism, and the Great Depression*. London: Greenwood Press.
- Schaw, Janet(1927[1778?]). *Journal of a Lady of Quality. Being the Narrative of a Journey from Scotland to the West Indies*, North Carolina,

and Portugal, in the Years 1774 to 1776, E. Walker Andrews, Charles McLean Andrews(편저). New Haven, CT: Yale University Press.
- Schiebinger, Londa(1989). *The Mind Has No Sex? Women in the Origins of Modern Science*. Cambridge, MA: Harvard University Press.
- Schreiner, Olive(1911). *Women and Labor*, 제7판. New York: Stokes Company.
- Schröder, Hannelore(1989). "Inleiding en commentaar(서문 및 논평)." In Olympe de Gouges, *Verklaring van de Rechten van de Vrouw en Burgeres*(여성과 여성 시민의 권리 선언, 네덜란드어판). Kampen: Kok Agora.
- Schumpeter, Joseph A.(1954). *History of Economic Analysis*, E. Boody Schumpeter(편저). London: Routledge.
- Schumpeter, Joseph A.(2008[1942]). *Capitalism, Socialism, and Democracy*. 제5판. New York: Harper & Row.
- Schuurman, Anna Maria van(1659[1638]). *The Learned Maid: or Whether a Maid May Be a Scholar*, Clement Barksdale(번역). London: Redmayne.
- Scott, Joan W.(1988). *Gender and the Politics of History*. New York: Columbia University Press.
- Scott, Sarah Robinson(1762). *A Description of Millennium Hall and the Country Adjacent: Together with the Characters of the Inhabitants, and Such Historical Anecdotes and Reflections, as May Excite in the Reader Proper Sentiments of Humanity: and lead the Mind to the Love of Virtue*. London: J. Newbery. E. 카이퍼(E. Kuiper)의 편저로 재출간, *Women's Economic Thought in the Eighteenth Century*. London: Routledge, 2014, pp. 407-439.
- Senior, Nassau William(1830). *Three Lectures on the Rate of Wages*. London: John Murray.
- Shah, Sumitra(2006). "Sexual Division of Labor in Adam Smith's Work." *Journal of the History of Economic Thought*, 28(2): pp. 221-241.

- Skemp, Sheila L.(1998). "Judith Sargent Murray, Introduction." In S. L. Skemp(편저), *Judith Sargent Murray: A Brief Biography with Documents*. New York: Bedford Books, pp. 1-122.
- Smith, Adam(1976[1776]). *An Inquiry into the Nature and Causes of the Wealth of Nations*. Oxford: Oxford University Press.
- Smith, Adam(1984[1759]). *Theory of Moral Sentiments*, D.D. Raphael and A.L.(편저) MacFie. Indianapolis, IN: Liberty Fund.
- Smith, Florence M.(1966[1916]). *Mary Astell*. New York: AMS Press.
- Smith, Mrs.(1810). *The Female Economist: or, A Plain System of Cookery, For the Use of Families*. London.
- Sockwell, William D.(2000). "Barbara Bodichon(1827-1891)." In Robert W. Dimand, Mary Ann Dimand, and Evelyn L. Forget(편저), *A Biographical Dictionary of Women Economists*. Cheltenham: Edward Elgar, pp. 53-56.
- Spencer, Herbert(1851). *Social Statics: or The Conditions Essential to Happiness Specified and the First of Them Developed*. London: John Chapman.
- Spencer, Herbert(1900[1862]). *First Principles*. 제6판. London: Williams and Norgate.
- Stage, Sarah, and Vincenti, Virginia B.(편저, 1997). *Rethinking Home Economics. Women and the History of a Profession*. Ithaca, NY: Cornell University Press.
- Stern, Andrea Minna(2020). "Forced Sterilization Policies in the US Targeted Minorities and Those with Disabilities–and Lasted into the 21st Century." *The Conversation*. https://theconversation.com/forced-sterilization-policies-in-the-us-targeted-minorities-and-those-with-disabilities-and-lasted-into-the-21st-century-143144.
- Strang, John(1856). *Glasgow and its Clubs: or Glimpses of the Condition, Manners, Characters, and Oddities of the City, during the Past and*

Present Century. Glasgow: Griffin.

- Tadajewski, Mark(2013). "Helen Woodward and Hazel Kyrk." *Journal of Historical Research in Marketing*, 5(3): pp. 385-412.
- Talbot, Marion, and Breckinridge, Sophonisba Preston(1912). *The Modern Household*. Boston: Whitcomb and Barrows.
- Tarbell, Ida M.(1904). *The History of the Standard Oil Company*. New York: Macmillan.
- Taylor, Barbara(2005). "Feminists versus Gallants: Manners and Morals in Enlightenment Britain." In S. Knott and B. Taylor(편저), *Women, Gender and Enlightenment*. New York: Palgrave Macmillan, pp. 30-52.
- Terrell, Mary Church(1898). "The Progress of Colored Women: An Address Delivered Before the National American Women's Suffrage Association." 1898년 2월 19일 워싱턴 DC 컬럼비아 극장 연설문. In D.K. Barker and E. Kuiper(편저), *Feminist Economics, Critical Concepts in Economics*. London: Routledge, 2010, pp. 113-119.
- Thompson, E. P.(1966[1963]). *The Making of the English Working Class*. New York: Alfred Knopf.
- Thompson, William, and Wheeler, Anna Doyle(1825). *Appeal of One Half of the Human Race, Women, Against the Pretensions of the Other Half, Men, to Retain them in Political and thence in Civil and Domestic Slavery: in Reply to a Paragraph of Mr. Mill's Celebrated "Article on Government."* London: Longman.
- Thomson, Dorothy Lampen(1973). *Adam Smith's Daughters*. New York: Exposition Press.
- Thorne, Alison Comish(2000). "Elizabeth Ellis Hoyt(1893-1980)." In Robert W. Dimand, Mary Ann Dimand, and Evelyn L. Forget(편저), *A Biographical Dictionary of Women Economists*. Cheltenham: Edward Elgar, pp. 215-219.
- Tollec, Agnès le(2020). "Finding a New Home (Economics) Towards a

Science of the Rational Family 1924-1981." 박사 논문, ENS Paris-Saclay.
- Tonna, Charlotte Elizabeth(1843). "The Little Pin-Headers." In C.E. Tonna, The Wrongs of Women, 제3부. London: Dalton. In D.K. Barker and E. Kuiper(편저), *Feminist Economics. Critical Concepts*. London: Routledge, 2014, pp. 60-67.
- Trautwein, Hans-Michael(2000). "Marie Dessauer(b. 1901)." In Robert W. Dimand, Mary Ann Dimand, and Evelyn L. Forget(편저), *A Biographical Dictionary of Women Economists*. Cheltenham: Edward Elgar, pp. 138-140.
- Tribe, Keith(1978). *Land, Labour and Economic Discourse*. London: Routledge & Kegan Paul.
- Trimmer, Sarah(1787). *The OEconomy of Charity; or, an Address to Ladies Concerning Sunday-Schools; The Establishment of Schools of Industry under Female Inspection; and the Distribution of Voluntary Benefactions. To which is added an Appendix, containing an account of the Sunday-schools in Old Brentford*. London: J. Longman.
- Tristan, Flora(1983[1843]). *The Workers' Union*, Beverly Livingston(번역 및 서문). Chicago: University of Illinois Press.
- Truth, Sojourner(1993[1850]). *The Narrative of Sojourner Truth*, M. Washington(편저). New York: Vintage Books.
- Ulrich, Laurel Thatcher(1990). *A Midwife's Tale. The Life of Martha Ballard. Based on Her Diary 1785-1812*. New York: Alfred Knopf.
- UNDP(1995). *Human Development Report 1995*. New York: Oxford University Press.
- van Staveren, Irene(2002). "Global Finance and Gender." In Jan Aart Scholte with Albrecht Schnabel(편저), *Civil Society and Global Finance*. London: Routledge, pp. 228-246.
- van Staveren, Irene, Elson, Diane, Grown, Caren, and Çagatay, Nilüfer(편저, 2007). *The Feminist Economics of Trade*. London: Routledge.

- van Velzen, Susan(2003). Hazel Kyrk and the Ethics of Consumption. In D.K. Barker and E. Kuiper(편저), *Toward a Feminist Philosophy of Economics*. New York: Routledge, pp. 38-55.
- Veblen, Thorstein(1899). *The Theory of the Leisure Class*. New York: Macmillan.
- Wakefield, Priscilla(1798). *Reflections on the Present Condition of the Female Sex: with Suggestions for Its Improvement*. London: Johnson, Darton and Harvey.
- Ware, Susan(1981). *Beyond Suffrage*. Cambridge, MA: Harvard University Press.
- Waring, Marilyn(1988). *If Women Counted. A New Feminist Economics*. New York: Macmillan.
- Webb, Beatrice Potter(1896). "Women and the Factory Acts." In Sally Alexander(편저), *The Fabian Tracts*, 제7호. London: Routledge, pp. 17-32.
- Webb, Beatrice Potter(1909). *The Minority Report of the Poor Laws Commission*(제1부 및 제2부), London.
- Webb, Beatrice Potter(1919). *The Wages of Men and Women: Should they be Equal?* London: Fabian Society.
- Webb, Beatrice Potter(1979[1926]). *My Apprenticeship*. Cambridge: Cambridge University Press.
- Webb, Sidney(1891). "The Alleged Differences in the Wages Paid to Men and Women for Similar Work." *The Economic Journal*, 1(4): pp. 635-662.
- Wells-Barnett, Ida B.(2018[1892]). *Southern Horrors: Lynch Law in All Its Phases*. Paris: Alpha Editions.
- Wells-Barnett, Ida B.(2021[1895]). *The Red Record. Tabulated Statistics and Alleged Causes of Lynching in the United States*. With an introduction by Frederick Douglass. Middletown, DE: Cavalier Classics.
- Williford, Miriam(1975). "Bentham on the Rights of Women." *Journal of the History of Ideas*, 36(1): pp. 167-176.

- Wollstonecraft, Mary(1787). *Thoughts on the Education of Daughters, with Reflections on Female Conduct in the More Important Duties of Life*. London: Johnson.
- Wollstonecraft, Mary(1792). *A Vindication of the Rights of Woman. With Strictures on Political and Moral Subjects*. London: J. Johnson.
- Wollstonecraft, Mary(2008[1788]). *Mary: A Fiction*. London: Dodo Press.
- Wood, Ellen Meiksins(1999). *The Origin of Capitalism. A Longer View*. London: Verso.
- Woodward, Helen(1926). *Through Many Windows*. New York and London: Harper & Row.
- Woolf, Virginia(1929). *A Room of One's Own*. London: Hogarth Press.
- World Bank(2001). *Engendering Development: Through Gender Equality in Rights, Resources, and Voice*. Washington DC: Oxford University Press.
- Wright, Angela(2013). *Britain, France and the Gothic, 1764-1820. The Import of Terror*. Cambridge: Cambridge University Press.
- Wright, Frances(1821). *Views of Society and Manners in America. A Series of Letters from that Country to a Friend in England. During the Years 1818, 1819, and 1820*. London: Longman, Hurst, Rees, Orme, and Brown.
- Wright, Frances(2020[1855]). *Memoir of Frances Wright. The Pioneer Woman in the Cause of Human Rights*, Amos Gilbert(편저). Cincinnati: Longley Brothers.
- Wu, Alice H.(2017). "Gender Stereotyping in Academia: Evidence from Economics Job Market Rumors Forum." 박사 논문, University of California, Berkeley.
- Xenophon(2021). OEconomicus, B J. Hayes(번역). Andesite Press.
- Young, Brigitta(2013). "Gender, Debt, and the Housing/Financial Crisis." In Deborah M. Figart and Tonia L. Warnecke(편저), *Handbook of Research on Gender and Economic Life*. Northampton, MA: Edward Elgar, pp. 378-390.

- Young, Brigitta(2018). "Financialization, Unconventional Monetary Policy, and Gender Inequality." In Juanita Elias and Adrienne Roberts(편저), *Handbook on the International Political Economy of Gender*. Cheltenham: Edward Elgar, pp. 241-251.
- Zetkin, Clara(1915). "Women of the Working People." In P.S. Foner(편저), *Clara Zetkin: Selected Writings*. New York: International Publishers, pp. 130-132.
- Zetkin, Clara(1932). "Fascism Must Be Defeated." In Philip S. Foner(편저), *Clara Zetkin: Selected Writings*. New York: International Publishers, pp. 170-175.
- Zetkin, Clara(1984[1893]). "Women's Work and the Trade Unions." In Philip S. Foner(편저), *Clara Zetkin: Selected Writings*. New York: International Publishers, pp. 51-59.
- Zinsser, Judith P.(2006). *Daring Genius of the Enlightenment, Émilie du Châtelet*. New York: Penguin Books.
- Zinsser, Judith P.(편저, 2009). *Émilie du Châtelet. Selected Philosophical and Scientific Writings*, Isabelle Bour and Judith P. Zinsser(번역). Chicago, IL: University of Chicago Press.

찾아보기

1인당 실질 소득 145
1차 자원 219
2차 소득 303
2차 소득자 312
DNA 29, 30
GDP 58, 145, 219, 313, 314
STEM 144

ㄱ

가격 통제 295
가격차별 20, 279, 280
가계 24, 47, 48, 51, 52, 54~59, 94, 109,
  167, 178, 182, 194, 198, 203, 210,
  216, 218, 235~237, 242, 246, 248,
  249, 258, 265, 268, 275~278, 282,
  286, 293, 295, 298, 303, 311, 322,
  324, 328, 329, 331
가계 대출 188
가계 부채 188
가계 생산 35, 41, 56~58, 216, 218,
  276~278, 282, 286, 293, 324, 329
가계 조직 144

가계 지출 조사 275
가계 협의 298
가계관리 35, 41, 46, 51~54, 56,
  216~218, 237, 244, 272~274, 276,
  281, 322, 323, 328, 330
가계부 35, 50~52, 180
가내 수공업 41, 42, 178
가변 자본 174
가부장 사회 256
가부장적 결혼 계약 115
가부장적 농업 환경 75
가부장적 사회 계약 40
가부장적 자본주의 260
가부장제 82, 325
가사 노동 57, 58, 95, 175, 176, 195,
  210, 216, 237, 238, 240, 241, 246,
  248, 251, 256, 282, 285, 295, 310,
  312, 317, 323, 329, 330, 333
가사 노동비 276
가사 노동자 27, 205
가정 내 의사 결정 57, 248
가정경제 46, 48~50, 52~54, 56, 59,

136, 151, 210, 244, 247, 248, 272,
　　281, 328
가정경제국 275, 276
가정경제학 35, 56, 294, 323
가정부 52, 209, 216, 225
가족 계획 269, 295, 296, 297
가족 구성원 48, 113
가족 및 소비자 과학 281
가족 수당 245, 252
가족 임금 252
가톨릭 59, 64, 81
강제 불임 수술 297
개발경제학 39, 249, 286, 288, 334
개발도상국 58, 187, 214, 219, 220, 221,
　　286, 293, 310, 316, 317, 334
개방 경지 89
개신교 50
개인 선호 257, 270
개인주의 158, 257
객관성 76, 337
거시경제 54, 55, 317
거시경제학 161 334
거튼 칼리지 149
건국 아버지들 124
게임 이론 57, 248
견습공 42, 103, 299
경쟁 시장 235
경제 경험 107, 333
경제 공황 39

경제 기사도 241~245, 247, 267, 325
경제 단위 48
경제 모델 54, 59, 145, 191, 219, 260,
　　288, 298, 307, 308, 315, 316, 334
경제 문해력 38
경제 번영 62
경제 부문 336
경제 분석 방법론 58
경제 불황 265
경제 성장 문제 166
경제 성장 지표 145, 329
경제 위기 19, 26, 173, 176, 188, 265, 327
경제 정의 305, 317
경제 정책 156, 162, 188, 191, 219, 288,
　　298, 307
경제 주체성 107, 172, 181, 248, 323
경제 통제력 181
경제 패권 18, 22
경제 행위 55, 57, 70, 76, 82, 94~96,
　　99, 100, 102, 103, 105, 117, 154, 161,
　　162, 317
경제 행위 주체 28, 55, 76, 94~96, 99,
　　100, 102, 103, 117, 154, 161, 317
경제 혁신 158
경제과학 22, 28
경제관 62, 160
경제법 54
경제재 213
경제적 독립 106, 109, 170, 184, 185,

207, 240, 311, 316, 325
경제적 빈곤 307
경제적 사고 48, 49, 321, 323
경제적 사익 74
경제적 안정성 108
경제적 의존 24, 25, 88, 106, 181, 194, 211, 235, 323
경제적 의존성 106
경제적 이동성 222
경제적 자유 159, 171
경제적 제도 109, 323
경제적 지배 219
경제적 추론 83
경제적 희생 159
경제학 방법론 324
경제학 원론 161
계급 갈등 203
계급 구조 198, 223, 325
계급 의식 139, 223
계급 투쟁 214
계몽주의 36, 60, 61, 62, 65, 83
계약 책임 116
고대 그리스 46, 47, 63, 67
고등 교육 23, 126, 140, 142, 143, 227, 246, 247, 268, 298, 336
고딕 소설 38, 168, 169, 171, 172
고용 문제 137
고용 보장 295
고용 증가 243

고용 확대 269
고용주 102, 203, 217, 224, 242, 257, 258, 279, 332
고전주의 경제학 33, 155
공감 68, 69, 72
공공 부문 293, 310, 324, 331, 336
공공 정책 307, 308, 334
공공재 140, 308, 310, 311, 313, 331, 332
공교육 137, 140, 295, 331
공기업 316
공동 가장 114
공동 서명 116
공동 주방 310
공동체 실험 99
공동체경제연구네트워크 287
공리의 원칙 85
공리주의 75, 76, 84, 101, 123, 246
공립학교 147
공상적 사회주의자 104
공업화 42
공유 재산 89
공유된 가치 77
공유자원 286
공유지 89, 286, 330
공유지의 비극 286
공장법 42, 142, 203, 250, 299, 300
공적 영역 50, 54~56, 95, 139, 205, 230, 321, 323
공적 자금 137

공정근로기준법 300, 307
공정성 144
공평한 관찰자 68~70
공포 정치 92
과도기적 가계 모델 218, 236, 246, 248, 311, 328, 329
과소 대표 문제 188, 335
과시적 소비 270
과잉 교육 139
과잉 생산 265
과학적 사실 83, 306
과학적 사회주의 이론 203
과학적 지위 76, 105, 324
과학적 추론 83, 84, 93
관습법 86, 88, 89, 167, 170
관용 235, 241
광고 산업 278
광산 66, 90, 94, 98, 99, 230, 300, 301
교구 147
교섭 이론 248
교육 분리 140
교육권 204
교육적 성취 149, 150
교차성 32, 260, 289
교환 가치 210, 273
구매력 265
구성의 오류 191
구조 조정 187, 316, 317
국가들의 봄 105

국가부흥청 306
국내총생산(GDP) 58, 145
국민대표법 157
국민소득 54
국부 117
국부 증대 93
국제 무역 219, 221
국제 부채 위기 187
국제여성회의 271
국제통화기금(IMF) 188
국제페미니스트경제학협회 11, 334, 336
국채 183
군국주의 214
권력 61, 82, 83, 87, 90, 101, 114, 124, 128, 188, 189, 235, 236, 240, 260, 336
권력관계 114, 126
권리 신장 103, 140
권위주의 240, 337
귀족 23, 36, 50, 52, 59, 60, 61, 83, 108, 109, 133, 136, 167
규범 과학 76
그래머 스쿨 141
그리스 철학자 46, 63, 67
근검절약 62, 136
근대 계몽주의 65
근면 102, 178
글래스고대학교 65, 68, 83
글로벌 금융 위기 189, 308
글로벌 사우스 293

글로벌 시장 316
글로벌 케어 체인 221, 330
금리 151, 282
금융 공황 153
금융 산업 177, 186~190, 327
금융 시장 188, 189, 316
금융 언어 191
기계 체제 153
기본 경제 분석 단위 324
기사도 235, 241, 242, 246
기생 212, 275
기생 산업 254
기술 산업 325
기업가 정신 150, 195
기혼 여성 37, 86~88, 91, 94, 105, 108, 109, 114~116, 135, 167, 168, 208, 212, 216, 218, 227, 237, 244, 247, 252, 254, 256, 258, 310~312, 323
기혼여성재산법 204
기혼여성재산위원회 204
기혼자의 법적 지위에 관한 법률 116
기회 보상금 306
기회비용 210, 211, 218, 219, 276
기후 변화 26, 286~288, 314, 315

ㄴ

나쇼바 122, 123
나폴레옹 법전 112
낙태 296, 297

남부 농장 123
남성 임금 노동자 중심 가계 모델 106, 206, 242, 249, 303, 311, 328
남성(man) 49, 114
남성들(men) 114
내구 소비재 282
내적 합리화 68
낸터켓 231
네덜란드과학연구기구 11
노동 계급 25, 99, 100, 103, 109, 195, 196, 198, 199, 204, 208, 215, 239, 240, 299
노동 공급 248, 333
노동 보호 107
노동 분업 48, 138, 200, 201
노동 생산물 327
노동 시장 구조화 222
노동 시장 26, 28, 96, 102, 105, 144, 145, 162, 195, 203, 210, 215, 216, 220~222, 227, 228, 235, 237, 242, 244, 246, 247, 250~252, 257, 258, 279, 300, 305, 310, 312, 313, 323, 328, 329, 331, 333
노동 예비군 256
노동 운동 40, 102, 239, 268, 292
노동 전문화 200
노동 참여율 107, 216, 218
노동 평등 142
노동 환경 205, 238, 250, 303, 304, 331

노동경제학 145, 247, 294, 333
노동력 수요 148
노동력 착취 127
노동의 교환 248
노동조합 103, 203, 209, 239, 240, 244, 253, 271
노동통계국 236
노령연금법 302
노벨 경제학상 20, 286, 335
노벨 평화상 218
노사관계 203, 257
노예 102, 114, 116~127, 132, 149, 166, 170, 185, 186, 198, 199, 200, 203, 226, 230, 237, 239, 326, 327
노예 노동 117
노예 무역 89, 121, 203
노예 소유주 118, 121~124, 126, 185, 186
노예 여성 117, 119, 124, 125, 199
노예제 종식 117, 120
노예제 폐지 117, 118, 121, 122, 124, 236, 237, 239, 327
노예제 폐지론자 124, 153
녹색경제학연구소 287
농업 봉건 사회 25
농업 사회 48, 49, 265
뉴넘 칼리지 142, 149
뉴딜 정책 227, 306
뉴래너크 139

뉴욕 주식 시장 183
뉴이코노믹씽킹 337
뉴하모니 공동체 123
능력차별 87
니제르 254

ㄷ

다원적 경제학 접근법 337
담보 185, 186
담수 고갈 288
대공황 216, 226, 305, 306
대규모 자본 통제 183
대기 오염 286, 288
대수학 138
대외 무역 153
대출 48, 116, 167, 185, 187, 188, 189, 316
대침체 189
대표성 19, 85, 188, 224, 226, 253, 256, 325, 333, 335
대화 152, 153
던디 122
덮인 여성 88
도넛 모양의 경제 모델 288
도덕 논쟁 60
도덕성 회복 운동 121
도덕적 교훈 135
도덕적 권위 70

도덕적 나약함 74
도덕적 의무 75
도덕적 죽음 226
도덕적 지위 68
도덕적 타락 73
도덕적 행위 62, 68, 69, 72
도덕철학 60, 65, 68, 69
독립 전쟁 122
독신 여성 109, 114, 173, 205, 206, 209, 212, 250, 301
독일 혁명 215
독재자 127
독점 279
독점 시장 20
독점적 사유 재산 89
돌봄 노동 42, 57, 59, 221, 228, 229, 260, 293, 310, 329
돌봄 정책 311
돌봄 제공비 276
돌봄 활동 57, 329, 330
동물의 권리 85
동성애자 30
동일노동 동일임금 40, 249, 250, 252, 253, 327
동일임금법 227
동적 시스템 이론 287

ㄹ

란트베어 215

래드클리프 칼리지 143
랭엄플레이스그룹 40, 115, 140, 141, 204, 205, 206, 207
러시아 혁명 239, 240
런던경제대학 149
런던대학교 302
레이거노믹스 308
레이덴대학교 83
레이디 마거릿 홀 149
로웰 방적 공장 181
로웰여성노동개혁협회 239
리씽킹이코노믹스 337

ㅁ

마르크스주의 208, 213, 229, 240, 247, 257, 333
마셜 경제학 도서관 143
마운트홀리요크 칼리지 143, 148
멜러스테인 하우스 51, 52
면화 산업 225
명예혁명 51
모성 숭배 212, 242, 256, 267, 325
무급 돌봄 노동 59, 329
무상 직업 훈련 299
무성애자 30
무신론자 65
무역 24, 308
무역 은행 189
무역 장벽 319

무역상 184
무역위원회 303
무임금 가계 생산 57, 58, 216, 286, 329
무임금 가사 노동 175, 176, 237, 240, 251, 282, 295, 310, 317
무임금 노동 57, 58, 175, 176, 228
무임금 생산 활동 56, 200, 216
무차별 곡선 270
문명화 53, 100
문학적 능력 150
물가 180, 271, 282
물물교환 264
물질적 재화 생산 175
물질적 풍요 75
미개인 53, 69, 82
미국 법 88
미국사회과학진흥협회 140
미국사회복지학교협회 271
미국식 시장 경제 체제 316
미래 세대 154, 284, 332
미시경제학 161, 281, 334
미투(#MeToo) 335
미혼모 249
민간 부문 293, 324, 331, 336
민권법 227
민권위원회 305
민족 31, 259
민족주의 214
민주적 사회주의 체제 210

밀레니엄 개발 목표 314, 315
밀레니엄 정상회의 314

ㅂ

바너드 칼리지 143
바타비아 공화국 112
박애주의 27, 121, 147
반독점법 213
방법론적 개인주의 257
방적 사업 153
백인 남성 지배 사회 26
백인 사회 125, 237
백인 우월주의 126, 298
버킹엄셔 99
번식 본능 106
범성애자 30
범죄율 144
법률적 제도 323
법적 주체성 113
베네치아 49, 61
베이징 행동 강령 316, 317
보수주의 38, 157, 173, 254
보어 전쟁 211
보완재 278
보육 222, 295, 297, 311, 313, 330, 331
보육소 310
복지 국가 261, 295, 300, 313
볼셰비키 240
봉건 사회 98

봉건주의 36
부동산 24
부르주아 36, 59~61, 65, 83, 178, 240, 325
부와 소득의 불평등 153
분업 48, 81, 275, 323
불변 자본 174
불의 70, 123
블루스타킹협회 27, 36, 66, 86, 98, 99, 122, 135, 147, 178
비교우위 219, 248
비단 산업 225
비용의 외부화 284, 326
비우량 대출 189
비자연 경제 48
비정규직 316, 329
비축물 172, 175
비판적 이론 분석 308
비형평성 114
비효율성 310
빈곤율 58, 153, 301
빈곤층 254, 298, 301, 302, 311, 323

ㅅ

사망률 145, 208, 314
사용 가치 210
사유지 51, 67, 98
사익 55, 62, 74, 75, 94, 101, 112, 159, 169, 171, 172, 229, 268

사적 영역 53~56, 95, 116, 139, 230, 312, 321
사치품 180, 264, 265, 266, 270
사회 계약 40, 111
사회 상태 53
사회 정책 294, 295, 308, 312
사회 제도 72, 334
사회과학 방법론 155
사회과학 80, 155
사회과학협회연합 335
사회민주주의 312
사회보장법 307
사회악 123
사회적 기반 288
사회적 제도 109
사회주의 99, 103~105, 115, 124, 139, 203, 208, 209, 213, 214, 236, 239, 240, 242, 247, 253, 254, 256, 269, 295, 298, 327
사회진화론 245, 298
산아 제한 160, 269, 295, 296
산업 사회 25, 26, 36, 41, 80, 89, 98, 108, 128, 132, 178, 200, 205, 211, 218, 222, 236, 237, 250, 264, 265, 300, 323, 325
산업 자본가 148
산업혁명 80, 258
산업화 58, 94, 96, 108, 142, 168, 177, 178, 181, 194, 195, 214, 223, 231,

235, 243, 278, 324, 326, 327, 330
살롱 61, 71, 81, 83, 111, 138
상류층 23, 51, 66, 110, 122, 133, 136, 167, 171, 173, 270, 298, 322
상속권 88
상업사회 61, 65, 69
상트페테르부르크 158
상품 94, 100, 176, 255, 265, 266, 272, 274, 278, 324, 329
상호사익 101
새로운 도덕 34, 36, 46, 60, 65
생계 부양 모델 106
생계비용 235
생리학 72
생물 다양성 손실 288
생물진화론 298
생산 26, 39, 41, 42, 55~59, 93~95, 97, 101, 117, 140, 143, 168, 172, 174~177, 194, 195, 198~200, 203, 205, 208, 209, 212~214, 216~220, 223, 228, 229, 231, 235, 239, 243, 250~253, 255, 264, 265, 275~278, 280, 282, 284~287, 293, 295, 299, 300, 308, 310, 311, 314, 316, 323, 324, 326~329, 331 332, 337
생산 계획 295
생산 기여도 176
생산 비용 194, 200, 284, 314
생산 활동 26, 42, 56, 57, 194, 199, 200,

205, 209, 216, 223, 229, 243, 282, 310, 327, 329
생산성 향상 218
생식 기관 29, 136
생태주의 285
생활비 지수 277
서머빌 칼리지 149
서비스 경제 311
서인도 제도 120, 123
선거권 제한 127
선택권 89, 117, 237, 250
성 선택 243
성 소수자 162, 338
성(城) 50
성(姓) 66, 173
성-관계 106, 212, 242
성적 권리 88
성적 욕구 100
성적 지향 29
성추행 187, 335
성평등 97, 124, 183, 249, 286, 308
성희롱 187, 229, 335
세계무역기구 190
세계여성회의 316
세계은행 145, 187, 219, 249, 316, 317
세계인권선언 307
세금 공제 312
세니커폴스 105, 236
세속 윤리 63~65

세속적 독립 공동체 99
세입 95, 117
소녀 교육 135
소년 교육 135
소득 40, 60, 108, 116, 153, 175, 177, 180, 190, 206, 208, 220, 229, 234, 235, 237~240, 243, 244, 246~249, 255, 259, 267~270, 272, 274, 276, 281, 282, 288, 303, 308, 324, 328, 329, 330
소득 가구 116
소득 분배 40, 234, 235, 239, 244, 249, 267, 276, 303
소득 불평등 255, 329
소득 재분배 모델 243
소득 제한 270
소득 지출 248
소득 활동 206
소르본대학교 126
소비 24, 41, 55, 56, 59, 62, 95, 140, 143, 167, 175, 178, 195, 228, 234, 264~284, 324, 326~328, 330
소비자 물가 지수 275, 277
소비재 214, 219, 265, 280, 281
소비주의 41
소액 신용 은행가 183
소작농 75
수요 곡선 279
수요 부족 213

수요 창출 277
수요 탄력성 279
수정 헌법 제13조 237
수직적 분리 222
수평적 분리 222
수학 36, 61, 65, 144, 161, 162, 308
수학적 모델 30, 189, 315
수학적 추론 324
수혜자 248
숙녀들의 도시 50
순수 이론 162
순환 흐름 모델 55, 59
스미스 칼리지 148
스탠더드오일컴퍼니 212, 213
스톡홀름국제평화문제연구소 217
스파르타 48
스펠먼 칼리지 143
시간제 노동 217
시민 53, 186
시민권 37, 91, 158
시스젠더 31, 334
시장 간섭 315
시장 경쟁 24
시장 법칙 55
시장화 42, 194, 216, 219, 220, 228, 229, 256, 278, 282, 293, 308, 310, 323, 324, 329, 331
식량 공급 220
식량난 154

식물학 96
식민지 89, 94, 108, 116, 117, 120, 128, 132, 184, 207, 211, 219, 254, 265, 295
식품 산업 311
신가정경제학 35
신경경제학 283, 334
신경제이론연구소 287
신고전주의 35, 41, 57, 59, 76, 155, 161, 162, 228, 229, 235, 247, 248, 255~257, 260, 268, 270, 273, 277, 279, 337
신고전주의 경제 이론 57, 298
신분 31
신여성 267
신용 체제 89
신자유주의 경제 체제 220
신제도주의 334
신흥 산업 사회 36, 178
신흥 상인 50
신흥 시장 316
실업 62, 190, 227, 333, 337
실업률 306
실증 과학 76
실증주의 155

ㅇ

아동 견습공 42, 103, 299
아동 고용 300
아동 노동 300
아동 범죄 304
아동 보호 297
아동 조기 교육 145
아메리칸 드림 222
아이비 리그 148
아이티 123
아카데미 프랑세즈 67
아테네 48
아프리카계 미국인 여성 126, 127, 149
애크런 118
양모 산업 96, 168, 225
양성애자 30
양육권 37, 88, 117, 297
양자 무역 219
양적 방법론 33
언약파 51
에든버러대학교 83
에코페미니스트 285, 289
여성 고용 243, 252, 257, 303
여성 공동체 97, 98
여성 교육 92, 133, 135, 136, 138, 143, 144, 148, 219, 269
여성 권리 99, 118, 167, 325
여성 권익 신장 314
여성 노동 25, 162, 205, 207, 216, 218, 244, 260, 300, 302, 307, 329
여성 빈곤화 249
여성 역량 증진 317
여성 운동 25, 37, 40, 107, 111, 124,

127, 156, 183, 188, 201, 206, 207,
210, 211, 236, 269, 292
여성 임금 208, 216, 225, 237, 239, 255,
260, 302, 327, 329
여성 착취 203
여성 해방 111, 132
여성경제직지위위원회 333, 335
여성고용촉진협회 206
여성권리대회 114, 118
여성글로벌리더십센터 315
여성예산그룹 309
여성정책연구소 308
여성지위위원회 307
여자대학 142, 143, 148, 149
연방준비제도이사회 160, 190
영국 의회 113, 121, 204
영국경제협회 250
영주권 158
오스트리아 학파 158, 160, 272
오언주의 협동조합 123
오이코노미아 33~35, 46~48, 272, 322
오존층 파괴 288
옥수수 무역 153
옥스퍼드대학교 81, 83, 149
왕립경제학회 303
왕립구빈법위원회 254
왕립천문학회 152
왕립통계학회 303
왕립학회 54

왕정 105
외부 효과 59
외식 산업 311
욕구 100, 162, 207, 227, 268, 278, 284,
328, 330
우생학 297, 298, 305
우익 157, 160, 215
워싱턴 컨센서스 316, 317
원시인 82
원시적 권력관계 114
원시적 축적 89, 94
원주민 23, 94, 108, 116, 117, 120, 126,
127, 132, 203, 260, 297
월스트리트 183, 187
웰즐리 칼리지 143
위계적 젠더관계 57
위트레흐트대학교 83
위험 추구 190
위험 회피 190
유급 출산 217, 311, 312
유네스코 217
유럽연합 집행위원회 307, 312
유산 91, 168, 185
유색인종 247, 255, 256, 259, 260, 320,
325, 327, 332, 334~337
유엔개발계획 58, 309
유엔인간환경회의 285
육아 지원 295
육아 휴직 311

응급 의료 311
의무 교육 298~300, 311
이기심 62, 75, 139
이기적 동인 72
이기적 행위 72
이론 개발 187, 315
이민자 162, 222, 283, 305
이성 29, 72, 103, 172, 173
이성애자 30, 182
이자 48, 80, 175, 183, 235
이중 노동 시장 245, 260
이중적 위치 119, 126
이중적 잣대 88, 180
이코노미 33, 55, 147
이타주의 159
이타주의자 248
이혼법 204
이혼율 329
인간 기본권 325
인간 본성 65, 66, 70, 134
인간(man) 97, 100, 277
인간개발지수 145, 314
인간의 본성 62, 64
인구 문제 100, 108
인구 원리 100, 153
인구 조사 205, 225, 300, 301
인구 증가 154, 220, 268, 278, 298
인구경제학 298
인권 기반 경제 모델 307

인권 운동 254, 307
인권 307, 317
인도주의 122
인문주의 213
인식론적 논증 308
인적 자본 144, 145, 175, 176, 256, 258, 259
인종 문제 126
인종 불평등 305
인종 편견 126
인종차별 32, 123, 127, 144, 257, 260, 305~307, 325, 336, 338
인종차별주의 298
인클로저 운동 89, 90, 326
임금 가사 노동 175
임금 격차 41, 162, 190, 222, 236, 249, 250, 251, 255~260, 279, 294, 327, 337
임금 규제 295
임금 기금 156
임금 노동 시간 58, 333
임금 노동제 237, 241
임금 인상 218, 252, 213, 327, 332
임금 차이 24, 250
임금 향상 140
입법 76, 82, 85, 86, 89, 92, 104, 108, 112, 227, 271, 321
잉글랜드 교회 83
잉글랜드 법 86~88, 109

잉여 가치 200, 203
잉여 생산물 214
잉여 소득 234, 235, 267

ㅈ

자급자족 공동체 48
자급자족 194
자본 38, 55, 57, 80, 89, 94, 100, 108, 166~168, 172, 174~178, 180, 182, 183, 186, 234, 235, 265, 285, 287, 324, 326
자본 가치 176, 177
자본 통제력 168, 172, 174, 177
자본가 90, 101, 102, 115, 148, 194, 203, 234, 242
자본재 214, 219
자본주의 20, 36, 73, 89, 105, 108, 115, 116, 158, 159, 171, 177, 187, 201, 203, 210, 213, 214, 228, 239, 240, 246, 257, 260, 299, 307, 323
자본주의 시스템 20, 25, 105, 178
자비 65
자선단체 141, 183
자선학교 147
자애 38, 65, 147, 235
자연 강탈 128
자연 경제 48
자연 법칙 54, 61, 83, 245
자연 상태 53, 54, 69, 86, 87

자연 선택 243
자연 착취 286
자연 환경 보전 42, 293, 313
자연과학 36, 324
자연발생 29, 30, 33
자연사 96
자연의 철학 86
자원 고갈 26
자원 분배 109, 323, 331
자원 생산 326
자유방임주의 157, 159
자유시장 경제 158
자유인 102, 237
자유재 286
자유주의 157, 247, 254, 295, 312, 316
자의식 68
자코뱅파 92
장단기 소득 수준 282
장로회 51
장애 31, 312
장자 상속제 167
재산 관리 48, 52, 75
재산권 82, 87, 89, 91, 94, 108, 115, 116, 128
재생산 72, 81, 265, 284
재정 독립 107
재정적 결정 183,
재정적 의사 결정 182, 186, 189
재취업 교육 217

재택근무 230
재화 41, 42, 55, 56, 58, 59, 93, 117,
　　166, 172, 175, 176, 180, 194, 195,
　　200, 228, 229, 235, 250, 251, 255,
　　256, 268, 272, 275, 278, 279, 281,
　　284, 287, 293, 308, 310, 311, 313,
　　324, 328, 330~332
재화 생산 172, 175, 176, 284
재화 유지 284
저개발국 58, 219, 221, 286, 293, 310
저소득층 183
저임금 141, 224, 250, 251, 306, 316,
　　326, 329, 331, 333
저축은행 183
저항의식 126
적자생존 245
전국사회과학진흥협회 140
전국여성참정권협회연합 156, 253
전문화 81, 200, 248, 266, 299, 331
전미경제연구소 258
전미경제학회 333, 336
전미여성참정권협회 149, 271
전미흑인지위촉진협회 125
전염병 314, 337
정규직 218
정부 정책 24, 42, 221, 293, 309, 310,
　　315, 331
정신의 식민화 132
정치경제학 18, 19, 22, 33, 35, 36, 46,

47, 54, 55, 59, 60, 65, 70, 76, 80, 82,
84, 85, 93, 97, 101, 105, 114, 128,
133, 142, 144, 150, 152~154, 156,
157, 160, 166, 172, 174, 194, 201,
203, 213, 302, 322, 324, 326, 332, 334
정치경제학자 33, 34, 37, 41, 60, 74,
76, 81, 93, 94, 96, 100, 112, 137,
144, 151, 166, 172, 200, 207, 219,
234~236, 250, 256, 264, 265, 268,
271, 273, 286, 292, 321, 336
정치적 권한 94
정치적 음모 93
정치적 이데올로기 105
정치적 지배 219
제1차 세계대전 214, 215, 244, 246, 253,
　　305
제1차 여성 회의 236
제2차 개혁법 114
제2차 세계대전 22, 218, 226, 228, 242,
　　276, 284
제3의 젠더 334
제국주의 20, 89, 214, 228
제도적 차별 327, 338
제도주의 245, 247, 257, 270, 272, 333
제정 러시아 158
제한된 정부 315
제헌 의회 90, 91, 111
젠더 19, 24, 25, 29~32, 39, 40~42, 47,
53, 54, 57, 64, 69, 75, 76, 82, 84, 85,

95, 127, 160~162, 166, 178, 181, 184,
195, 200, 220, 221, 222, 224, 225, 236,
249~251, 255~260, 279, 280, 283,
286, 288, 294, 308, 309, 313, 314, 317,
323, 325, 327, 333, 334, 336, 337, 338
젠더 가치 325
젠더 규범 19
젠더 문제 126, 188, 189, 190, 315, 322
젠더 분업 48, 329
젠더 위계 73
젠더 이데올로기 40, 324, 332
젠더 인지 예산 329
젠더 정체성 29, 31
젠더관계 57, 75, 184, 221, 236, 241~246
젠더차별 40, 73, 260, 325, 336, 338
젠더평등 85, 190, 294, 313, 314, 315, 317
젠더평등지수 314
젠더평등척도 314
젠더형평 317
조세 개편 307, 312
조합주의 312
종(種) 97, 106, 138
종-관계 106, 212
종교적 교의 93
종교적 권위 83
종교적 논쟁 134
종교적 지침 135

종속 원칙 114
종속관계 114
좌익 160, 209
죄수 임대 237
주류 경제학 이론 56, 59
주일학교 운동 146
주체성 36, 82, 105, 107, 113, 116, 117, 124, 172, 181, 241, 248, 323
주택 담보 대출 189
중개인 50, 183
중등 교육 298
중상류층 53, 81, 139, 146, 168, 178, 205, 207, 216, 266, 267, 325
중세 46, 49, 133, 141, 168, 241, 242
중앙 정부 48, 307
지구 온난화 286, 315, 337
지구정상회담 285
지대(地代, rent) 74
지속 가능 개발 목표 314, 315
지주 75, 90, 100, 120, 171, 234, 265
직물 산업 224, 238
직업 접근성 140, 224
직업 훈련 138, 223, 253, 256, 299
직업적 분리 327
직업차별 162
직장 내 차별 187
진보 시대 245
진화론 106, 243, 245
짐 크로 법 127, 298

찾아보기 **411**

집단 거주지 89
집단적 경제 행위 162
집단주의 158

ㅊ

차별 31, 32, 188, 227, 253, 256~260, 295, 306, 322, 323, 326, 327, 331, 333, 335, 337, 338
차별 임금 257
차별 철폐 정책 306
착취관계 115
찰스턴 124
참정권 24, 85, 91, 92, 107, 113, 114, 156, 186, 207, 239, 268, 269
채권자 169, 179
채무관계 198
천문학자 152
철학 10, 36, 49, 61, 63, 83, 86
체계화 273, 299, 323
초과 근무 300
초기 르네상스 시대 49
초기 산업 경제 체제 54
초기 자본주의 36
초등 교육 298, 314
초인(übermensch) 159
총파업 215
최대 다수의 최대 행복 85
최저 생계비 25
최저 임금 142, 282, 300, 302, 327

추론 24, 28, 32, 57, 60, 63, 69, 76, 83, 84, 93, 105, 208, 243, 256, 284, 324
출산 통제 295
출산 파업 282
출산율 42, 216, 218, 219, 282, 283, 298

ㅋ

커버처 88, 89, 326
케인스주의 161, 162, 247, 279, 333, 334
케임브리지 학파 279
케임브리지대학교 18, 66, 81, 83, 142, 143, 149, 156, 176, 279
코로나19 26, 313, 314
크레마티스티케 48

ㅌ

타불라 라사 134
타자 82, 93
탄광 산업 201
탄광 67, 226
탈취에 의한 축적 89
토지 38, 48, 55, 66, 74, 89, 94, 108, 109, 117, 125, 167, 174, 209, 235, 326, 328
통계표준국 276
통제권 37, 39, 108, 117, 167, 182
통제력 상실 38, 167, 168, 172, 297
투기성 거품 176

투자 24, 28, 56, 96, 111, 137, 140, 151, 154, 167, 168, 174, 175, 177, 182, 183, 184, 186, 218, 234, 259, 326
투표권 85, 91, 92, 113, 157, 204, 292
트란스발 211
트랜스젠더 31, 334
특권층 27, 120, 173
티파티 38, 160

ㅍ

파업 201, 224, 237, 238, 239
퍼티-점토 모델 176
페미니즘 이론 30, 55
페이비언여성그룹 40, 209, 210, 211, 269, 299, 300
페이비언협회 209, 251, 253, 269
펜실베이니아대학교 305
펨브로크 칼리지 143
편의품 95, 200
평균 임금 58, 257
평균수명 145
평등 원칙 114
평등선거법 157
평등성 134
폐기물 42, 284, 287, 313, 314, 324, 328, 330
폭동 201, 237, 238
폰지 사기 176, 177
폴리스 48

표준 경제 모델 144, 260, 298
표준 경제 이론 256
표준 모델 161
프라이코룹스 215
프랑스 과학 아카데미 144
프랑스 혁명 24, 71, 90~92, 112, 121, 172, 301
플랜드페어런트후드 297
피선거권 제한 127
피임 296, 297
피임법 296
피지배자 124
핀 공장 201, 202, 226
필수품 95, 180, 200
핑크 세금 280

ㅎ

하트퍼드여성신학교 148
한계 효용 174, 272
한계주의 174, 208, 235, 255, 268, 273
할로웰 198
합리적 경제인 28, 55
합리적 기대 308, 315
합리적 선택 70, 229
합리적 추론 76, 93
합법화 82
해양 산성화 288
핵 군축 회담 217
행동경제학 283

행복 추구 61, 64, 208

행복지수 314

헌법 85

혁명의 해 105

현대 경제학 161, 335

호모 이코노미쿠스 28

혼인법 26, 37, 89

홀린스 칼리지 148

화폐 24, 89

화폐화 89, 194, 195, 216, 219, 220, 228, 229, 256, 278, 282, 293, 308, 310, 323, 324, 329, 331

확증 편향 191

환경 문제 284, 285, 288, 289

환경 보호 284, 286

환경 오염 285, 324, 326

효용 91, 176, 235, 248, 272, 281

효용 극대화 208

효용 최적화 270

후기 케인스주의 279, 334

흑인 공동체 37, 307

흑인 사회 127, 150, 189

희소성 267

이코노믹 허스토리

초판 1쇄 인쇄 2023년 5월 22일
초판 1쇄 발행 2023년 5월 31일

지은이 이디스 카이퍼
옮긴이 조민호
펴낸이 손동영

편집장 유승현
편집 김다산

디자인 엔드디자인
책임편집 김승규

펴낸곳 서울경제신문 서경B&B
출판등록 2022년 4월 4일 제2022-000062호
주소 03142 서울특별시 종로구 율곡로 6 트윈트리타워 B동 14~16층
전화 (02)724-8765 팩스 (02)724-8794
이메일 sebnb@sedaily.com 홈페이지 www.sedaily.com
ISBN 979-11-982838-0-1 03320

이 책 내용의 전부 또는 일부를 재사용하려면 반드시 저작권자와
㈜서울경제신문 양측의 서면에 의한 동의를 받아야 합니다.

잘못 만들어진 책은 구입하신 서점에서 교환해드립니다.